MATEMÁTICA ACTUARIAL
VIDA E PENSÕES

COLECÇÃO ECONÓMICAS – 2ª Série
Coordenação da Fundação Económicas

António Romão (org.), *A Economia Portuguesa – 20 Anos Após a Adesão*, Outubro 2006

Manuel Duarte Laranja, *Uma Nova Política de Inovação em Portugal? A Justificação, o modelo os instrumentos*, Janeiro 2007

Daniel Müller, *Processos Estocásticos e Aplicações*, Março 2007

Rogério Fernandes Ferreira, *A Tributação dos Rendimentos*, Abril 2007

Carlos Alberto Farinha Rodrigues, *Distribuição do Rendimento, Desigualdade e Pobreza: Portugal nos anos 90*, Novembro 2007

João Ferreira do Amaral, António de Almeida Serra e João Estêvão, *Economia do Crescimento*, Julho 2008

Amélia Bastos, Graça Leão Fernandes, José Passos e Maria João Malho, *Um Olhar Sobre a Pobreza Infantil*, Maio 2008

Helena Serra, *Médicos e Poder. Transplantação Hepática e Tecnocracias*, Julho 2008

Susana Santos, *From de System of National Accounts (SNA) to a Social Accounting Matrix (SAM) – Based Model. An Application to Portugal*, Maio 2009

João Ferreira do Amaral, *Economia da Informação e do Conhecimento*, Maio 2009

Fernanda Ilhéu, *Estratégia de Marketing Internacional*, Agosto 2009

Joge Afonso Garcia e Onofre Alves Simões, *Matemática Actuarial. Vida e Pensões*, Janeiro 2010

COLECÇÃO ECONÓMICAS – 1ª Série
Coordenação da Fundação Económicas

Vítor Magriço, *Alianças Internacionais das Empresas Portuguesas na Era da Globalização. Uma Análise para o Período 1989-1998*, Agosto 2003

Maria de Lourdes Centeno, *Teoria do Risco na Actividade Seguradora*, Agosto 2003

António Romão, Manuel Brandão Alves e Nuno Valério (orgs.), *Em Directo do ISEG*, Fevereiro 2004

Joaquim Martins Barata, *Elaboração e Avaliação de Projectos*, Abril 2004

Maria Paula Fontoura e Nuno Crespo (orgs.), *O Alargamento da União Europeia. Consequências para a Economia Portuguesa*, Maio 2004

António Romão (org.), *Economia Europeia*, Dezembro 2004

Maria Teresa Medeiros Garcia, *Poupança e Reforma*, Novembro 2005

1ª Série publicada pela CELTA Editora

JORGE AFONSO GARCIA
ONOFRE ALVES SIMÕES

MATEMÁTICA ACTUARIAL
VIDA E PENSÕES

MATEMÁTICA ACTUARIAL. VIDA E PENSÕES

AUTORES
JORGE AFONSO GARCIA
ONOFRE ALVES SIMÕES

EDITOR
EDIÇÕES ALMEDINA, SA
Av. Fernão Magalhães, n.º 584, 5.º Andar
3000-174 Coimbra
Tel.: 239 851 904
Fax: 239 851 901
www.almedina.net
editora@almedina.net

PRÉ-IMPRESSÃO | IMPRESSÃO | ACABAMENTO
G.C. GRÁFICA DE COIMBRA, LDA.
Palheira – Assafarge
3001-453 Coimbra
producao@graficadecoimbra.pt

Janeiro, 2010

DEPÓSITO LEGAL
304420/10

Os dados e as opiniões inseridos na presente publicação
são da exclusiva responsabilidade do(s) seu(s) autor(es).

Toda a reprodução desta obra, por fotocópia ou outro qualquer
processo, sem prévia autorização escrita do Editor, é ilícita
e passível de procedimento judicial contra o infractor.

Biblioteca Nacional de Portugal – Catalogação na Publicação

GARCIA, Jorge Afonso, e outro

Matemática actuarial : vida e pensões / Jorge Afonso
Garcia, Onofre Alves Simões. – (Económicas. 2ª série)
ISBN 978-972-40-3944-2

I – SIMÕES, Onofre Alves

CDU   51-7
      368

Índice

PARTE I
O MODELO TRADICIONAL

CAPÍTULO 1
O COMPORTAMENTO DA MORTALIDADE 19
   1.1 Introdução 19
   1.2 Funções de sobrevivência e probabilidades associadas 21
      1.2.1 Função de sobrevivência 22
      1.2.2 Esperança de vida 24
      1.2.3 A força de mortalidade μ_x 25
      1.2.4 Densidade de probabilidade associada ao tempo de vida 27
   1.3 Tábuas de mortalidade 29
      1.3.1 Taxa central de mortalidade. 33
   1.4 Leis de mortalidade 36
      1.4.1 Algumas tábuas recentes 42

CAPÍTULO 2
SEGUROS DE VIDA 53
   2.1 Introdução 53
   2.2 Juros e actualização fnanceira 56
   2.3 Valor actual esperado ou valor actuarial 60
   2.4 A noção de prémio puro 63
   2.5 Seguro de capital diferido – factor de desconto actuarial 67

CAPÍTULO 3
RENDAS DEPENDENTES DA VIDA HUMANA 71
   3.1 Introdução 71
   3.2 Anuidades imediatas 72
   3.3 Anuidades diferidas 75

3.4 Anuidades fraccionadas 77
3.5 Anuidades contínuas 80
3.6 A função de distribuição de uma anuidade contínua 83
3.7 Os momentos de uma anuidade vitalícia 85
3.8 Anuidades variáveis em progressão geométrica 86
3.9 Anuidades variáveis em progressão aritmética 89
3.10 Anuidades variáveis contínuas 90
3.11 Resumo de anuidades sobre uma cabeça 91

CAPÍTULO 4
SEGUROS EM CASO DE MORTE E MISTOS 93
4.1 Introdução 93
4.2 Seguro de vida inteira 95
4.3 Seguro temporário 99
4.4 Seguro misto 100
4.5 Seguros de capital variável geometricamente 102
4.6 Seguros de capital variável aritmeticamente 103
4.7 Relações entre seguros e anuidades 105
     4.7.1 Seguros pagos no final do ano da morte 105
     4.7.2 Seguros pagos no momento da morte 106
4.8 Resumo dos seguros sobre uma cabeça 107

CAPÍTULO 5
PRÉMIOS 109
5.1 Introdução. 109
5.2 Prémios anuais 110
5.3 Prémios anuais fraccionados 113
5.4 Prémios de tarifa 114
5.5 Prémios de algumas modalidades tradicionais 117
5.6 Resumo de prémios para algumas modalidades 125

CAPÍTULO 6
RESERVAS MATEMÁTICAS 127
6.1 Introdução 127
6.2 Reservas puras pelo método prospectivo 133
6.3 Reservas de inventário e comerciais pelo método prospectivo .. 137
6.4 Reservas matemáticas intercalares e de balanço 138
6.5 Reservas pelo método retrospectivo 140
6.6 Reservas pelo método de recorrência 142
6.7 Reservas fora da data aniversária 144
6.8 Reservas de Zillmer 145

6.9 O efeito nas reservas matemáticas de variações na taxa de juro ou na mortalidade 147
6.10 Resumo do formulário sobre reservas matemáticas 151

CAPÍTULO 7
ALTERAÇÕES DE CONTRATOS 153
7.1 Introdução 153
7.2 Noção de valor de resgate 155
7.3 Valor de redução (ou liberação) 157
7.4 Outras alterações 158
7.5 Resumo de alterações de contratos 163

CAPÍTULO 8
SEGUROS SOBRE VÁRIAS PESSOAS 165
8.1 Introdução 165
8.2 Probabilidades sobre várias cabeças 166
8.3 A força de mortalidade conjunta 168
8.4 Casos especiais das leis de Makeham e Gompertz 169
8.5 Grupos generalizados 172
    8.5.1 Grupos extintos à última morte 173
    8.5.2 Grupos extintos à k-ésima morte 176
    8.5.3 Estados compostos 179
    8.5.4 Rendas de sobrevivência 180
    8.5.5 Rendas reversíveis 181
8.6 Resumo de formulário sobre várias cabeças 182

CAPÍTULO 9
SEGUROS COMPLEMENTARES E RISCOS AGRAVADOS 185
9.1 Introdução 185
9.2 Complemento de capital em caso de invalidez 186
9.3 Complementos de morte por acidente 190
9.4 Riscos agravados ou desagravados 191

PARTE II
MODELOS UNIVERSAL LIFE E UNIT LINKED

CAPÍTULO 10
O MODELO UNIVERSAL LIFE 199
10.1 Introdução 199
10.2 Descrição sucinta 200

10.3 A cobertura por morte 201
10.4 Exemplos de contratos *Universal life* 203
10.5 Os prémios e sua possível evolução 204
10.6 Outros aspectos específicos 207

CAPÍTULO 11
O MODELO UNIT LINKED 209
11.1 Introdução 209
11.2 Descrição dos fundos associados 214
11.3 O activo e o passivo 216
11.4 As unidades e sua valorização 217
11.5 Exemplos de modelos de *Unit linked* 218
    11.5.1 O modelo americano New York Life 218
    11.5.2 O modelo *Unit linked* em Inglaterra 219
    11.5.3 O modelo francês de capital variável 221
    11.5.4 Modelos em vigor em Portugal 223
11.6 Tendências 224

PARTE III
INTRODUÇÃO AO MODELO MARKOVIANO

CAPÍTULO 12
O PROCESSO DE MARKOV E A VIDA HUMANA 229
12.1 Introdução 229
12.2 Probabilidades, intensidades e taxas de transição 232
    12.2.1 Probabilidades de transição 233
12.2.2 Matrizes de transição 235
12.2.3 Intensidades de transição 236
    12.2.4 As equações progressiva e regressiva de Chapman-Kolmogorov 237
    12.2.5 Densidades de probabilidade associadas à permanência em determinado estado 239
    12.2.6 Classificação dos diferentes estados 240
    12.2.7 Taxas de transição 242

CAPÍTULO 13
PRINCIPAIS FUNÇÕES ACTUARIAIS 247
13.1 Prémios e valores actuariais 247
13.2 Reservas pelo método prospectivo 254

PARTE IV
INTRODUÇÃO AOS FUNDOS DE PENSÕES

CAPÍTULO 14
FUNDOS DE PENSÕES 261
14.1 Introdução 261
14.2 Definições 265
14.3 Planos de pensões e planos de benefícios de saúde 267
14.4 Formas de pagamento dos benefícios 270

CAPÍTULO 15
PLANOS DE BENEFÍCIO DEFINIDO (BD) 273
15.1 Introdução 273
15.2 Principais tipos de planos BD 274
    15.2.1 Planos sobre o salário final 274
    15.2.2 Planos sobre o salário de carreira 275
    15.2.3 Outros tipos de planos e benefícios 276
15.3 Alguns conceitos actuariais de base 280
    15.3.1 Introdução 280
    15.3.2 Glossário 283
    15.3.3 Parâmetros e tabelas a considerar 285
    15.3.4 Os benefícios 286
    15.3.5 Saídas do plano 288

CAPÍTULO 16
MÉTODOS DE FINANCIAMENTO EM PLANOS BD 291
16.1 Introdução 291
16.2 Métodos de custo individual 292
    16.2.1 Prémio nivelado individual (*Individual level premium*) 292
    16.2.2 Unidade de pensão creditada (*Unit credit*) 297
    16.2.3 Idade atingida – individual (*Individual attained age*) .. 301
    16.2.4 Financiamento inicial (*Initial funding*) 302
    16.2.5 Financiamento final (*Terminal funding*) 303
16.3 Métodos de custo agregado 304
    16.3.1 Idade de entrada (*Entry age*) 304
    16.3.2 Método agregado (*Aggregate cost method*) 306
    16.3.3 Contribuição constante 306
    16.3.4 Idade atingida (*Attained age*) 307
    16.3.5 Reposição do nível de financiamento 307
16.4 Objectivos de financiamento 310
16.5 Direitos adquiridos 312

16.5.1 Introdução 312
16.5.2 Responsabilidades por direitos adquiridos 316
16.5.3 Transferência de direitos adquiridos 321

CAPÍTULO 17
PLANOS DE CONTRIBUIÇÃO DEFINIDA (CD) 323
17.1 Introdução 323
17.2 Principais tipos de planos CD 326
17.3 Planos de objectivo definido 328
    17.3.1 Taxa de substituição individual pré-fixada 329
    17.3.2 Taxa de contribuição global pré-fixada 331
    17.3.3 Nível de poupança 332

CAPÍTULO 18
INVALIDEZ, SOBREVIVÊNCIA E REFORMAS ANTECIPADAS . 333
18.1 Pensões de invalidez e sobrevivência 333
    18.1.1 Introdução 333
    18.1.2 Pensões de invalidez 335
    18.1.3 Pensões de sobrevivência 338
    18.1.4 Sobrevivência imediata 339
    18.1.5 Sobrevivência diferida 340
18.2 Pensões de pré-reforma e reforma antecipada 342
    18.2.1 Introdução 32
    18.2.2 Pensões de pré-reforma 343
    18.2.3 Reforma antecipada 344

CAPÍTULO 19
GANHOS E PERDAS EM PLANOS DE BENEFÍCIO DEFINIDO 347
19.1 Introdução 347
19.2 Desvios de origem financeira 349
19.3 Desvio global e desvios parciais (activos) 351
19.4 Desvios-análise detalhada 353
19.5 O tratamento dos desvios acumulados 363
19.6 Medidas de performance 364

PARTE V
RISCO-IDENTIFICAÇÃO E MODELOS

CAPÍTULO 20
SOLVÊNCIA 373
20.1 Introdução 373

20.2 Os três pilares do modelo Solvência II 374
20.3 Os riscos e sua classificação 378
20.4 Avaliação do impacto no capital de solvência 382

CAPÍTULO 21
INTRODUÇÃO AO PROFIT TESTING 389
21.1 Introdução 389
21.2 O cálculo de cash-flows 392
21.3 Lucros esperados e sua avaliação 395
21.4 Aplicação do modelo a um conjunto de apólices 397
21.5 Solvência e *profit testing* 399
21.6 *Embedded value* (Valor intrínseco) 400
    21.6.1 Pressupostos que influenciam o cálculo do *embedded value* 401
    21.6.2 Aplicação a uma carteira de seguros mistos 404

CAPÍTULO 22
INTRODUÇÃO ÀS TÉCNICAS DE ALM 411
22.1 Introdução 411
22.2 Princípios metodológicos 416
22.3 Alguns modelos determinísticos 417
22.4 Os modelos estocásticos 420
22.5 Variações populacionais e contribuições 423

CAPÍTULO 23
MODELOS ESTOCÁSTICOS DA TAXA DE JURO 427
23.1 Estrutura temporal das taxas de juro 427
    23.1.1 Taxas de juro *spot* 428
    23.1.2 Determinação das taxas de juro *spot* 431
    23.1.3 Taxas de juro *forward* 432
    23.1.4 Relação entre as taxas de juro *spot* e as taxas de juro *forward* 433
    23.1.5 *Par Yields* 434
    23.1.6 Outra notação 436
    23.1.7 Modelos da taxa de juro 437
23.2 Valores acumulados em situação de incerteza 440
    23.2.1 Taxas de juro mutuamente independentes e identicamente distribuídas 442
    23.2.2 Taxas mutuamente independentes, mas não identicamente distribuídas 446
    23.2.3 Taxas de juro dependentes 446

CAPÍTULO 24
VALUE AT RISK 453
   24.1 Introdução 453
      24.1.1 *Reward Risk Ratios (RRR)* e volatilidade 454
   24.2 Risco 456
   24.3 Tipos de riscos financeiros 458
      24.3.1 Risco de Mercado 458
      24.3.2 Risco de Crédito 459
      24.3.3 Risco de Liquidez 461
      24.3.4 Risco Operacional 461
      24.3.5 Risco Legal 462
   24.4 *Value at Risk (VaR)* 462
      24.4.1 Medidas. Medidas de Risco 463
      24.4.2 A filosofia subjacente ao *VaR* 465
      24.4.3 Apresentação elementar dos métodos de cálculo do *VaR* 467
      24.4.4 Cálculo do *VaR* em portfólios mais complexos 472
      24.4.5 Construção de uma medida *VaR* 477
      24.4.6 Argumentos pró e contra *VaR* 482
      24.4.7 Medidas de risco coerentes 483

PARTE VI
APÊNDICES

APÊNDICE A
EXERCÍCIOS 495
   Capítulo 1 495
   Capítulo 3 497
   Capítulo 4 497
   Capítulo 5 498
   Capítulo 6 500
   Capítulo 7 501
   Capítulo 8 502
   Capítulo 14 503
   Capítulo 22 504

APÊNDICE B
LISTA DE SÍMBOLOS 507
   B.1 Juros e anuidades certas 507
   B.2 Funções de sobrevivência, tábuas de mortalidade e probabilidades elementares associadas 508

B.3 Anuidades sobre uma cabeça 508
B.4 Seguros sobre uma cabeça 509
B.5 Prémios, cargas e reservas matemáticas 509
B.6 Seguros sobre várias cabeças-probabilidades associadas 510
B.7 Símbolos de comutação sobre uma cabeça e respectivo for-
 mulário 510
B.8 Anuidades e seguros expressos em símbolos de comutação . 511

APÊNDICE C
SOLUÇÕES/TÓPICOS DE RESOLUÇÃO DE EXERCÍCIOS 513

BIBLIOGRAFIA 539

ÍNDICE 541

Resumo

O presente texto tem como objectivo principal fornecer aos alunos das licenciaturas em Economia, Gestão, Matemática e Finanças, bem como aos alunos dos mestrados em Ciências Actuariais do Instituto Superior de Economia e Gestão, um texto em Português de introdução às matérias leccionadas nas disciplinas de Matemática Actuarial, Complementos de Matemática Actuarial e Fundos de Pensões.

Tratando-se de um texto básico, aplicável sobretudo na área de Vida e Fundos de Pensões, procurámos cobrir os principais temas e questões que se colocam aos Actuários desta área, em especial aos que se encontram em início de carreira, tentando simultaneamente introduzir alguns conceitos mais modernos, num domínio tradicionalmente convencional, com especial destaque para uma maior aplicação da teoria das probabilidades e processos estocásticos.

Procede-se também à identificação das variáveis aleatórias envolvidas nos modelos apresentados bem como ao cálculo ou indicação das funções de distribuição e dos respectivos momentos. Para o efeito, é usado por vezes o integral de Riemann-Stieltjes, cujas propriedades se supõem conhecidas.

Alguns conceitos recentes e suas aplicações são igualmente considerados, tais como os modelos de Profit Testing e os modelos Markovianos.

Estamos certos que muitos capítulos necessitariam de um desenvolvimento alargado, no entanto, para uma primeira abordagem da matéria tratada, uma maior profundidade dos temas poderia resultar confusa e não totalmente aproveitável. De qualquer forma, recomenda-se a leitura complementar das obras citadas na bibliografia, a maioria das quais, pela sua natureza, apresenta superior detalhe analítico.

Relativamente aos exercícios propostos e resolvidos, que se encontram em apêndice, há que referir que nem todos os capítulos têm o mesmo nível de desenvolvimento, tendo-se elegido como objectivo principal a exemplificação de alguns dos conceitos teóricos desenvolvidos. Contudo, sublinhamos que, neste tipo de matéria, os exercícios mais importantes consistem em perceber bem o formulário apresentado e a respectiva dedução analítica.

O texto encontra-se dividido em cinco partes.

Na primeira, desenvolve-se o modelo tradicional aplicável em seguros de Vida.

A segunda parte é constituída pelos modelos *Universal Life* e *Unit Linked*.

A terceira é dedicada à introdução dos modelos Markovianos de que o modelo convencional é um caso particular.

A quarta parte é dedicada ao actuariado dos Fundos de Pensões e capitalização colectiva para a reforma.

A última parte é dedicada à solvência e a alguns dos modelos mais utilizados de análise e quantificação de risco.

Uma última palavra para justificar a bibliografia mencionada. De um vasto conjunto de obras existentes sobre os tópicos abordados, seleccionámos aquelas que se afiguram como mais significativas, algumas das quais se podem considerar clássicas.

Naturalmente, todas as eventuais incorrecções são da responsabilidade dos autores.

PARTE I
O MODELO TRADICIONAL

Capítulo 1

O Comportamento da Mortalidade

1.1 Introdução

O comportamento da mortalidade tem sido objecto de muita reflexão, estudo e análise estatística, a que se têm dedicado ao longo dos séculos muitos matemáticos ilustres.

A partir de princípios do século XVIII, com Abraham de Moivre, a medida da mortalidade passou a ter um tratamento analítico mais adequado aos fins a que primeiramente se destinava: o cálculo de anuidades e seguros dependentes da vida humana.

Apesar de o actuário que se dedica ao estudo dos seguros de vida ter hoje à sua disposição um poderoso conjunto de ferramentas estatísticas, subsistem nos nossos dias determinadas questões para cuja solução existem apenas respostas parciais ou hipotéticas. Embora alguns modelos estocásticos mais recentes permitam uma abordagem mais geral e porventura mais adequada a uma realidade contingente, dinâmica e dependente de numerosos factores de natureza aleatória, alguns dos quais porventura desconhecidos, podemos ainda assim afirmar que mesmo os estudos estatísticos mais avançados não permitem incorporar à priori, em padrões pré-definidos, a natureza específica da vida de um cidadão ou mesmo de um grupo específico de pessoas, a sua resistência ao meio ambiente, à doença, ao acidente e, naturalmente, à morte. Seria aliás impensável (com eventual excepção para objectivos de natureza clínica) tentar medir a capacidade de sobrevivência do cidadão X. O que de facto nos interessa é conhecer o padrão de comportamento da mortalidade de uma dada população onde eventualmente o cidadão X se inclua.

Para complicar os modelos elegíveis/aplicáveis, é consensual e reconhecido que os dados estatísticos de mortalidade recolhidos de uma dada população, em períodos de observação específicos, ainda que recentes, dizem respeito ao passado e a gerações de pessoas completamente distintas, cuja resistência aos factores de morbilidade, em contínuo movimento, foi por certo desigual e que, naturalmente, também será diferente nas pessoas que lhe sobrevivem, originando padrões de mortalidade significativamente diferenciados. A utilização simples e directa desses dados, para efeitos de extrapolação, torna-se assim extremamente perigosa. De facto, não podemos sequer admitir que a capacidade de sobrevivência de um recém-nascido actual, ao longo da sua vida futura, seja idêntica à de outros, nascidos ao longo do século passado e que deram origem às estatísticas e tabelas de mortalidade que hoje possuímos.

A concepção de uma tabela de mortalidade de simples entrada (a idade do cidadão), baseada de forma estática nos dados estatísticos existentes, sem ter em atenção a dinâmica que o fenómeno em si próprio encerra, bem como a sua aplicação prospectiva sem qualquer margem de segurança, revela-se pois de uma certa imprudência, ainda que reconheçamos que as fórmulas e cálculos a que conduz são relativamente simples e cómodos de usar. Não cabe porém dentro dos objectivos desta primeira parte das matemáticas actuariais discutir ou modelizar de forma mais abrangente, mas necessariamente mais complexa, o comportamento da mortalidade.

Convirá acentuar que todo o edifício tradicional construído sobre as contingências da vida humana, desde a notação actuarial internacional até à concepção de determinados produtos na área seguradora, necessita ser compreendido e utilizado regularmente, como linguagem corrente, por todos os profissionais ou investigadores que a esta matéria se dediquem.

Apesar de tudo, deve notar-se que os anteriores reparos não desqualificam a matéria nem o objectivo deste capítulo, que consiste em dar ao leitor as noções básicas sobre a medida da mortalidade, a construção clássica de uma tábua de mortalidade, as funções tradicionais aplicáveis, bem como a notação actuarial internacional (**NAI**), que será bom ter sempre presente. Esta notação foi originalmente adoptada pelo congresso de actuários de 1898 e encontra-se em permanente revisão por um comité de notação da AAI, Associação Actuarial Internacional.

Alguns dos conceitos e formulário desenvolvidos são aplicáveis noutros modelos ou situações, que não se restringem aos seguros ou à vida humana, uma vez que todo o edifício que se apresenta tem uma base estatística sólida e os espaços de probabilidade associados estão correctamente identificados. Assume-se também que os conceitos, modelos e principais propriedades das funções e parâmetros estatísticos utilizados se encontram totalmente adquiridos.

1.2 Funções de sobrevivência e probabilidades associadas

O conceito de sobrevivência, em sentido lato, não diz respeito exclusivamente à vida humana, podendo naturalmente aplicar-se a qualquer ser vivo ou mesmo máquina ou objecto, a partir de um determinado momento. A noção de sobrevivência utilizada no presente texto está todavia intrinsecamente ligada à duração da vida futura de uma pessoa, ou grupo de pessoas, em determinadas circunstâncias previamente definidas. Casos porém existem em que a noção é aplicada a um simples acontecimento, como por exemplo quando se diz "sobreviveu ao acidente". Não será neste sentido que usaremos o termo sobreviver. Contudo, a sobrevivência pode ser considerada em circunstâncias particulares, por exemplo, uma pessoa de idade a estar viva e válida à idade x ou estar viva e ao serviço de uma mesma empresa à idade x. Trata-se nestes casos da manutenção de um determinado estado, que se supõe existir à partida, o que conduz a probabilidades de sobrevivência totalmente distintas. Contudo, se nada for dito em contrário, o termo será utilizado no presente texto em sentido restrito.

1.2.1 Função de sobrevivência

Seja X a variável aleatória (v.a.) que representa o tempo de vida expresso em anos de um recém-nascido. Trata-se de uma variável aleatória contínua, que suporemos ter densidade $f(x)$ e função de distribuição $F(x)$. Tem-se, naturalmente:

$$f(x) \begin{cases} = 0 & \text{para } x < 0 \\ > 0 & \text{para } 0 < x < \omega \\ = 0 & \text{para } x > \omega, \end{cases} \qquad (1.1)$$

em que ω representa a idade máxima admissível. Por vezes, por simplicidade de notação, considera-se $\omega = \infty$.

A função de sobrevivência $s(x)$, que representa a probabilidade do acontecimento $(X > x)$, vem então dada pela igualdade

$$s(x) = 1 - F(x). \qquad (1.2)$$

As propriedade das funções de distribuição e a condição (1.1) permitem-nos concluir de imediato que, para uma dada função contínua e derivável no intervalo $(0,\omega)$ poder ser considerada uma função de sobrevivência, terá que possuir as seguintes características:

$$\begin{array}{ll} 1)\ s(0) = 1 & \\ 2)\ s'(x) < 0 & \text{para } x \in (0,\omega) \\ 3)\ s(x) = 0 & \text{para } x \geq \omega. \end{array} \qquad (1.3)$$

Notamos que, em geral, se restringe o domínio de s(x) ao intervalo [0,ω].

Exemplo 1.1 *O caso mais simples de função de sobrevivência (possível, mas pouco verosímil) será a função linear*

$$s(x) = 1 - \frac{x}{\omega} \text{ para } x \in [0, \omega].$$

Com efeito, verifica-se que se trata de uma função contínua e que

$$\begin{array}{l} s(0) = 1 \\ s'(x) = -\frac{1}{\omega} < 0, \ x \in (0, \omega) \\ s(\omega) = 0. \end{array}$$

Exemplo 1.2 *Também é função de sobrevivência*

$$s(x) = \omega^{-\frac{1}{\alpha}} (\omega - x)^{\frac{1}{\alpha}} \text{ com } \alpha > 1 \text{ e } x \in [0, \omega].$$

Mais uma vez, é fácil verificar que as condições (1.3) são satisfeitas, o que se deixa como exercício. Para $\alpha = 3$ e $\omega = 105$ teríamos o seguinte gráfico

Gráfico 1

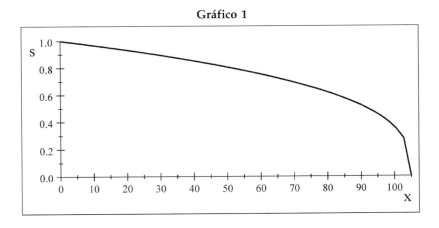

1.2.2 Esperança de vida

Como valor esperado da v.a. X (esperança de vida à nascença), teremos

$$E(X) = \int_0^\omega x f(x)\, dx = \omega - \int_0^\omega F(x)\, dx = \int_0^\omega [1 - F(x)]\, dx = \int_0^\omega s(x)\, dx. \quad (1.4)$$

Representando por ${}_t p_x$ a probabilidade de uma pessoa de idade x atingir (viva) a idade $x + t$, teremos

$$ {}_t p_x = P(X > x + t \mid X > x) = \frac{s(x+t)}{s(x)}. \quad (1.5)$$

Representando por ${}_t q_x$ a probabilidade de uma pessoa de idade x morrer antes de atingir a idade $x + t$, teremos naturalmente

$$ {}_t p_x + {}_t q_x = 1$$

ou

$$ {}_t q_x = 1 - \frac{s(x+t)}{s(x)}. \quad (1.6)$$

Note-se que, quando $t = 1$, o respectivo índice é omitido, pelo que a probabilidade de uma pessoa de idade x estar viva passado um ano representa-se simplesmente por p_x e a probabilidade de morrer ao longo desse ano será então $q_x = 1 - p_x$.

Representando agora por T a v.a. correspondente ao tempo de vida futura de $[x]$ (pessoa de idade x), torna-se evidente que a função de sobrevivência de $[x]$ é

$$s_x(t) = {}_t p_x = \frac{s(x+t)}{s(x)} \quad \text{com } t \in (0, \omega - x),$$

e que a esperança de vida futura, representada por e_x, será

$$e_x = E_x(T) = \int_0^{\omega - x} \frac{s(x+t)}{s(x)} dt = \int_0^{\omega - x} {}_t p_x\, dt. \quad (1.7)$$

Notamos que os limites superiores de integração nas expressões (1.4) e (1.7) poderiam ser substituídos por +∞, uma vez que os respectivos integrais entre $\omega - x$ e +∞ são nulos.

A probabilidade de [x] morrer nos m anos seguintes à data em que atinge a idade $x + n$, representa-se por $_{n|m}q_x$ e vem dada pela expressão

$$_{n|m}q_x = {_n}p_x - {_{n+m}}p_x = \frac{s(x+n) - s(x+n+m)}{s(x)}. \quad (1.8)$$

No caso particular de m ser 1, o índice é também omitido, pelo que

$$_{n|}q_x = {_n}p_x - {_{n+1}}p_x = \frac{s(x+n) - s(x+n+1)}{s(x)}.$$

1.2.3 A força de mortalidade μ_x

A força de mortalidade μ_x, muitas vezes designada por taxa instantânea de mortalidade, ou ainda por intensidade instantânea de transição do estado *vivo* para o estado *morto*, define-se pelo limite

$$\mu_x = \lim_{h \to 0} \frac{{_h}q_x}{h}, \quad \text{com } h > 0. \quad (1.9)$$

Pela definição dada é fácil provar que

$$\mu_x = -\frac{d}{dx} \log s(x) = -\frac{s'(x)}{s(x)}. \quad (1.10)$$

Com efeito,

$$\lim_{h \to 0} \frac{{_h}q_x}{h} = \lim_{h \to 0} \frac{s(x) - s(x+h)}{hs(x)} = -\frac{1}{s(x)} \lim_{h \to 0} \frac{s(x+h) - s(x)}{h} = -\frac{s'(x)}{s(x)}.$$

Por outro lado, verifica-se com facilidade que
1) $\mu_x \geq 0$,
2) μ_x, não sendo uma probabilidade, não é necessariamente < 1, (1.11)
3) $\mu_x dx$ representa a probabilidade de morte no intervalo infinitesimal $(0, dx)$.

μ_x é pois uma medida relativa da mortalidade no momento em que a idade x é atingida, enquanto q_x mede a mortalidade ao longo de um ano, isto é, variando a idade entre x e $x + 1$. Em zonas da curva $s(x)$ com muito fraco declive, se existirem, pode considerar-se μ_x próximo de q_x e ambos próximos de 0.

Conhecendo a expressão algébrica de μ_x, podemos determinar as probabilidades de vida ou de morte, por integração. Com efeito, integrando μ_{x+t} entre 0 e n, obtém-se

$$\int_0^n \mu_{x+t} dt = -\int_0^n \frac{d}{dt} \log s(x+t) \, dt = -[\log s(x+t)]_0^n = -\log {}_n p_x,$$

pelo que

$${}_n p_x = e^{-\int_0^n \mu_{x+t} dt}, \qquad (1.12)$$

e portanto

$${}_n q_x = 1 - e^{-\int_0^n \mu_{x+t} dt}. \qquad (1.13)$$

Porém, podemos obter a probabilidade de morte por outra fórmula. Dado que por (1.10) é possível escrever

$$s(x+t) \mu_{x+t} = -\frac{d}{dt} s(x+t),$$

integrando ambos os membros da igualdade anterior entre 0 e n obter-se-á

$$\int_0^n s(x+t) \mu_{x+t} dt = -\int_0^n \frac{d}{dt} s(x+t) \, dt = s(x) - s(x+n).$$

Dividindo os dois membros da igualdade anterior por $s(x)$, vem então

$$_nq_x = \frac{s(x) - s(x+n)}{s(x)} = \int_0^n \frac{s(x+t)}{s(x)}\mu_{x+t}dt = \int_0^n {}_tp_x\mu_{x+t}dt. \quad (1.14)$$

1.2.4 Densidade de probabilidade associada ao tempo de vida

O produto ${}_tp_x\mu_{x+t}dt$ pode ser interpretado como a probabilidade de uma pessoa que tem hoje a idade x estar viva daqui a t anos, e falecer num intervalo de tempo infinitesimal imediatamente posterior de amplitude dt, ou seja, pode considerar-se como a probabilidade de morte à idade $x+t$. Assim, a variável aleatória T, correspondente ao tempo de vida futuro de $[x]$, tem como função densidade

$$f_T(t) = {}_tp_x\mu_{x+t}.$$

Tem-se, então,

$$_nq_x = P(T \le n) = F_T(n) = \int_0^n f_T(t)\,dt = \int_0^n {}_tp_x\mu_{x+t}dt,$$

expressão onde $F_T(.)$ representa a função de distribuição de T.

Exercício 1 *Provar que*

$$_{n|m}q_x = \int_n^{n+m} {}_tp_x\mu_{x+t}dt.$$

Como resumo pode considerar-se a seguinte tabela:

Símbolos	Definições ou expressões
X	variável aleatória representando a vida de um recém nascido
$f(x)$	densidade de probabilidade associada a X
$F(x)$	função de distribuição da v.a. X
$s(x)$	função de sobrevivência associada a X: $s(x) = 1 - F(x)$
$(0, \omega)$	suporte da distribuição de X
e_0	esperança de vida à nascença: $e_0 = E(X) = \int_0^\omega s(x)\,dx$
$[x]$	pessoa de idade x
e_x	esperança de vida de uma pessoa $[x]$: $$e_x = E_x(T) = \int_0^{\omega-x} \frac{s(x+t)}{s(x)} dt$$
${}_tp_x$	probabilidade de $[x]$ estar vivo à idade $x + t$: $$_tp_x = \frac{s(x+t)}{s(x)}$$
${}_{n\mid m}q_x$	probabilidade de $[x]$ morrer entre as idades $x + n$ e $x + n + m$.
${}_{n\mid}q_x$	${}_{n\mid}q_x = {}_{n\mid 1}q_x = {}_np_x - {}_{n+1}p_x$. Se $m = 1$, omite-se
${}_tq_x$	probabilidade de $[x]$ morrer antes de atingir a idade $x + t$: ${}_tq_x = 1 - {}_tp_x$
μ_x	força de mortalidade à idade x: $$\mu_x = \lim_{h \to 0^+} \frac{{}_hq_x}{h} = -\frac{s'(x)}{s(x)}$$ $${}_np_x = e^{-\int_0^n \mu_{x+t} dt}$$ $${}_nq_x = 1 - {}_np_x = \int_0^n {}_tp_x \mu_{x+t} dt.$$
T	variável aleatória representando o tempo de vida futuro de $[x]$

$f_T(t)$ densidade de probabilidade correspondente a T:

$$f_T(t) = {}_tp_x\mu_{x+t}$$

$${}_{n|m}q_x = \int_n^{n+m} {}_tp_x\mu_{x+t}dt.$$

1.3 Tábuas de mortalidade

Supondo que temos uma população (hipotética) com, por exemplo, $l_0 = 10^6$ recém-nascidos, com função de sobrevivência comum $s(x)$, o número de pessoas vivas à idade x pode ser considerada uma v.a. com distribuição binomial cujo valor esperado é

$$l_x = l_0 \times s(x).\qquad(1.15)$$

Considerando todos os valores possíveis para x inteiro, obtém-se a sucessão $l_0, l_1, ..., l_{\omega-1}$ a que se chama correntemente **tábua de mortalidade (t.m.)**. Uma tábua de mortalidade não é mais que um meio simples de explicitar o comportamento estatístico da mortalidade de uma dada população, a partir do qual se podem efectuar, na sua maioria, os cálculos actuariais necessários para os seguros de vida. Embora as t.m. apenas explicitem valores para as idades 0, 1, ..., sabemos que implicitamente têm por suporte a relação (1.15) e portanto, do ponto de vista analítico, l_x pode ser considerada uma função contínua e diferenciável de x. Assim, por exemplo, as relações (1.5) e (1.6), quaisquer que sejam x e t, podem escrever-se na forma

$${}_tp_x = \frac{s(x+t)}{s(x)} = \frac{l_{x+t}}{l_x},\qquad(1.16)$$

$${}_tq_x = 1 - \frac{l_{x+t}}{l_x}\qquad(1.17)$$

e
$$q_x = 1 - \frac{l_{x+1}}{l_x} = \frac{l_x - l_{x+1}}{l_x} = \frac{d_x}{l_x},$$

expressão na qual $d_x = l_x - l_{x+1}$ corresponde ao número de mortes ocorridas entre as idades x e $x+1$. Verifica-se de imediato que d_x tem distribuição binomial com valor esperado $q_x l_x$ e variância $l_x p_x q_x$. Consoante os valores envolvidos, esta distribuição poderá ser aproximada à distribuição de Poisson e, em certos casos, quando d_x é suficientemente elevado, à distribuição normal (por aplicação do teorema do limite central), facto que facilita a determinação de percentis ou de intervalos de confiança para o número esperado de mortes em determinada idade.

A esperança de vida futura para uma pessoa de idade x será então

$$e_x = E_x(T) = \int_0^{\omega-x} t \, {}_t p_x \mu_{x+t} dt = -\int_0^{\omega-x} t \frac{l'_{x+t}}{l_x} dt.$$

Integrando por partes, obtem-se o resultado anteriormente apresentado em (1.7)

$$e_x = -\int_0^{\omega-x} t \frac{l'_{x+t}}{l_x} dt = -\left[t \frac{l_{x+t}}{l_x} \right]_0^{\omega-x} + \int_0^{\omega-x} \frac{l_{x+t}}{l_x} dt = \int_0^{\omega-x} {}_t p_x \, dt.$$

No que se refere aos outros momentos de T, teremos

$$E_x(T^k) = \int_0^{\omega-x} t^k {}_t p_x \mu_{x+t} dt.$$

Em particular,

$$E_x(T^2) = \int_0^{\omega-x} t^2 {}_t p_x \mu_{x+t} dt = 2 \int_0^{\omega-x} t \, {}_t p_x dt,$$

pelo que a variância do tempo futuro de vida de [x] será

$$V_x(T) = 2\int_0^{\omega-x} t\,_tp_x dt - \left(\int_0^{\omega-x} {}_tp_x\,dt\right)^2. \qquad (1.18)$$

Dispondo apenas dos valores da t.m., pode calcular-se um valor bastante aproximado da esperança de vida pela soma dos valores de $_tp_x$, recorrendo à expressão

$$e_x \simeq \sum_{t=1}^{\omega-x-1} {}_tp_x + \frac{1}{2}. \qquad (1.19)$$

Admitindo que a distribuição das mortes ao longo do ano é uniforme, isto é, que

$$_hq_x = h \times q_x \text{ para } 0 < h < 1, \qquad (1.20)$$

demonstra-se facilmente que a expressão (1.19) é exacta e, nesse caso,

$$_hp_x = 1 - h \times q_x.$$

Derivando a expressão (1.20) em ordem a h, podemos ainda concluir que, para $0 < h < 1$,

$$_hp_x = 1 - h \times q_x.$$

Com efeito,

$$\frac{d}{dh}\,_hq_x = \frac{d}{dh}\left(1 - \frac{l_{x+h}}{l_x}\right) = -\frac{l'_{x+h}}{l_x} = -\frac{l'_{x+h}}{l_{x+h}} \times \frac{l_{x+h}}{l_x} = \mu_{x+h}\,_hp_x.$$

A hipótese de mortes uniformes ao longo do ano também permite escrever

$$l_{x+h} = l_x\left(1 - h \times q_x\right), \text{ com } 0 < h < 1,$$

pelo que

$$p_{x+h} \simeq \frac{l_{x+1}(1 - h \times q_{x+1})}{l_x(1 - h \times q_x)} = p_x \frac{1 - h \times q_{x+1}}{1 - h \times q_x}. \quad (1.21)$$

Também a probabilidade de uma pessoa de idade x sobreviver à idade $x + n$ e morrer antes de atingir a idade $x + n + m$ pode ser calculada pela expressão

$$_{n|m}q_x = {}_n p_x - {}_{n+m} p_x = \frac{l_{x+n} - l_{x+n+m}}{l_x}. \quad (1.22)$$

A força de mortalidade μ_x vem, como já vimos, dada pela igualdade

$$\mu_x = -\frac{d}{dx}\log l_x = -\frac{l'_x}{l_x}. \quad (1.23)$$

No entanto, quando estão apenas disponíveis os valores da t.m., a fórmula anterior de pouco serve, sendo necessário calcular μ_x de forma aproximada. Para o efeito, considerando em (1.12) $n = 1$, teremos

$$p_x = e^{-\int_0^1 \mu_{x+t}dt},$$

pelo que

$$\log p_x = -\int_0^1 \mu_{x+t}dt.$$

Pelo primeiro teorema da média, sabemos que $\int_0^1 \mu_{x+t}dt = \mu_{x+\alpha}$, com $0 < \alpha < 1$, e que, se admitirmos que μ_x varia linearmente no intervalo (0, 1), então $\alpha = 1/2$. Assim, considera-se como boa a aproximação

$$\mu_{x+\frac{1}{2}} \simeq -\log p_x. \quad (1.24)$$

Substituindo x por $x - 1$ na relação anterior obtemos

$$\mu_{x-\frac{1}{2}} \simeq -\log p_{x-1}. \quad (1.25)$$

Interpolando linearmente, vem

$$\mu_x \simeq \frac{\mu_{x+\frac{1}{2}} + \mu_{x-\frac{1}{2}}}{2} \simeq -\frac{1}{2}\left(\log p_x + \log p_{x-1}\right) = \frac{1}{2}\left(\log l_{x-1} - \log l_{x+1}\right). \quad (1.26)$$

Para além desta, apresentam-se nos parágrafos seguintes duas outras aproximações bastante conhecidas.

Uma das mais comuns consiste em considerar a fórmula de derivação numérica

$$f'(x) \simeq \frac{f(x+1) - f(x-1)}{2},$$

exacta, por exemplo, se $f(x)$ puder ser representada por um polinómio do segundo grau no intervalo $(x-1, x+1)$ e bastante aproximada se a sua terceira derivada for próxima de zero nesse intervalo. Assim, aplicando a fórmula anterior a l_x obtemos

$$\mu_x = -\frac{l'_x}{l_x} \simeq \frac{l_{x-1} - l_{x+1}}{2l_x}. \quad (1.27)$$

Outra expressão resulta da aplicação do operador diferencial D e da sua relação com o operador de diferenças finitas $\triangle$. Prova-se em análise numérica que

$$D = \log(1 + \triangle) = \triangle - \frac{\triangle^2}{2} + \frac{\triangle^3}{3} - ...,$$

pelo que podemos escrever

$$\mu_x = -\frac{Dl_x}{l_x} = -\frac{1}{l_x}\left(d_x - \frac{1}{2}\triangle d_x + \frac{1}{3}\triangle^2 d_x - ...\right). \quad (1.28)$$

1.3.1 *Taxa central de mortalidade*

Para concluir este ponto introduz-se uma outra função actuarial importante, que relaciona a mortalidade em determinada idade x com o número médio de pessoas expostas ao risco ao longo de um ano. Designando L_x o número total de anos vividos durante um ano pelo grupo l_x inicial, teremos

$$L_x = l_{x+1} + \int_0^1 t l_{x+t} \mu_{x+t} dt = l_{x+1} - \int_0^1 t l'_{x+t} dt. \quad (1.29)$$

Integrando por partes,

$$\int_0^1 t l'_{x+t} dt = [t l_{x+t}]_0^1 - \int_0^1 l_{x+t} dt = l_{x+1} - \int_0^1 l_{x+t} dt,$$

donde

$$L_x = \int_0^1 l_{x+t} dt. \quad (1.30)$$

Dispondo apenas da tábua de mortalidade teremos

$$L_x \simeq \frac{l_x + l_{x+1}}{2}. \quad (1.31)$$

A taxa central de mortalidade define-se pela igualdade

$$m_x = \frac{l_x - l_{x+1}}{L_x} = \frac{d_x}{L_x}. \quad (1.32)$$

Nalgumas circunstâncias, nomeadamente em idades jovens e por questões de alisamento dos dados estatísticos existentes, a taxa central pode considerar idades adjacentes, vindo então,

$$m_x = \frac{3 d_x}{l_{x-1} + l_x + l_{x+1}}.$$

As taxas centrais de mortalidade são importantes quando se calculam os valores iniciais de q_x a partir dos dados amostrais. Verifica-se que, no caso da mortalidade se distribuir uniformemente ao longo do ano, a expressão (1.31) é exacta. Nesse caso teremos

$$L_x = \frac{l_x + l_x - d_x}{2} = l_x - \frac{1}{2} d_x,$$

e um estimador para q_x pode ser obtido pelas expressões

$$\widehat{q_x} = \frac{d_x}{l_x} = \frac{d_x}{L_x + \frac{1}{2}d_x} = \frac{2d_x/L_x}{2 + d_x/L_x} = \frac{2m_x}{2 + m_x}. \quad (1.33)$$

Como resumo pode considerar-se a seguinte tabela:

Símbolos	Definições ou expressões
l_x	número de vivos à idade x: $l_x = l_0 \times s(x)$
$_tp_x$	$_tp_x = \frac{s(x+t)}{s(x)} = \frac{l_{x+t}}{l_x}$
d_x	$d_x = l_x - l_{x+1}$ corresponde ao número de mortes entre as idades x e $x+1$
d_x	tem distribuição binomial com valor esperado $q_x l_x$ e variância $l_x p_x q_x$
q_x	$q_x = 1 - \frac{l_{x+1}}{l_x} = \frac{l_x - l_{x+1}}{l_x} = \frac{d_x}{l_x}$
$E_x(T^k)$	momento de ordem k de T em relação à origem: $E_x(T^k) = \int_0^{\omega-x} t^k {}_tp_x \mu_{x+t} dt$
e_x	$e_x \simeq \sum_{t=1}^{\infty} {}_tp_x + \frac{1}{2}$
μ_x	$\mu_x \simeq \frac{1}{2}(\log l_{x-1} - \log l_{x+1})$
L_x	número médio de pessoas de idade x expostas ao risco de morte ao longo de um ano
m_x	taxa central de mortalidade: $m_x = \frac{l_x - l_{x+1}}{L_x} = \frac{d_x}{L_x}$
$\widehat{q_x}$	estimador para q_x: $\widehat{q_x} = \frac{2m_x}{2+m_x}$.

1.4 Leis de mortalidade

Uma *lei de mortalidade* tenta descrever matematicamente o comportamento da mortalidade ao longo da vida de uma dada pessoa. Esta supõe-se escolhida ao acaso numa determinada população, da qual é conhecido, pelo menos em parte, o comportamento estatístico passado, inferindo-se a partir desse conhecimento o inerente comportamento futuro. Deve sublinhar-se que, muitas vezes, as expressões matemáticas utilizadas como funções de sobrevivência são bastante artificiais e raramente se ajustam com realismo ao comportamento da mortalidade futura de uma dada população. Matemáticos e actuários desde sempre se dedicaram à construção de funções de sobrevivência que, no todo ou em parte, pudessem reflectir o comportamento real da mortalidade.

A lei mais simples, apresentada por de Moivre em 1724, sugeria que os valores de l_x podiam ser razoavelmente representados por um segmento de recta obedecendo à expressão

$$l_x = k(\omega - x).$$

Reconhecendo a fraca aderência aos dados estatísticos recolhidos, de Moivre aconselhava a sua utilização cautelosa e apenas para o cálculo de rendas que não envolvessem idades fora do intervalo (12, 80).

Cem anos mais tarde (1825), Benjamin Gompertz observava e defendia dois aspectos importantes que, segundo ele, justificavam a vitalidade de uma pessoa, quer dizer, a sua capacidade de resistência à morte, bem como a evolução desta no tempo:

1) se μ_x, que em geral aumenta com a idade, é a taxa de mortalidade, o seu inverso, $1/\mu_x$, constitui uma medida de vitalidade, ou seja, do grau de resistência a essa mesma morte;

2) a taxa de decréscimo da vitalidade é proporcional ao próprio valor da vitalidade, ou seja,

Parte I – Capítulo 1. O comportamento da moralidade | 37

$$D\frac{1}{\mu_x} = -k\frac{1}{\mu_x}. \qquad (1.34)$$

Da expressão anterior conclui-se de imediato que

$$\frac{\mu'_x}{\mu_x} = k.$$

A integração desta equação diferencial conduz à relação

$$\log \mu_x = kx + \log B,$$

na qual $\log B$ é uma constante de integração. Considerando $c = \exp(k)$, obtemos

$$\mu_x = Bc^x. \qquad (1.35)$$

Verifica-se pois que a hipótese 2) de Gompertz equivale a considerar que a taxa instantânea de mortalidade cresce em progressão geométrica de razão c (para x inteiro).

Pela fórmula (1.12) temos

$$s(x) = {}_xp_0 = e^{-\int_0^x \mu_y dy} = e^{-\int_0^x Bc^y dy}. \qquad (1.36)$$

Por seu lado,

$$\int_0^x Bc^y dy = \frac{B}{\log c}(c^x - 1).$$

Considerando $\frac{B}{\log c} = -\log g$ e substituindo em (1.36), obtém-se

$$s(x) = g^{c^x - 1}.$$

A igualdade anterior aparece muitas vezes na forma

$$l_x = kg^{c^x}, \qquad (1.37)$$

na qual $k = \frac{l_0}{g}$.

Exercício 2 *Verificar por derivação de (1.37) a expressão de μ_x dada por (1.35).*

Por escolha apropriada das constantes g e c pode obter-se uma primeira aproximação para idades entre os 15 e os 60 anos. Contudo, não seria possível aproximar uma t.m. de 0 a ω com uma fórmula tão simples e unicamente dependente de dois parâmetros. O próprio Gompertz argumentava que, provavelmente, a morte teria duas causas principais, uma como a que considerou na sua hipótese 2), motivada pela perda de vitalidade, a outra devido a acontecimentos fortuitos e não necessariamente relacionada com a primeira. Contudo, não abordou esta questão analiticamente.

Somente em 1860 Makeham retomaria as duas hipóteses em conjunto admitindo que, para o efeito, a taxa instantânea de mortalidade deveria ter a forma

$$\mu_x = A + Bc^x, \qquad (1.38)$$

expressão na qual a constante A seria responsável pela morte por causas fortuitas de diversa origem, em especial acidentes.

Por integração análoga à efectuada para a lei de Gompertz, obtém-se a seguinte fórmula:

$$l_x = ks^x g^{c^x}, \qquad (1.39)$$

onde $s = \exp(-A)$ e os restantes parâmetros são análogos aos da lei de Gompertz.

Exercício 3 *Verificar por derivação da igualdade anterior a expressão (1.38).*

Dependendo da população envolvida, os parâmetros da lei de Makeham estão confinados em geral aos seguintes intervalos:

$$.001 < A < .003$$
$$10^{-6} < B < 10^{-3}$$
$$1.06 < c < 1.12$$

Exemplo 1.3   *com $A = .002$, $B = .00015$, $c = 1.065$, $g = \exp(-B/\log c)$ e $k = 1/g$, obtemos para $s(x)$ o seguinte gráfico:*

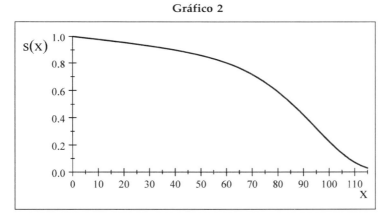

Gráfico 2

Neste caso a esperança de vida à nascença seria de 79. 51 anos.

Existem muitas outras propostas para leis de mortalidade, como por exemplo a de Weibull, a maioria das quais, todavia, não são tão ajustáveis à realidade quanto a de Makeham ou mesmo a de Gompertz. Tudo depende, porém, da população e intervalos etários considerados.

Weibull propôs para μ_x a expressão

$$\mu_x = c\delta x^{\delta-1}.$$

Exercício 4 *Mostre que na lei de Weibull $_tp_x$ tem a forma*

$$_tp_x = e^{-c\left[(x+t)^\delta - x^\delta\right]}.$$

Convirá aqui referir a existência e utilização de muitos outros modelos (alguns mais recentes), quer para ajustamento directo de funções de sobrevivência, quer para ajustamento de determinadas probabilidades associadas. Salientaríamos no primeiro caso o modelo tradicional de Laurent, no qual se assume que a função de sobrevivência é uma combinação convexa de exponenciais do tipo

$$s(x) = \sum_{k=1}^{n} a_k e^{-b_k x},$$

onde os valores dos parâmetros a_k e b_k são não negativos. Embora a estimação dos parâmetros não seja fácil, este modelo adapta-se bem aos diversos tipos de curvatura que, em certos troços, as funções de sobrevivência apresentam.

Um modelo determinístico muito usado, essencialmente no Reino Unido, é o proposto pelo CMIC (Continuous Mortality Investigation Committee), cuja actividade teve início em 1924, o qual assume que o quociente q_x/p_x se pode representar pela fórmula

$$\frac{q_x}{p_x} = e^{P(x)},$$

sendo $P(x)$ um polinómio. Devemos salientar que este comité permanente estuda actualmente outro tipo de modelos, em especial de natureza estocástica, procedendo à sua comparação com os modelos determinísticos anteriormente desenvolvidos.

Outro modelo que importa salientar, até pela sua actualidade, é o atribuído a Heligman-Pollard (1980), cuja fórmula de oito parâmetros se pode sintetizar na expressão

$$\frac{q_x}{p_x} = a^{(x+b)^c} + d\exp\left(e\left[\log(x) - \log(f)\right]^2\right) + gh^x,$$

com os parâmetros considerados, *a, b, c, d, e, f, g* e *h*, todos não negativos. Este modelo serviu também de base em 1995 a tábuas de mortalidade da população inglesa. Notamos que existem versões posteriores do modelo com mais parâmetros.

O ajustamento destes modelos a partir dos dados amostrais não é tarefa simples e constitui um desafio estatístico/actuarial importante.

Apesar de todas as tentativas para encontrar funções que se aproximem o mais possível dos padrões conhecidos da mortalidade, como já anteriormente mencionámos, não é possível, em circunstância alguma, chegar a uma função de sobrevivência estática, que se aplique a qualquer cidadão de uma determinada população, ainda que esta possa ter um padrão de mortalidade considerado homogéneo. De facto, atendendo a que tem havido ao longo dos últimos cem anos, em quase todos os países desenvolvidos, um decréscimo acentuado das taxas de mortalidade e que muito provavelmente esse decréscimo continuará, face a numerosos factores, tais como progressos na medicina, na ciência, na alimentação, etc., não se pode dissociar o comportamento da mortalidade do factor tempo. Por outras palavras, uma função de sobrevivência determinada com base exclusiva na experiência passada, sem incorporar a tendência como função do tempo, não tem elasticidade suficiente para traduzir com realismo o comportamento futuro da mortalidade da população a que vai ser aplicada. Este problema é em parte resolvido através de tabelas dinâmicas que, entre outros possíveis factores, dependem do ano de nascimento da pessoa a que se aplicam – são por isso muitas vezes designadas por *tábuas por gerações*. Nelas, em vez de uma simples curva a duas dimensões para os valores de q_x, temos uma superfície $q(x, t)$ para a qual se têm de ajustar e extrapolar os dados estatísticos existentes. Uma outra vertente importante de investigação considera que $\{q(x,t)\}_{t>0}$ constitui um processo estocástico, ou pode ser representado por uma expressão baseada em processos estocásticos. Contudo, não cabe no âmbito desta parte a abordagem e desenvolvimento dessas matérias.

Um outro aspecto que deve ser mencionado prende-se com o facto de as seguradoras, sobretudo para contratos com capitais em caso de morte elevados, exigirem exames médicos à entrada, pelo que a população das pessoas seguras não tem o padrão de mortalidade da população original, da qual constitui uma amostra seleccionada. Essa selecção, que em geral se dilui ao longo do tempo, conduz ao que se designa por *tábuas seleccionadas*, nas quais os valores de μ_x e q_x são inferiores aos da t.m. da população original, pelo menos durante os primeiros anos a seguir à subscrição da apólice. O mesmo fenómeno acontece com as pessoas seguras em modalidades em caso de vida. Nestas, são os próprios segurados que efectuam uma auto selecção. De facto, na sua maioria, são as pessoas que se sentem bem de saúde que, naturalmente, têm maior tendência para efectuar seguros de capital ou renda em caso de vida, pois intuitivamente sabem que, se os cálculos estão feitos com base em valores médios, irão beneficiar pela quase certeza de uma vida mais longa.

Outra questão igualmente importante prende-se com a diferença nos padrões de mortalidade entre os dois sexos, levando à constituição de t.m. separadas para homens e mulheres. De facto, basta considerar que actualmente a esperança de vida nas mulheres é na maioria dos países da OCDE cerca de cinco anos superior à dos homens, para justificar essa separação, embora as diferenças não se restrinjam a esse facto. Neste aspecto, tanto quanto as estatísticas nacionais e tábuas de mortalidade publicadas permitem concluir, o fenómeno em Portugal é idêntico.

1.4.1 *Algumas tábuas recentes*

As tábuas de mortalidade a seguir apresentadas, encontram-se ainda em uso em Portugal e noutros países, embora algumas delas tenham já mais de 30 anos. De qualquer forma, são tábuas de países e populações onde se supõe que a mortalidade se mantém inferior à portuguesa.

Por essa razão, o desfasamento das mais antigas para a população portuguesa actual, em termos de esperança de vida, não deverá ser muito elevado. Em particular, podemos verificar que no presente, a tabela TV73/77 se ajusta relativamente bem à mortalidade masculina portuguesa, embora com diferenças significativas nas idades mais avançadas, nomeadamente após a idade normal de reforma, e a TV88/90 à mortalidade feminina. As três últimas tabelas que se apresentam no final desta secção (PPFM0406, PPF0406 E PPM0406) foram publicadas recentemente pelo INE--Instituto Nacional de Estatística e, embora apresentem ainda algumas lacunas, constituem já um passo importante para um conhecimento mais adequado da realidade portuguesa.

Refira-se que as tábuas TV73/77 e TV88/90 são de origem francesa. Apresentam-se ainda as tábuas GKF e GKM que são de origem suíça.

Tábua 1.1: TV73/77

x	l(x)	q(x)	ëₓ	x	l(x)	q(x)	ëₓ
0	100.000	0,011680	77,003650	54	92.465	0,005170	26,561342
1	98.832	0,000971	76,907773	55	91.987	0,005533	25,696767
2	98.736	0,000598	75,982063	56	91.478	0,005903	24,836966
3	98.677	0,000466	75,027195	57	90.938	0,006312	23,981482
4	98.631	0,000385	74,061953	58	90.364	0,006750	23,130638
5	98.593	0,000345	73,090306	59	89.754	0,007220	22,284444
6	98.559	0,000315	72,115347	60	89.106	0,007732	21,442866
7	98.528	0,000294	71,137880	61	88.417	0,008403	20,606066
8	98.499	0,000274	70,158677	62	87.674	0,009262	19,776456
9	98.472	0,000254	69,177776	63	86.862	0,010189	18,956655
10	98.447	0,000234	68,195217	64	85.977	0,011189	18,146638
11	98.424	0,000234	67,211036	65	85.015	0,012339	17,346321
12	98.401	0,000224	66,226629	66	83.966	0,013672	16,556785
13	98.379	0,000254	65,241327	67	82.818	0,015178	15,779360
14	98.354	0,000305	64,257783	68	81.561	0,016920	15,014842
15	98.324	0,000386	63,277236	69	80.181	0,018982	14,264657
16	98.286	0,000478	62,301508	70	78.659	0,021320	13,530995
17	98.239	0,000580	61,331075	71	76.982	0,023941	12,814866
18	98.182	0,000642	60,366391	72	75.139	0,026870	12,116923
19	98.119	0,000652	59,404830	73	73.120	0,030170	11,437691
20	98.055	0,000632	58,443277	74	70.914	0,034013	10,777942
21	97.993	0,000622	57,479937	75	68.502	0,038568	10,139835
22	97.932	0,000602	56,515429	76	65.860	0,043714	9,526541
23	97.873	0,000593	55,549196	77	62.981	0,049443	8,939164
24	97.815	0,000613	54,581838	78	59.867	0,055840	8,378130
25	97.755	0,000604	53,615032	79	56.524	0,062805	7,844066
26	97.696	0,000614	52,647109	80	52.974	0,070374	7,336222
27	97.636	0,000625	51,679155	81	49.246	0,078849	6,853734
28	97.575	0,000676	50,711150	82	45.363	0,088442	6,397604
29	97.509	0,000718	49,745136	83	41.351	0,099030	5,969807
30	97.439	0,000739	48,780514	84	37.256	0,109942	5,571022
31	97.367	0,000791	47,816216	85	33.160	0,121291	5,197407
32	97.290	0,000843	46,853664	86	29.138	0,134155	4,845803
33	97.208	0,000905	45,892766	87	25.229	0,148163	4,519145
34	97.120	0,000978	44,933896	88	21.491	0,163417	4,218208
35	97.025	0,001062	43,977403	89	17.979	0,179988	3,944519
36	96.922	0,001135	43,023607	90	14.743	0,196093	3,700570
37	96.812	0,001250	42,071923	91	11.852	0,210091	3,481269
38	96.691	0,001344	41,123946	92	9.362	0,222388	3,274194
39	96.561	0,001471	40,178638	93	7.280	0,234753	3,067582
40	96.419	0,001618	39,237075	94	5.571	0,247891	2,855232
41	96.263	0,001756	38,299850	95	4.190	0,262053	2,631504
42	96.094	0,001915	37,366329	96	3.092	0,276197	2,388422
43	95.910	0,002117	36,437056	97	2.238	0,291778	2,109026
44	95.707	0,002320	35,513280	98	1.585	0,307256	1,771924
45	95.485	0,002513	34,594685	99	1.098	0,516393	1,336066
46	95.245	0,002751	33,680597	100	531	0,553672	1,228814
47	94.983	0,003001	32,772122	101	237	0,590717	1,132911
48	94.698	0,003274	31,869248	102	97	0,628866	1,046392
49	94.388	0,003517	30,972274	103	36	0,666667	0,972222
50	94.056	0,003764	30,079835	104	12	0,666667	0,916667
51	93.702	0,004055	29,191586	105	4	0,750000	0,750000
52	93.322	0,004415	28,308416	106	1	1,000000	0,500000
53	92.910	0,004790	27,431730				
54	92.465	0,005170	26,561342				

Tábua 1.2: TV88/90

x	l(x)	q(x)	ë_x	x	l(x)	q(x)	ë_x
0	100000	0,006480	80,692100	56	93848	0,0042729	27,526788
1	99352	0,000584	80,215134	57	93447	0,0046336	26,642765
2	99294	0,000332	79,261698	58	93014	0,0050423	25,764466
3	99261	0,000252	78,287882	59	92545	0,0053487	24,892501
4	99236	0,000222	77,307479	60	92050	0,0057251	24,023672
5	99214	0,000202	76,324511	61	91523	0,006217	23,159124
6	99194	0,000171	75,339799	62	90954	0,0067177	22,300877
7	99177	0,000161	74,352627	63	90343	0,0072612	21,448319
8	99161	0,000161	73,364544	64	89687	0,0079053	20,601542
9	99145	0,000161	72,376302	65	88978	0,0084515	19,761716
10	99129	0,000171	71,387904	66	88226	0,0092603	18,925895
11	99112	0,000161	70,400063	67	87409	0,0102507	18,098119
12	99096	0,000151	69,411349	68	86513	0,0114549	17,28038
13	99081	0,000192	68,421781	69	85522	0,0126517	16,474825
14	99062	0,000212	67,434809	70	84440	0,014081	15,679524
15	99041	0,000232	66,449001	71	83251	0,0157956	14,89632
16	99018	0,000495	65,464320	72	81936	0,0177211	14,127368
17	98969	0,000141	64,496484	73	80484	0,0199294	13,373217
18	98955	0,000424	63,505538	74	78880	0,0225152	12,63499
19	98913	0,000445	62,532291	75	77104	0,025524	11,914505
20	98869	0,000465	61,559897	76	75136	0,0286813	11,21348
21	98823	0,000455	60,588320	77	72981	0,032666	10,52983
22	98778	0,000445	59,615694	78	70597	0,0373245	9,8685284
23	98734	0,000456	58,642038	79	67962	0,0429505	9,2317619
24	98689	0,000497	57,668550	80	65043	0,0490599	8,6236259
25	98640	0,000507	56,696948	81	61852	0,0561502	8,042731
26	98590	0,000538	55,725449	82	58379	0,0644924	7,4914524
27	98537	0,000558	54,755153	83	54614	0,0730399	6,9734317
28	98482	0,000548	53,785453	84	50625	0,0823704	6,4835062
29	98428	0,000579	52,814687	85	46455	0,0931009	6,0206113
30	98371	0,000620	51,845000	86	42130	0,1042488	5,5873487
31	98310	0,000641	50,876859	87	37738	0,1165404	5,1794213
32	98247	0,000662	49,909163	88	33340	0,1307738	4,7967007
33	98182	0,000723	48,941873	89	28980	0,1463423	4,4431332
34	98111	0,000815	47,976929	90	24739	0,1631028	4,1191034
35	98031	0,000908	47,015674	91	20704	0,1811244	3,8244301
36	97942	0,000929	46,057942	92	16954	0,1990091	3,5597499
37	97851	0,001002	45,100311	93	13580	0,2167894	3,3199558
38	97753	0,001074	44,145024	94	10636	0,2367431	3,1005077
39	97648	0,001167	43,191955	95	8118	0,2538803	2,90712
40	97534	0,001241	42,241854	96	6057	0,2771999	2,7261846
41	97413	0,001345	41,293703	97	4378	0,2928278	2,5799452
42	97282	0,001480	40,348636	98	3096	0,2945736	2,4412145
43	97138	0,001616	39,407709	99	2184	0,3228022	2,2518315
44	96981	0,001763	38,470695	100	1479	0,3502366	2,086883
45	96810	0,001942	37,537765	101	961	0,3766909	1,9422477
46	96622	0,002049	36,609830	102	599	0,4023372	1,8138564
47	96424	0,002136	35,683979	103	358	0,4273743	1,698324
48	96218	0,002318	34,759307	104	205	0,4487805	1,5926829
49	95995	0,002531	33,838893	105	113	0,4778761	1,4823009
50	95752	0,002757	32,923500	106	59	0,4915254	1,3813559
51	95488	0,002995	32,013143	107	30	0,5333333	1,2333333
52	95202	0,003256	31,107813	108	14	0,5714286	1,0714286
53	94892	0,003499	30,207805	109	6	0,6666667	0,8333333
54	94560	0,003648	29,312109	110	2	1	0,5
55	94215	0,003895	28,417614				

Tábua 1.3: GKF80

x	l(x)	q(x)	ë_x	x	l(x)	q(x)	ë_x
15	100000	0,000994	64,120291	66	85199,23	0,0145914	17,817976
16	99900,64	0,001006	63,183567	67	83956,05	0,0160928	17,074412
17	99800,16	0,001018	62,246678	68	82604,96	0,0177491	16,345504
18	99698,56	0,001030	61,309602	69	81138,8	0,019575	15,631829
19	99595,85	0,001042	60,372313	70	79550,51	0,0215872	14,933948
20	99492,03	0,001055	59,434790	71	77833,24	0,0238032	14,25241
21	99387,11	0,001067	58,497006	72	75980,56	0,0262422	13,587744
22	99281,08	0,001079	57,558945	73	73986,66	0,0289249	12,940451
23	99173,96	0,001091	56,620576	74	71846,6	0,031873	12,311009
24	99065,74	0,001103	55,681882	75	69556,63	0,0351107	11,699856
25	98956,43	0,001116	54,742838	76	67114,45	0,0386623	11,107399
26	98846,03	0,001128	53,803421	77	64519,65	0,0425549	10,533999
27	98734,55	0,001140	52,863605	78	61774,02	0,0468164	9,9799738
28	98621,99	0,001152	51,923369	79	58881,98	0,0514762	9,445591
29	98508,36	0,001164	50,982686	80	55850,96	0,0565645	8,9310664
30	98393,66	0,001177	50,041535	81	52691,78	0,0621127	8,436558
31	98277,89	0,001189	49,099895	82	49418,95	0,068153	7,9621662
32	98161,06	0,001201	48,157737	83	46050,9	0,0747178	7,5079308
33	98043,17	0,001213	47,215043	84	42610,08	0,0818389	7,0738304
34	97924,22	0,001225	46,271788	85	39122,92	0,089548	6,6597785
35	97804,22	0,001238	45,327947	86	35619,54	0,0978758	6,265627
36	97683,18	0,001250	44,383494	87	32133,25	0,1068498	5,8911674
37	97561,1	0,001262	43,438406	88	28699,82	0,1164962	5,536126
38	97437,98	0,001276	42,492662	89	25356,4	0,1268362	5,2001747
39	97313,66	0,001299	41,546308	90	22140,29	0,137888	4,8829245
40	97187,22	0,001340	40,599709	91	19087,41	0,1496631	4,5839386
41	97057,03	0,001398	39,653498	92	16230,73	0,1621665	4,3027298
42	96921,32	0,001477	38,708321	93	13598,65	0,1753968	4,0387652
43	96778,18	0,001577	37,764833	94	11213,49	0,1893425	3,7914766
44	96625,56	0,001700	36,823693	95	9090,3	0,2039856	3,5602554
45	96461,3	0,001847	35,885547	96	7236,01	0,2192963	3,3444723
46	96283,1	0,002021	34,951039	97	5649,18	0,2352341	3,1434721
47	96088,52	0,002222	34,020802	98	4320,3	0,2517534	2,9565771
48	95875,03	0,002452	33,095445	99	3232,65	0,2687919	2,7831114
49	95639,97	0,002712	32,175556	100	2363,74	0,2862794	2,6223823
50	95380,58	0,003004	31,261699	101	1687,05	0,3041463	2,4736878
51	95094,01	0,003330	30,354401	102	1173,94	0,3222993	2,3363545
52	94777,3	0,003691	29,454163	103	795,58	0,3406446	2,2096835
53	94427,44	0,004089	28,561440	104	524,57	0,3591132	2,0929619
54	94041,34	0,004524	27,676650	105	336,19	0,3775841	1,9855588
55	93615,85	0,005000	26,800170	106	209,25	0,3959379	1,8867622
56	93147,81	0,005516	25,932320	107	126,4	0,4141614	1,7957278
57	92634,03	0,006094	25,073377	108	74,05	0,4320054	1,7117488
58	92069,54	0,006706	24,224039	109	42,06	0,4495958	1,6333809
59	91452,16	0,007382	23,384197	110	23,15	0,4669546	1,5591793
60	90777,04	0,008130	22,554389	111	12,34	0,4829822	1,487034
61	90038,99	0,008958	21,735169	112	6,38	0,5	1,4090909
62	89232,46	0,009872	20,927104	113	3,19	0,5141066	1,3181818
63	88351,57	0,010882	20,130768	114	1,55	0,5290323	1,183871
64	87390,11	0,011998	19,346744	115	0,73	0,5479452	0,9520548
65	86341,59	0,013231	18,575616	116	0,33	1	0,5

Tábua 1.4: GKM80

x	l(x)	q(x)	ëₓ	x	l(x)	q(x)	ëₓ
15	100.000,00	0,001079	56,774960	64	78396,82	0,0238033	14,252409
16	99.892,10	0,001091	55,835747	65	76530,72	0,0262423	13,587744
17	99.783,10	0,001103	54,896194	66	74522,38	0,0289249	12,940452
18	99.673,00	0,001116	53,956280	67	72366,83	0,0318732	12,311008
19	99.561,80	0,001128	53,015985	68	70060,27	0,0351106	11,699856
20	99.449,51	0,001140	52,075282	69	67600,41	0,0386623	11,107399
21	99.336,14	0,001152	51,134144	70	64986,82	0,0425549	10,534
22	99.221,68	0,001164	50,192554	71	62221,31	0,0468164	9,9799743
23	99.106,15	0,001177	49,250482	72	59308,33	0,0514762	9,4455915
24	98.989,54	0,001189	48,307910	73	56255,36	0,0565646	8,9310674
25	98.871,86	0,001201	47,364812	74	53073,3	0,0621128	8,43656
26	98.753,11	0,001213	46,421167	75	49776,77	0,0681531	7,9621688
27	98.633,30	0,001225	45,476947	76	46384,33	0,0747177	7,5079341
28	98.512,43	0,001238	44,532132	77	42918,6	0,0818389	7,0738335
29	98.390,51	0,001250	43,586694	78	39406,19	0,0895481	6,659782
30	98.267,54	0,001262	42,640612	79	35877,44	0,0978757	6,2656316
31	98.143,53	0,001276	41,693859	80	32365,91	0,1068498	5,8911721
32	98.018,31	0,001299	40,746485	81	28907,62	0,1164959	5,5361313
33	97.890,95	0,001340	39,798847	82	25540	0,1268363	5,2001789
34	97.759,82	0,001398	38,851560	83	22300,6	0,1378882	4,8829301
35	97.623,12	0,001477	37,905264	84	19225,61	0,1496629	4,5839464
36	97.478,94	0,001577	36,960589	85	16348,25	0,1621666	4,3027379
37	97.325,22	0,001700	36,018177	86	13697,11	0,1753969	4,0387757
38	97.159,77	0,001847	35,078659	87	11294,68	0,1893431	3,7914894
39	96.980,28	0,002021	34,142657	88	9156,11	0,2039862	3,5602745
40	96.784,29	0,002222	33,210784	89	7288,39	0,2192967	3,3444993
41	96.569,25	0,002452	32,283624	90	5690,07	0,2352344	3,1435088
42	96.332,49	0,002712	31,361740	91	4351,57	0,2517528	2,956626
43	96.071,23	0,003005	30,445667	92	3256,05	0,2687919	2,7831744
44	95.782,58	0,003330	29,535911	93	2380,85	0,2862801	2,6224689
45	95.463,58	0,003691	28,632937	94	1699,26	0,3041442	2,4738121
46	95.111,19	0,004089	27,737171	95	1182,44	0,3222997	2,3365245
47	94.722,29	0,004524	26,848998	96	801,34	0,3406544	2,2099359
48	94.293,72	0,005000	25,968756	97	528,36	0,3591112	2,0933833
49	93.822,29	0,005516	25,096729	98	338,62	0,3775619	1,9862087
50	93.304,79	0,006094	24,233150	99	210,77	0,3959767	1,8877212
51	92.736,21	0,006706	23,378662	100	127,31	0,4141858	1,7974629
52	92.114,36	0,007382	22,533112	101	74,58	0,4320193	1,7148029
53	91.434,35	0,008130	21,696976	102	42,36	0,4497167	1,6388102
54	90.690,95	0,008958	20,870729	103	23,31	0,4667525	1,5694981
55	89.878,58	0,009872	20,054850	104	12,43	0,4835076	1,5056315
56	88.991,31	0,010882	19,249818	105	6,42	0,5	1,4470405
57	88.022,89	0,011998	18,456102	106	3,21	0,5140187	1,394081
58	86.966,77	0,013231	17,674160	107	1,56	0,5320513	1,3397436
59	85.816,14	0,014591	16,904432	108	0,73	0,5479452	1,2945205
60	84.563,96	0,016093	16,147341	109	0,33	0,5454545	1,2575758
61	83.203,09	0,017749	15,403269	110	0,15	0,6	1,1666667
62	81.726,32	0,019575	14,672566	111	0,06	0,5	1,1666667
63	80.126,53	1,000000	13,955533	112	0,03	0,6666667	0,8333333
				113	0,01	1	0,5

Tábua 1.5: PPFM0406

x	q(x)	l(x)	ë$_x$	x	q(x)	l(x)	ë$_x$
0	0,003681	100.000	78,17	50	0,003988	94.653	30,64
1	0,000463	99.632	77,45	51	0,004320	94.276	29,76
2	0,000254	99.586	76,49	52	0,004335	93.869	28,88
3	0,000165	99.560	75,51	53	0,004677	93.462	28,01
4	0,000150	99.544	74,52	54	0,004631	93.025	27,14
5	0,000199	99.529	73,53	55	0,005292	92.594	26,26
6	0,000170	99.509	72,55	56	0,005571	92.104	25,40
7	0,000198	99.492	71,56	57	0,005957	91.591	24,54
8	0,000165	99.473	70,57	58	0,006673	91.045	23,68
9	0,000168	99.456	69,58	59	0,007162	90.438	22,84
10	0,000145	99.440	68,60	60	0,007842	89.790	22,00
11	0,000158	99.425	67,61	61	0,008256	89.086	21,17
12	0,000145	99.410	66,62	62	0,008895	88.350	20,34
13	0,000194	99.395	65,63	63	0,009372	87.564	19,52
14	0,000204	99.376	64,64	64	0,010285	86.744	18,70
15	0,000289	99.356	63,65	65	0,011920	85.852	17,89
16	0,000408	99.327	62,67	66	0,013175	84.828	17,10
17	0,000438	99.286	61,70	67	0,014248	83.711	16,32
18	0,000544	99.243	60,72	68	0,015628	82.518	15,55
19	0,000622	99.189	59,76	69	0,017164	81.228	14,79
20	0,000648	99.127	58,79	70	0,018877	79.834	14,04
21	0,000521	99.063	57,83	71	0,021424	78.327	13,30
22	0,000613	99.011	56,86	72	0,023699	76.649	12,58
23	0,000616	98.950	55,89	73	0,027096	74.833	11,87
24	0,000659	98.889	54,93	74	0,029698	72.805	11,19
25	0,000638	98.824	53,96	75	0,033358	70.643	10,51
26	0,000604	98.761	53,00	76	0,039097	68.286	9,86
27	0,000747	98.701	52,03	77	0,042782	65.616	9,24
28	0,000813	98.628	51,07	78	0,047838	62.809	8,63
29	0,000818	98.548	50,11	79	0,054096	59.805	8,04
30	0,000847	98.467	49,15	80	0,061053	56.569	7,47
31	0,000954	98.384	48,19	81	0,069247	53.116	6,92
32	0,001007	98.290	47,24	82	0,077994	49.438	6,40
33	0,001217	98.191	46,28	83	0,087478	45.582	5,90
34	0,001268	98.071	45,34	84	0,098942	41.594	5,42
35	0,001230	97.947	44,40	85	0,112358	37.479	4,96
36	0,001452	97.826	43,45	86	0,128440	33.268	4,52
37	0,001644	97.684	42,51	87	0,146706	28.995	4,11
38	0,001602	97.524	41,58	88	0,167888	24.741	3,74
39	0,001717	97.368	40,65	89	0,191145	20.587	3,39
40	0,001923	97.200	39,72	90	0,216560	16.652	3,07
41	0,001922	97.013	38,79	91	0,244157	13.046	2,78
42	0,002130	96.827	37,87	92	0,273927	9.861	2,52
43	0,002353	96.621	36,95	93	0,305825	7.160	2,28
44	0,002456	96.393	36,03	94	0,339770	4.970	2,07
45	0,002635	96.157	35,12	95	0,375639	3.281	1,87
46	0,002972	95.903	34,21	96	0,413267	2.049	1,70
47	0,003116	95.618	33,31	97	0,452443	1.202	1,54
48	0,003378	95.320	32,42	98	0,492915	658	1,40
49	0,003630	94.998	31,52	99	0,534384	334	1,27
				100	0,576512	155	1,16

Parte I – Capítulo 1. O comportamento da moralidade | 49

Tábua 1.6: PPF0406

x	q(x)	l(x)	ë$_x$	x	q(x)	l(x)	ë$_x$
0	0,003410	100.000	81,30	50	0,002303	3.184.587	32,88
1	0,000375	99.659	80,57	51	0,002544	3.087.858	31,96
2	0,000203	99.622	79,60	52	0,002666	2.991.363	31,04
3	0,000148	99.601	78,62	53	0,002860	2.895.120	30,12
4	0,000131	99.587	77,63	54	0,002842	2.799.143	29,21
5	0,000195	99.574	76,64	55	0,003063	2.703.439	28,29
6	0,000131	99.554	75,66	56	0,003501	2.608.018	27,37
7	0,000184	99.541	74,67	57	0,003670	2.512.910	26,47
8	0,000134	99.523	73,68	58	0,004062	2.418.144	25,56
9	0,000162	99.510	72,69	59	0,004387	2.323.743	24,67
10	0,000125	99.493	71,70	60	0,004742	2.229.741	23,77
11	0,000143	99.481	70,71	61	0,005307	2.136.168	22,88
12	0,000129	99.467	69,72	62	0,005484	2.043.066	22,00
13	0,000108	99.454	68,73	63	0,005799	1.950.465	21,12
14	0,000142	99.443	67,74	64	0,006688	1.858.387	20,24
15	0,000212	99.429	66,75	65	0,007709	1.766.884	19,37
16	0,000281	99.408	65,76	66	0,008767	1.676.039	18,52
17	0,000209	99.380	64,78	67	0,009580	1.585.943	17,68
18	0,000331	99.359	63,79	68	0,010202	1.496.673	16,85
19	0,000229	99.326	62,81	69	0,011447	1.408.286	16,02
20	0,000382	99.304	61,83	70	0,013190	1.320.855	15,19
21	0,000236	99.266	60,85	71	0,014163	1.234.501	14,39
22	0,000254	99.242	59,86	72	0,016737	1.149.327	13,59
23	0,000333	99.217	58,88	73	0,019783	1.065.469	12,81
24	0,000323	99.184	57,90	74	0,021844	983.141	12,06
25	0,000383	99.152	56,92	75	0,025199	902.525	11,32
26	0,000264	99.114	55,94	76	0,029451	823.805	10,60
27	0,000360	99.088	54,95	77	0,032629	747.233	9,91
28	0,000351	99.052	53,97	78	0,037539	673.036	9,22
29	0,000426	99.017	52,99	79	0,042648	601.439	8,56
30	0,000434	98.975	52,02	80	0,049577	532.709	7,92
31	0,000506	98.932	51,04	81	0,057403	467.144	7,31
32	0,000488	98.882	50,06	82	0,066032	405.079	6,73
33	0,000661	98.834	49,09	83	0,076267	346.836	6,17
34	0,000628	98.768	48,12	84	0,088961	292.728	5,63
35	0,000648	98.706	47,15	85	0,103824	243.076	5,13
36	0,000774	98.643	46,18	86	0,120320	198.192	4,67
37	0,000862	98.566	45,21	87	0,138838	158.319	4,24
38	0,000808	98.481	44,25	88	0,160704	123.589	3,85
39	0,000924	98.402	43,29	89	0,183548	94.031	3,49
40	0,001021	98.311	42,33	90	0,208591	69.532	3,16
41	0,001068	98.210	41,37	91	0,235865	49.806	2,86
42	0,001112	98.105	40,41	92	0,265370	34.432	2,59
43	0,001299	97.996	39,46	93	0,297073	22.881	2,34
44	0,001378	97.869	38,51	94	0,330899	14.550	2,12
45	0,001589	97.734	37,56	95	0,366732	8.810	1,91
46	0,001639	97.579	36,62	96	0,404413	5.052	1,73
47	0,002005	97.419	35,68	97	0,443734	2.727	1,57
48	0,001881	97.224	34,75	98	0,484443	1.377	1,43
49	0,002064	97.041	33,82	99	0,526240	645	1,30
				100	0,568783	278	1,18

Tábua 1.7: PPM0406

x	q(x)	l(x)	ëₓ	x	q(x)	l(x)	ëₓ
0	0,003935	100.000	74,84	50	0,005766	92.488	28,06
1	0,000546	99.606	74,14	51	0,006205	91.954	27,22
2	0,000301	99.552	73,18	52	0,006129	91.384	26,38
3	0,000181	99.522	72,20	53	0,006621	90.824	25,54
4	0,000168	99.504	71,21	54	0,006533	90.222	24,71
5	0,000204	99.487	70,22	55	0,007663	89.633	23,87
6	0,000206	99.467	69,24	56	0,007799	88.946	23,05
7	0,000212	99.447	68,25	57	0,008470	88.252	22,23
8	0,000194	99.426	67,27	58	0,009595	87.505	21,41
9	0,000173	99.406	66,28	59	0,010319	86.665	20,62
10	0,000164	99.389	65,29	60	0,011401	85.771	19,82
11	0,000172	99.373	64,30	61	0,011629	84.793	19,05
12	0,000160	99.356	63,31	62	0,012778	83.807	18,27
13	0,000277	99.340	62,32	63	0,013466	82.736	17,50
14	0,000263	99.312	61,34	64	0,014435	81.622	16,73
15	0,000364	99.286	60,35	65	0,016796	80.444	15,97
16	0,000530	99.250	59,38	66	0,018322	79.093	15,23
17	0,000657	99.197	58,41	67	0,019790	77.644	14,50
18	0,000748	99.132	57,45	68	0,022163	76.107	13,79
19	0,000999	99.058	56,49	69	0,024150	74.420	13,09
20	0,000904	98.959	55,54	70	0,025939	72.623	12,40
21	0,000793	98.870	54,59	71	0,030592	70.739	11,72
22	0,000961	98.791	53,64	72	0,032605	68.575	11,07
23	0,000893	98.696	52,69	73	0,036485	66.339	10,43
24	0,000988	98.608	51,73	74	0,040028	63.919	9,80
25	0,000888	98.511	50,79	75	0,044455	61.360	9,19
26	0,000937	98.423	49,83	76	0,052579	58.632	8,60
27	0,001127	98.331	48,88	77	0,057455	55.550	8,04
28	0,001267	98.220	47,93	78	0,063168	52.358	7,50
29	0,001202	98.096	46,99	79	0,071608	49.051	6,98
30	0,001253	97.978	46,05	80	0,078767	45.538	6,48
31	0,001399	97.855	45,10	81	0,087886	41.951	5,99
32	0,001526	97.718	44,17	82	0,097283	38.264	5,52
33	0,001773	97.569	43,23	83	0,109872	34.542	5,06
34	0,001906	97.396	42,31	84	0,125317	30.747	4,62
35	0,001809	97.210	41,39	85	0,144547	26.894	4,21
36	0,002130	97.035	40,46	86	0,164252	23.006	3,84
37	0,002435	96.828	39,55	87	0,186028	19.227	3,49
38	0,002413	96.592	38,64	88	0,211223	15.651	3,18
39	0,002528	96.359	37,74	89	0,236502	12.345	2,89
40	0,002850	96.115	36,83	90	0,263679	9.425	2,63
41	0,002804	95.842	35,93	91	0,292727	6.940	2,40
42	0,003181	95.573	35,03	92	0,323592	4.908	2,18
43	0,003443	95.269	34,14	93	0,356189	3.320	1,99
44	0,003567	94.941	33,26	94	0,390401	2.138	1,81
45	0,003713	94.602	32,38	95	0,426077	1.303	1,65
46	0,004355	94.251	31,50	96	0,463034	748	1,51
47	0,004272	93.840	30,63	97	0,501055	402	1,38
48	0,004941	93.440	29,76	98	0,539890	200	1,26
49	0,005274	92.978	28,91	99	0,579259	92	1,16
				100	0,618852	39	1,06

Como se pode verificar, pela simples comparação da esperança de vida, há enormes diferenças entre as tabelas apresentadas. Por exemplo, uma simples decalagem estatística de menos de 20 anos faz com que entre as t.m. TV73/77 e TV88/90, aos 65 anos de idade, se verifique um aumento da esperança de vida de cerca de 2.5 anos. Já as comparações entre as t.m. GKF80 e KGM80 e entre as tábuas portuguesas PPF0406 e PPM0406 espelham bem a afirmação de que, actualmente, a esperança de vida nas mulheres é significativamente superior à dos homens, quer à nascença, quer após os 65 anos de idade.

Como resumo pode considerar-se a seguinte tabela:

Definições ou expressões
---

lei de De Moivre: $l_x = k(\omega - x)$

lei de Gompertz: $\mu_x = Bc^x \quad l_x = kg^{c^x}$

lei de Makeham: $\mu_x = A + Bc^x \quad l_x = ks^x g^{c^x}$

lei de Weibull: $\mu_x = c\delta x^{\delta-1}$

lei de Laurent: $s(x) = \sum_{k=1}^{n} a_k e^{-b_k x}$

modelo CMCI: $\frac{q_x}{p_x} = e^{P(x)}$

modelo Heligman-Pollard: $\frac{q_x}{p_x} = a^{(x+b)^c} + d\exp\left(e[\log(x) - \log(f)]^2\right) + gh^x$.

Capítulo 2

Seguros de vida

2.1 Introdução

Como o próprio nome indica, os seguros de vida são contratos de seguro estabelecidos com base no risco de morte, reduzidos a escrito em documentos designados por apólices. Neles a seguradora compromete-se a pagar aos *beneficiários* indicados os valores seguros, caso se verifiquem os acontecimentos previstos no contrato. Os benefícios podem ser pagos de uma só vez ou durante um determinado período estipulado na apólice, e os acontecimentos que determinam o seu pagamento tanto podem ser de permanência num dado estado (as pessoas seguras estarem vivas, por exemplo) como de mudança de estado (dar-se a morte de uma dada pessoa).

Os seguros de vida reflectem uma característica única nos seres humanos – cuidar em devido tempo de que nada falte à família, em caso de desaparecimento ou impedimento prematuros. Desde a antiga Roma, passando pela Idade Média, sempre houve associações de artesãos, em geral de tipo mútuo, para as quais se cotizavam os associados e que estabeleciam, para além de outros, benefícios em caso de morte ou mesmo invalidez, que iam desde o pagamento das despesas de funeral até à concessão de prestações para garantir a subsistência do próprio, ou do seu agregado familiar.

Os seguros de vida, a par dos seguros de mercadorias e transportes marítimos, apareceram em Inglaterra por volta de 1600, tornando-se de imediato bastante populares. Nos Estados Unidos a primeira companhia de seguros de vida começou a operar em 1735.

Nessas épocas longínquas, os seguros eram dominados por sociedades de tipo mútuo, detidas pelos participantes ou associados, que repartiam entre si os custos e os resultados da sua exploração.

Havia também organizações de idêntica natureza destinadas a ordens religiosas, confrarias e outros tipos de associações, que assim protegiam os seus membros contra diversos tipos de adversidade. Mais tarde surgiram as sociedades por quotas, e posteriormente as sociedades anónimas, que constituem actualmente a maioria das empresas que se dedicam a este importante ramo de negócio.

A par dessa evolução, também os seguros de vida evoluíram rapidamente para um tipo de negócios muito mais abrangente, que vai desde os seguros tradicionais até aos produtos de reforma, individuais e colectivos, passando pelos mercados financeiros nas sua múltiplas vertentes e, recentemente, pela criação de produtos vendidos directa e exclusivamente através da internet.

Existe hoje um conjunto vastíssimo de produtos ligados aos seguros de vida. As suas componentes básicas constituem contudo um conjunto mais reduzido, que procuraremos desenvolver, embora de forma sucinta, nas páginas que seguem.

Os seguros em que, para serem liquidados os valores seguros, se exige que a pessoa ou pessoas seguras estejam vivas, designam-se por *seguros em caso de vida*. Os seguros de capital diferido, bem como as rendas vitalícias, são exemplos típicos deste tipo de seguros, que analisaremos em detalhe nas secções seguintes.

Os seguros pelos quais se garantem pagamentos caso ocorra a morte da pessoa segura, ou de algum dos componentes do grupo seguro, designam-se por *seguros em caso de morte*.

Quando a apólice estipula pagamentos aos beneficiários indicados, quer em caso de morte quer em caso de vida, estamos em presença de *seguros mistos ou de tipo misto*.

Veremos oportunamente diversos tipos de modalidades de seguros enquadráveis nas classificações estabelecidas.

Embora possa haver seguros em que os acontecimentos que determinam os pagamentos previstos na apólice dependem de várias pessoas, se nada for dito em contrário, consideraremos que existe apenas uma *pessoa segura*.

Uma questão relevante deve ser todavia assinalada: sendo os seguros de vida em geral estabelecidos por prazos longos, a questão dos juros envolvendo os valores considerados deve ser equacionada, quer atendendo aos pagamentos efectuados pelo segurado (prémios), quer às importâncias a pagar pela seguradora (indemnizações). Trata-se de um ponto crucial, já que o custo do dinheiro existe e os produtos disponibilizados pelas seguradoras estão muitas vezes em concorrência directa com outros produtos financeiros, nomeadamente bancários, nos quais o valor dos rendimentos atribuídos às contas dos clientes ou aos fundos geridos constitui, para além do risco, um dos factores de maior relevância e diferenciação.

Por outro lado, se uma seguradora tem, por hipótese, a expectativa ou certeza que terá de pagar dentro de k anos um determinado capital, deve constituir de imediato, ou em tempo oportuno, a necessária provisão. Como tal provisão gera rendimentos, não faria sentido que na sua determinação não entrasse uma taxa de desconto adequada. Por essa razão, iniciaremos este capítulo com uma introdução sumária à **taxa instantânea de capitalização** e à sua analogia com a taxa instantânea de mortalidade.

Prosseguiremos com a noção de **valor actuarial, prémio puro** de risco e seguro de capital diferido, sendo o capítulo seguinte dedicado às rendas vitalícias. Os capítulos posteriores abordam os seguros tradicionais em caso de morte e mistos, bem como a sua relação com as rendas vitalícias.

2.2 Juros e actualização financeira

Sabe-se que um capital C_0 considerado no instante $t = 0$, capitalizando a juros compostos à taxa de juro i fixa, até ao instante $t \geq 0$, adquire o valor

$$C_t = C_0 \left(1 + i\right)^t. \tag{2.1}$$

Notamos que, se nada for dito em contrário, a taxa de juro será anual e os tempos considerados estarão também expressos em anos.

Inversamente, um capital que dentro de t anos vale C_t tem hoje o valor

$$C_0 = C_t \left(1 + i\right)^{-t},$$

ou, considerando $v = (1+i)^{-1}$,

$$C_0 = C_t v^t. \tag{2.2}$$

No primeiro caso o valor inicial foi capitalizado à taxa i, enquanto que no segundo o valor em t foi actualizado à mesma taxa para o instante $t = 0$. Contudo, o termo actualização (usado em sentido lato) é também considerado correcto, mesmo quando se capitaliza. Com efeito, considerando quaisquer instantes s e t e uma taxa de juro i constante, podemos dizer que

$$C_t = C_s \left(1 + i\right)^{t-s} = C_s v^{s-t}, \tag{2.3}$$

fórmula que equivale às duas expressões anteriores e que se traduz por – *actualização* do capital C_s do instante s para o instante t. Se $t > s$ trata-se de uma capitalização. Se $t < s$ estamos perante uma actualização propriamente dita.

Se, porém, a taxa de juro considerada não fosse fixa e variasse com o tempo de forma contínua, teríamos que considerar os acréscimos de capital em cada instante, para se poder calcular o capital final. Tal consegue-se introduzindo uma noção análoga à que foi descrita para a força de mortalidade e que podemos designar por força de capitalização ou taxa instantânea de capitalização.

Considere-se um capital C (t) cuja variação contínua se deve exclusivamente à consideração da taxa de juro. A sua variação infinitesimal pode ser descrita pela igualdade

$$dC(t) = C(t)\,\delta(t)\,dt,$$

ou,

$$\frac{dC(t)}{dt} = C(t)\,\delta(t),$$

δ (t) a representar a *taxa instantânea de capitalização* no instante t (taxa que em relação ao momento presente, t = 0, se designa também por taxa instantânea de juro *forward*). A relação anterior permite-nos definir essa taxa, também designada por taxa instantânea de juro, pela igualdade

$$\delta(t) = \frac{D\left[C(t)\right]}{C(t)} = D\log C(t). \qquad (2.4)$$

Tal como para a mortalidade, por integração de (2.4), verifica-se de imediato que

$$C(t) = C(s)\,e^{\int_s^t \delta(y)dy}. \qquad (2.5)$$

A igualdade anterior generaliza a relação (2.3), como se verá. Com efeito, se δ (t) = δ é uma constante, teremos

$$C(t) = C(s)\,e^{\int_s^t \delta dy} = C(s)\,e^{\delta(t-s)} = C(s)\left(e^\delta\right)^{(t-s)}.$$

Considerando na expressão anterior e^δ = 1+ i ou δ = log(1+ i), verifica-se que a mesma coincide com a igualdade (2.3).

Note-se que, na maioria das referências à taxa instantânea de capitalização, se refere apenas δ, subentendendo-se nesses casos que a taxa de juro é constante. Sempre que a taxa de juro for constante utilizaremos indistintamente, como factor de desconto composto anual,

$$v, \frac{1}{1+i} \text{ ou } e^{-\delta}.$$

Se a taxa de juro não for constante, mas variar apenas anualmente, há que efectuar as actualizações como a seguir se exemplifica.

Exemplo 2.1 *O valor actual de um capital de 1000 unidades monetárias disponível dentro de três anos, considerando as taxas de juro (forward) anuais de 5%, 3% e 6% será*

$$C_0 = 1000 \times 1.06^{-1} \times 1.03^{-1} \times 1.05^{-1} = 872.3 \ .$$

Inversamente, partindo deste valor, teríamos para valor acumulado em anos consecutivos, respectivamente,

$$C_1 = 872.3 \times 1.05 = 915.92,$$
$$C_2 = 915.92 \times 1.03 = 943.40,$$

e, naturalmente,

$$C_3 = 943.40 \times 1.06 = 1000.0 \ .$$

A generalização que o exemplo anterior sugere é simples.

Considerando apenas valores anuais, para simplificar, teremos para um período de j anos, considerando as taxas anuais forward $i_1, i_2, ..., i_n$,

$$C_j = C_0 \prod_{k=1}^{j} (1+i_k), \text{ para } j \leq n \ . \qquad (2.6)$$

Por vezes torna-se importante calcular as taxas *spot* correspondentes, ou seja, as taxas niveladas ou *Yields* que, a juros compostos, conduziriam para cada prazo à mesma capitalização.

Da igualdade

$$(1+r_j)^j = \prod_{k=1}^{j}(1+i_k), \quad (2.7)$$

podem calcular-se de imediato as taxas *spot*

$$r_j = \left[\prod_{k=1}^{j}(1+i_k)\right]^{\frac{1}{j}} - 1. \quad (2.8)$$

Notamos que a designada *estrutura a termo* das taxas de juro é constituída, num determinado momento, pelas taxas *spot* existentes.

Esta matéria será um pouco mais desenvolvida em capítulo próprio, tendo-nos limitado nesta secção apenas às noções necessárias aos capítulos que seguem.

Como resumo considere-se a tabela:

Símbolos	Definições ou expressões
i	taxa de juro
δ	taxa instantânea de juro quando fixa: $\delta = \log(1+i)$
v	taxa de actualização: $v = \frac{1}{1+i} = e^{-\delta}$
C_t	capital em t, função do capital em s: $C_t = C_s(1+i)^{t-s} = C_s v^{s-t}$
$\delta(t)$	taxa instantânea *forward*
C_t	capital em t, função do capital em s: $C_t = C_s \exp\left(\int_s^t \delta(y)\,dy\right)$
r (*yield*)	taxa *spot* para o período n: $r = \left[\exp\left(\int_0^n \delta(t)\,dt\right)\right]^{\frac{1}{n}} - 1$

2.3 Valor actual esperado ou valor actuarial

Suponhamos que um determinado valor C tem que ser pago a uma certa entidade daqui a t anos, se e somente se ocorrer um dado acontecimento cuja probabilidade é p. Pode construir-se uma v.a. discreta X que assume apenas dois valores com probabilidade não nula:

Valor	Prob.
C	p
0	$1-p$

X tem valor esperado Cp e variância $C^2 p\,(1-p)$.

Por outro lado, o valor actual de X, considerando uma taxa instantânea de capitalização constante δ, será

$$Y = e^{-\delta t} X,$$

com valor esperado $e^{-\delta t} Cp$ e variância $e^{-2\delta t} C^2 p\,(1-p)$.

Ao valor esperado

$$E(Y) = e^{-\delta t} Cp, \tag{2.9}$$

chama-se **valor actual esperado**, ou apenas **valor actuarial** do capital C.

A actualização actuarial pressupõe assim que a actualização financeira incide sobre o valor esperado de um pagamento no final do período de actualização considerado. Veremos que em seguros de vida isso corresponde a uma actualização dupla: sob o efeito da taxa de desconto e sob o efeito da taxa de mortalidade.

O conceito anterior pode ser ampliado, considerando que o instante de pagamento é uma variável aleatória T, contínua, com densidade $g(t)$ e que o capital a pagar também depende de T. Nessas condições, podemos considerar a variável aleatória

$$Y = e^{-\delta T} C(T).$$

Entende-se por valor actuarial o valor esperado

$$E(Y) = \int_0^\infty e^{-\delta t} C(t) g(t) dt. \tag{2.10}$$

A definição anterior aparece por vezes sob a forma de um integral de Riemann-Stieltjes

$$E(Y) = \int_0^\infty e^{-\delta t} C(t) dG(t),$$

sendo $G(t)$ a função de distribuição de T. Esta definição tem a vantagem de englobar qualquer tipo de distribuição para T (contínua, discreta ou mista).

No caso de taxas instantâneas de juro variáveis poderíamos considerar a variável aleatória

$$Y = e^{-\int_0^T \delta(\tau) d\tau} C(T),$$

sendo o *valor actuarial* dado por

$$E(Y) = \int_0^\infty e^{-\int_0^t \delta(\tau) d\tau} C(t) dG(t). \tag{2.11}$$

Das definições dadas, uma vez que os valores actuariais são valores esperados, pode concluir-se que o valor actuarial de um conjunto de valores contingentes (sob o mesmo ou diferentes contratos) é a soma dos respectivos valores actuariais.

Exemplo 2.2 *Uma entidade compromete-se a pagar a uma pessoa de idade x um capital de 10 000 u.m. daqui a 20 anos se, e somente se, essa pessoa estiver viva no final deste período.*

Considerando uma taxa de juro anual de 4%, o valor actuarial correspondente será

$$V = 10\,000 \times 1.04^{-20} \times {}_{20}p_x.$$

Supondo $x = 40$ e a t.m. TV88/90, teríamos $_{20}p_x = 0.943\,77$ e

$$V = 4307.2\,.$$

Exemplo 2.3 *Considere-se um capital $C(t) = 10000 \times (1.05)^t$, a pagar por morte de [x] à idade $x + t$, e a lei de Makeham com os parâmetros do exemplo (1.3). Temos*

$$\mu(x+t) = \frac{-\frac{d}{dt}\left(ks^{x+t}g^{c^{x+t}}\right)}{ks^{x+t}g^{c^{x+t}}} = 1.8624 \times 10^{-3} \times 1.065^t + 0.002.$$

Considerando uma taxa de juro anual de 4%, o valor actuarial correspondente será

$$\begin{aligned}V &= 10000 * \int_0^\infty 1.05^t \times 1.04^{-t} \times \frac{ks^{x+t}g^{c^{x+t}}}{ks^x g^{c^x}} \times \mu(x+t)dt \\ &= 15778\,.\end{aligned}$$

Tabela Resumo

Símbolos	Definições ou expressões
X	variável aleatória: pagamento contingente a t anos
Y	valor actual de X : $Y = e^{-\delta t}X$. Taxa de juro fixa e capitalização contínua
E(Y)	valor actuarial de X
C(T)	pagamento de C no instante aleatório T (densidade $g(t)$)
Y(T)	valor actual de C (T) : $Y(T) = e^{-\delta T}C(T)$. Taxa de juro fixa
E [Y (T)]	valor actuarial de C (T) : $\int_0^\infty e^{-\delta t}C(t)\,g(t)\,dt$
E [Y (T)]	valor actuarial de C (T): $\int_0^\infty e^{-\int_0^t \delta(\tau)d\tau}C(t)\,g(t)\,dt$. Taxa de juro variável.

2.4 A noção de prémio puro

A noção de prémio puro tem a sua génese na teoria dos jogos. Um jogo entre duas entidades A e B diz-se equitativo quando, em cada partida, os valores esperados dos ganhos possíveis dos dois jogadores são iguais. Seja X_A a v.a. que representa os ganhos possíveis de A, em cada partida, e X_B a v.a. correspondente aos ganhos do jogador B. O jogo diz-se equitativo se

$$E(X_A) = E(X_B).$$

Desde já notamos que esta definição nada diz quanto à variância ou a outros momentos das duas distribuições correspondentes a X_A e X_B. Quer isso então dizer que o factor risco não está totalmente contemplado nesta definição.

Como o valor actuarial de uma dada cobertura é um valor esperado, se for constituído como prémio único de um contrato de seguro, torna-se evidente que o contrato entre a seguradora e o segurado é, por definição, equitativo.

Chama-se *Prémio puro* (de risco) ao valor actuarial inerente a um dado contrato, isto é, ao valor actual esperado de todas as indemnizações que a seguradora se compromete a pagar, caso ocorram os acontecimentos previstos no mesmo. O prémio estabelecido é em geral referente a um dado período, normalmente um ano. Pode, contudo, em certos casos, que adiante serão explicitados, referir-se à duração completa da apólice, designando-se então por *Prémio único puro*.

O termo *puro* significa que ao valor actuarial considerado não foram adicionadas quaisquer cargas de tipo técnico, de gestão ou comerciais. Verifica-se com facilidade que tais cargas são essenciais para o negócio corrente da seguradora.

Notamos que o termo risco é em geral omitido, até porque em Teoria do Risco o termo *prémio de risco* tem implícita uma carga de segurança que se destina justamente a reduzir a probabilidade de prejuízo.

Finalizamos esta secção com três exemplos, que se destinam a ilustrar a importante noção de prémio puro.

Exemplo 2.4   *O exemplo 2.2 da secção anterior permite-nos concluir que, se a entidade nele referida fosse uma seguradora, se o custo actual esperado de 4307.2 constituisse o prémio a receber e se esse valor capitalizasse durante 20 anos à taxa de 4%, a companhia de seguros teria, no final do prazo, o valor necessário para fazer face ao pagamento prometido de 10000 u.m. Porém, como 4307.2 × 1.04^{20} = 9437.7, é natural que aquela afirmação suscite alguma perplexidade. Como é possível com este valor fazer face a um pagamento de 10000 u.m., caso a pessoa esteja viva?*

A resposta é simples: talvez possa pagar, mas com um prejuízo de 10000 − 9437.7 = 562.3 u.m., valor que, em relação ao capitalizado, significa um prejuízo de cerca de 6%.

Não esqueçamos contudo que, se a pessoa tiver morrido entretanto, o lucro será de 9437.7.

Conclusão: com um único contrato, o negócio pode ser ruinoso. Porém, este é sempre o dilema de qualquer jogador, mesmo num jogo equitativo: qualquer que seja a distribuição dos montantes envolvidos, somente em raras excepções o valor ocorrido coincide com o valor esperado.

Suponhamos agora que a seguradora tinha efectuado na mesma data 1000 contratos idênticos.

Quantos dariam lucro e quantos dariam prejuízo? Se um contrato isolado dá prejuízo com probabilidade p = 0.94377 e lucro com probabilidade 1 − p = 0.05623, podemos considerar uma distribuição de Bernoulli (atribuindo o valor 1 ao acontecimento dar prejuízo e o valor 0 ao acontecimento dar lucro) que, como sabemos, tem valor esperado p e variância p (1 − p).

Portanto, a distribuição do número de contratos com prejuízo, em 1000 apólices idênticas, será binomial, com valor esperado μ = 943.77 e desvio padrão σ = 7.2848.

Porém, a questão mais importante para a seguradora, é saber qual a probabilidade de prejuízo no conjunto dos contratos, ou a probabilidade desse prejuízo ultrapassar determinado montante. Representando por N a v.a. correspondente ao número de contratos com prejuízo, o resultado bruto global será então dado pela igualdade

$$L = -562.3N + 9437.7\,(1000 - N).$$

Para haver prejuízo há que resolver a inequação L < 0 ou seja,

$$-562.3N + 9437.7\,(1000 - N) < 0,$$

cuja solução é

$$N > 943.$$

Atendendo ao elevado número de contratos, podemos aplicar o teorema de De Moivre-Laplace, que justifica a aproximação da distribuição binomial à normal, pelo que

$$P(N > 943) \simeq P\left(\frac{N + .5 - 943.77}{7.2848} > \frac{943.5 - 943.77}{7.2848}\right) \simeq 1 - \Phi\left(-3.7063 \times 10^{-2}\right) \simeq .515,$$

expressão na qual $\Phi(.)$ representa a função de distribuição de uma v.a. $N_{0,1}$. Concluimos assim que, com um número elevado de contratos, a probabilidade de prejuízo é praticamente igual à probabilidade de lucro. Caso pretendessemos calcular a probabilidade de esse prejuízo ser, por exemplo, superior a 70000 u.m., teríamos a inequação

$$562.3N - 9437.7\,(1000 - N) > 70000$$

cuja solução é

$$N > 950.$$

Aproximando à normal reduzida, obtemos

$$P(N > 950) \simeq 1 - \Phi(.92384) = .178.$$

É pois elevada a probabilidade de prejuízos significativos, que poderiam pôr em causa a solvência da própria seguradora.

As conclusões que se podem tirar deste simples exemplo são as seguintes:
1 – Só há equilíbrio lucro/prejuízo se houver um elevado número de contratos do mesmo tipo, por forma a que, *em média*, os que dão lucro equilibrem os que dão prejuízo;
2 – A provisão criada, recebendo apenas como prémio o valor actuarial do risco coberto, não é suficiente para garantir que a seguradora não venha a ter prejuízos significativos.

Exemplo 2.5 *Retome-se o exemplo anterior, supondo agora que a seguradora recebe por cada contrato um prémio Π, igual ao valor actuarial com um acréscimo (carga) de 5%.*

Teríamos então Π = 4307.2 × 1.05 = 4522.6. *Este valor, capitalizando em 20 anos à mesma taxa, daria* 9909. 6. *Estando a pessoa viva, o prejuízo desse contrato ficaria então reduzido a* 10000 − 9909.6 = 90. 4. *O resultado global L para as 1000 apólices seria*

$$L = -90.4N + 9909.6 (1000 - N).$$

L < 0 *implica*

$$-90.4N + 9909.6 (1000 - N) < 0,$$

ou seja,

$$N > 990.$$

Por aproximação à normal reduzida teremos então

$$P(N > 990) = P\left(\frac{N + .5 - 943.77}{7.2848} > \frac{990.5 - 943.77}{7.2848}\right) = 1 - \Phi(6.3461) \simeq 0.$$

Verifica-se assim que, com uma carga de 5% sobre o prémio puro de risco, a seguradora não corre qualquer risco. A totalidade dos prémios encaixados é suficiente para pagar todos os capitais cobertos. Mesmo que haja desvios significativos no número de pessoas vivas no final do prazo, em relação ao valor esperado, a carga adicional considerada acaba por absorver os seus efeitos, o que defende não só os interesses da seguradora, mas também os dos beneficiários.

Exemplo 2.6 *Uma seguradora compromete-se a pagar aos beneficiários designados na apólice um capital de 20 000 €, daqui a 30 anos, se e somente se, a pessoa segura de idade x tiver entretanto falecido, mas depois de ter atingido a idade x + 20. Considerando uma taxa de juro anual de 4%, o valor actuarial deste contrato, ou seja o prémio único puro, expresso em euros, será*

$$\Pi = 20000 \times 1.04^{-30} \times (_{20}p_x - {_{30}p_x}).$$

Notamos que para o pagamento se efectuar se exige que a morte ocorra no intervalo de idades (x + 20, x + 30); contudo, o momento do pagamento é fixo e coincide, caso o valor seja devido, com o final do prazo do contrato (30 anos).

2.5 Seguro de capital diferido – factor de desconto actuarial

O valor actuarial de um capital unitário a pagar a uma pessoa de idade x, se e somente se ela estiver viva passados n anos, é designado por valor actuarial de um *capital diferido* (unitário), representa-se por $_nE_x$ segundo a NAI e calcula-se pela expressão

$$_nE_x = e^{-\delta n} {}_np_x . \qquad (2.12)$$

Na literatura actuarial este valor aparece muitas vezes na forma

$$_nE_x = \frac{D_{x+n}}{D_x},$$

expressão na qual o *símbolo de comutação* D_y é definido pela igualdade

$$D_y = e^{-\delta y} l_y = v^y l_y.$$

Notamos todavia que, salvo raras excepções, evitaremos o uso de símbolos de comutação, os quais se justificavam plenamente antes do advento dos modernos computadores e quando se trabalhava quase exclusivamente com a mesma taxa de juro. Contudo, em folhas de cálculo, a sua utilização é cómoda e ainda bastante frequente.

Retomando o exemplo da secção precedente, poderíamos então escrever

$$V = 10000 \,_{20}E_{40} = 4307.\,2.$$

Pela definição dada anteriormente, o valor $_nE_x$ constitui o *prémio único puro* para um seguro de capital unitário emitido sobre uma pessoa de idade x por um prazo n. O prémio diz-se *único*, em oposição a periódico. Esta questão será abordada oportunamente.

Podemos constatar agora a afirmação anterior sobre a noção de duplo desconto implícita na avaliação actuarial. Com efeito,

$$_nE_x = e^{-\delta n} \,_np_x = e^{-\int_0^n (\delta + \mu_{x+t})dt}.$$

Pela fórmula anterior verifica-se de imediato que tudo se passa como se a taxa de juro fosse em cada momento aumentada pela força de mortalidade, o que equivale a dizer que o desconto vitalício potencia o capital investido. Naturalmente, com um custo para o investidor: é que, se a pessoa segura falecer, o capital deixa automaticamente de ser devido!

Por outro lado, se $_nE_x$ representa o *factor de actualização actuarial*, isto é, constitui um factor de desconto que envolve simultâneamente os descontos financeiro e vitalício, pode considerar-se que o seu inverso, $1/_nE_x$, constitui o *factor de capitalização actuarial*.

Como resumo considere-se a tabela:

Símbolos	Definições ou expressões
Π	prémio único puro: valor actuarial do contrato
$_nE_x$	factor de actualização actuarial: $_nE_x = e^{-\delta n}\,_np_x = e^{-\int_0^n (\delta + \mu_{x+t})dt}$
D_y	símbolo de comutação: $D_y = e^{-\delta y} l_y$
$_nE_x$	$_nE_x = \frac{D_{x+n}}{D_x}$
$1/_nE_x$	factor de capitalização actuarial: $\frac{1}{_nE_x} = \frac{D_x}{D_{x+n}}$.

Capítulo 3

Rendas dependentes da vida humana

3.1 Introdução

Uma anuidade ou renda sobre a vida humana constitui uma sucessão de pagamentos equidistantes, em geral de uma unidade monetária por ano, efectuados por uma dada entidade a outrem, enquanto o grupo de vidas de que depende não se considera extinto. O valor pago em cada período designa-se habitualmente por termo. Uma anuidade é pois uma renda de termo unitário. Sendo a duração do grupo aleatória, o valor actual de cada pagamento a efectuar e a sua soma são também aleatórios. Na maioria das aplicações práticas a anuidade diz respeito a uma única pessoa, embora em capítulo posterior se avaliem anuidades sobre grupos de duas ou mais pessoas. Quando no decorrer do texto nos referirmos ao cálculo do valor de uma anuidade, estamos a referir-nos em geral ao cálculo do respectivo valor actuarial, ou seja, do valor actual esperado.

As rendas sobre a vida humana e as suas possíveis utilizações são muito diversificadas. Em seguros ou fundos de pensões encontram uma vasta aplicação nas rendas vitalícias, pensões de reforma, pensões de invalidez, pensões de sobrevivência, pagamento de prémios dependentes da vida da pessoa segura, etc. Os diversos tipos de anuidades serão abordados nas secções seguintes e os exemplos apresentados ajudarão o leitor a compreender melhor a sua utilidade.

Podemos, no entanto, resumir as principais características na seguinte tabela:

TIPO	DESCRIÇÃO
antecipada	os pagamentos são efectuados no início de cada período
postecipada	os pagamentos são efectuados no final de cada período
imediata	os pagamentos começam no primeiro período
diferida	os pagamentos começam após determinado prazo
temporária	o prazo de pagamentos é limitado
fraccionada	cada pagamento unitário é subdividido em fracções
contínua	situação limite de fraccionamento
constante	os termos da renda têm igual valor
crescente	os termos da renda crescem segundo uma dada regra
decrescente	os termos da renda decrescem segundo uma dada regra.

3.2 Anuidades imediatas

Uma anuidade imediata diz-se *vitalícia* se apenas termina com a morte da pessoa segura e diz-se *temporária* quando termina no fim do prazo estipulado ou com a morte da pessoa, consoante o que primeiro ocorrer.

Considere-se uma anuidade *vitalícia* anual postecipada. O seu valor actual depende da taxa de juro considerada, em geral constante, bem como do número de pagamentos a efectuar, ou seja do número de anos inteiros que a pessoa segura viver. Representando essa duração pela variável aleatória T, a anuidade tem por valor actual a variável aleatória

$$a_{\overline{T}|} = v + v^2 + \ldots + v^T = \frac{v - v^{T+1}}{1 - v} = \frac{1 - v^T}{i},$$

que mais não é que o valor actual de uma anuidade financeira postecipada de duração T. Note-se que T representa nesta secção o maior inteiro contido no tempo futuro de vida. Trata-se pois de uma variável aleatória discreta.

Para uma anuidade vitalícia anual antecipada teríamos para valor actual a variável aleatória

$$\ddot{a}_{\overline{T|}} = 1 + v + v^2 + \ldots + v^T = \frac{1 - v^{T+1}}{1 - v}.$$

Torna-se evidente a igualdade

$$\ddot{a}_{\overline{T|}} = 1 + a_{\overline{T|}}.$$

O valor actuarial de uma anuidade vitalícia postecipada, válida enquanto for viva uma pessoa de idade x, corresponde ao valor esperado de $a_{\overline{T|}}$. O seu cálculo pode ser efectuado directamente, com base nas expressões anteriores e na distribuição de T, mas pode igualmente ser feito considerando a soma dos valores actuariais dos termos da anuidade que, considerados isoladamente, mais não são que capitais diferidos unitários. A demonstração desta afirmação será vista adiante, no estudo dos momentos.

Representando por a_x o respectivo valor actuarial, teremos então,

$$a_x = E\left(a_{\overline{T|}}\right) = {}_1E_x + {}_2E_x + \ldots = \sum_{t=1}^{\infty} {}_tE_x = \sum_{t=1}^{\infty} v^t \, {}_tp_x. \qquad (3.1)$$

Muitas vezes, por simplicidade de linguagem, confunde-se o valor a_x com o valor da própria anuidade, o que é incorrecto, porque a_x é apenas o valor esperado do valor actual de uma variável aleatória. De facto, como anteriormente se disse, o valor da anuidade é o valor actual dos pagamentos a efectuar e, como o número destes é aleatório, o mesmo se passa com aquele valor.

74 | Matemática Actuarial. Vida e Pensões

O valor actuarial de uma anuidade vitalícia antecipada, $\ddot{a}_x = E\left(\ddot{a}_{\overline{T}|}\right)$, é também a soma dos valores actuariais dos seus termos, pelo que

$$\ddot{a}_x = 1 + {}_1E_x + {}_2E_x + ... = \sum_{t=0}^{\infty} {}_tE_x = \sum_{t=0}^{\infty} v^t {}_tp_x = 1 + a_x. \quad (3.2)$$

O valor actuarial de uma anuidade temporária postecipada, válida enquanto for viva a pessoa [x], mas no máximo com n termos, será representado por $a_{x:\overline{n}|}$ e calcula-se pela expressão

$$a_{x:\overline{n}|} = \sum_{t=1}^{n} {}_tE_x = \sum_{t=1}^{n} v^t {}_tp_x. \quad (3.3)$$

No caso de uma anuidade temporária antecipada teríamos

$$\ddot{a}_{x:\overline{n}|} = \sum_{t=0}^{n-1} {}_tE_x = \sum_{t=0}^{n-1} v^t {}_tp_x,$$

pelo que,

$$\ddot{a}_{x:\overline{n}|} = 1 + a_{x:\overline{n-1}|}. \quad (3.4)$$

Notamos que muitos autores continuam a fornecer fórmulas de cálculo dos valores actuariais de anuidades recorrendo a símbolos de comutação. Em anexo, o leitor pode encontrar uma súmula dessas fórmulas, caso pretenda utilizá-las.

Exemplo 3.1 *O prémio único ou o valor actuarial de uma renda anual postecipada, imediata, no valor de 1000 u.m., a pagar a uma pessoa de 60 anos de idade, enquanto for viva, será*

$V = 1000 \times a_{60} = 1000 \times 13.32 = 13320 \ u.m., \quad (t.m. \ TV73/77, com \ i = 4\%).$

Exemplo 3.2 *O valor actuarial dos prémios a pagar por uma pessoa de 40 anos de idade a uma seguradora, mas no máximo durante 30 anos, será*

$$V = P\ddot{a}_{40:\overline{30}|},$$

onde P representa o valor anual a pagar, supondo que os prémios são constantes e que o primeiro prémio é pago de imediato. Note-se que na maioria dos contratos os prémios são pagos anual e adiantadamente e que os mesmos só são devidos enquanto a pessoa segura está viva.

3.3 Anuidades diferidas

A diferença entre as anuidades imediatas e as diferidas é que estas apenas são devidas passado um determinado prazo, dito de *diferimento*. Assim, o prémio único ou valor actuarial de uma anuidade vitalícia postecipada, válida enquanto for viva uma pessoa de idade x, mas cujo primeiro termo somente será pago passados k períodos, é

$$_{k|}a_x = \sum_{t=k+1}^{\infty} {}_tE_x = \sum_{t=k+1}^{\infty} v^t {}_tp_x = {}_kE_x a_{x+k}. \quad (3.5)$$

A segunda parte da expressão anterior é fácil de demonstrar. Com efeito, o valor actuarial da renda à idade $x+k$ é de facto a_{x+k}. Se considerarmos esse valor como o capital necessário para adquirir essa renda nessa idade, caso a pessoa $[x]$ esteja viva nesse momento, não temos mais que calcular o valor actuarial desse capital à idade x, o que significa multiplicá-lo por $_kE_x$. Também se poderia somar termo a termo e atender a que

$$_{k+j}E_x = {}_kE_x \, {}_jE_{x+k}. \quad (3.6)$$

Por idêntico raciocínio, conclui-se de imediato que

$$_{k|}\ddot{a}_x = \sum_{t=k}^{\infty} {}_tE_x = \sum_{t=k}^{\infty} v^t \, {}_tp_x = {}_kE_x \ddot{a}_{x+k} \qquad (3.7)$$

e

$$_{k+1|}\ddot{a}_x = {}_{k|}a_x. \qquad (3.8)$$

Em particular,

$$_{1|}\ddot{a}_x = a_x.$$

No caso de anuidades temporárias diferidas teremos, de forma análoga,

$$_{k|n}a_x = {}_kE_x a_{x+k:\overline{n|}}$$

e

$$_{k|n}\ddot{a}_x = {}_kE_x \ddot{a}_{x+k:\overline{n|}}. \qquad (3.9)$$

Chamamos a atenção de que, (para não haver confusão com o período global em causa, que na realidade é $k + n$), se opta por colocar em primeiro lugar na notação o período de diferimento k e, a seguir à barra vertical, a duração efectiva n dos pagamentos ou seja, o número máximo de pagamentos a considerar.

Também neste caso é evidente a relação

$$_{k+1|n}\ddot{a}_x = {}_{k|n}a_x. \qquad (3.10)$$

Exemplo 3.3 *O prémio único ou valor actuarial de uma pensão anual vitalícia antecipada, de 10 000 u.m. por ano, a conceder a uma pessoa de 35 anos de idade quando atingir os 65 anos, será*

$$V = 10\,000 \, {}_{30|}\ddot{a}_{35} = 10\,000 \times {}_{30}E_{35} \times \ddot{a}_{65} = ...$$

3.4 Anuidades fraccionadas

Muitas anuidades, quer se relacionem com o pagamento de rendas quer de prémios, são pagas em fracções do ano, isto é, a **unidade** é dividida em m fracções a pagar antecipada ou postecipadamente em intervalos de tempo iguais. Assim, se $m = 2$, por exemplo, teremos pagamentos semestrais de meia unidade monetária em cada semestre. Se $m = 12$, teremos pagamentos mensais (de $1/12$ por mês). O valor esperado de uma anuidade vitalícia fraccionada, com m fracções, tem as possíveis notações – $a_x^{(m)}$ ou $\ddot{a}_x^{(m)}$ – consoante se trate de uma anuidade postecipada ou antecipada. Em todos os outros tipos de anuidades mantêm-se as notações anteriores, colocando apenas o número de fracções (m) em expoente.

Exemplo 3.4 *Um renda no valor de 100 € por mês, ou seja, 1200 € anuais, a pagar postecipadamente em fracções mensais por (ou a) uma pessoa que tem hoje 40 anos de idade e que começará a ser paga daqui a dez anos, com uma duração posterior máxima de 25 anos (se e enquanto aquela pessoa for viva), terá por valor actuarial*

$$1200 \,_{10|25}a_{40}^{(12)} = 1200 \times \,_{10}E_{40} \times a_{50\,\overline{25|}}^{(12)}.$$

Para calcular $a_x^{(m)}$, e recorrendo ao valor esperado do valor actual dos pagamentos a efectuar, podemos escrever

$$a_x^{(m)} = \frac{1}{m}\sum_{t=1}^{\infty} e^{-\delta\frac{t}{m}} \,_{t/m}p_x = \frac{1}{m}\sum_{t=1}^{\infty} \,_{t/m}E_x = \frac{1}{mD_x}\sum_{t=1}^{\infty} D_{x+t/m}. \quad (3.11)$$

Efectuando uma interpolação linear para cálculo de $\,_{t/m}E_x$ quando t/m varia entre inteiros consecutivos, obtém-se a seguinte aproximação:

$$a_x^{(m)} \simeq a_x + \frac{m-1}{2m}. \quad (3.12)$$

Com efeito, separando as fracções referentes a cada ano podemos escrever

$$\frac{1}{m}\sum_{t=1}^{\infty} {}_{t/m}E_x = \frac{1}{m}\sum_{k=0}^{\infty}\sum_{t=1}^{m} v^{k+\frac{t}{m}} {}_{k+\frac{t}{m}}p_x = \frac{1}{m}\sum_{k=0}^{\infty} v^k {}_kp_x \sum_{t=1}^{m} v^{\frac{t}{m}} {}_{\frac{t}{m}}p_{x+k}. \quad (3.13)$$

Introduzindo a interpolação linear acima indicada, obtemos

$$_{t/m}E_{x+k} = v^{\frac{t}{m}} {}_{\frac{t}{m}}p_{x+k} = 1 - \frac{t}{m}\left(1 - vp_{x+k}\right),$$

pelo que

$$\sum_{t=1}^{m} v^{\frac{t}{m}} {}_{\frac{t}{m}}p_{x+k} = \sum_{t=1}^{m}\left[1 - \frac{t}{m}\left(1 - vp_{x+k}\right)\right] = m - \frac{m+1}{2}\left(1 - vp_{x+k}\right) = \frac{m-1}{2} + \frac{m+1}{2}vp_{x+k}.$$

Substituindo a expressão anterior no último somatório de (3.13) e simplificando, obtém-se o resultado desejado:

$$\begin{aligned}a_x^{(m)} &\simeq \frac{1}{m}\sum_{k=0}^{\infty} v^k {}_kp_x \left[\frac{m-1}{2} + \frac{m+1}{2}vp_{x+k}\right] = \frac{m-1}{2m}\ddot{a}_x + \frac{m+1}{2m}\sum_{k=0}^{\infty} v^{k+1} {}_{k+1}p_x \\ &= \frac{m-1}{2m}\ddot{a}_x + \frac{m+1}{2m}a_x = \frac{m-1}{2m}\left(1 + a_x\right) + \frac{m+1}{2m}a_x = \frac{m-1}{2m} + a_x.\end{aligned}$$

Considerando agora que

$$\ddot{a}_x^{(m)} = \frac{1}{m} + a_x^{(m)},$$

teremos por (3.12)

$$\ddot{a}_x^{(m)} \simeq \frac{1}{m} + a_x + \frac{m-1}{2m} = \frac{1}{m} + \ddot{a}_x - 1 + \frac{m-1}{2m} = \ddot{a}_x - \frac{m-1}{2m}. \quad (3.14)$$

Para as anuidades diferidas k anos teremos

$$_{k|}a_x^{(m)} = {}_kE_x a_{x+k}^{(m)} \simeq {}_kE_x \left(a_{x+k} + \frac{m-1}{2m}\right)$$

e

$$_{k|}\ddot{a}_x^{(m)} = {}_kE_x\ddot{a}_{x+k}^{(m)} \simeq {}_kE_x\left(\ddot{a}_{x+k} - \frac{m-1}{2m}\right).$$

Para as anuidades temporárias fraccionadas, podemos recorrer aos resultados conhecidos relativamente às anuidades vitalícias e às diferidas. Por exemplo,

$$a_{x\,\overline{n}|}^{(m)} = a_x^{(m)} + {}_n|a_x^{(m)},$$

pelo que

$$a_{x\,\overline{n}|}^{(m)} = a_x^{(m)} - {}_n|a_x^{(m)} \simeq a_x + \frac{m-1}{2m} - {}_nE_x\left(a_{x+n} + \frac{m-1}{2m}\right) = a_{x\,\overline{n}|} + \frac{m-1}{2m}(1 - {}_nE_x).$$

(3.15)

De idêntica forma,

$$\ddot{a}_{x\,\overline{n}|}^{(m)} \simeq \ddot{a}_{x\,\overline{n}|} - \frac{m-1}{2m}(1 - {}_nE_x). \qquad (3.16)$$

A extensão às anuidades diferidas e temporárias torna-se agora imediata.

Notamos que alguns autores usam fórmulas de cálculo mais precisas em termos de interpolação. Por exemplo, uma fórmula de interpolação atribuída a Woolhouse, permite-nos escrever

$$a_x^{(m)} \simeq a_x + \frac{m-1}{2m} + \frac{m^2-1}{12m^2}(\mu_x + \delta),$$

onde μ_x e δ conservam os significados anteriormente atribuídos. Pensamos todavia que tais aproximações não se justificam, dado sabermos quão grosseiras são as próprias tábuas de mortalidade e quão aleatórios são os rendimentos obtidos com as provisões constituídas. Por outras palavras, de que adianta obter mais ou menos umas milésimas em valores que poderão estar incorrectos na casa das décimas, ou mesmo das unidades?

3.5 Anuidades contínuas

Se imaginarmos que numa anuidade fraccionada o número de fracções cresce infinitamente, passamos a ter o que se pode designar por uma *anuidade contínua*. Tal seria o caso limite de termos pagamentos fraccionados à hora, ao minuto, ao segundo, etc. O seu valor actuarial na notação NAI apresenta uma barra sobre o símbolo a.

Para efeitos de cálculo, pode usar-se uma das fórmulas de aproximação conhecidas.

Por exemplo, pela fórmula (3.12) obtém-se

$$\overline{a}_x = \overline{\overline{a}}_x \simeq a_x + \frac{1}{2}. \tag{3.17}$$

Contudo, conhecendo a função de sobrevivência $s(x)$, pode efectuar-se o cálculo exacto.

Comecemos por calcular o valor actuarial de uma anuidade certa contínua, considerando uma taxa de capitalização constante $\delta = \log(1+i)$ e $v = (1+i)^{-1}$.

Note-se que uma anuidade certa é uma anuidade financeira, não dependente de factores de natureza aleatória, que se pode obter substituindo numa anuidade vitalícia as probabilidades de vida pela unidade. Por exemplo, uma anuidade postecipada com duração n tem o valor actual

$$a_{\overline{n}|} = \sum_{k=1}^{n} v^k.$$

Consideremos agora uma anuidade certa com duração n anos, com fraccionamento (m) e a taxa de substituição i' (taxa equivalente correspondente à fracção $1/m$), dada pela igualdade

$$i' = (1+i)^{1/m} - 1.$$

Teremos então,

$$a_{\overline{n|}}^{(m)} = \sum_{k=1}^{mn} \frac{1}{m}\frac{1}{(1+i')^k} = \frac{1}{m}\frac{\frac{1}{1+i'} - \left(\frac{1}{1+i'}\right)^{mn+1}}{1 - \frac{1}{(1+i')}} = \frac{1}{mi'}(i'+1)\left(\frac{1}{i'+1} - \frac{1}{(i'+1)(i'+1)^{mn}}\right)$$
$$= \frac{1}{mi'}(1 - \frac{1}{(i'+1)^{mn}}) = \frac{1/m}{i'}\left(1 - \frac{1}{(1+i)^n}\right). \tag{3.18}$$

Tomando limites na expressão anterior quando $m \to \infty$, obtém-se

$$\overline{a}_{\overline{n|}} = \lim_{m\to\infty} \left(\frac{1/m}{(1+i)^{1/m} - 1}\right)\left(1 - \frac{1}{(1+i)^n}\right) = \frac{1-v^n}{\delta}. \tag{3.19}$$

A expressão anterior pode também ser deduzida recorrendo directamente ao desenvolvimento em série de $e^{-\frac{\delta}{m}}$.

Considerando o fraccionamento m e o limite quando $m \to \infty$, pode escrever-se

$$\lim_{m\to\infty} \ddot{a}_{\overline{n|}}^{(m)} = \lim_{m\to\infty} \frac{1}{m} \times \frac{1 - e^{-\frac{\delta}{m}mn}}{1 - e^{-\frac{\delta}{m}}} = \lim_{m\to\infty} \frac{1 - e^{-\delta n}}{m\left(\frac{\delta}{m} - \left(\frac{\delta}{m}\right)^2/2! + ...\right)} = \frac{1 - e^{-\delta n}}{\delta}.$$

Considerando uma duração qualquer t, não necessariamente inteira, temos

$$\overline{a}_{\overline{t|}} = \frac{1-v^t}{\delta}$$

e

$$\frac{d}{dt}\overline{a}_{\overline{t|}} = \frac{d}{dt}\frac{1-v^t}{\delta} = \frac{-v^t \log v}{\delta} = -v^t\frac{-\delta}{\delta} = v^t. \tag{3.20}$$

A expressão anterior permite exprimir $\overline{a}_{\overline{t|}}$ como um integral:

$$\overline{a}_{\overline{t|}} = \int_0^t v^u du,$$

o qual se pode interpretar facilmente. Se considerarmos uma partição do intervalo $(0.t)$ de diâmetro $\Delta u = t/(mn)$, o valor actual dos pagamentos postecipados será a soma de Riemann

$$S_{mn} \simeq \sum_{k=1}^{mn} v^{k\Delta u} \Delta u.$$

A passagem ao limite é elementar.

Idêntico raciocínio aplicado a uma anuidade vitalícia contínua dá-nos de imediato

$$\bar{a}_x = \int_0^\infty v^t \,_t p_x dt, \qquad (3.21)$$

ou seja, paga-se dt no *instante genérico t*, caso a pessoa $[x]$ esteja viva nesse instante.

A igualdade anterior pode ser também justificada analiticamente. Considerando o tempo de vida futuro T, $\bar{a}_{\overline{T}|}$, que é o valor actual do pagamento contínuo caso $[x]$ morra com idade $x + T$, pode ser considerada uma v.a. cujo valor esperado é

$$\bar{a}_x = \int_0^\infty \bar{a}_{\overline{t}|} \,_t p_x \mu_{x+t} dt. \qquad (3.22)$$

Recorde-se que a probabilidade $P[T \in (t, t+dt)] = \,_t p_x \mu_{x+t} dt$, e portanto a respectiva função densidade é $f(t) = \,_t p_x \mu_{x+t}$ (veja-se expressão 1.14).

Embora aparentemente diferentes, qualquer uma das expressões anteriores pode ser integrada por partes, dando de imediato a outra. Para o efeito, basta considerar, para além da derivada que aparece em (3.20), a derivada de $_t p_x$ em ordem a t,

$$\frac{d}{dt} \,_t p_x = \frac{d}{dt} \frac{s(x+t)}{s(x)} = \frac{s'(x+t)}{s(x)} = \frac{s'(x+t)}{s(x+t)} \frac{s(x+t)}{s(x)} = -\,_t p_x \mu_{x+t}.$$

Resta analisar o caso em que a taxa de juro varia também continuamente. Nesse caso, há que substituir na expressão (3.21) v^t por $e^{\int_0^t -\delta(u)du}$, obtendo-se

$$\bar{a}_x = \int_0^\infty e^{\int_0^t -\delta(u)du} \,_t p_x dt = \int_0^\infty e^{\int_0^t -\delta(u)du} e^{\int_0^t -\mu_{x+u}du} dt = \int_0^\infty e^{-\int_0^t [\delta(u)+\mu_{x+u}]du} dt. \qquad (3.23)$$

A fórmula anterior é importante, porque:
1 – permite verificar até que ponto numa provisão ou prémio puro de uma renda vitalícia, uma diminuição/aumento na mortalidade pode ser compensada por um aumento/diminuição da taxa de rendimento.
2 – considerando $\delta(t)$ como a taxa instantânea de capitalização (*forward*) implícita na estrutura a termo das taxas de juro (*spot*), no momento de emissão de uma apólice de renda vitalícia, o valor de $\overline{a}_x$ assim calculado constitui um limite inferior para o prémio de risco puro, que não deve ser franqueado.

Para terminar, é interessante verificar que, para quaquer valor inteiro de $m \geq 1$, são válidas as desigualdades:

$$\ddot{a}_x \geq \ddot{a}_x^{(m)} \geq \overline{a}_x \geq a_x^{(m)} \geq a_x. \qquad (3.24)$$

Para $1 < m < \infty$ e $x < \omega$, as desigualdades anteriores verificam-se em sentido estrito. Com efeito, da esquerda para a direita daquelas relações, paga-se em média mais e mais cedo.

Também, pela posição central que ocupa,

$$\overline{a}_x \simeq \frac{\ddot{a}_x + a_x}{2}.$$

3.6 A função de distribuição de uma anuidade contínua

Considerando uma anuidade contínua, cujo valor actual podemos representar pela v.a. Y, teremos:

$$Y = \overline{a}_{\overline{T}|}, \text{ com } 0 \leq Y \leq \frac{1 - e^{-\delta(\omega - x)}}{\delta}.$$

Note-se que $\overline{a}_{\overline{T}|} \leq \overline{a}_{\overline{\omega - x}|} < \overline{a}_{\overline{\infty}|} = \frac{1}{\delta}$. Assim, para uma pessoa de idade x, a função de distribuição $F_x(y)$ de uma anuidade contínua será

$$F_x(y) = P(Y \leq y) = P\left(\frac{1-v^T}{\delta} \leq y\right) = P\left(1 - v^T \leq \delta y\right) = P\left(v^T \geq 1 - \delta y\right)$$

$$= P\left(T \leq \frac{\log(1-\delta y)}{\log(v)}\right) = 1 - \frac{s\left[x + \frac{\log(1-\delta y)}{-\delta}\right]}{s(x)}, \text{ para } y \leq \frac{1 - e^{-\delta(\omega - x)}}{\delta}.$$

A densidade correspondente será

$$f_x(y) = \frac{d}{dy}\left(1 - \frac{s\left(x + \frac{\log(1-\delta y)}{-\delta}\right)}{s(x)}\right) = \frac{s'\left(-\frac{1}{\delta}(\ln(1-y\delta) - x\delta)\right)}{s(x)(y\delta - 1)}.$$

Exemplo 3.5 *Considerando x = 40, i = 4% e os parâmetros da lei de Makeham dos exemplos anteriores, as funções de densidade e de distribuição têm os seguintes gráficos:*

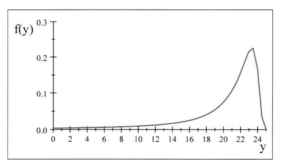

Função de densidade de uma anuidade

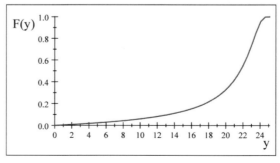

Função de distribuição de uma anuidade

Calculando o valor esperado de Y obtemos:
$$E(Y) = \int_0^{\frac{1-e^{-\delta(\omega-x)}}{\delta}} y f_x(y)\, dy = 19.9.$$ *Curiosamente, este resultado é comparável com o valor calculado com a tábua de mortalidade* $TV_{88/90}$ *em que* $\bar{a}_{40} = 20.03$. *Por outro lado, pode constatar-se pelo gráfico a elevada dispersão em torno da média, a forte assimetria, a mediana e a moda, assim como a elevada probabilidade de o custo superar o valor esperado.*

O exemplo anterior mostra realmente bem o risco implícito nas rendas vitalícias, considerando apenas uma tábua de mortalidade tradicional.

3.7 Os momentos de uma anuidade vitalícia

Considerando uma anuidade contínua, cujo valor actual podemos representar pela v.a. Y, o momento de ordem r tanto pode ser calculado pela densidade anteriormente deduzida, obtendo-se

$$E(Y^r) = \int_0^{\frac{1-e^{-\delta(\omega-x)}}{\delta}} y^r f_x(y)\, dy,$$

como pela utilização directa da expressão (3.22), vindo então

$$\begin{aligned} E(Y^r) &= \int_0^\infty \left(\bar{a}_{\overline{t|}}\right)^r {}_t p_x \mu_{x+t}\, dt \\ &= \int_0^\infty \left(\frac{1-v^t}{\delta}\right)^r {}_t p_x \mu_{x+t}\, dt. \end{aligned} \quad (3.25)$$

Se X representar agora a v.a. correspondente ao valor actual dos pagamentos efectuados com uma anuidade não fraccionada postecipada, teremos para momento de ordem r

$$E(X^r) = \sum_{k=1}^\infty \left(a_{\overline{k|}}\right)^r {}_{k|}q_x = \sum_{k=1}^\infty \left(\frac{1-v^k}{i}\right)^r {}_k p_x q_{x+k}. \quad (3.26)$$

Com fins meramente ilustrativos, vamos verificar que, de facto, $E(X) = a_x$. Com efeito,

$$\begin{aligned}E(X) &= \sum_{k=1}^{\infty} a_{\overline{k}|} \left({}_kp_x - {}_{k+1}p_x \right) = \frac{1}{i} \sum_{k=1}^{\infty} \left(1 - v^k\right) \left({}_kp_x - {}_{k+1}p_x \right) \\ &= \frac{1}{i} \sum_{k=1}^{\infty} \left({}_kp_x - {}_{k+1}p_x \right) - \frac{1}{i} \sum_{k=1}^{\infty} v^k \left({}_kp_x - {}_{k+1}p_x \right) \\ &= \frac{1}{i} p_x - \frac{1}{i} \sum_{k=1}^{\infty} v^k {}_kp_x + \frac{1}{i} \sum_{k=1}^{\infty} v^k {}_{k+1}p_x = \frac{1}{i} p_x - \frac{1}{i} a_x + \frac{1}{iv} {}_{1|}a_x \\ &= \frac{1}{i} p_x - \frac{1}{i} a_x + \frac{1}{iv} (a_x - v p_x) = \frac{1}{i} \left(\frac{a_x}{v} - a_x \right) = a_x.\end{aligned}$$

3.8 Anuidades variáveis em progressão geométrica

Por anuidades variáveis em progressão geométrica de razão r, entendem-se anuidades em que o primeiro termo b_1 (anual) vale 1 e em que os restantes obedecem à relação

$$b_k = r b_{k-1}, \text{ para } k \text{ inteiro} > 1.$$

A anuidade é crescente se $r > 1$ e decrescente se $0 < r < 1$.
No caso de uma anuidade vitalícia postecipada, teremos então para valor actuarial

$$a_x^* = \sum_{k=1}^{\infty} r^{k-1} v^k \, {}_kp_x = \frac{1}{r} \sum_{k=1}^{\infty} (rv)^k \, {}_kp_x = \frac{1}{r} a_x, \qquad (3.27)$$

em que a anuidade correspondente a a_x é uma anuidade não variável, calculada com uma taxa de juro fictícia

$$i' = \frac{1}{rv} - 1 = \frac{1+i}{r} - 1. \qquad (3.28)$$

Se a anuidade é crescente, $r > 1$, verifica-se de imediato que $i' < i$; caso contrário, $i' > i$.

Uma aproximação rápida para uma anuidade crescente pode ser obtida considerando a taxa de crescimento j, ou seja, a partir da igualdade $r = 1+j$, vem $i' \simeq i - j$. Notamos que, no caso de $i = j$, o valor actuarial de uma anuidade vitalícia postecipada coincide com a esperança de vida (em anos inteiros).

Exemplo 3.6 *Uma anuidade crescente 2% ao ano e com uma taxa de actualização de 5% pode ser calculada com uma taxa de actualização aproximada de 3%. Com efeito,*

$$i' = \frac{1.05}{1.02} - 1 = 2.9412 \times 10^{-2}.$$

No caso de uma anuidade vitalícia antecipada, teremos

$$\ddot{a}_x^* = \sum_{k=0}^{\infty} r^k v^k {}_k p_x = \ddot{a}_x, \qquad (3.29)$$

expressão na qual $\ddot{a}_x$ se calcula com a taxa i' anteriormente definida.

Também se torna fácil verificar a relação

$$\ddot{a}_x^* = 1 + r a_x^*. \qquad (3.30)$$

Para anuidades temporárias não há dificuldades especiais a assinalar.

Para anuidades diferidas a única questão reside em saber se o primeiro termo a pagar continua a valer 1, caso em que basta diferir a anuidade crescente correspondente, ou se o período de diferimento já se considera para efeitos de crescimento (caso típico quando há correcção de inflação, por exemplo).

Exemplo 3.7 *Calcule-se o valor actuarial dos salários que uma pessoa de 40 anos irá receber entre os 51 e os 60 anos de idade, inclusive, supondo que o salário, que tem hoje o valor anual de* 12000 €, *vai crescer a uma taxa anual de 3% e é pago adiantadamente em cada ano. Para valor actuarial teremos então*

$$VS_{[51-60]} = 12\,000 \times {}_{11}E_{40} \times 1.03^{11} \times \ddot{a}^*_{5\overline{|10|}} = \ldots$$

No caso de anuidades fraccionadas, a questão a colocar é se o crescimento se faz anualmente ou se é por fracção.

Se é por fracção a solução é análoga à das anuidades não fraccionadas.

No caso de uma anuidade vitalícia postecipada crescente (por fracção) em progressão geométrica de razão r, com fraccionamento (m), teremos então para valor actuarial

$$a_x^{*(m)} = \frac{1}{r}\frac{1}{m}\sum_{t=1}^{\infty} r^t {}_{t/m}E_x = \frac{1}{r}\frac{1}{m}\sum_{t=1}^{\infty} r^t v^{\frac{t}{m}} {}_{t/m}p_x = \frac{1}{r}\frac{1}{m}\sum_{t=1}^{\infty} r_1^{\frac{t}{m}} v^{\frac{t}{m}} {}_{t/m}p_x = \frac{1}{r}a_x^{(m)},$$
(3.31)

em que $r_1 = r^m$ e a última anuidade é calculada a uma taxa fictícia

$$i' = \frac{1}{r_1 v} - 1 = \frac{1}{r^m v} - 1.$$

Caso seja antecipada, teremos simplesmente, por analogia com (3.30),

$$\ddot{a}_x^{*(m)} = \frac{1}{m} + r a_x^{*(m)}.$$
(3.32)

Consideremos agora uma anuidade postecipada, fraccionada, crescente, mas em que o crescimento de razão r se verifica apenas de k em k anos (com $k \geq 1$). O seu valor actuarial será

$$a_x^{(m)*k} = a^{(m)}_{x\,\overline{k|}} + r \,{}_k E_x a^{(m)}_{x+k\,\overline{k|}} + r^2 \,{}_{2k}E_x a^{(m)}_{x+2k\,\overline{k|}} + \ldots,$$
(3.33)

fórmula cuja simplificação não é fácil e porventura desnecessária.

3.9 Anuidades variáveis em progressão aritmética

As anuidades cujos termos variam em progressão aritmética podem ser expressas por somas de anuidades niveladas (não variáveis), como veremos de imediato.

Considere-se uma anuidade postecipada crescente em progressão aritmética de razão r. O seu valor actuarial será

$$a_x^* = {}_1E_x + (1+r)\ {}_2E_x + (1+2r)\ {}_3E_x + \ldots = a_x + r\ {}_{1|}a_x + r\ {}_{2|}a_x + \ldots \tag{3.34}$$

Em particular, se $r = 1$, estamos em presença de uma anuidade especial cujos termos são 1, 2, 3, ... o seu valor actuarial representa-se pelo símbolo $(Ia)_x$, e tem-se

$$(Ia)_x = a_x + {}_{1|}a_x + {}_{2|}a_x + \ldots = \sum_{k=0}^{\infty} {}_{k|}a_x. \tag{3.35}$$

Notamos que com símbolos de comutação convenientes, que mencionamos em anexo, a fórmula anterior fica reduzida ao quociente S_{x+1}/D_x.

A fórmula (3.34) pode agora simplificar-se. Com efeito,

$$a_x^* = a_x + r\ {}_{1|}a_x + r\ {}_{2|}a_x + \ldots = a_x + r\ {}_1E_x\ (Ia)_{x+1} = a_x + r\ {}_{1|}(Ia)_x. \tag{3.36}$$

Exemplo 3.8 *O valor actuarial de uma renda vitalícia anual postecipada, a pagar a uma pessoa de 50 anos de idade, cujo primeiro termo é 1000 € e que tem um acréscimo anual de 20 €, será*

$$VA = 1000 \times a_{50} + 20 \times {}_1E_{50} \times (Ia)_{51}.$$

Se em vez de um acréscimo tivéssemos por exemplo um decréscimo de 15 unidades, o valor actuarial seria

$$VA = 1000 \times a_{50} - 15 \times {}_1E_{50} \times (Ia)_{51}.$$

Notamos que, em caso de decréscimo, se torna necessário verificar se a duração máxima da renda (neste caso, ω − 50) não conduz a termos negativos, o que não faria qualquer sentido.

Nos casos em que o termo anual é fraccionado em m fracções iguais (dentro de cada ano), podemos escrever

$$(Ia)_x^{(m)} = \sum_{k=0}^{\infty} {}_{k|}a_x^{(m)}, \qquad (3.37)$$

fórmula que o leitor deduz com facilidade.

Se a progressão aritmética se verificar por fracção, a questão complica-se ligeiramente, tal como já acontecia para as anuidades crescentes em progressão geométrica, pelo que se torna mais simples, neste caso, efectuar a soma dos respectivos valores actuariais termo a termo.

Nos casos em que os termos são respectivamente, $\frac{1}{m}, \frac{2}{m}, ...,$ pode ser utilizada a fórmula

$$\left(Ia^{(m)}\right)_x^{(m)} \simeq (Ia)_x + \frac{m^2 - 1}{12m^2}, \qquad (3.38)$$

cuja demonstração se encontra, por exemplo, em Jordan.

3.10 Anuidades variáveis contínuas

Supondo que os pagamentos são feitos continuamente à taxa $r(t)$ por ano, referente ao instante t, teremos para valor actuarial

$$\overline{a}_x^* = \int_0^{\infty} e^{-\delta t} r(t) \, {}_tp_x dt. \qquad (3.39)$$

A fórmula (3.21) é um caso particular da fórmula anterior. Com efeito, considerando $r(t) = 1$ o resultado é imediato.
Por outro lado, tomando $r(t) = t$, obtemos

$$\left(\overline{I_a^*}\right)_x = \int_0^\infty e^{-\delta t} t \, _tp_x dt = \left(\overline{Ia}\right)_x \simeq (Ia)_x + \frac{1}{12},$$

valor aproximado que se justifica pela passagem ao limite da expressão (3.38).

3.11 Resumo de anuidades sobre uma cabeça

Símbolos	Definições ou expressões
$_tE_x$	$_tE_x = v^t \, _tp_x -$ valor actuarial de uma unidade a pagar em n anos
a_x	$a_x = E\left(a_{\overline{T|}}\right) = {_1E_x} + {_2E_x} + ... = \sum_{t=1}^{\infty} {_tE_x} = \sum_{t=1}^{\infty} v^t \, _tp_x$
$\ddot{a}_x$	$\ddot{a}_x = 1 + a_x = ... = \sum_{t=0}^{\infty} v^t \, _tp_x$
$_n\|a_x$	$_n\|a_x = {_nE_x} \times a_{x+n}$
$_n\|\ddot{a}_x$	$_n\|\ddot{a}_x = {_nE_x} \times \ddot{a}_{x+n}$
$a_x^{(m)}$	$a_x^{(m)} \simeq a_x + \frac{m-1}{2m}$
$\overline{a}_x$	$\overline{a}_x = \int_0^\infty v^t \, _tp_x dt$
$a_{\overline{xn|}}$	$a_{\overline{xn|}} = E\left(a_{\overline{\min(T,n)|}}\right) = {_1E_x} + {_2E_x} + ... + {_nE_x} = \sum_{t=1}^{n} {_tE_x} = \sum_{t=1}^{n} v^t \, _tp_x$
$(Ia)_x$	$(Ia)_x = a_x + {_1\|a_x} + {_2\|a_x} + ... = \sum_{k=0}^{\infty} {_k\|a_x}$
a_x^*	v. act. de uma anuidade vitalícia post. com função de crescimento genérica
(m)	número de fraccções por período em qualquer anuidade fraccionada

Capítulo 4

Seguros em caso de morte e mistos

4.1 Introdução

Como se viu no Capítulo 2, o seguro de vida é, tradicionalmente, um seguro através do qual a seguradora se compromete a pagar de imediato aos beneficiários designados um dado capital por morte da pessoa segura. Um seguro de vida com estas características é, de facto, um seguro em caso de morte. Pelo contrário, como vimos anteriormente, por exemplo nas rendas vitalícias, os seguros em caso de vida impõem que para haver pagamentos a pessoa segura tem de estar viva em determinados momentos.

Num seguro em caso de morte, se o prazo de duração do contrato é ilimitado, o seguro diz-se de **vida inteira**; se existe um prazo máximo para essa duração, diz-se **temporário**. Se a modalidade não entrar de imediato em vigor, estamos perante uma cobertura diferida.

O capital especificado na apólice é designado por **capital seguro**. Note-se que um seguro em caso de morte pode envolver mais que um capital. É esse o caso, por exemplo, quando o capital seguro tem diferentes valores consoante a causa da morte, ou quando cresce ou decresce segundo um dado esquema pré definido.

O capital seguro pode ainda estar ligado a determinado índice, ou expresso em unidades monetárias, ou outras, diferentes da moeda original de emissão do contrato.

Estão nesta categoria os designados **unit linked**, que são contratos nos quais há uma separação nítida entre poupança e risco, tanto no que diz respeito às coberturas como aos prémios, estando a parte de poupança investida em unidades de participação em fundos de investimento. O desenvolvimento deste tipo de modelos pode ser visto em capítulo posterior.

O capital seguro pode variar também por participação nos resultados da modalidade escolhida, quer os bónus correspondentes sejam gerados por rendibilidades das provisões respectivas, superiores às previstas no cálculo dos valores actuariais envolvidos, quer advenham de desvios reconhecidos da própria mortalidade.

Nos casos em que a apólice prevê pagamentos em caso de morte e pagamentos em caso de vida, estamos perante uma modalidade de seguro dita de tipo misto. O exemplo típico mais conhecido, e ainda hoje com bastante aceitação e interesse comercial, é o designado **seguro misto**. Por esta modalidade, estabelecida por um determinado prazo, a seguradora obriga-se a pagar sempre o capital seguro aos beneficiários designados. Se a pessoa segura falecer durante o prazo do contrato, o pagamento é imediato. Se no final do prazo a pessoa segura estiver viva, o capital seguro será igualmente pago. Trata-se, como é óbvio, da junção de duas modalidades básicas – um seguro em caso de morte, temporário, com um seguro de capital diferido, sendo o capital seguro e o prazo das duas modalidades idênticos. Outras modalidades de tipo misto podem envolver capitais em caso de morte com capitais diferidos diferentes ou com rendas vitalícias imediatas ou diferidas. Veremos alguns exemplos concretos no decorrer das secções que se seguem.

Devemos referir que, em geral, sob a notação actuarial internacional (NAI) e sempre que não exista risco de confusão, o capital seguro é unitário.

4.2 Seguro de vida inteira

O seguro de **vida inteira** é uma modalidade de seguro pela qual a seguradora paga aos beneficiários designados o capital seguro logo após a morte da pessoa segura ou, em certos casos, no final do ano em que a pessoa segura faleceu. Em geral, o pagamento é efectuado logo após a morte, uma vez entregue a documentação comprovativa.

Consideremos então um seguro de vida inteira emitido sobre uma pessoa de idade x, um capital unitário e uma taxa de juro constante i.

Se $[x]$ falecer no instante t, o valor actual do pagamento a efectuar será v^t. Como a duração da vida de $[x]$ é aleatória podemos considerar a v.a. correspondente, T, bem como a v.a.

$$Z = v^T, \text{ para } T \leq \omega - x,$$

cujo valor esperado constitui o valor actuarial da cobertura considerada, ou seja, usando a NAI,

$$\overline{A}_x = E(Z) = \int_0^\infty v^t \, _tp_x \mu_{x+t} dt. \qquad (4.1)$$

A função de distribuição de Z para uma pessoa de idade x será então,

$$\begin{aligned} F_x(z) &= P(Z \leq z) = P(v^T \leq z) = P(T \log(v) \leq \log(z)) = \\ &= P\left(T \geq \frac{\log(z)}{-\delta}\right) = \frac{s\left[x + \frac{\log(z)}{-\delta}\right]}{s(x)}; \ \exp(-\delta(\omega - x)) \leq z \leq 1. \end{aligned}$$

A densidade correspondente será

$$f_x(z) = -\frac{s'\left(-\frac{1}{\delta}(\ln z - x\delta)\right)}{z\delta s(x)}.$$

Exemplo 4.1 *Gráficos das funções de densidade e de distribuição, considerando a lei de Makeham de exercícios anteriores, uma pessoa de 40 anos e uma taxa de juro de 4%:*

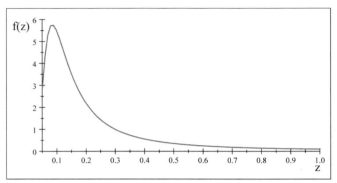

Densidade para um seguro de Vida Inteira

Neste caso temos

$$\overline{A}_x = \int_{e^{-\delta(\omega-40)}}^{1} z f_x(z)\, dz = 0.2086,$$

e como se pode verificar, devido à forte assimetria, o valor obtido está nitidamente à direita da moda e da mediana cujos valores são, aproximada e respectivamente, 0.094 e 0.149. O valor encontrado compara com o correspondente valor da tábua $TV_{88/90}$ a 4% e que é igual a 0.2144.

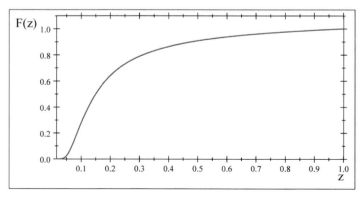

Função de distribuição para um seguro de Vida Inteira

Considerando o momento de ordem k de Z, teremos

$$E\left(Z^k\right) = \int_0^\infty z^k f_x(z)\,dz = \int_0^\infty \left(v^t\right)^k {}_tp_x\mu_{x+t}dt.$$

Substituindo v por $e^{-\delta}$ podemos escrever

$$E\left(Z^k\right) = \int_0^\infty \left(e^{-\delta t}\right)^k {}_tp_x\mu_{x+t}dt = \int_0^\infty \left(e^{-\delta k}\right)^t {}_tp_x\mu_{x+t}dt = {}^k\overline{A}_x, \quad (4.2)$$

em que ${}^k\overline{A}_x$ não é mais que um seguro de vida inteira de capital unitário calculado com uma taxa instantânea $k\delta$.

Considerando o segundo momento ${}^2\overline{A}_x$, teremos para a variância de Z a expressão, deveras curiosa,

$$Var(Z) = {}^2\overline{A}_x - \left(\overline{A}_x\right)^2. \quad (4.3)$$

Exemplo 4.2 *O prémio único puro para um seguro de vida inteira com um capital de 100000 €, a pagar aos beneficiários por morte de uma pessoa de 35 anos de idade, tem o valor*

$$\Pi = 100000 \times \overline{A}_{35}.$$

Se o pagamento do capital seguro for efectuado no final do ano da morte da pessoa segura, e admitindo que esta tem uma idade x inteira, podemos recorrer directamente à tábua de mortalidade. Aliás, neste caso só nos interessa considerar a v.a. $K = Int(T)$, isto é, a parte inteira de T, que é discreta e tem probabilidades

$$_k|q_x = \frac{l_{x+k} - l_{x+k+1}}{l_x}, \text{ para } k = 0, 1, \dots. \quad (4.4)$$

Considerando agora a v.a.

$$Z = v^K,$$

teremos, usando a NAI,

$$A_x = E(Z) = \sum_{k=0}^{\infty} v^{k+1}{}_{k|}q_x. \qquad (4.5)$$

Em geral, considera-se que a morte ocorre a meio do ano, pelo que na prática, salvo raras excepções, se utiliza a fórmula aproximada

$$\overline{A}_x \simeq (1+i)^{\frac{1}{2}} A_x. \qquad (4.6)$$

Notamos que alguns autores usam expressões para estas aproximações mais exactas do ponto de vista analítico as quais, em nossa opinião, apresentam apenas um interesse teórico.

Se pretendermos usar taxas de juro variáveis teremos

$$Z = e^{\int_0^T -\delta(u)du}, \text{ com } T \leq \omega - x,$$

e o prémio único vem

$$\overline{A}_x = E(Z) = \int_0^{\infty} e^{\int_0^t -\delta(u)du} {}_tp_x\mu_{x+t}dt.$$

O seguro de vida inteira pode ser **diferido**. Se o diferimento for de k anos, isto é, se a cobertura só tem efeito passados k anos após a emissão da apólice, o valor actuarial para um capital unitário usando a NAI será

$$_{k|}\overline{A}_x = {}_kE_x\overline{A}_{x+k} = \int_k^{\infty} v^t {}_tp_x\mu_{x+t}dt. \qquad (4.7)$$

Torna-se evidente que, nesta modalidade, caso a morte da pessoa segura se dê nos primeiros k anos do contrato, a seguradora nada pagará, pelo que a distribuição do valor actuarial é mista, tendo o valor zero probabilidade ${}_kq_x$.

Se o pagamento do capital se efectuar no final do ano da morte, teremos

$$_{k|}A_x = {}_kE_xA_{x+k} = \sum_{n=0}^{\infty} v^{k+n+1} {}_{k+n|}q_x. \qquad (4.8)$$

Também neste caso é válida a aproximação

$$_{k|}\overline{A}_x \simeq (1+i)^{\frac{1}{2}} \,_{k|}A_x.$$

4.3 Seguro temporário

Como o próprio nome indica, este tipo de seguro garante o pagamento do capital seguro se, e somente se, a morte da pessoa segura se dá dentro do prazo estipulado na apólice.

Considerando um capital unitário e um prazo n, defina-se a variável aleatória Z por

$$Z = \begin{cases} v^T & T \leq n \\ 0 & T > n. \end{cases} \qquad (4.9)$$

Z é claramente uma v.a. mista, na qual o valor zero tem probabilidade $_n p_x$, uma vez que quando a pessoa segura está viva no final do prazo não há lugar a qualquer tipo de pagamento.

O prémio único, ou valor actuarial, será então

$$\overline{A}^1_{x\overline{n}|} = E(Z) = \int_0^n v^t \,_t p_x \mu_{x+t} dt = \overline{A}_x - \,_{n|}\overline{A}_x. \qquad (4.10)$$

Nesta notação, a utilização do expoente 1 por cima de x tem a sua explicação na possível confusão com o seguro misto, como se verá.

A variância de Z, tal como para o seguro de vida inteira, será

$$Var(Z) = {}^2\overline{A}^1_{x\overline{n}|} - \left(\overline{A}^1_{x\overline{n}|}\right)^2, \qquad (4.11)$$

onde o primeiro seguro temporário é avaliado com uma taxa instantânea de capitalização dupla (2δ).

No caso de o capital seguro ser pago no final do ano da morte, teremos

$$A^1_{x\overline{n}|} = \sum_{k=0}^{n-1} v^{k+1} {}_{k|}q_x. \qquad (4.12)$$

Neste tipo de cobertura é igualmente válida a aproximação

$$\overline{A}^1_{x\overline{n}|} \simeq (1+i)^{\frac{1}{2}} A^1_{x\overline{n}|}. \qquad (4.13)$$

Tal como para o seguro de vida inteira, o seguro temporário também pode ser diferido, sendo óbvio o cálculo dos respectivos valores actuariais.

4.4 Seguro misto

Como já referido, o seguro misto tradicional é uma modalidade pela qual se paga o capital seguro, quer após a morte da pessoa segura, se esta se der durante o prazo do contrato (n), quer no final do prazo se a pessoa segura estiver ainda viva. Representando o seu valor actuarial pela variável aleatória Z, temos:

$$Z = \begin{cases} e^{-\delta T} & \text{se } T < n \\ e^{-\delta n} & \text{se } T \geq n. \end{cases}$$

Trata-se de uma v. a. mista cujo suporte de probabilidade é o intervalo $\left(e^{-\delta n}, 1\right)$. No limite inferior temos

$$P\left(Z = e^{-\delta n}\right) = {}_np_x.$$

Usando a NAI, o valor actuarial para um capital unitário representa-se por $\overline{A}_{x\overline{n}|}$ e calcula-se pela soma dos valores actuariais de um seguro temporário com um seguro de capital diferido, ou seja,

$$\overline{A}_{x\overline{n}|} = \overline{A}^1_{x\overline{n}|} + {}_nE_x. \tag{4.14}$$

A primeira parcela da igualdade anterior é o prémio único puro da cobertura por morte e a segunda o prémio único puro da cobertura em caso de vida.

Se o pagamento é efectuado no final do ano da morte, o prémio único será então

$$A_{x\overline{n}|} = A^1_{x\overline{n}|} + {}_nE_x. \tag{4.15}$$

Existe também uma modalidade mista, habitualmente designada por seguro misto generalizado, na qual a proporção entre o capital em caso de morte e o capital diferido é diferente da unidade. Assim se, por exemplo, o capital em caso de morte for triplo do capital diferido (sendo este unitário) teremos para valor actuarial ou prémio único

$$\Pi = 3\overline{A}^1_{x\overline{n}|} + {}_nE_x. \tag{4.16}$$

Noutras modalidades de tipo misto, o capital em caso de vida pode ser substituído por rendas certas ou vitalícias. Considerando um capital C em caso de morte e uma renda certa unitária, postecipada e com duração k, teríamos o prémio único

$$\Pi = C\overline{A}^1_{x\overline{n}|} + {}_nE_x a_{\overline{k}|};$$

no caso de uma renda vitalícia anual, postecipada, de termo R, o prémio único seria

$$\Pi = C\overline{A}^1_{x\overline{n}|} + R\,{}_nE_x\,a_{x+n} = C\overline{A}^1_{x\overline{n}|} + R\,{}_{n|}a_x.$$

Por vezes a própria apólice prevê, como opção no vencimento, a transformação do capital em caso de vida numa renda deste tipo. Veremos este tipo de alteração em capítulo próprio, sem no entanto avaliarmos em rigor o seu custo, isto é, determinamos o valor actuarial do novo contrato, mas não o custo financeiro actual da opção propriamente dita. A questão prende-se com o risco de deixar ao segurado a escolha entre um capital e uma renda, opção que, consoante as taxas de juro e de mortalidade da altura, poderá acarretar um custo adicional significativo para a seguradora.

4.5 Seguros de capital variável geometricamente

Tal como para as anuidades, se o capital seguro pode crescer ou decrescer anualmente em progressão geométrica, o cálculo dos valores actuariais é simples, uma vez que se pode determinar uma taxa de juro fictícia que incorpore a própria progressão. Seja r a razão dessa progressão.

Para um seguro de vida inteira, a pagar no final do ano da morte, teríamos então de considerar a v.a.

$$Z = r^{K-1}v^K = \frac{1}{r}(rv)^K,$$

cujo valor esperado será então

$$A_x^* = E(Z) = \frac{1}{r}\sum_{k=0}^{\infty}(rv)^{k+1}\,_{k|}q_x = \frac{1}{r}A_x, \qquad (4.17)$$

sendo o seguro de vida inteira à direita na última igualdade calculado à taxa

$$i' = \frac{1+i}{r} - 1.$$

Se o crescimento do capital for contínuo à taxa anual j e o pagamento for efectuado logo a seguir à morte, podemos considerar que, se $[x]$ falecer no instante t, o valor actual do pagamento será $(1+j)^t\, v^t$. Como a duração da vida de $[x]$ é aleatória, podemos considerar a v.a.

$$Z = [(1+j)\,v]^T,$$

cujo valor esperado é

$$\overline{A}_x^* = E(Z) = \int_0^\infty [(1+j)\,v]^t \,_tp_x\mu_{x+t}dt = \overline{A}_x, \quad (4.18)$$

onde $\overline{A}_x$ se calcula com a taxa de substituição

$$i' = \frac{1+i}{1+j} - 1.$$

Expressões análogas se aplicariam ao seguro temporário ou diferido; neste caso, haveria que definir se o crescimento começava de imediato ou se também era diferido.

Considerando um seguro misto, por exemplo, admitindo o caso contínuo e que o capital diferido acompanha o capital por morte, teríamos

$$\overline{A}_{x\overline{n}|}^* = \int_0^\infty [(1+j)\,v]^t \,_tp_x\mu_{x+t}dt + (1+j)^n\,v^n\,_np_x = \overline{A}_{x\overline{n}|}^1 + {}_nE_x = \overline{A}_{x\overline{n}|}, \quad (4.19)$$

em que os três valores actuariais à direita, na última igualdade, são calculados à taxa i' anteriormente definida.

Nas situações em que o capital varia continuamente, podemos considerar, por exemplo, e para um seguro de vida inteira,

$$Z = C(T)\,v^T,$$

donde

$$\overline{A}_x^* = E(Z) = \int_0^\infty C(t)\,v^t \,_tp_x\mu_{x+t}dt. \quad (4.20)$$

4.6 Seguros de capital variável aritmeticamente

Tal como as anuidades de termos a variar em progressão aritmética, os seguros em caso de morte com idêntico tipo de variação no capital seguro, podem ser expressos por somas de seguros de capital nivelado, como veremos de imediato.

Considere-se um seguro de vida inteira de capital inicial unitário, a pagar no final do ano da morte, por exemplo, variando anualmente em progressão aritmética de razão r. O seu valor actuarial será

$$A_x^* = \sum_{k=0}^{\infty} (1+kr) v^{k+1} {}_{k|}q_x = A_x + r\,{}_{1|}A_x + r\,{}_{2|}A_x \ldots \quad (4.21)$$

Notamos que, se $r < 0$, o produto $r(\omega - x - 1)$ terá de ser quando muito igual a -1, para que o capital não se torne negativo, ou seja,

$$r \geq \frac{-1}{\omega - x - 1}.$$

Em particular, se $r = 1$, estamos em presença de um seguro especial cujos capitais são 1, 2, 3, ...; este seguro denota-se pelo símbolo $(IA)_x$, e tem valor actuarial

$$(IA)_x = A_x + {}_{1|}A_x + {}_{2|}A_x \ldots = \sum_{k=0}^{\infty} {}_{k|}A_x. \quad (4.22)$$

Recorrendo a $(IA)_x$, a fórmula (4.21) pode ser escrita na forma

$$A_x^* = A_x + r\,{}_{1|}(IA)_x. \quad (4.23)$$

4.7 Relações entre seguros e anuidades

4.7.1 Seguros pagos no final do ano da morte

Consideremos o seguro de vida inteira. A expressão (4.5) pode ser transformada analiticamente, dando origem à diferença entre duas anuidades:

$$A_x = E(Z) = \sum_{k=0}^{\infty} v^{k+1} \,_{k|}q_x = \sum_{k=0}^{\infty} v^{k+1} \left(_kp_x - _{k+1}p_x\right)$$

$$= \sum_{k=0}^{\infty} v^{k+1} \,_kp_x - \sum_{k=0}^{\infty} v^{k+1} \,_{k+1}p_x = v\ddot{a}_x - a_x. \quad (4.24)$$

De idêntica forma, se chega às expressões

$$A^1_{\overline{xn|}} = v\ddot{a}_{\overline{xn|}} - a_{\overline{xn|}} \quad (4.25)$$

e

$$A_{\overline{xn|}} = A^1_{\overline{xn|}} + {_nE_x} = v\ddot{a}_{\overline{xn|}} - a_{\overline{xn|}} + {_nE_x} = v\ddot{a}_{\overline{xn|}} - a_{\overline{xn-1|}}. \quad (4.26)$$

As fórmulas anteriores podem ser deduzidas directamente, uma vez que pagar um capital unitário por morte, no final do ano em que esta ocorre, equivale actuarialmente a pagar uma unidade descontada no início de cada ano (pagar v) e recebê-la de volta devidamente capitalizada (ou seja 1), caso a pessoa segura continue viva no final desse ano – o jogo anual é pois de soma nula, excepto no ano da morte, caso em que v é pago no início do ano, mas já não será devolvido no final, porque a anuidade correspondente caducou. Note-se ainda que pagar v no início de cada ano equivale a pagar 1 no final do mesmo.

No caso do seguro misto, fórmula (4.26), caso a pessoa segura esteja viva no início do último ano, a unidade de capital é sempre paga nesse ano, razão pela qual a anuidade subtractiva tem uma duração inferior (de uma unidade).

O raciocínio anterior é válido também para alguns seguros de capital variável. Se o capital somente variar anualmente, podemos escrever

$$A_x^* = v\ddot{a}_x^* - a_x^*, \qquad (4.27)$$

tendo as anuidades correspondentes um termo anual igual ao capital seguro em caso de morte para esse ano. Fórmulas análogas poderiam ser escritas para o seguro temporário e para o seguro misto.

Assim, por exemplo, para um seguro de vida inteira crescente de uma unidade por ano teremos

$$(IA)_x = v(I\ddot{a})_x - (Ia)_x. \qquad (4.28)$$

4.7.2 Seguros pagos no momento da morte

Viu-se anteriormente que um seguro de vida inteira tem por valor actuarial

$$\overline{A}_x = \int_0^\infty v^t \, {}_tp_x \mu_{x+t} dt.$$

Como

$${}_tp_x \mu_{x+t} = -\frac{s(x+t)}{s(x)} \frac{s'(x+t)}{s(x+t)} = -\frac{1}{s(x)} s'(x+t),$$

integrando por partes, teremos

$$\overline{A}_x = \left[-\frac{v^t}{s(x)} s(x+t)\right]_0^\infty + \int_0^\infty \frac{v^t \log v}{s(x)} s(x+t) \, dt = 1 - \delta \int_0^\infty v^t \, {}_tp_x dt = 1 - \delta \overline{a}_x. \qquad (4.29)$$

De forma idêntica, vem

$$\overline{A}^1_{x\overline{n}|} = \left[-\frac{v^t}{s(x)}s(x+t)\right]_0^n + \int_0^n \frac{v^t \log v}{s(x)}s(x+t)\,dt = 1 - {}_nE_x - \delta\overline{a}_{x\overline{n}|}. \quad (4.30)$$

A partir da expressão anterior conclui-se de imediato que, para um seguro misto, fica

$$\overline{A}_{x\overline{n}|} = \overline{A}^1_{x\overline{n}|} + {}_nE_x = 1 - \delta\overline{a}_{x\overline{n}|}. \quad (4.31)$$

Nos casos em que se usa a fórmula aproximada (4.6), temos

$$\overline{A}_x \simeq (1+i)^{\frac{1}{2}} A_x = (1+i)^{\frac{1}{2}}(v\ddot{a}_x - a_x) = v^{\frac{1}{2}}\ddot{a}_x - v^{-\frac{1}{2}}a_x. \quad (4.32)$$

Não seria difícil exprimir outras modalidades em caso de morte ou mistas por anuidades, utilizando as diversas fórmulas aproximadas conhecidas. Deixamos ao leitor esse exercício.

4.8 Resumo dos seguros sobre uma cabeça

Símbolos	Definições ou expressões
$\overline{A}_x$	seguro de vida inteira: $\overline{A}_x = \int_0^\infty v^t\, {}_tp_x\mu_{x+t}dt \simeq v\ddot{a}_x - a_x$
$\overline{A}^1_{x\overline{n}|}$	seguro temporário: $\overline{A}^1_{x\overline{n}|} = \int_0^n v^t\, {}_tp_x\mu_{x+t}dt \simeq v\ddot{a}_{x\overline{n}|} - a_{x\overline{n}|}$
$\overline{A}_{x\overline{n}|}$	seguro misto: $\overline{A}_{x\overline{n}|} = \overline{A}^1_{x\overline{n}|} + {}_nE_x$
$(IA)_x$	seguro cresc. em prog. aritmética: $(IA)_x = \sum_{k=0}^\infty {}_{k|}A_x$
$\overline{A}^*_x$	seguro de vida inteira de capital C(t) variável: $\overline{A}^*_x = \int_0^\infty C(t)\, v^t\, {}_tp_x\mu_{x+t}dt$
${}_{n|}\overline{A}_x$	seguro de vida inteira diferido de n anos: ${}_{n|}\overline{A}_x = \overline{A}_x - \overline{A}^1_{x\overline{n}|}$
$\overline{A}_{...}$	seguro pago exactamente no momento da morte.

Capítulo 5

Prémios

5.1 Introdução

Introduzimos no Capítulo 2 a noção de prémio puro (único) para uma determinada modalidade de seguro de vida como sendo o valor actual esperado, ou valor actuarial, das coberturas especificadas na apólice. Falámos igualmente na necessidade de existência de determinadas cargas, a fim de permitir à seguradora a continuidade do negócio, que especificaremos adiante com mais detalhe. Porém, não se abordou a questão, importante para o tomador do seguro, de poder pagar um valor equivalente ao prémio único em prestações periódicas (geralmente anuais), o que, considerando os custos por vezes bastante elevados das coberturas contratadas, constitui a única forma de os poder suportar, ou pelo menos a melhor forma de tornar o seguro em causa mais atractivo. Neste capítulo e no próximo veremos em que medida determinadas modalidades suportam esse tipo de pagamentos e quais as coberturas que o impedem ou limitam – a título de exemplo, não faria qualquer sentido uma dada pessoa adquirir uma renda vitalícia imediata, em prestações anuais, pois ficaria a pagar prémios e em simultâneo a receber os termos da própria renda.

5.2 Prémios anuais

Na sua grande maioria os contratos de seguro podem ser pagos através de prémios periódicos, em geral anuais ou mensais, sendo os pagamentos normalmente efectuados em função da sobrevivência da pessoa segura.

Se esses prémios forem constantes (de valor anual P) e pagos durante um período $k \leq n$, sendo n a duração máxima do contrato, e se o pagamento cessar por morte da pessoa segura, o valor actuarial desses pagamentos é, naturalmente,

$$VP = P\ddot{a}_{x\overline{k}|}. \qquad (5.1)$$

Igualando este valor actuarial ao valor actuarial das coberturas estipuladas, temos um jogo perfeitamente equitativo, já que o segurado despende em média um valor que, também em média, é igual ao valor despendido pela seguradora.

No caso do seguro de vida inteira sobre uma pessoa $[x]$, cobrindo uma unidade de capital, teríamos para pagamentos vitalícios a expressão

$$P_x \ddot{a}_x = A_x, \qquad (5.2)$$

ou

$$P_x = \frac{A_x}{\ddot{a}_x}. \qquad (5.3)$$

No caso de os pagamentos estarem limitados a um período $k < \omega - x$, teríamos

$$P_{x\overline{k}|} = \frac{A_x}{\ddot{a}_{x\overline{k}|}}. \qquad (5.4)$$

As expressões para os prémios puros anuais dos seguros temporário e misto são em tudo idênticas à anterior, apenas mudando na fórmula (5.4) o numerador da fracção, que corresponde ao prémio único respectivo. Assim, representando por Π o prémio único de uma dada modalidade, o prémio anual correspondente para um prazo de pagamentos k será

$$P_{x\overline{k}|} = \frac{\Pi}{\ddot{a}_{x\overline{k}|}}. \tag{5.5}$$

Referimos anteriormente que não faz sentido adquirir rendas vitalícias imediatas a prémios periódicos; todavia, tal é totalmente justificável, quando se trata de adquirir rendas vitalícias diferidas. Nestes casos é vulgar considerar o prazo de pagamentos igual ao período de diferimento. Teríamos assim por unidade de renda antecipada, diferida k anos, o seguinte prémio anual

$$P_{x\overline{k}|} = \frac{{}_{k|}\ddot{a}_x}{\ddot{a}_{x\overline{k}|}}. \tag{5.6}$$

Exemplo 5.1 *Uma pensão de reforma de 500 € por mês a pagar a uma pessoa de 35 anos, a partir dos 65 anos, pode ser adquirida durante 30 anos pelo prémio anual*

$$P_{35\overline{30}|} = \frac{{}_{30}E_{35} \times a_{65}^{(12)}}{\ddot{a}_{35\overline{30}|}} \times 6000.$$

Notamos que, nesta situação, caso a pessoa segura morra antes dos 65 anos, a companhia seguradora nada tem a pagar.

Caso o contrato preveja que, em caso de morte antes do final do prazo de diferimento, os prémios pagos sejam devolvidos aos beneficiários indicados, somos conduzidos à equação

$$P = \frac{{}_{30}E_{35} \times a_{65}^{(12)} \times 6000 + P\,(IA)_{35\overline{30}|}}{\ddot{a}_{35\overline{30}|}},$$

ou seja,

$$P = \frac{{}_{30}E_{35} \times a_{65}^{(12)} \times 6000}{\ddot{a}_{35\overline{30}|} \times \left[1 - \frac{(IA)_{35\overline{30}|}}{\ddot{a}_{35\overline{30}|}}\right]}.$$

O tipo de seguro exemplificado, pelo qual uma das coberturas consiste na devolução dos prémios pagos até a data da morte, designa-se por modalidade com contra-seguro dos prémios. Notamos contudo que, em geral, a devolução se faz considerando não os prémios puros mas sim os valores comerciais, que são os que realmente o segurado paga.

Por vezes a modalidade pode prever que os prémios, e eventualmente os valores seguros, variem de acordo com determinada regra; esta tanto pode ser determinística, como por exemplo quando os prémios e os valores seguros têm um crescimento anual de 2%, como pode ser de natureza aleatória, supondo por exemplo que variam de acordo com o índice de preços no consumidor. No primeiro caso basta, em geral, corrigir os valores actuariais em conformidade com as regras pré-definidas. No segundo, como não é possível prever a evolução do índice de inflação com a confiança necessária, apenas se poderá utilizar uma estimativa para a evolução média desse índice e fazer reflectir à posteriori, tanto nos prémios como nos valores seguros, a evolução positiva ou negativa das diferenças em relação ao valor médio utilizado. Esta questão pode ser mais facilmente resolvida através de contratos do tipo *universal life* ou do tipo *unit-linked*, que abordaremos em capítulo próprio.

Crescendo ou decrescendo deterministicamente, o princípio de cálculo de prémios periódicos anuais é sempre o de igualar o valor actuarial dos prémios a pagar pelo segurado ao valor actuarial das coberturas garantidas pela seguradora.

Exemplo 5.2 *Consideremos um seguro de vida inteira sobre uma pessoa de 35 anos com um capital de 100 000 €, com prémios anuais crescentes a 3% ao ano, com um prazo de pagamentos de 40 anos. O prémio puro anual (inicial) será*

$$P_{35\overline{40|}} = \frac{A_{35}}{\ddot{a}^*_{35\overline{40|}}} \times 100\,000,$$

no qual a anuidade indicada é uma anuidade crescente a 3% ao ano.

Se o capital também fosse crescente, com a mesma ou outra taxa, teríamos

$$P^*_{35\overline{40|}} = \frac{A^*_{35}}{\ddot{a}^*_{35\overline{40|}}} \times 100\,000.$$

5.3 Prémios anuais fraccionados

Os prémios anuais podem também ser pagos de forma fraccionada, isto é, semestral, trimestral ou mensalmente.

As companhias de seguros têm duas formas de calcular o prémio fraccionado.

A primeira, de natureza actuarial, utiliza anuidades fraccionadas. Assim, designando por Π o prémio único, o prémio por fracção P_r obtém-se por aplicação do princípio de equivalência entre valores actuariais já enunciado, ou seja,

$$mP_r \, \ddot{a}^{(m)}_{x\overline{k|}} = \Pi,$$

pelo que,

$$P_r = \frac{\Pi}{m\ddot{a}^{(m)}_{x\overline{k|}}}. \qquad (5.7)$$

Exemplo 5.3 *Considere-se um seguro misto por um prazo de vinte anos, com um capital de 10 000 €, uma pessoa segura com 35 anos de idade e prémios mensais (de valor P$_r$). Teremos então*

$$P_r = \frac{10\,000 \times A_{35\overline{20|}}}{12 \times \ddot{a}^{(12)}_{35\overline{20|}}}.$$

A segunda, de natureza exclusivamente financeira, calcula o prémio anual normal, antecipado, e como o mesmo não é recebido de imediato, adiciona-lhe uma carga que pode variar por exemplo, entre 2% e 6%, consoante o número e, eventualmente, o montante das fracções. Este tipo de fraccionamento, embora gere valores superiores para a seguradora, não se pode considerar actuarialmente como o mais correcto.

Exemplo 5.4 *Retomando o exemplo anterior, e considerando uma carga de 5%, teríamos,*

$$P_r = \frac{10\,000 \times A_{35\overline{20|}}}{12 \times \ddot{a}_{35\overline{20|}}} \times 1.05.$$

Os dois princípios de fraccionamento enunciados aplicam-se naturalmente aos prémios comerciais ou de tarifa, de que se ocupará a secção seguinte.

5.4 Prémios de tarifa

Os prémios de tarifa, ou comerciais, são na prática aqueles que o segurado vai pagar, não incluindo contudo eventuais impostos devidos ao Estado (Imposto de Selo, por exemplo). Os prémios comerciais distinguem-se dos puros, quer estes sejam únicos ou periódicos, por conterem diversos tipos de cargas que se destinam a compensar a seguradora pelas despesas adicionais que vai ter com a angariação, emissão e manutenção das apólices, bem como com a manutenção do próprio negócio. Nas sociedades comerciais há ainda a considerar a imobilização de um capital, por vezes considerável. Convirá neste ponto referir que, para poder operar no ramo vida, uma seguradora, para além de um capital social elevado, tem de manter uma margem de solvência adequada à sua carteira, o que obriga à imobilização de recursos financeiros consideráveis.

As cargas aplicáveis aos produtos tradicionais classificam-se em quatro tipos:

- α : cargas de aquisição, destinadas a compensar a seguradora pelas despesas de angariação e emissão da apólice, despesas médicas, etc.. Este tipo de cargas aplica-se, em geral, apenas nos primeiros anos de vigência da apólice e tanto pode incidir sobre os valores seguros como sobre os prémios (o mais vulgar).
- β : cargas de cobrança que, como o nome indica, se destinam a compensar a seguradora pelas despesas em que incorre ao cobrar os prémios, quer estes sejam cobrados directamente, quer por transferência bancária, CTT, etc. Naturalmente, a carga incide sobre o valor a cobrar.
- γ : cargas de gestão, que se destinam a permitir à empresa seguradora manter os registos das apólices em boa ordem, desenvolver as tarefas administrativas necessárias ao regular funcionamento da empresa, manter o próprio negócio, permitindo aos accionistas (caso se trate de uma sociedade anónima) receber adequado retorno do capital investido. Dada a sua natureza, a carga de gestão aplica-se durante todo o período em que a apólice está activa.
- δ : cargas para pagamento de rendas. Trata-se de um encargo análogo ao de cobrança, já que os meios de pagamento, em geral semelhantes aos de cobrança, têm também custos significativos. Como seria de

esperar, a carga incide sobre os termos da renda enquanto esta se mantém em pagamento.

Os prémios que incluem apenas a carga de gestão são designados **prémios de inventário**. Este tipo de prémios, embora inferiores aos comerciais, têm de ser considerados para efeitos contabilísticos e ainda em diversas situações, nomeadamente, quando se efectuam alterações de contratos.

Quando se consideram todas as cargas, obtemos os chamados **prémios comerciais**, ou de tarifa.

Chamamos a atenção para o facto de a aplicação de algumas das cargas depender da aplicação de outras. Por exemplo, a carga de cobrança só pode ser aplicada depois das outras terem sido consideradas. Idêntico facto pode ocorrer com a carga de aquisição, se a mesma incidir sobre o prémio comercial. Tal obriga em geral a considerar algumas equações, a partir das quais se determinam então os valores desejados.

Assim, designando por V_α o valor actuarial da carga de aquisição e por V_β, V_γ e V_δ os valores actuariais correspondentes às restantes cargas, teremos:

prémio único de inventário:

$$\Pi' = \Pi + V_\gamma, \qquad (5.8)$$

prémio único comercial:

$$\Pi'' = \Pi + V_\alpha + V_\beta + V_\gamma + V_\delta, \qquad (5.9)$$

prémio anual de inventário (prazo de pagamentos k):

$$P' = \frac{\Pi'}{\ddot{a}_{x\overline{k}|}}, \qquad (5.10)$$

prémio anual comercial (prazo de pagamentos k):

$$P'' = \frac{\Pi''}{\ddot{a}_{x\overline{k}|}}. \qquad (5.11)$$

Exemplo 5.5 *Consideremos um seguro misto sobre uma cabeça [x] por um prazo n, com as seguintes cargas:*
  a) carga de aquisição – 10% do prémio anual comercial no primeiro ano de vigência da apólice e 5% no segundo ano;
  b) carga de gestão – 0,5% do capital seguro;
  c) carga de cobrança – 1% do prémio a pagar.

Teremos assim, admitindo que o prazo de pagamento dos prémios é idêntico ao do contrato,

$$\Pi = A_{x\overline{n}|}$$
$$\Pi' = A_{x\overline{n}|} + .005\ddot{a}_{x\overline{n}|}$$
$$\Pi'' = A_{x\overline{n}|} + .005\ddot{a}_{x\overline{n}|} + .1P'' + .05P''_1 E_x + .01P''\ddot{a}_{x\overline{n}|}.$$

Dividindo ambos os membros das igualdades anteriores por $a_{x\overline{n}|}$, *obtemos*

$$P = \frac{A_{x\overline{n}|}}{\ddot{a}_{x\overline{n}|}}$$
$$P' = P + .005$$
$$P'' = (P + .005) / \left(.99 - \frac{.1 + .05_1 E_x}{\ddot{a}_{x\overline{n}|}}\right).$$

5.5 Prémios de algumas modalidades tradicionais

Embora na maioria das modalidades clássicas a determinação dos prémios seja relativamente simples, alguns produtos/modalidades tradicionais requerem especial atenção na aplicação das regras anteriormente definidas, não só devido à natureza dos riscos cobertos, como à eventual forma de que as cargas se podem revestir.

Naturalmente que as cargas, bem como todas as demais características técnicas das diversas modalidades, dependem das chamadas bases técnicas que cada seguradora adoptar e que melhor traduzam a sua estrutura de custos e os seus objectivos de negócio. Portanto, não sendo possível normalizar a aplicação das mesmas, resta-nos dar alguns exemplos que, não podendo ser exaustivos, procuram alertar o leitor para a necessidade da muita atenção que o actuário deve ter ao lidar com determinadas modalidades.

1 – Seguro de prazo fixo

Trata-se de um seguro de pura capitalização, que se fosse pago a prémio único nem sequer se poderia chamar um seguro. Na verdade, somente a introdução dos prémios periódicos lhe confere essa característica. Trata-se de uma modalidade na qual o capital é sempre pago no final do prazo do contrato. Assim, para um capital unitário temos

$$\Pi = v^n, \qquad (5.12)$$

sendo n o prazo do contrato. Considerando porém que os prémios só são devidos enquanto a pessoa segura está viva e têm duração máxima n, já podemos considerar a existência de risco e portanto de seguro. Assim,

$$P = \frac{v^n}{\ddot{a}_{x\overline{n}|}}. \qquad (5.13)$$

As cargas dependem das bases técnicas de cada seguradora e em geral são análogas, em termos de incidência, às do exemplo anterior.

2 – Seguro temporário com contra-seguro

Nesta modalidade o segurado pretende um seguro temporário por morte da pessoa segura mas, em caso de vida no final do prazo n, deseja ser reembolsado dos prémios pagos (sem juros). Teremos então,

$$\Pi = A^1_{x\overline{n}|} + nP''_n E_x. \tag{5.14}$$

Trata-se de um caso típico, em que os prémios puros dependem do prémio anual comercial. Se as cargas forem, por exemplo,

α – 15% do prémio anual comercial;
β – 1% dos prémios a cobrar;
γ – 0.5% do capital seguro,

teremos:

$$\Pi' = A^1_{x\overline{n}|} + nP''\,_nE_x + .005\ddot{a}_{x\overline{n}|},$$
$$\Pi'' = A^1_{x\overline{n}|} + nP''\,_nE_x + .005\ddot{a}_{x\overline{n}|} + .15P'' + .01P''\ddot{a}_{x\overline{n}|}, \tag{5.15}$$

e

$$P''\ddot{a}_{x\overline{n}|} = A^1_{x\overline{n}|} + nP''\,_nE_x + .005\ddot{a}_{x\overline{n}|} + .15P'' + .01P''\ddot{a}_{x\overline{n}|}, \tag{5.16}$$

$$P''\left(\ddot{a}_{x\overline{n}|} - n\,_nE_x - .15 - .01\ddot{a}_{x\overline{n}|}\right) = A^1_{x\overline{n}|} + .005\ddot{a}_{x\overline{n}|},$$

pelo que

$$P'' = \frac{A^1_{x\overline{n}|} + .005\ddot{a}_{x\overline{n}|}}{.99\ddot{a}_{x\overline{n}|} - n\,_nE_x - .15}. \tag{5.17}$$

Quer os prémios únicos quer os prémios anuais puros e de inventário só podem ser calculados numericamente depois de calculado o prémio comercial. Assim, vem

$$P = \frac{A^1_{x\overline{n}|} + nP''\,_nE_x}{\ddot{a}_{x\overline{n}|}}. \tag{5.18}$$
$$P' = P + .005$$

3 – Seguro de capital diferido com contra-seguro

Neste tipo de seguro, os beneficiários recebem o capital seguro, caso a pessoa segura esteja viva no final do prazo. Porém, caso morra durante o prazo, os prémios pagos são devolvidos sem juros. Trata-se de considerar, para além do capital diferido, um risco adicional de capital crescente em progressão aritmética, já que, à medida que os anos vão passando, os prémios a devolver em caso de morte também são em maior número. Assim, considerando um prazo de pagamentos igual ao prazo do contrato, teremos:

$$\Pi = {}_nE_x + P''(IA)^1_{x\overline{n}|}. \qquad (5.19)$$

Como no seguro anterior, haverá que primeiro determinar Π'' e P'', considerando as necessárias cargas, para depois se calcularem os restantes prémios. Com cargas idênticas às da modalidade anterior, apenas para exemplificar o cálculo dos prémios, teremos

$$\begin{aligned}\Pi' &= {}_nE_x + P''(IA)^1_{x\overline{n}|} + .005\ddot{a}_{x\overline{n}|}, \\ \Pi'' &= {}_nE_x + P''(IA)^1_{x\overline{n}|} + .005\ddot{a}_{x\overline{n}|} + .15P'' + .01P''\ddot{a}_{x\overline{n}|},\end{aligned} \qquad (5.20)$$

e

$$P''\ddot{a}_{x\overline{n}|} = {}_nE_x + P''(IA)^1_{x\overline{n}|} + .005\ddot{a}_{x\overline{n}|} + .15P'' + .01P''\ddot{a}_{x\overline{n}|}, \qquad (5.21)$$
$$P''\left(\ddot{a}_{x\overline{n}|} - (IA)^1_{x\overline{n}|} - .15 - .01\ddot{a}_{x\overline{n}|}\right) = {}_nE_x + .005\ddot{a}_{x\overline{n}|},$$

pelo que

$$P'' = \frac{{}_nE_x + .005\ddot{a}_{x\overline{n}|}}{.99\ddot{a}_{x\overline{n}|} - (IA)^1_{x\overline{n}|} - .15}, \qquad (5.22)$$

e

$$P = \frac{{}_nE_x + P''(IA)^1_{x\overline{n}|}}{\ddot{a}_{x\overline{n}|}}. \qquad (5.23)$$
$$P' = P + .005$$

4 – Seguro misto de capital e renda

Esta modalidade conjuga um seguro temporário por morte, de prazo n, com uma renda vitalícia diferida para o final do prazo estabelecido. Notamos que o seguro misto tradicional se pode converter num seguro deste tipo se, à partida, essa opção for dada pela seguradora. Todavia, considerando capitais e rendas sem relação entre si, a modalidade que se apresenta terá maior aplicação, por exemplo, na aquisição de complementos de pensão.

Uma vantagem para as seguradoras que desejem explorar este tipo de produto de forma continuada reside no facto de proporcionar uma imunização parcial contra a diminuição das taxas de mortalidade. De facto, em modalidades mistas, a diminuição nas taxas de mortalidade faz com que a parte do prémio relativa aos capitais em caso de morte dê lucro, compensando parcialmente o prejuízo devido ao excesso de pagamentos de capitais ou rendas em caso de vida.

Representando por C o capital e por R a renda mensal postecipada a adquirir, teremos para o prémio único

$$\Pi = CA^1_{\overline{xn|}} + 12R_{n|}a_x^{(12)}. \tag{5.24}$$

Considerando as cargas:
α – 20% do prémio anual comercial;
β – 1% dos prémios a cobrar;
γ – 0.1% do prémio único comercial
δ – 1% das rendas em pagamento,
teremos:

$$\begin{aligned}\Pi' &= \Pi + .001\Pi''\ddot{a}_{\overline{xn|}} \\ \Pi'' &= \Pi' + .2P'' + .01P''\ddot{a}_{\overline{xn|}} + .01 \times 12R_{n|}a_x^{(12)}.\end{aligned} \tag{5.25}$$

Notamos uma vez mais que, com este tipo de cargas, quase todos os prémios aparecem sob a forma de equação. Só a partir do valor de P'', ou de Π'', é possível determinar os restantes prémios.

Os prémios anuais calculam-se sem dificuldade e deixamos o exercício para o leitor.

Cabe neste tipo de modalidades chamar a atenção para a necessidade de separar os dois períodos possíveis da apólice. O primeiro, até final do prazo, diz-se período activo e sobre ele incidem as cargas habituais. O segundo diz-se período passivo, sendo a carga sobre a renda simultaneamente uma carga de gestão e pagamento. Se fosse também aplicada a carga de gestão durante o período passivo, teríamos custos desajustados e valores tarifários exagerados que o segurado dificilmente aceitaria.

5 – Seguro de renda para amortizações

Por esta modalidade (nalgumas seguradoras designada por *renda certa-amortizações*), em caso de morte da pessoa segura durante o prazo estabelecido na apólice, a seguradora garante o pagamento de uma renda certa até final do mesmo. Trata-se assim de um seguro em caso de morte, de capital decrescente (geometricamente).

Supondo que o segurado contraíu uma dívida que vai amortizar através de uma renda anual postecipada, por exemplo, durante n períodos, a seguradora pode vender-lhe um contrato deste tipo pelo qual, em caso de morte, garante os pagamentos em dívida.

Como prémio único temos então

$$\Pi = \sum_{k=0}^{n-1} \ddot{a}_{\overline{n-k|}} v^{k+1} {}_{k|}q_x. \qquad (5.26)$$

Prova-se que

$$\Pi = a_{\overline{n|}} - a_{\overline{xn|}}. \qquad (5.27)$$

De facto, desenvolvendo o somatório e cada anuidade financeira contidos na expressão (5.26), temos

$$\begin{aligned}\Pi &= \left(v+v^2+v^3+\ldots+v^n\right)q_x + \\ &+ \left(v^2+v^3+\ldots+v^n\right){}_{1|}q_x + \\ &+ \left(v^3+\ldots+v^n\right){}_{2|}q_x + \\ &+ \ldots \\ &+ v^n {}_{n-1|}q_x.\end{aligned}$$

A soma anterior pode reescrever-se

$$\begin{aligned}\Pi &= vq_x + v^2\left(q_x + {}_{1|}q_x\right) + \ldots + v^n\left(q_x + {}_{1|}q_x + \ldots + {}_{n-1|}q_x\right) \\ &= vq_x + v^2 {}_{2}q_x + \ldots + v^n {}_{n}q_x \\ &= v\left(1-p_x\right) + v^2\left(1 - {}_2p_x\right) + \ldots + v^n\left(1 - {}_np_x\right) \\ &= \sum_{k=1}^{n} v^k - \sum_{k=1}^{n} v^k {}_kp_x = a_{\overline{n|}} - a_{\overline{xn|}}.\end{aligned}$$

A interpretação da fórmula (5.27) é imediata. As duas rendas anulam-se em todos os anos em que a pessoa segura esteja viva. No ano da morte, caso esta ocorra dentro do prazo n, a parcela subtractiva desaparece e a seguradora tem mesmo de pagar a renda certa até final do prazo. Ver-se-á uma fórmula idêntica no estudo de rendas de sobrevivência.

Neste tipo de contrato, uma vez que o número de prestações vincendas diminui com o tempo, o capital em risco é decrescente, razão pela qual o período de pagamento dos prémios anuais, se forem nivelados, não pode ser igual ao prazo do contrato. As provisões matemáticas viriam negativas nesse caso com consequências que são fáceis de prever. Com efeito, aconteceria o absurdo de, junto ao termo do contrato, os prémios nivelados serem superiores ao prémio de risco respectivo. Em caso de anulação da apólice, ou falha no pagamento dos prémios, a seguradora ficaria fortemente prejudicada.

6 – Rendas com garantia

As rendas com um período de garantia destinguem-se das restantes rendas vitalícias por garantirem o pagamento durante um determinado número de anos, ou seja, durante esse período a renda é certa.

Assim, no caso de uma renda vitalícia imediata anual antecipada, com um período de garantia de k anos, o prémio único puro será

$$\Pi = \ddot{a}_{\overline{k}|} + {}_{k|}\ddot{a}_x. \tag{5.28}$$

Se a renda for diferida n anos e com garantia de k anos, o prémio único puro será

$$\Pi = {}_nE_x \left(\ddot{a}_{\overline{k}|} + {}_{k|}\ddot{a}_{x+n} \right). \tag{5.29}$$

Um caso particular das rendas imediatas, que pode ter algum atractivo para o segurado, consiste em estabelecer um período de garantia que permita o reembolso do custo inicial, sem juros, mesmo no caso de a pessoa segura falecer antes de o montante das rendas pagas atingir esse valor. Seremos neste caso levados a resolver a equação

$$\Pi = \ddot{a}_{\overline{\pi}|} + {}_{\pi|}\ddot{a}_x, \tag{5.30}$$

na qual $\pi = Int\,(\Pi + 1) = \lceil \Pi \rceil$, ou seja, π é o menor inteiro não inferior a Π. A solução é única, embora não possa ser encontrada analiticamente. Há que chegar ao resultado por iterações sucessivas, que poderão começar por um valor inicial de $\pi = Int\,(\ddot{a}_x)$.

Considerando a sucessão de termo geral

$$\pi_n = Int\,(\ddot{a}_x + n)\,, \quad n = 0, 1, \ldots$$

e a sucessão de prémios únicos

$$\Pi_n = \ddot{a}_{\overline{\pi_n}|} + {}_{\pi_n|}\ddot{a}_x, \quad n = 0, 1, \ldots,$$

podemos verificar facilmente que a primeira sucessão é ilimitada e tem um primeiro termo inferior a $\ddot{a}_x$ e que a segunda sucessão é crescente, limitada superiormente por uma perpetuidade $\ddot{a}_{\overline{\infty|}} = 1/(1-v)$ e tem como primeiro termo o valor $\Pi_0 > \pi_0$. Assim, as duas sucessões terão de se *cruzar*, isto é, até um dado valor de n $\pi_n < \Pi_n$; a partir desse valor teremos $\pi_n > \Pi_n$. Haverá pois um único valor de n que satisfaz (5.30) e que é o ponto mais próximo após o "cruzamento" das duas sucessões.

Contudo, em rendas diferidas adquiridas a prémio anual, poderá ainda o segurado estar interessado em que mesmo por morte prematura, antes do início do pagamento das rendas, os prémios pagos sejam devolvidos aos beneficiários. Trata-se neste caso de adicionar a cobertura do contra-seguro respectivo, o que daria para prémio único, não considerando cargas,

$$\Pi = P\ddot{a}_{\overline{xn|}} = P\,(IA)_{\overline{xn|}} + {}_{n|}\ddot{a}_{\overline{\lceil nP\rceil|}} + {}_{n+\lceil nP\rceil|}\ddot{a}_x.$$

A solução do problema seria idêntica à anterior, resolvendo a equação em ordem a P, também com o auxílio de um algoritmo iterativo.

Nestas condições, quer em caso de vida quer em caso de morte, o montante equivalente aos prémios pagos é sempre recebido, (pelo próprio, pelos beneficiários ou por ambos).

5.6 Resumo de prémios para algumas modalidades

Símbolos	Definições ou expressões
Π	Prémio único puro de uma dada modalidade
Π'	Prémio único de inventário de uma dada modalidade
Π''	Prémio único comercial de uma dada modalidade
P	Prémio periódico constante, puro, de uma dada modalidade

P' Prémio periódico constante, de inventário, de uma dada modalidade

P'' Prémio periódico constante, comercial, de uma dada modalidade

seguro de prazo fixo: $\Pi = v^n; P = \dfrac{v^n}{\ddot{a}_{\overline{xn|}}}$

seguro temporário com contra-seguro: $\Pi = A^1_{\overline{xn|}} + nP''\,_nE_x; P = \dfrac{\Pi}{\ddot{a}_{\overline{xn|}}}$

seguro de capital diferido com contra-seguro: $\Pi =\,_nE_x + P''(IA)^1_{\overline{xn|}}$

seguro misto de capital e renda: $\Pi = CA^1_{\overline{xn|}} + 12R\,_{n|}a_x^{(12)}; P = \dfrac{\Pi}{\ddot{a}_{\overline{xn|}}}$

seguro de renda para amortizações: $\Pi = a_{\overline{n|}} - a_{\overline{xn|}}; P = \dfrac{\Pi}{\ddot{a}_{\overline{xk|}}}, k < n$

seguro de renda imediata com garantia: $\Pi = \ddot{a}_{\overline{k|}} +\,_{k|}\ddot{a}_x$.

Capítulo 6

Reservas matemáticas

6.1 Introdução

Na maioria dos ramos de negócio os serviços prestados ou os bens vendidos aos clientes são facturados logo que os mesmos são dados por concluídos. A compensação financeira de tais serviços ou transacções é em geral praticamente imediata e, quando o não é, a empresa fica como credora e o cliente como devedor.

Em seguros, e em especial em seguros de vida, efectuados frequentemente por prazos bastante longos, passa-se exactamente o inverso. Seja a prémios únicos, seja a prémios anuais, os pagamentos são efectuados de avanço e somente em seguros de muito curta duração as responsabilidades assumidas pela seguradora cessam dentro do ano em que os respectivos prémios foram liquidados. É evidente que há excepções e a elas nos referiremos oportunamente ao falar, por exemplo, em seguros de grupo.

Vejamos o caso de uma renda vitalícia imediata, adquirida a prémio único, a favor de uma pessoa com 60 anos de idade. Esse prémio terá de fazer face a pagamentos que poderão atingir 30 ou mais anos. Seria impensável que esse prémio, ou pelo menos uma parte substancial dele, não passasse em provisão no balanço da empresa, ano após ano, permitindo assim à seguradora fazer face ao compromisso assumido através da apólice emitida.

Consideremos agora um seguro temporário (em caso de morte) efectuado por determinado prazo n sobre uma pessoa de idade x. O segurado tem, em princípio, duas opções: ou paga em cada ano o prémio de risco correspondente, caso em que devido ao aumento da idade vai por certo pagar um prémio crescente, ou opta por pagar um prémio nivelado durante o prazo estipulado na apólice.

Se repararmos no gráfico seguinte, facilmente concluímos que, por serem crescentes, os prémios únicos sucessivos necessariamente "cruzam" o prémio anual nivelado, o que neste caso se passa por volta do 9º ano. Desse modo, a seguradora recebe no primeiro período valores superiores ao custo esperado do risco, enquanto no período restante os prémios cobrados são nitidamente insuficientes. A única solução consiste em reter os excessos cobrados no primeiro período, constituindo com eles adequada provisão que, capitalizando anualmente à taxa de juro usada para desconto no cálculo dos prémios, fará face às necessidades evidentes do último período (considerando valores esperados).

Gráfico 3

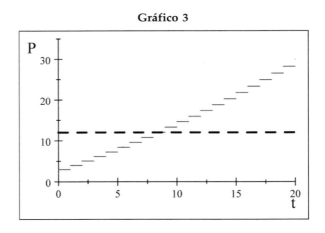

Os exemplos anteriores mostram que, em qualquer apólice, passado um determinado intervalo de tempo, as responsabilidades da seguradora (medidas pelo valor actuarial respectivo)

raramente coincidem com as responsabilidades do segurado até final do contrato (valor actuarial dos prémios futuros a pagar), não devendo nunca ser inferiores a estas, como teremos ocasião de observar.

Entende-se por *reserva matemática (RM)*, num determinado momento, a diferença entre o valor actuarial das responsabilidades futuras da seguradora e o valor actuarial das responsabilidades futuras do segurado, a partir desse momento.

Se designarmos por Rc_t o valor actuarial no instante t das coberturas ao abrigo da apólice (responsabilidade futura da companhia) e por Rs_t o valor actuarial dos prémios a pagar pelo segurado, a reserva matemática Rm_t no instante t vem dada pela relação

$$Rm_t = Rc_t - Rs_t. \tag{6.1}$$

A leitura e justificação da relação anterior são evidentes. Se os prémios que futuramente o segurado vai pagar têm um valor actuarial inferior aos gastos esperados da seguradora, tem de existir uma provisão que iguale essa diferença. É também óbvio que para $t = 0$, devido ao princípio de equivalência no cálculo de prémios, a RM é nula. Já para $t = 0^+$, isto é, após o pagamento do primeiro prémio (ou único prémio), Rm_t virá positiva.

Se, em vez dos valores actuariais, considerarmos num qualquer instante t, as v. a. que representam os valores actuais, sem encargos, dos gastos futuros da seguradora e dos prémios futuros que vai receber (que dependem naturalmente do estado da apólice e da vida da pessoa segura – v.a. T), podemos constituir uma nova v.a. $R_t = R_t(T)$, que representa o resultado futuro da apólice e que se traduz pela relação

$$R_t = VABF(T) - VAPF(T), \tag{6.2}$$

onde $VABF(T)$ é o valor actual dos benefícios futuros e $VAPF(T)$ o valor actual dos prémios futuros, caso a vida da pessoa segura dure T a partir desse momento. Teremos assim

130 | Matemática Actuarial. Vida e Pensões

$$Rm_t = E(R_t),\qquad(6.3)$$

ou seja, entende-se por *RM* de uma apólice o valor esperado do valor actual do resultado futuro do contrato.

Notamos que nos casos em que a pessoa segura já faleceu, mas a apólice ainda se encontra em vigor, embora num estado diferente, com outras coberturas ou em pagamento de benefícios, a expressão (6.2) não é a mais adequada para representar o resultado futuro da apólice. Com efeito, nessa situação, na maioria das vezes o resultado futuro já nem sequer se pode considerar aleatório. Contudo, a definição (6.1) mantém-se válida em qualquer situação, muito especialmente se todos os pagamentos esperados estiverem considerados, incluindo eventuais resgates ou anulações. Sob este aspecto, devemos acentuar que na forma clássica de avaliação das provisões, os resgates e anulações não são considerados, pelo que a expressão (6.3) não se verifica.

Exemplo 6.1 *Consideremos um seguro de vida inteira, a pagar no final do ano da morte, com prémios vitalícios constantes de valor anual* $P = A_x/\ddot{a}_x$. *A v.a.* R_t, *se a pessoa segura está viva à idade* $x+k$ *(número inteiro), pode considerar-se uma variável aleatória discreta, tomando valores* $r_{t,k}$

$$r_{t,k} = v^k - P\ddot{a}_{\overline{k}|},\ k = 1, 2, ...,$$

com probabilidades $_{k-1|}q_{x+t}$.

A interpretação da expressão anterior é simples: se a pessoa segura, que já atingiu a idade $x+t$, falecer durante o ano k (posterior a t), acontecimento que tem probabilidade $_{k-1|}q_{x+t}$, a seguradora paga uma unidade de capital com valor actual v^k e terá recebido, até esse momento, mais k prémios, cujo valor actual é $P\ddot{a}_{\overline{k}|}$.

Deixamos ao cuidado do leitor provar que, não considerando resgates ou anulações,

$$E(R_t) = A_{x+t} - P\ddot{a}_{x+t} \qquad(6.4)$$

e que

$$Var(R_t) = \sum_{k=1}^{\omega-x-t} \left(v^k - P\ddot{a}_{\overline{k}|}\right)^2 \times {}_{k-1|}q_{x+t} - (A_{x+t} - P\ddot{a}_{x+t})^2. \quad (6.5)$$

Caso o seguro seja pago logo após a morte, o prémio anual vitalício será $\pi = \overline{A}_x/\ddot{a}_x$, pelo que a reserva (ou, melhor, o resultado futuro da apólice, como variável aleatória função do tempo futuro de vida T) vem

$$R_t(T) = v^T - \pi \ddot{a}_{\overline{\lfloor T \rfloor |}} = v^T - \pi \frac{1-v^{\lfloor T \rfloor}}{1-v}, \text{ com } \alpha < R_t(T) \leq 1-\pi,$$

onde o limite inferior α (que pode ser negativo) só se consegue determinar depois de sabida a idade da pessoa e o tempo decorrido. O limite superior seria atingido para $T = 0^+$ (morte imediata). Para função de distribuição teremos então,

$$\begin{aligned} F_{R_t}(r) &= P\left[R_t(T) \leq r\right] = P\left[v^T - \pi \frac{1-v^{\lfloor T \rfloor}}{1-v} \leq r\right] \\ &\simeq P\left[v^T - \pi\left(\frac{1-v^T}{\delta} + \frac{1}{2}\right) \leq r\right] \\ &= P\left[v^T\left(1+\frac{\pi}{\delta}\right) \leq r + \frac{\pi}{\delta} + \frac{\pi}{2}\right] \\ &= P\left[v^T \leq \left(r + \frac{\pi}{\delta} + \frac{\pi}{2}\right) / \left(1+\frac{\pi}{\delta}\right)\right] \\ &= P\left[T \geq \frac{\log\left[\left(r + \frac{\pi}{\delta} + \frac{\pi}{2}\right)/\left(1+\frac{\pi}{\delta}\right)\right]}{-\delta}\right] \\ &= \frac{s\left[x+t+\frac{\log\left[\left(r+\frac{\pi}{\delta}+\frac{\pi}{2}\right)/\left(1+\frac{\pi}{\delta}\right)\right]}{-\delta}\right]}{s(x+t)}. \end{aligned}$$

Notamos que nas expressões anteriores, para poder explicitar T, convertemos a anuidade discreta antecipada numa anuidade contínua, através da relação

$$\ddot{a}_{\overline{[T]|}} \simeq \frac{1-v^T}{\delta} + \frac{1}{2}.$$

Para qualquer outra modalidade, voltando a considerar variáveis discretas, a determinação dos momentos de R_t apenas depende do cálculo prévio dos valores $r_{t,k}$ correspondentes. As probabilidades a considerar são sempre as mesmas, ou seja, $_{k-1|}q_{x+t}$. Por exemplo, para uma renda vitalícia anual antecipada e t inteiro, antes do pagamento que segue de imediato,

$$r_{t,k} = \ddot{a}_{\overline{k|}}$$

e

$$E(R_t) = \ddot{a}_{\overline{x+t|}}.$$

Um aspecto não menos importante a considerar reside no facto de a seguradora ter de fazer face a despesas futuras, cuja cobertura o valor actuarial das cargas pretende em geral assegurar. Desse modo, podemos falar de *RM puras*, quando para além do risco não são consideradas quaisquer cargas, *RM de inventário*, quando apenas se considera a carga de gestão, e *RM comerciais*, se todas as cargas forem incluídas. Todavia, na prática, apenas se calculam os dois primeiros tipos.

Para finalizar esta introdução, convém realçar que as bases técnicas para o cálculo das *RM* podem não ser as mesmas que a empresa utilizou para a determinação dos prémios, podendo mesmo ter uma natureza completamente diferente destas. Uma vez que o objectivo das provisões constituídas, e em especial das *RM*, é permitir a solvência futura da empresa, face aos compromissos existentes, mandam as boas regras que as mesmas sejam constituídas numa base prudencial, tanto no que se refere à designada taxa técnica de juro, que não deverá ser superior ao valor mínimo admissível para a rendibilidade dos activos financeiros correspondentes, como no que diz respeito às tábuas de mortalidade a utilizar, muito especialmente nos seguros em caso de vida. Aliás, as novas regras de solvência em preparação (nomeadamente as que resultam das normas contabilísticas IAS39 e IFRS4) obrigarão as seguradoras a um reforço significativo de prudência na determinação das provisões matemáticas, muito em especial no que se refere à avaliação dos compromissos futuros assumidos, assim como à avaliação dos activos correspondentes. Em alternativa aos métodos de avaliação clássicos que aqui expomos, os modelos de solvência poderão obrigar a tratar estocasticamente as responsabilidades futuras da seguradora, assim como o encaixe de prémios, resgates e rendibilidades, cujos reflexos nos cash-flows respectivos são por demais evidentes. Por outro lado, em oposição às taxas de desconto fixas, é natural que essas regras imponham taxas de desconto dos cash-flows que tenham em atenção a estrutura a termo das taxas de juro.

6.2 Reservas puras pelo método prospectivo

O método natural de cálculo das reservas matemáticas, como se pode verificar pela expressão (6.1), é o designado *método prospectivo*, já que, em vez do que se terá passado anteriormente, apenas as responsabilidades futuras são avaliadas para efeitos de cálculo, bem como os prémios futuros a receber.

Notamos que, tal como na determinação dos prémios, as fórmulas para o cálculo das *RM* pressupõem que o capital ou renda anual são unitários. Quando tal não é possível, há que estabelecer os valores actuariais correspondentes aos valores dos benefícios de cada apólice.

Já se viu que, num seguro de vida inteira a prémios vitalícios, a *RM* pura ($_tV_x$, segundo a NAI) ao fim de t anos, vem dada pela igualdade

$$_tV_x = A_{x+t} - P\ddot{a}_{x+t}, \qquad (6.6)$$

onde P designa o prémio anual vitalício.

Notamos que $_tV_x$ se calcula normalmente para valores de t inteiros e que para o efeito se considera o final de cada data aniversária da apólice, mas antes de ser pago o prémio devido nesse instante. Quer isto dizer que, por exemplo, no caso anterior, logo após o pagamento do prémio, teríamos

$$_{t^+}V_x = A_{x+t} - Pa_{x+t}.$$

Aliás, já atrás havíamos referido que $_0V_x = 0$.

A expressão (6.6) pode simplificar-se. Considerando que o capital seguro é pago no final do ano da morte, temos

$$\begin{aligned}_tV_x &= A_{x+t} - P\ddot{a}_{x+t} = v\ddot{a}_{x+t} - a_{x+t} - P\ddot{a}_{x+t} \\ &= (v - P)\ddot{a}_{x+t} - a_{x+t}.\end{aligned} \quad (6.7)$$

Como

$$P = \frac{v\ddot{a}_x - a_x}{\ddot{a}_x} = v - \frac{a_x}{\ddot{a}_x},$$

substituindo em (6.7) obtemos

$$\begin{aligned}_tV_x &= \frac{a_x}{\ddot{a}_x}\ddot{a}_{x+t} - a_{x+t} = \frac{a_x(1 + a_{x+t}) - (1 + a_x)a_{x+t}}{\ddot{a}_x} \\ &= \frac{a_x - a_{x+t}}{\ddot{a}_x} = \frac{\ddot{a}_x - \ddot{a}_{x+t}}{\ddot{a}_x} = 1 - \frac{\ddot{a}_{x+t}}{\ddot{a}_x}.\end{aligned} \quad (6.8)$$

Caso se tratasse do mesmo contrato, mas a prémios nivelados por um período k, a RM teria duas expressões, consoante o período de pagamento estivesse ou não esgotado, ou seja,

$$_tV_x = A_{x+t} - P_{\overline{k|}}\ddot{a}_{x+t;\overline{k-t|}}, \text{ para } t < k, \quad (6.9)$$

sendo $P_{\overline{k|}}$ o prémio anual em pagamento, ou

$$_tV_x = A_{x+t}, \text{ para } t \geq k. \quad (6.10)$$

Uma vez que, para $t \geq k$, todos os prémios estarão pagos, a última expressão apenas difere da anterior por ser nula a responsabilidade do segurado.

Para um seguro temporário, a prémios anuais nivelados $P_{\overline{n|}}$ com um prazo de pagamentos igual ao prazo do contrato, a expressão da RM passados t anos seria

$$_tV_x = A^1_{x+t;\overline{n-t|}} - P_{\overline{n|}}\ddot{a}_{x+t;\overline{n-t|}}. \qquad (6.11)$$

Já para um seguro de prazo fixo, a prémios anuais nivelados $P_{\overline{n|}}$ durante o prazo do contrato, a expressão da RM passados t anos seria

$$_tV_x = v^{n-t} - P_{\overline{n|}}\ddot{a}_{x+t;\overline{n-t|}}. \qquad (6.12)$$

Para o seguro de capital diferido com contra-seguro e prémios anuais nivelados $P_{\overline{n|}}''$, teríamos

$$_tV_x = {_{n-t}E_{x+t}} + tP''_{\overline{n|}}A^1_{x+t;\overline{n-t|}} + P''_{\overline{n|}} \times (IA)^1_{x+t;\overline{n-t|}} - P''_{\overline{n|}}\ddot{a}_{x+t;\overline{n-t|}}. \qquad (6.13)$$

Notamos que neste tipo de contratos, passados t anos, o capital em risco por morte será, sucessivamente, $(t+1)P''_{\overline{n|}}$, $(t+2)P''_{\overline{n|}}$, ..., $nP''_{\overline{n|}}$.

Para um seguro de rendas certas amortizações, com prémios a pagar em $k < n$ anos, a RM será

$$_tV_x = a_{\overline{n-t|}} - a_{x+t;\overline{n-t|}} - P_{\overline{k|}}\ddot{a}_{x+t;\overline{k-t|}}, \text{ para } t < k. \qquad (6.14)$$

Voltamos a referir que nesta modalidade o prazo de pagamentos k tem de ser inferior ao prazo n do contrato, sob pena de as RM virem negativas a partir de determinados valores de t. Com efeito, o gráfico dos prémios de risco e do possível prémio nivelado seria algo do tipo

Gráfico 4

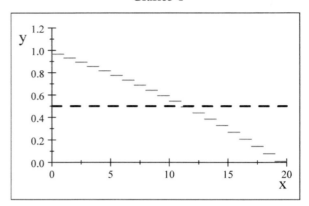

Verifica-se que nos primeiros anos de vigência da apólice a seguradora teria recebido menos prémio do que o que competia ao risco coberto, acumulando um défice significativo, ou seja, a *RM* viria negativa. Caso o segurado anulasse o contrato no período subsequente, jamais a seguradora recuperaria esse deficit.

Assim, qualquer modalidade que conduza a *RM* negativas terá de ser devidamente ajustada.

Para esta modalidade é vulgar o período de pagamentos ser 3 a 4 anos inferior ao prazo do contrato. Essa diferença depende da idade, da taxa de juro, do prazo do contrato e da tábua de mortalidade utilizada.

Exemplo 6.2 *Consideremos as coberturas do exercício 4.3 – em caso de morte da pessoa segura, de 30 anos de idade, pagamento imediato de uma renda financeira de 1000 u.m. por mês durante 10 anos; em caso de vida no final do prazo, pagamento de uma renda vitalícia mensal postecipada de 500 u.m. por mês. Mantendo o prazo de 35 anos indicado e prémios nivelados de valor anual P, que supomos calculado anteriormente, vejamos as diversas expressões que pode ter a RM, consoante a situação em que se encontra a própria apólice:*

a) Pessoa segura viva e t < 35

$$_tV_{30} = 1000 \times \frac{\ddot{a}^{(j)}_{\overline{120|}}}{} A^1_{30+t;\overline{35-t|}} + 6000 \times {}_{35-t|}a^{(12)}_{30+t} - P\ddot{a}_{30+t;\overline{35-t|}},$$

em que $j = (1+i)^{1/12} - 1$ é a taxa mensal correspondente à taxa anual i.
b) Pessoa segura viva e $t > 35$

$$_tV_{30} = 6000 \times a^{(12)}_{\overline{30+t}|},$$

c) A pessoa segura morreu dentro do prazo do contrato, há k meses ($k < 120$). Supondo que já se pagaram $k + 1$ mensalidades, teremos

$$_tV = 1000 \times \ddot{a}^{(j)}_{\overline{120-k-1|}},$$

situação em que a responsabilidade futura da seguradora deixa de ser aleatória e a RM se reduz ao valor actual da renda certa que falta pagar.

6.3 Reservas de inventário e comerciais pelo método prospectivo

As fórmulas para determinação das *RM* de inventário pelo método prospectivo são idênticas às usadas no cálculo das *RM* puras. No que se refere aos prémios a considerar, passam a ser os de inventário, a menos que a modalidade considere algum risco relacionado com os prémios comerciais, como no caso do contra-seguro destes.

Assim, por exemplo, num seguro de vida inteira a prémios vitalícios, a RM de inventário ($_tV'_x$, segundo a NAI) após t anos vem dada pela igualdade

$$_tV'_x = A'_{x+t} - P'\ddot{a}_{x+t}, \tag{6.15}$$

onde A'_{x+t} é o prémio único de inventário para uma pessoa de idade $x+t$ e P' designa o prémio anual de inventário vitalício.

De um modo geral, quando a carga de gestão por ano é constante e o prazo do contrato coincide com o prazo de pagamentos, a *RM* de inventário coincide com a *RM* pura.

Tomemos por exemplo, e para variar, um seguro misto sobre uma pessoa [x], por um prazo n e com uma carga de gestão γ proporcional ao capital. Considerando idêntico prazo de pagamentos, a *RM* de inventário será

$$\begin{aligned}{}_tV'_x &= A'_{x+t;\overline{n-t|}} - P'\ddot{a}_{x+t;\overline{n-t|}} = A_{x+t;\overline{n-t|}} + \gamma\ddot{a}_{x+t;\overline{n-t|}} - (P+\gamma)\ddot{a}_{x+t;\overline{n-t|}} \\ &= A_{x+t;\overline{n-t|}} - P\ddot{a}_{x+t;\overline{n-t|}} = {}_tV_x.\end{aligned}$$

No que se refere às reservas comerciais a questão é diferente, já que passados os primeiros anos, nos quais as despesas de aquisição são efectuadas, não faria qualquer sentido que a responsabilidade da companhia continuasse a considerar essas despesas no prémio único comercial correspondente. Por essa razão não se utilizam, em geral, as reservas comerciais. De qualquer forma, para um seguro de vida inteira, com os ajustamentos que fossem considerados necessários no prémio único A''_{x+t},, teríamos,

$${}_tV''_x = A''_{x+t} - P''\ddot{a}_{x+t}. \tag{6.16}$$

Veremos oportunamente que a questão das despesas iniciais do contrato é delicada e deve ser analisada cuidadosamente, podendo mesmo ter reflexos importantes quer nas contas da seguradora quer nas expectativas e direitos do segurado.

6.4 Reservas matemáticas intercalares e de balanço

Com excepção de modificações de contratos, como por exemplo em caso de resgate, de que falaremos posteriormente, as *RM* devem ser calculadas no final do exercício contabilístico, para que o balanço e contas reflictam adequadamente a situação financeira e patrimonial da seguradora. Contudo, dado que os contratos são emitidos durante o ano e não a 1 de Janeiro de cada ano, a reserva matemática aniversária não traduz correctamente a situação a 31 de Dezembro.

Duas alternativas seriam viáveis: ou calcular para cada apólice a *RM* no final do ano, com t decimal, ou admitir que em média as apólices são emitidas a 1 de Julho, e que a *RM* a 31 de Dezembro pode obter-se pela média entre as *RM* aniversárias consecutivas mais próximas dessa data.

Assim, a 31 de Dezembro do 1º ano de vigência da apólice, teríamos

$$_{\frac{1}{2}}V'_x \simeq \frac{_0V'_x + {}_1V'_x}{2} = \frac{_1V'_x}{2}$$

e, de forma geral, a 31 de Dezembro do t – *ésimo* ano de vigência da apólice,

$$_{t-\frac{1}{2}}V'_x \simeq \frac{_{t-1}V'_x + {}_tV'_x}{2}.$$

Chama-se *reserva intercalar* à semi-soma

$$\frac{_{\lfloor t \rfloor}V'_x + {}_{\lfloor t \rfloor+1}V'_x}{2}, \qquad (6.17)$$

na qual $\lfloor t \rfloor$ significa o maior inteiro não superior a t.

Uma vez que, porém, os prémios recebidos de avanço se destinam a financiar despesas e risco para todo o ano, admitindo que as apólices começam a 1 de Julho, apenas metade do prémio de inventário terá sido "consumido" até final do ano civil, pelo que se considera como reserva de balanço, a soma da reserva intercalar com metade do prémio de inventário, ou seja,

$$_tV^b_x = \frac{_{\lfloor t \rfloor}V'_x + {}_{\lfloor t \rfloor+1}V'_x + P'}{2}. \qquad (6.18)$$

Em alternativa ao argumento anterior, podemos considerar que a "verdadeira" interpolação para o final do ano deve ser efectuada entre $_{\lfloor t \rfloor^+}V'_x = {}_{\lfloor t \rfloor}V'_x + P'$ e $_{\lfloor t \rfloor+1}V'_x$, uma vez que o prémio desse ano já está processado e cobrado, pelo que a reserva de balanço se pode considerar matematicamente correcta. Encontrar-se-á um raciocínio semelhante no cálculo das reservas de uma apólice fora das datas aniversárias.

6.5 Reservas pelo método retrospectivo

Como vimos na introdução, a origem das *RM* reside essencialmente nos excessos de prémio que inicialmente são cobrados em relação aos riscos cobertos para cada apólice. Portanto, se essas diferenças devidamente capitalizadas forem adicionadas, devemos chegar a valores da *RM* idênticos àqueles que se obtêm pelo método prospectivo.

Com efeito, podemos enunciar a seguinte proposição: Se as bases técnicas para o cálculo de prémios e reservas são idênticas, as reservas avaliadas pelo método retrospectivo e pelo método prospectivo coincidem.

A demonstração que segue será efectuada apenas para o seguro de vida inteira, sendo com facilidade estendida a outras modalidades. Partindo da fórmula prospectiva

$$_tV_x = A_{x+t} - P\ddot{a}_{x+t}, \qquad (6.19)$$

considerando que

$$A_x = A^1_{x;\overline{t}|} + {}_tE_x A_{x+t},$$

teremos,

$$A_{x+t} = \frac{A_x - A^1_{x;\overline{t}|}}{{}_tE_x}.$$

Por outro lado, também

$$\ddot{a}_{x+t} = \frac{\ddot{a}_x - \ddot{a}_{x;\overline{t}|}}{{}_tE_x}.$$

Substituindo as igualdades anteriores em (6.19), obtemos

$$_tV_x = \frac{A_x - A^1_{x;\overline{t}|} - P\left(\ddot{a}_x - \ddot{a}_{x;\overline{t}|}\right)}{{}_tE_x}. \qquad (6.20)$$

Uma vez que, pelo princípio de equivalência de prémios, $A_x - P\ddot{a}_x = 0$, a expressão anterior pode simplificar-se dando

$$_tV_x = \frac{P\ddot{a}_{x;\overline{t}|} - A^1_{x;\overline{t}|}}{_tE_x}. \qquad (6.21)$$

A expressão anterior mais não é do que a reserva calculada retrospectivamente. Com efeito, situando-nos no início do contrato, a primeira parcela do numerador representa o valor actuarial dos primeiros t prémios, enquanto a segunda representa o valor actuarial do risco dos primeiros t anos. Capitalizando actuarialmente a diferença para o momento t, obtém-se a *RM* correcta.

Exemplo 6.3 *Para um seguro misto com prémio anual $P_{\overline{n}|}$, avaliando a RM pelo método retrospectivo, obtemos uma expressão análoga à do seguro de vida inteira:*

$$_tV_x = \frac{P_{\overline{n}|}\ddot{a}_{x;\overline{t}|} - A^1_{x;\overline{t}|}}{_tE_x}.$$

A RM só é diferente porque o prémio anual também o é, a menos que $x + n \simeq \omega$.

As reservas de inventário poderiam igualmente ser calculadas pelo método retrospectivo.

Contudo, convirá acentuar que o procedimento habitual consiste na avaliação das *RM* pelo método prospectivo, o qual, para além de ser de aplicação mais simples e intuitiva, se pode aplicar mais facilmente a seguros de grupo e a fundos de pensões. Por outro lado, em termos de solvência, não são os excessos eventualmente cobrados que importa considerar como provisão, mas sim o comportamento futuro dos cah-flows respectivos, ou seja, **são os movimentos futuros que ditarão a marcha do negócio e a sua solvabilidade**. Até porque, devido a eventuais alterações dos mercados e dos riscos associados, as bases técnicas de cálculo das provisões podem a todo o momento revelar-se inadequadas ou imprudentes. Nesse caso, a proposição anterior deixa de ter qualquer significado.

6.6 Reservas pelo método de recorrência

Este método de cálculo, como o próprio nome indica, baseia--se na RM de um dado ano para se obter a RM do ano seguinte. Trata-se de uma análise simples dos cash-flow gerados pelo encaixe de prémios e pelas saídas decorrentes de sinistros ou vencimentos. Essa análise constitui aliás um bom exercício de partida para uma análise mais profunda, necessária às técnicas de *profit testing*, a abordar em capítulo próprio.

Consideremos por exemplo uma anuidade vitalícia antecipada. A RM ao fim do tempo t (inteiro) será

$$_tV_x = \ddot{a}_{x+t}.$$

Vejamos o que se passa durante o ano que segue:

1) De imediato é pago o termo seguinte;

2) A provisão existente, diminuída de uma unidade, é capitalizada durante um ano à taxa técnica de juro;

3) No final do novo ano, caso a pessoa segura continue viva, é constituída a nova RM.

Assim,

$$(_tV_x - 1)(1+i) = p_{x+t} \times {}_{t+1}V_x,$$

pelo que

$$_{t+1}V_x = \frac{(_tV_x - 1)(1+i)}{p_{x+t}}. \qquad (6.22)$$

É fácil provar que a nova RM está correctamente calculada. Com efeito,

$$\frac{({}_tV_x - 1)(1+i)}{p_{x+t}} = \frac{(\ddot{a}_{x+t} - 1)}{vp_{x+t}} = \frac{a_{x+t}}{vp_{x+t}}$$

$$= \frac{vp_{x+t} + v^2 \, p_{x+t}p_{x+t+1} + v^3 \, p_{x+t} \, {}_2p_{x+t+1}\cdots}{vp_{x+t}} = \ddot{a}_{x+t+1}.$$

Para um seguro de vida inteira, com pagamento do capital no final do ano da morte e prémio anual P, teríamos

$$({}_tV_x + P)(1+i) = q_{x+t} + p_{x+t} \times {}_{t+1}V_x, \qquad (6.23)$$

ou seja,

$${}_{t+1}V_x = \frac{({}_tV_x + P)(1+i) - q_{x+t}}{p_{x+t}}. \qquad (6.24)$$

Multiplicando ambos os membros da igualdade (6.23) por $C \times l_{x+t}$ obtém-se

$$C \times l_{x+t} \times ({}_tV_x + P)(1+i) = C \times d_{x+t} + l_{x+t+1} \times C \times {}_{t+1}V_x. \quad (6.25)$$

A interpretação da expressão anterior é fácil: se tivermos l_{x+t} apólices com idêntica data aniversária e capital C, somando as RM do final do ano anterior com os prémios cobrados no início do ano imediato, obtemos um valor que, capitalizado à taxa de juro considerada, é suficiente para pagar o capital C aos beneficiários das apólices das pessoas que morrerem (d_{x+t}) e permitir ainda constituir as RM para as apólices das pessoas que continuam vivas no final do ano (l_{x+t+1}). Note-se que, na prática, só por mero acaso o número de mortes coincide com o valor esperado e que não estão a ser considerados resgates ou anulações.

Notamos ainda que a expressão (6.23) se pode escrever na forma

$$({}_tV_x + P)(1+i) = {}_{t+1}V_x + q_{x+t}(1 - {}_{t+1}V_x), \qquad (6.26)$$

donde resulta claro que, para a seguradora, o valor do capital em risco no ano $t+1$ se reduz $(1 - {}_{t+1}V_x)$.

6.7 Reservas fora da data aniversária

Por vezes surge a necessidade de calcular as *RM* para valores de t não inteiros. Nestas situações é comum efectuar uma interpolação linear entre a reserva aniversária anterior e a seguinte, tendo em atenção que, se o segurado pagou o prémio P, a reserva anterior terá que ser adicionada desse valor antes da interpolação ser feita.

Por exemplo, num seguro de vida inteira, a prémios vitalícios, teremos para $t = k+h$, com $k = \lfloor t \rfloor$ e $0 < h \leq 1$,

$$_tV_x = (1-h)\left(_kV_x + P\right) + h\,_{k+1}V_x. \quad (6.27)$$

Se a apólice estiver *liberada* de pagamento de prémios, ou se o prazo de pagamento destes já tiver terminado, basta efectuar uma interpolação linear idêntica à anterior considerando $P = 0$.

Um valor mais preciso pode contudo ser obtido pelo método de recorrência. Com efeito, para o mesmo tipo de seguro, com capitais pagos no final do ano da morte, teríamos

$$\left(_kV_x + P\right)(1+i)^h = v^{1-h}h q_{x+k} + {}_hp_{x+k}\,{}_{k+h}V_x,$$

ou seja,

$$_{k+h}V_x = \frac{\left(_kV_x + P\right)(1+i)^h - v^{1-h}h q_{x+k}}{{}_hp_{x+k}}. \quad (6.28)$$

Considerando $h = 1$ na expressão anterior obtemos a fórmula de recorrência (6.24) anteriormente deduzida. A parcela $v^{1-h}h q_{x+k}$ corresponde a admitir que o prémio de risco do período h é proporcional ao prémio anual de risco, que este vale no final do ano q_{x+k} e que deve ser actualizado pelo tempo que falta desde $k + h$ até $k + 1$, uma vez que está a ser deduzido antecipadamente ou, por outras palavras, os $l_{x+k}h q_{x+k}$ que morrerem naquele período apenas dão direito a receber o capital seguro decorrido o intervalo de tempo $(1 - h)$.

Usou-se como habitualmente a aproximação $_h q_{x+k} = h q_{x+k}$, uma vez que h < 1.

6.8 Reservas de Zillmer

Como se sabe, as despesas de aquisição de uma apólice surgem quase sempre no primeiro ou primeiros anos de vigência do contrato, já que são originadas pela efectivação/angariação do contrato, pelas eventuais despesas médicas, etc., como anteriormente focámos. Contudo, se o contrato é emitido a prémios comerciais periódicos, o prémio comercial anual para um período de pagamento de k anos será

$$P'' = \frac{\Pi''}{\ddot{a}_{x\overline{k|}}} = \frac{\Pi + V_\alpha + V_\beta + V_\gamma}{\ddot{a}_{x\overline{k|}}} = P' + \frac{V_\alpha}{\ddot{a}_{x\overline{k|}}} + \frac{V_\beta}{\ddot{a}_{x\overline{k|}}}, \quad (6.29)$$

em que P' é o prémio anual de inventário, Π o prémio único puro e Π'' o prémio único comercial.

Analisem-se as três parcelas à direita na expressão anterior. A primeira é o prémio anual de inventário, que se destina a pagar as despesas de gestão, pagar o risco e, na parte remanescente, devidamente capitalizada, contribuir para a constituição da RM do ano seguinte. As despesas com cobranças, que aparecem na terceira parcela, surgirão a seu tempo, pelo que em princípio o seu recebimento ao longo dos anos não causa qualquer perturbação na contabilidade da empresa, isto é, teoricamente, são recebidas e gastas em cada encaixe de prémios. Todavia, o mesmo não podemos dizer do valor V_α, que é gasto praticamente no início do contrato e que só é reembolsado de $V_\alpha/\ddot{a}_{x\overline{k|}}$ em cada ano. O valor V_α, para todos os efeitos, pode ser considerado como um adiantamento ao próprio segurado. Na realidade, este vai pagá-lo, pelo menos actuarialmente, embora esse pagamento se vá arrastar, na maioria das modalidades, durante largos anos.

Com efeito, no momento t ainda falta amortizar

$$DA_t = \frac{V_\alpha}{\ddot{a}_{\overline{xk|}}} \ddot{a}_{x+t;\overline{k-t|}}, \tag{6.30}$$

onde DA_t representa justamente o valor actuarial das despesas de aquisição não amortizadas no final do ano t.

Designa-se por *reserva de Zillmer* o valor da RM normal, abatido das despesas de aquisição por amortizar:

$$_tV_z = {}_tV_x - DA_t. \tag{6.31}$$

Devemos notar que, sem considerar este tipo de reservas, quanto maior for a produção de uma seguradora numa modalidade recém-lançada, maior será o prejuízo nessa modalidade durante os primeiros anos de comercialização – tudo dependendo, naturalmente, da dimensão da carteira e do peso das despesas efectivas com a aquisição dos contratos.

Notamos ainda que as despesas de aquisição não amortizadas, para além de constituírem um elemento importante a considerar nas RM, têm também um papel fundamental a desempenhar quando os segurados pretendem resgatar a apólice, ou quando se efectuam determinadas alterações aos contratos, que impedem a seguradora de vir a ser totalmente reembolsada dos valores antecipadamente gastos. Algumas destas questões serão analisadas no capítulo seguinte.

Exemplo 6.4 *Consideremos um seguro misto de prazo n emitido sobre uma pessoa [x] com as seguintes cargas:*

a) Carga de aquisição – 5% do capital no primeiro ano de vigência da apólice e 2% no segundo;

b) Carga de gestão – 1% do do capital seguro;

c) Carga de cobrança – 1% do prémio a pagar.

Teremos assim para a reserva de Zillmer, admitindo que o prazo de pagamento dos prémios é idêntico ao do contrato,

$$_tV_z = A_{x+t;\overline{n-t|}} - P_{\overline{n|}}\ddot{a}_{x+t;\overline{n-t|}} - \left(\frac{.05 + .02 \times {}_1E_x}{\ddot{a}_{x\overline{n|}}}\right)\ddot{a}_{x+t;\overline{n-t|}}.$$

Nota – As reservas calculadas pelo método de Zillmer, também designadas por reservas zillmerizadas, podem conduzir a valores negativos. Nesse caso, dever-se-á considerar a reserva como nula.

Devemos notar ainda que nem todos os países autorizam a zilmerização das provisões matemáticas, podendo outros permitir apenas a dedução de parte das despesas de aquisição não amortizadas.

6.9 O efeito nas reservas matemáticas de variações na taxa de juro ou na mortalidade

Já anteriormente mencionámos que as *RM* deveriam ser constituídas numa base prudencial, a fim de melhorarem significativamente os rácios de solvência da companhia seguradora. Por essa razão, há que tentar medir os efeitos nas provisões por alteração das bases técnicas que foram utilizadas para a determinação dos prémios.

Para vermos o efeito de possíveis variações na taxa de juro ou na mortalidade, vamos considerar um seguro misto, com pagamento no final do ano da morte ou no final do prazo, cuja *RM* é, como sabemos,

$$_tV_x = A_{x+t;\overline{n-t|}} - P_{\overline{n|}}\ddot{a}_{x+t;\overline{n-t|}}.$$

Como à medida que $t \to n$, a *RM* tende para a unidade, perante o pagamento eminente do capital em caso de vida, teremos um gráfico para a evolução da *RM* do tipo

Gráfico 5

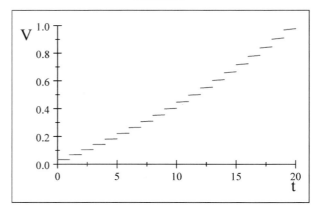

Este gráfico tem por base um seguro pelo prazo de 20 anos. As descontinuidades correspondem à entrada dos prémios anuais.

Considerando a fórmula de recorrência

$$\left({}_tV_x + P_{\overline{n}|}\right)(1+i) = q_{x+t} + p_{x+t} \times {}_{t+1}V_x, \qquad (6.32)$$

podemos constatar que se a taxa de juro i for substituída por uma taxa $i' < i$, mantendo o prémio anual $P_{\overline{n}|}$, bem como a tabela de mortalidade, as provisões viriam desde o início (considerando ${}_0V_x = 0$), sucessivamente mais baixas e seria impossível chegar ao final do prazo com o valor unitário indispensável para a liquidação do benefício no vencimento da apólice. Não quer dizer que a fórmula de recorrência não se possa usar nessa situação. O que se passa é que, desde o início, usando uma taxa de juro inferior, as RM terão que ser todas superiores, a começar, naturalmente, por ${}_0V_x$.

Com efeito, neste caso teríamos

$$ {}_0V_x = A^{(i')}_{x;\overline{n}|} - P_{\overline{n}|}\ddot{a}^{(i')}_{xt;\overline{n}|} > 0. \qquad (6.33)$$

Passar-se-ia o inverso, se usássemos para o cálculo das reservas uma taxa de juro $i' > i$.

O caso de uma renda vitalícia imediata, por exemplo, é mais simples de analisar. Efectivamente, como

$$_tV_x = \ddot{a}_{x+t;\overline{n-t}|},$$

é óbvio que para $i' < i$

$$\ddot{a}^{(i')}_{x+t;\overline{n-t}|} > \ddot{a}^{(i)}_{x+t;\overline{n-t}|},$$

pelo que as provisões com uma taxa de juro mais baixa aumentam significativamente. O mesmo se passa quando, por motivos de diminuição estrutural das taxas de rendimento dos activos afectos às reservas, as seguradoras que não têm as suas provisões imunizadas, o que garantiria a taxa de rendimento necessária, se vêem obrigadas a reajustar o cálculo das mesmas à realidade dos mercados de capitais.

No que se refere à mortalidade, verifica-se que, não alterando a taxa de juro nem o prémio, um agravamento na tábua de mortalidade conduz a provisões mais elevadas para os seguros em caso de morte, enquanto nos seguros em caso de vida se passa o contrário. Inversamente, quando as taxas de mortalidade diminuem, os seguros em caso de morte conduzem a *RM* mais baixas e os seguros em caso de vida a valores mais elevados.

Para demonstrar a primeira afirmação basta analisar o seguro de vida inteira a prémios vitalícios de valor anual *P*, em que

$$_tV_x = A_{x+t} - P\ddot{a}_{x+t}.$$

Agravando as taxas de mortalidade, as probabilidades de sobrevivência diminuem, pelo que não só o prémio único para o seguro de vida inteira aumenta, já que em média o capital é pago mais cedo, como a anuidade vitalícia diminui, porque em média vão ser pagos menos termos. Os dois factos juntos provocam um significativo aumento na *RM*, ou seja, mantendo o prémio anual *P*,

$$_tV_x^{(q'>q)} = A_{x+t}^{(q')} - P\ddot{a}_{x+t}^{(q')} > {_tV_x}.$$

O efeito do agravamento ou desagravamento da mortalidade em seguros de tipo misto tem que ser analisado para cada modalidade concreta, atendendo à idade da pessoa segura e aos prazos do contrato e de pagamentos, bem como à proporção entre as garantias/capitais em caso de morte e os valores garantidos em caso de vida. Em certas situações pode mesmo não haver qualquer efeito significativo nas reservas. Nesses casos podemos dizer que a modalidade em causa está imunizada relativamente ao risco de mortalidade.

Notamos porém que um aumento ou diminuição nas taxas de mortalidade, não reflectido no cálculo das reservas, isto é, mantendo a tábua de mortalidade original, pode conduzir, a prazo, à insuficiência das provisões existentes e, eventualmente, à falência técnica das modalidades envolvidas.

Parte I – Capítulo 6. Reservas matemáticas | 151

6.10 Resumo do formulário sobre reservas matemáticas

Símbolos	Definições ou expressões
R_t	$R_t = VABF(T) - VAPF(T)$; v.a. que representa o resultado futuro da apólice
$_tV_x$	$_tV_x = E(R_t)$; reserva matemática (NAI)
$_tV_x$	$_tV_x = A_{x+t} - P\ddot{a}_{x+t} = E(R_t)$; RM para um seguro de vida inteira (svi)
$Var(R_t)$	$Var(R_t) = \sum_{k=1}^{\omega-x-t} \left(v^k - P\ddot{a}_{\overline{k}|}\right)^2 \times {}_{k-1|}q_{x+t} - (A_{x+t} - P\ddot{a}_{x+t})^2$ (svi)
$F_{R_t}(r)$	função de distribuição de $R_t(svi)$: $$F_{R_t}(r) = \frac{s\left[x+t+\frac{\log\left[\left(r+\frac{P}{\delta}+\frac{P}{2}\right)/\left(1+\frac{P}{\delta}\right)\right]}{-\delta}\right]}{s(x+t)}$$
$_{k+h}V_x$	$_{k+h}V_x = (1-h)(_kV_x + P) + h\,_{k+1}V_x$; RM para k inteiro e $0 < h < 1$
DA_t	despesas de aquisição não amortizadas; k pagamentos: $DA_t = \frac{V_\alpha}{\ddot{a}_{x\overline{k}|}}\ddot{a}_{x+t;\overline{k-t}|}$
$_tV_z$	RM Zillmerizada: $_tV_z = {}_tV_x - DA_t$
	reserva intercalar: $\frac{\lfloor t \rfloor V'_x + \lfloor t \rfloor + 1 V'_x}{2}$
$_tV_x^b$	reserva de balanço: $_tV_x^b = \frac{\lfloor t \rfloor V'_x + \lfloor t \rfloor + 1 V'_x + P'}{2}$
$_tV_x$	$_tV_x = \frac{P\ddot{a}_{x;\overline{t}|} - A^1_{x;\overline{t}|}}{_tE_x}$; RM pelo método rectrospectivo (svi ou misto)
$_{t+1}V_x$	$_{t+1}V_x = \frac{(_tV_x + P)(1+i) - q_{x+t}}{p_{x+t}}$; RM pelo método de recorrência (svi ou misto).

Capítulo 7

Alterações de contratos

7.1 Introdução

Os seguros de vida, como já anteriormente referimos, são normalmente efectuados por prazos longos, ou mesmo sem prazo. De um modo geral, as condições em que os contratos são celebrados, têm em consideração os objectivos iniciais do segurado, face às suas responsabilidades ou desejos de poupança. Tais responsabilidades podem ser em relação à família, a terceiros ou mesmo a si próprio, nos casos de poupança/reforma, ou como meio alternativo de investimento.

Por outro lado, também as suas disponibilidades financeiras devem ser equacionadas à partida, por forma a adequar convenientemente os valores seguros e os prémios a pagar, sem que isso se traduza em encargos de tal forma elevados que levem, previsivelmente, a situações de difícil cumprimento.

Quem não gostaria de, em caso de morte prematura, deixar toda a família com um bom rendimento e, em caso de vida à data normal de reforma, poder vir a beneficiar de uma excelente pensão? Porém, sabemos bem que a aquisição de tais benefícios exige prémios que muitas vezes estão para além da capacidade financeira do próprio ou do agregado familiar.

Todavia, ainda que em equilíbrio, uma coisa é a situação original do contrato efectuado com a seguradora, que teoricamente se considera vantajoso para ambas as partes; outra bem diferente pode ser a situação em que tanto o segurado, como as pessoas seguras, como até os próprios beneficiários, se encontram passados alguns anos sobre o início da apólice.

Vários acontecimentos podem ocorrer ao longo do tempo, que justificam frequentemente a necessidade de alteração do contrato original, ou mesmo o seu cancelamento prematuro.

Como exemplos, temos:
- modificação, inclusão ou exclusão de algum dos riscos a coberto da apólice;
- modificação do agregado familiar (casamento, divórcio, chegada de um filho...);
- alteração do estado de um beneficiário específico (por exemplo, por morte);
- alteração de responsabilidades do segurado em directa relação com os valores a coberto da apólice (prolongamento de um empréstimo, por exemplo);
- dificuldades de natureza financeira, imediatas ou a prazo;
- desemprego do segurado;
- perda de competitividade do seguro subscrito, face ao mercado; etc.

Assim, é por vezes inevitável o aparecimento de novos elementos que, em determinado momento, podem tornar o contrato em vigor desnecessário ou desadequado ao novo contexto social, familiar, económico ou financeiro, em que as pessoas envolvidas se encontram. É pois frequente os segurados dirigirem-se às seguradoras solicitando alterações às suas apólices.

A grande maioria das alterações tem a ver, directa ou indirectamente, com o pagamento dos prémios estipulados. As próprias apólices já prevêem que, em determinadas circunstâncias, o segurado venha a optar por reduzir os capitais seguros ou os prémios em pagamento, ou ainda a efectuar resgates parciais ou totais do valor que a apólice lhe confira.

Naturalmente que, existindo *RM* significativas, a seguradora pode facilitar a transformação do contrato existente, desde que tal transformação seja exequível do ponto de vista de risco e de anti-selecção (risco moral). Aliás, para a companhia de seguros, é preferível alterar um contrato que já não satisfaz os objectivos do segurado do que perder aquela apólice e, eventualmente, o próprio cliente.

As secções seguintes abordam diversos tipos de alterações, as mais frequentes, embora estejam longe de esgotar tão vasta matéria, até porque os produtos disponibilizados pelas seguradoras no mercado, ainda que de tipo semelhante, podem ser bastante diferenciados, requerendo por isso tratamentos actuariais específicos. Contudo, as principais regras a observar serão identificadas.

7.2 Noção de valor de resgate

Em modalidades de poupança, ou em modalidades em que sejam criadas RM fortes, o segurado pode pretender utilizar o valor da reserva existente, ou parte dela, quer através de adiantamentos caucionados pela própria apólice, quer reduzindo os valores seguros, quer mesmo rescindindo totalmente o contrato efectuado, recebendo em troca determinada quantia a que se chama correntemente valor de resgate.

No entanto, convém acentuar que nem todas as modalidades de seguro permitem efectuar operações deste tipo, devido ao que designamos por fenómeno de anti-selecção e que basicamente consiste no possível aproveitamento, por parte do segurado, das condições específicas de saúde da pessoa segura (normalmente ele próprio), para obtenção de benefícios adicionais ou antecipados, sem que a seguradora se possa aperceber do aumento no respectivo risco.

Suponhamos, a título de exemplo, um seguro de renda vitalícia imediata, anual, postecipada, de termo R, adquirida por $[x]$ a prémio único, cuja reserva de inventário para $t = 0$, à parte a carga de aquisição, coincide com o prémio recebido

$$_0V'_x = a'_x.$$

Mesmo passado algum tempo, a *RM* continua elevada, já que tem de ser suficiente (em média) para efectuar todos os pagamentos futuros ao beneficiário indicado, ou seja,

$$_tV'_x = a'_{x+t}.$$

Seria natural que, caso não se sentisse bem de saúde em determinado momento, o segurado e pessoa segura resolvesse solicitar à companhia um adiantamento sobre a apólice, com eventual redução no valor da renda, ou mesmo a rescisão do contrato. Ora, para a seguradora, tal aceitação pode revelar-se ruinosa. Não podemos esquecer que o seguro é um agente repartidor de riscos.

Falando de rendas vitalícias, a capitalização conseguida através das mesmas, e que está bem explícita na fórmula (3.23), só é possível porque num grupo numeroso de pessoas se espera que os valores despendidos com os rendeiros que vivem mais tempo do que o valor esperado pela função de sobrevivência assumida, e para os quais a reserva existente foi insuficiente, sejam compensados pelos valores que estão em *RM* referentes aos que morrem mais cedo que o esperado. Se estes, antes de morrer, retirassem no todo ou em parte essas provisões, o desequilíbrio seria evidente e a seguradora ficaria com uma população seleccionada que, por certo, não teria a mortalidade assumida nos cálculos. Daí à ruína, seria um passo.

Já nas modalidades de tipo misto, um eventual resgate não afecta significativamente a seguradora em termos de risco, bem pelo contrário. Se a pessoa segura se encontra num estado de saúde débil, a antecipação do valor da *RM* até será preferível ao pagamento do capital por morte, em geral bastante superior à reserva existente.

Como regra geral, impõe-se que o valor de resgate não coincida com o valor da *RM* contabilizada, por dois motivos:

1) Há uma quebra de negócio que prejudica a seguradora;

2) A menos que os prémios já tenham sido todos liquidados, as despesas de aquisição desembolsadas de início, não estão totalmente amortizadas.

Designa-se por *resgate teórico* o valor

$$_tR_x = {_tV'_x} - DA_t, \qquad (7.1)$$

em que, como vimos quando estudámos as reservas zillmerizadas, DA_t representa o valor actuarial das despesas de aquisição não amortizadas.

O valor efectivo de resgate concedido pela apólice pode ser uma determinada percentagem escalonada do resgate teórico ou uma percentagem determinada da *RM* ou ainda um valor dependente do valor de redução, que no ponto seguinte referiremos. Qualquer que seja o critério adoptado, esse valor depende da seguradora, da modalidade, do prazo do contrato e do prazo de pagamentos, embora o formulário respectivo tenha de constar das bases técnicas da modalidade e as tabelas correspondentes devam estar impressas na própria apólice.

Notamos que o formulário apresentado se aplica apenas às modalidades clássicas, uma vez que nos modelos tipo *universal life* e *unit linked*, que adiante se estudarão, a conta poupança está, em geral, totalmente disponível.

7.3 Valor de redução (ou liberação)

Em determinadas modalidades, de que mais uma vez o seguro misto pode servir de exemplo, decorrido um determinado período (em geral, três anos), o seguro pode manter-se em vigor sem mais pagamentos de prémios, ficando todavia os valores seguros substancialmente reduzidos.

A redução a efectuar é, nalguns tipos de seguro, proporcional ao tempo decorrido desde o início da apólice, tendo em atenção o prazo de pagamentos. Assim, se este for k, o valor de redução após o tempo t, obter-se-ia pela fórmula

$$C_r = C\frac{t}{k}. \qquad (7.2)$$

No caso do resgate se basear na fórmula anterior, o seu valor corresponde, em geral, ao valor de redução actualizado, ou seja, se o contrato tem um prazo n, vem

$$R_t = v^{n-t}C\frac{t}{k}. \qquad (7.3)$$

Notamos que, necessariamente, $R_t \neq {}_tR_x$.

No entanto, o valor de redução deveria ser calculado com base no resgate teórico, utilizando este como prémio único de inventário para o novo capital.

Assim, para um seguro misto ou de vida inteira, teríamos

$$C_r = \frac{C\,{}_tR_x}{A'_{x+t;\overline{n-t|}}}, \qquad (7.4)$$

(para um seguro de vida inteira basta considerar na expressão anterior $n \to \infty$).

Tal como para os valores de resgate, o formulário para o cálculo dos valores de redução varia de companhia para companhia, embora tenha de constar à partida das bases técnicas da respectiva modalidade.

7.4 Outras alterações

Para além do resgate total ou liberação, existem muitos outros tipos de alteração, com especial destaque para:
– aumentos ou reduções de capital ou renda;
– redução de prémios;
– redução ou aumento de prazos;
– opções no vencimento da apólice;
– modificação do tipo de contrato, considerando novos riscos ou eliminando outros.

Teoricamente, todas as alterações são possíveis, desde que isso não se traduza por aumentos de risco não quantificáveis, como nos casos já mencionados de anti-selecção. Em certas alterações o aumento de risco pode ser quantificado, ou pelo menos controlado, através de inquéritos específicos à pessoa segura ou por exames clínicos suplementares. Estão nesta situação aumentos de capital em caso de morte, por exemplo.

Como regra geral, para que o segurado não fique prejudicado, as alterações devem ter em conta o resgate teórico disponível. Por outro lado, para que também a seguradora não fique prejudicada, o valor actuarial das suas responsabilidades futuras, ao abrigo do novo contrato, deve igualar o valor actuarial das responsabilidades futuras do segurado, adicionado do resgate teórico existente (valores calculados em termos de inventário). Desse modo, tudo ficará devidamente harmonizado, como se um novo contrato fosse emitido naquele momento com uma reserva inicial e pré-pagamento igual ao resgate teórico. No que se refere a despesas de aquisição, há que considerar que as do antigo contrato já foram consideradas no resgate teórico. As novas, caso existam, tal como as despesas de cobrança, podem ser adicionadas ao prémio único de inventário do novo contrato, dando então origem ao novo prémio único comercial.

Assim, considerando uma pessoa $[x+t]$ e representando os valores do novo contrato pelo índice 1, podemos escrever a fórmula genérica

$$P''_1 = \frac{\Pi''_1 - {}_tR_x}{\ddot{a}_{x+t;\overline{n_1|}}}.$$

Exemplo 7.1 *Suponhamos que uma pessoa [x] efectuou um seguro misto com um capital C por um prazo n, a pagamentos nivelados, com as seguintes cargas:* $\alpha = 5\%C$ *no primeiro ano,* $\beta = 1\%$ *dos prémios a receber e* $\gamma = 2\%C$.

Passados t < n anos, o segurado deseja reduzir o prémio para metade. Qual o novo capital C_1 a considerar?

Em primeiro lugar, há que determinar os valores de prémios e reservas referentes ao contrato original em vigor. Então, teremos

$$\Pi' = \left(A_{x;\overline{n|}} + .02\ddot{a}_{x;\overline{n|}}\right) \times C,$$

$$P' = \frac{\Pi'}{\ddot{a}_{x;\overline{n|}}},$$

$$\Pi'' = P''\ddot{a}_{x;\overline{n|}} = \Pi' + .05 \times C + .01 \times P''\ddot{a}_{x;\overline{n|}}$$

e

$$P'' = \frac{\Pi' + .05 \times C}{.99 \times \ddot{a}_{x;\overline{n|}}}.$$

Decorrido o tempo t, que suporemos inteiro, para simplificar, vem:

$$_tV'_x = \left(A_{x+t;\overline{n-t|}} + .02\ddot{a}_{x+t;\overline{n-t|}}\right) \times C - P' \times \ddot{a}_{x+t;\overline{n-t|}},$$

$$_tR_x = {_tV'_x} - \frac{.05 \times C}{\ddot{a}_{x;\overline{n|}}} \times \ddot{a}_{x+t;\overline{n-t|}}.$$

O prémio único de inventário para o contrato modificado será (sem considerar o valor de resgate existente)

$$\Pi'_1 = \left(A_{x+t;\overline{n-t|}} + .02\ddot{a}_{x+t;\overline{n-t|}}\right) \times C_1,$$

enquanto o novo prémio único comercial, considerando já o valor de resgate, se pode escrever

$$\Pi_1'' = \Pi_1' - {}_tR_x + .01 \times \frac{P''}{2}\ddot{a}_{x+t;\overline{n-t|}}$$
$$= \frac{P''}{2}\ddot{a}_{x+t;\overline{n-t|}} = \left(A_{x+t;\overline{n-t|}} + .02\ddot{a}_{x+t;\overline{n-t|}}\right) \times C_1 - {}_tR_x + .01 \times \frac{P''}{2}\ddot{a}_{x+t;\overline{n-t|}}.$$

Torna-se evidente que C_1 é a única incógnita existente na última equação, uma vez que P'' é o prémio comercial original, considerando-se, por essa razão, o problema resolvido.

Exemplo 7.2 Suponhamos agora que, com o mesmo contrato, o segurado pretende não reduzir o capital, mas sim dilatar o prazo, ficando a pagar metade do prémio original.

Teríamos neste caso, considerando o novo prazo m,

$$\Pi_1' = \left(A_{x+t;\overline{m|}} + .02\ddot{a}_{x+t;\overline{m|}}\right) \times C,$$

e a última equação do exemplo anterior ficaria

$$\Pi_1'' = \Pi_1' - {}_tR_x + .01 \times \frac{P''}{2}\ddot{a}_{x+t;\overline{m|}}$$
$$= \frac{P''}{2}\ddot{a}_{x+t;\overline{m|}} = \left(A_{x+t;\overline{m|}} + .02\ddot{a}_{x+t;\overline{m|}}\right) \times C - {}_tR_x + .01 \times \frac{P''}{2}\ddot{a}_{x+t;\overline{m|}}.$$

Como não é possível explicitar m nesta equação, a questão pode ser resolvida por aproximações sucessivas, caso haja solução. Note-se que, se a pessoa segura for muito velha, a dilatação do prazo pode não ser suficiente para compensar a redução do prémio. Tal pode ser de imediato verificado, comparando o prémio único de inventário Π_{vi}' de um seguro de vida inteira de capital C com ${}_tR_x + P'/2 \times \ddot{a}_{x+t}$. Se $\Pi_{vi}' \leq {}_tR_x + P'/2 \times \ddot{a}_{x+t}$, a solução existe, pois nesse caso o pagamento do capital pode ser antecipado. Caso contrário, o problema não tem solução, a menos que, a par da redução do prémio, se proceda também à redução do capital seguro.

Já no que se refere à escolha de opções no vencimento, possibilidade que muitas vezes está prevista na modalidade escolhida, fazendo parte das condições gerais da apólice, a questão é mais simples. Trata-se em geral de aproveitar, no todo ou em parte, o capital que se vence como prémio único de inventário para a nova modalidade escolhida.

Mais uma vez, caso a opção não esteja previamente considerada, a seguradora deve certificar-se de que o novo contrato não apresenta riscos suplementares não mensuráveis.

Exemplos de opções inócuas do ponto de vista de risco (moral): transformar o capital a receber de um seguro misto, no final do prazo do contrato, num seguro de capital diferido, numa renda temporária certa ou numa pensão vitalícia a favor do próprio ou de outro beneficiário.

Se o segurado deseja utilizar a totalidade ou parte do capital a que teria direito, na compra a prémio único de um seguro em caso de morte, por exemplo, há que ver que, em geral, o capital a segurar será bastante mais elevado que o valor que tinha a receber, pelo que tal opção só é aceitável se a pessoa segura for submetida a exames clínicos rigorosos e se o seu estado de saúde for considerado normal.

Há ainda que acentuar o facto de, em muitas alterações de contratos, a seguradora não ser obrigada a manter as bases técnicas originais. Com efeito, seria no mínimo estranho que um seguro misto que se vencesse hoje, efectuado por exemplo há 30 anos, com uma tábua de mortalidade PM60/64 e uma taxa de juro de 4%, pudesse ser convertido no prémio de inventário de uma renda vitalícia imediata com idênticas bases técnicas. O prejuízo seria naturalmente (em valor actuarial), bastante elevado. Actualmente, não só a mortalidade é bastante inferior à que deu origem àquela tábua, como seria imprudente a uma seguradora garantir uma taxa de rendimento líquida para as suas provisões na casa dos 4%.

Devemos acrescentar que a escolha de opções que dilatem o prazo original do contrato é muitas vezes incentivada pelas companhias de seguros, não só porque parte importante das *RM* se mantém, mas também porque o prolongamento do negócio, com custos de intermediação nulos, se pode tornar duplamente vantajoso.

Para finalizar, chamamos a atenção para a avaliação das responsabilidades da seguradora no caso de existirem opções que mantenham as bases técnicas originais. Recomenda-se nesse caso que as mesmas se baseiem nas opções de maior volatilidade e considerando cenários limite adequados.

7.5 Resumo de alterações de contratos

Símbolos	Definições ou expressões
$_tR_x$	resgate teórico: $_tR_x = {_tV'_x} - DA_t$
R_t	valor de resgate: $R_t = k\%{_tR_x}$ ou $v^{n-t}C\frac{t}{k}; C\frac{t}{k}$
$C\frac{t}{k}$	possível valor de liberação
	modificação de contrato: $P''_1 = \dfrac{\Pi''_1 - {_tR_x}}{\ddot{a}_{x+t;\overline{n_1}|}}$.

Capítulo 8

Seguros sobre várias pessoas

8.1 Introdução

Os seguros e contingências envolvendo várias pessoas podem ser classificados em dois tipos distintos, consoante haja ou não, na mesma apólice, dependências entre elas em termos de risco. No caso de os pagamentos dependerem da sobrevivência do grupo ou de parte dele, estamos perante um seguro típico envolvendo várias pessoas seguras em simultâneo, o qual é designado habitualmente por seguro sobre várias cabeças. O presente capítulo é exclusivamente dedicado a contingências sobre várias cabeças. Em particular, daremos mais atenção a seguros sobre duas pessoas, embora na sua maioria os formulários que se apresentam possam ser facilmente estendidos a qualquer número de cabeças em risco.

Caso se trate de pessoas de uma empresa ou associação, e os pagamentos ao abrigo da apólice dependam apenas de cada participante e não de um conjunto restrito de pessoas seguras, estamos perante um seguro de grupo, cujo tratamento actuarial pode não diferir muito do tratamento actuarial do seguro individual, embora com bases técnicas e modalidades apropriadas à sua dimensão e aos objectivos pretendidos pelo grupo ou pelos seus promotores.

Situações há contudo em que, por desconhecimento de alguns dados individuais dos participantes, ou dos capitais em risco, a avaliação actuarial deste tipo de seguros se deve efectuar pela teoria do risco, cujas bases assentam essencialmente nas distribuições de sinistralidade e que não se justificaria abordar com suficiente detalhe no presente texto.

8.2 Probabilidades sobre várias cabeças

Com salvaguarda de estudos sobre duas cabeças, de uma forma geral não existem estatísticas sobre a sobrevivência de grupos, pelo que as probabilidades envolvendo várias cabeças se calculam por recurso às leis de sobrevivência individuais, expressas nas tábuas de mortalidade, admitindo que existe independência probabilística entre as várias pessoas envolvidas. Sabemos que em muitos casos esta hipótese é falsa, sobretudo quando se trata de pessoas da mesma família que, para além de habitarem no mesmo local, circulam em veículos comuns, estando por isso muitas vezes sujeitas aos mesmos riscos, quer de morte por acidente, quer mesmo de doença ou morte causadas por eventual contágio. Existe assim um cúmulo de risco que a hipótese de independência ignora. Também a população de uma dada empresa está em geral sujeita a riscos comuns que a hipótese de independência não contempla. No entanto, o estudo de eventual dependência, para além de difícil e nalguns casos quase impossível, pouco acrescentaria, em termos de valor, aos resultados clássicos que de seguida se desenvolvem.

Pelo que anteriormente dissemos, assume-se que a probabilidade de sobrevivência do grupo de n pessoas de idades x_1, x_2, ..., x_n, que representaremos por $[x_1, x_2, ..., x_n]$, é dada pelo produto das probabilidades de sobrevivência individuais, ou seja, pela expressão

$$_tp_{x_1 x_2 ... x_n} = {}_tp_{x_1} {}_tp_{x_2} ... {}_tp_{x_n}. \tag{8.1}$$

Notamos que se considera que o grupo sobrevive enquanto sobrevivem todas as pessoas que o compõem. Por outras palavras, o grupo extingue-se à primeira morte que nele ocorra.

As restantes probabilidades são fáceis de determinar. Assim, a probabilidade de o grupo não sobreviver t anos será

$$_tq_{x_1x_2...x_n} = 1 - {}_tp_{x_1x_2...x_n}, \qquad (8.2)$$

enquanto a probabilidade de o grupo desaparecer, isto é, de haver pelo menos uma morte, entre o ano t e o ano $t + k$, se calcula pela expressão

$$_{t|k}q_{x_1x_2...x_n} = {}_tp_{x_1x_2...x_n} - {}_{t+k}p_{x_1x_2...x_n}. \qquad (8.3)$$

A aplicação destas probabilidades em anuidades, ou em seguros em caso de morte, torna-se imediata. Representando por $[g]$ o grupo $[x_1, x_2, ..., x_n]$, teremos por exemplo, tal como no caso individual,

$$_nE_{[g]} = v^n \, {}_np_{[g]}, \qquad (8.4)$$

$$\ddot{a}_{[g]} = \sum_{t=0}^{\infty} v^t \, {}_tp_{[g]}, \qquad (8.5)$$

$$a_{[g]} = \sum_{t=1}^{\infty} v^t \, {}_tp_{[g]}, \qquad (8.6)$$

$$\overline{a}_{[g]} = \int_0^{\infty} v^t \, {}_tp_{[g]} \, dt, \qquad (8.7)$$

$$A_{[g]} = \sum_{t=0}^{\infty} v^{t+\frac{1}{2}} \, {}_{t|}q_{[g]}. \qquad (8.8)$$

Devemos notar que o símbolo ∞ pode ser substituído por $\omega - Max(x_1, x_2, ..., x_n)$, caso se esteja a trabalhar com uma tabela de mortalidade com ω como idade limite. Aquela diferença é a duração máxima do grupo.

De forma semelhante, designando por $T[g]$ a v.a. correspondente ao tempo de vida futura do grupo, teríamos para esperança de vida

$$e_{[g]} = E\left(T_{[g]}\right) = \int_0^\infty {}_tp_{[g]}\, dt. \qquad (8.9)$$

8.3 A força de mortalidade conjunta

Representando por $\mu_{[g]}(t)$ a força de mortalidade decorrido o tempo t, podemos escrever a relação

$$\begin{aligned}{}_tp_{[g]} &= \exp\left(-\int_0^t \mu_{[g]}(s)\, ds\right) = {}_tp_{x_1}{}_tp_{x_2}...{}_tp_{x_n} = \exp\left(-\sum_{k=1}^n \int_0^t \mu_{x_k+s}\, ds\right) \\ &= \exp\left(-\int_0^t \left(\sum_{k=1}^n \mu_{x_k+s}\right) ds\right),\end{aligned}$$

pelo que, necessariamente, a força de mortalidade do grupo iguala a soma das forças de mortalidade dos seus componentes:

$$\mu_{[g]}(t) = \sum_{k=1}^n \mu_{x_k+t}. \qquad (8.10)$$

Notamos que a fórmula anterior também podia ser deduzida através da definição

$$\mu_{[g]}(t) = -\frac{d}{dt}\log {}_tp_{[g]}. \qquad (8.11)$$

Uma vez definida a força de mortalidade teremos, por exemplo,

$$\overline{A}_{[g]} = \int_0^\infty v^t \, _tp_{[g]}\mu_{[g]}(t)\,dt, \qquad (8.12)$$

$$e_{[g]} = E\left(T_{[g]}\right) = \int_0^\infty t \, _tp_{[g]}\,\mu_{[g]}(t)\,dt, \qquad (8.13)$$

expressões nas quais o produto

$$_tp_{[g]}\,\mu_{[g]}(t) \qquad (8.14)$$

representa a densidade correspondente à v.a. T[g].
Os momentos de T[g] serão então dados pela igualdade

$$E\left(T_{[g]}^k\right) = \int_0^\infty t^k \, _tp_{[g]}\,\mu_{[g]}(t)\,dt. \qquad (8.15)$$

8.4 Casos especiais das leis de Makeham e Gompertz

Nos casos especiais em que a tábua de mortalidade, no todo ou em parte significativa, esteja ajustada pela lei de Makeham, é possível substituir um grupo de n cabeças de diferentes idades por um grupo com o mesmo número de cabeças com a mesma idade.

Com efeito, podemos então escrever

$$_tp_x = \frac{s^{x+t}g^{c^{x+t}}}{s^x g^{c^x}} = s^t g^{c^x(c^t-1)}.$$

Assim,

$$_tp_{[g]} = \Pi_{k=1}^n s^t g^{c^{x_k}(c^t-1)} = s^{nt} g^{(c^t-1)\sum_1^n c^{x_k}}. \qquad (8.16)$$

Se, em vez do grupo original, considerarmos um grupo [h] de n pessoas com a mesma idade w, teremos

$$_tp_{[h]} = \Pi_{k=1}^n s^t g^{c^w(c^t-1)} = s^{nt} g^{nc^w(c^t-1)}. \qquad (8.17)$$

Igualando as duas probabilidades nas expressões anteriores, obtemos

$$nc^w = \sum_1^n c^{x_k},$$

ou

$$c^w = \frac{\sum_1^n c^{x_k}}{n}, \qquad (8.18)$$

igualdade que nos permite calcular a idade w e substituir em termos probabilísticos, se necesssário, o grupo original [g] pelo grupo virtual [h] com o mesmo número de cabeças de idade comum w. Notamos que

$$\min(x_1, x_2, ..., x_n) \leq w \leq \max(x_1, x_2, ..., x_n) \leq \omega,$$

ou seja, a idade comum terá de estar sempre situada entre as idades mínima e máxima do grupo original. Resta provar que os dois grupos envelhecem à mesma velocidade.

Para o efeito, basta ver que o cálculo da idade comum w não depende de t, variável que tinha sido considerada nas expressões originais (8.16) e (8.17). Diz-se então que a lei de Makeham obedece à *lei do envelhecimento uniforme*, a qual permite simplificações significativas, essencialmente no caso de duas cabeças, pois o cálculo da idade comum depende nesse caso apenas da diferença de idades.

A idade comum também pode ser calculada por recurso à força de mortalidade. Da definição (8.11) conclui-se de imediato que

$$_tp_{[g]} = e^{-\int_0^t \mu_{[g]}(s)ds} = \Pi_{k=1}^n e^{-\int_0^t \mu_{x_k}(s)ds} = \Pi_{k=1}^n e^{-\int_0^t \mu_w(s)ds}, \qquad (8.19)$$

pelo que, necessariamente,

$$\mu_w = \frac{\sum_{k=1}^{n} \mu_{x_k}}{n}. \qquad (8.20)$$

Assim, calculada a idade comum w, qualquer seguro ou anuidade sobre as cabeças originais se pode exprimir em função das probabilidades do grupo virtual $[h]$. Por exemplo,

$$\ddot{a}_{[g]} = \ddot{a}_{[h]} = \sum_{t=0}^{\infty} v^t \,_t p_{[h]} = \sum_{t=0}^{\infty} v^t \left(_t p_w\right)^n. \qquad (8.21)$$

Se a tábua de mortalidade obedecer à lei de Gompertz, a simplificação ainda pode ser mais acentuada. Com efeito, da igualdade

$$_t p_x = \frac{g^{c^{x+t}}}{g^{c^x}} = g^{c^x\left(c^t - 1\right)}$$

podemos concluir que

$$_t p_{[g]} = \Pi_{k=1}^{n} g^{c^{x_k}\left(c^t - 1\right)} = g^{\left(c^t - 1\right) \sum_{k=1}^{n} c^{x_k}}. \qquad (8.22)$$

Se, em vez do grupo original, considerarmos uma única pessoa virtual de idade w, teremos

$$_t p_w = g^{c^w\left(c^t - 1\right)}. \qquad (8.23)$$

Assim, considerando a igualdade

$$c^w = \sum_{k=1}^{n} c^{x_k}, \qquad (8.24)$$

todas as probabilidades sobre o grupo $[g]$ podem ser substituídas por outras equivalentes sobre a cabeça virtual $[w]$.

Como alternativa, podemos calcular w pelas forças de mortalidade equivalentes,

$$\mu_{\text{w}} = \sum_{k=1}^{n} \mu_{x_k}. \qquad (8.25)$$

Notamos que neste caso

$$\max(x_1, x_2, ..., x_n) \leq \text{w} \leq \omega.$$

A constituição de grupos virtuais de cabeças leva-nos a concluir então que, no caso da lei de Makeham, a idade comum terá de estar situada entre as idades mínima e máxima do grupo original, enquanto que no caso da lei de Gompertz, ela será necessariamente não inferior à idade máxima.

8.5 Grupos generalizados

Muitos aspectos relacionados com a sobrevivência de conjuntos de pessoas, envolvem mudanças de estado no seio do grupo. Nessas situações, este não se pode considerar extinto à primeira morte. Aliás, basta dar o exemplo de uma anuidade sobre várias cabeças a pagar enquanto estiver pelo menos uma viva. Nesta situação, os pagamentos são devidos enquanto se mantiver um estado particular relacionado com o grupo original, é certo, mas que só se extingue à última morte.

A escolha dos diferentes estados (relativamente ao número de vivos) que um grupo de n pessoas $[x_1, x_2, ..., x_n]$ pode assumir (do ponto de vista prático) dependerá, em primeiro lugar, da questão que se pretenda resolver. Se, como nas secções anteriores, o grupo se extingue à primeira morte, só há dois estados que nos interessa considerar – o estado 0 correspondente a "todos vivos" e o estado 1 correspondente a "pelo menos um morto".

A permanência no estado 0 ao fim do intervalo de tempo t tem probabilidade $_t p_{[g]}$, enquanto a mudança de estado naquele intervalo tem probabilidade $_t q_{[g]}$.

Suponhamos agora que estávamos interessados em analisar e determinar o valor actuarial de uma renda vitalícia a pagar enquanto, das *n* pessoas originais consideradas, estivessem exactamente 3 vivas. Seríamos conduzidos de imediato a três estados: o estado 0 original, no qual não há qualquer pagamento, o estado 1, no qual o grupo tem exactamente 3 pessoas vivas, e o estado 2, que se pode considerar como final, no qual já não existem 3 pessoas vivas (ou absorvente, como adiante se verá no estudo do modelo Markoviano). Ou seja, do ponto de vista prático, o grupo não se considera activo enquanto não se verificam $n-3$ mortes. A partir desse momento, está activo e à primeira morte que ocorra posteriormente, o grupo considerar-se-á extinto.

Porém, a distinção de estados poderia ter que ir mais longe. Suponha-se que no exemplo anterior, em aditamento ao facto de estarem 3 pessoas vivas, se exigia que 2 delas fossem escolhidas ou que, por exemplo, se exigia que para a renda ser paga, as mortes tinham de verificar uma dada regra do tipo ... "se e somente se o Fernando falecer antes do João".

Entraríamos por certo em questões mais delicadas!

Por conseguinte, não iremos analisar com toda a generalidade o comportamento dos grupos, limitando-nos na maioria das situações aos estados relacionados com o número de pessoas vivas em determinado momento. Há porém, como se verá, pelo menos uma contingência daquele tipo que não podemos deixar de analisar e que se prende com as rendas de sobrevivência.

8.5.1 *Grupos extintos à última morte*

Consideremos o grupo $[x_1, x_2, ..., x_n]$ e o estado em que pelo menos uma das pessoas está viva.

Trata-se de um estado que está activo enquanto não morrerem todas as cabeças do grupo inicial. Esse estado representa-se habitualmente por $\overline{x_1, x_2, ..., x_n}$. Se A_k é o acontecimento que se realiza quando $[x_k]$ está vivo dentro de t anos, teremos

$$\begin{aligned}{}_tp_{\overline{x_1,x_2,\ldots,x_n}} &= P(A_1 \cup A_2 \cup \ldots \cup A_n) \\ &= \sum_k P(A_k) - \sum_{i \neq j} A_i \cap A_j + \ldots + (-1)^{n+1} P(A_1 \cap A_2 \cap \ldots \cap A_n) \\ &= \sum_k {}_tp_{x_k} - \sum_{i \neq j} {}_tp_{x_i x_j} + \ldots + (-1)^{n+1} {}_tp_{x_1,x_2,\ldots,x_n}. \end{aligned} \qquad (8.26)$$

Já a probabilidade do estado se tornar inactivo durante o intervalo (0, t) será

$$_tq_{\overline{x_1,x_2,\ldots,x_n}} = 1 - {}_tp_{\overline{x_1,x_2,\ldots,x_n}} = \Pi_{k=1}^n {}_tq_{x_k}, \qquad (8.27)$$

e a probabilidade do estado se tornar inactivo durante o intervalo (t, t + s) pode calcular-se pela igualdade

$$_{t|s}q_{\overline{x_1,x_2,\ldots,x_n}} = {}_tp_{\overline{x_1,x_2,\ldots,x_n}} - {}_{t+s}p_{\overline{x_1,x_2,\ldots,x_n}}. \qquad (8.28)$$

No caso especial de duas cabeças [x] e [y], teremos

$$_tp_{\overline{xy}} = {}_tp_x + {}_tp_y - {}_tp_{xy}. \qquad (8.29)$$

A aplicação das probabilidades anteriormente analisadas a anuidades ou seguros sobre grupos extinguíveis à última morte torna-se imediata. Com efeito, por exemplo,

$$\begin{aligned} a_{\overline{x_1 x_2 \ldots x_n}} &= \sum_{t=1}^\infty v^t {}_tp_{\overline{x_1 x_2 \ldots x_n}} = \sum_{t=1}^\infty v^t \left[\sum_k {}_tp_{x_k} - \sum_{i \neq j} {}_tp_{x_i x_j} + \ldots + (-1)^{n+1} {}_tp_{x_1 x_2 \ldots x_n} \right] \\ &= \sum_{t=1}^\infty \sum_k v^t {}_tp_{x_k} - \sum_{t=1}^\infty \sum_{i \neq j} v^t {}_tp_{x_i x_j} + \ldots + (-1)^{n+1} \sum_{t=1}^\infty v^t {}_tp_{x_1 x_2 \ldots x_n} \\ &= \sum_k a_{x_k} - \sum_{i \neq j} a_{x_i x_j} + \ldots + (-1)^{n+1} a_{x_1 x_2 \ldots x_n}. \end{aligned} \qquad (8.30)$$

Para anuidades antecipadas a fórmula seria idêntica, bastando substituir o símbolo a por $\ddot{a}$.

Assim, por exemplo, atendendo à relação anterior, teremos

$$a_{\overline{xy}} = a_x + a_y - a_{xy}. \qquad (8.31)$$

Devemos para já notar que as relações entre as probabilidades se estendem às anuidades. Vamos também demonstrar que, para os seguros em caso de morte, se obtêm relações idênticas.

Partindo da igualdade (8.28), considerando $s=1$, podemos escrever

$$_t|q_{\overline{x_1x_2...x_n}} = {_tp_{\overline{x_1x_2...x_n}}} - {_{t+1}p_{\overline{x_1x_2...x_n}}}, \tag{8.32}$$

e, naturalmente, para um capital unitário a pagar no final do ano em que morre a última pessoa, vem

$$\begin{aligned}
A_{\overline{x_1x_2...x_n}} &= v\ddot{a}_{\overline{x_1x_2...x_n}} - a_{\overline{x_1x_2...x_n}} \\
&= v\left(\sum_k \ddot{a}_{x_k} - \sum_{i \neq j} \ddot{a}_{x_i x_j} + ... + (-1)^{n+1}\ddot{a}_{x_1x_2...x_n}\right) \\
&\quad - \left(\sum_k a_{x_k} - \sum_{i \neq j} a_{x_i x_j} + ... + (-1)^{n+1}a_{x_1x_2...x_n}\right) \\
&= \sum_k \left(v\ddot{a}_{x_k} - a_{x_k}\right) - \sum_{i \neq j}\left(v\ddot{a}_{x_i x_j} - a_{x_i x_j}\right) + ... \\
&= \sum_k A_{x_k} - \sum_{i \neq j} A_{x_i x_j} + ... + (-1)^{n+1} A_{x_1x_2...x_n} \tag{8.33}
\end{aligned}$$

A dedução da expressão anterior também poderia ter sido efectuada desenvolvendo primeiro para as probabilidades de morte fórmulas similares às das probabilidades de vida (vide expressão 8.26). Por exemplo,

$$\begin{aligned}
_tq_{\overline{x_1x_2...x_n}} &= 1 - {_tp_{\overline{x_1,x_2,...,x_n}}} \\
&= \sum_{k=1}^n (-1)^{k+1}\binom{n}{k} - \left[\sum_k {_tp_{x_k}} - \sum_{i \neq j} {_tp_{x_i x_j}} + ... + (-1)^{n+1} {_tp_{x_1,x_2,...,x_n}}\right] \\
&= \sum_k {_tq_{x_k}} - \sum_{i \neq j} {_tq_{x_i x_j}} + ... + (-1)^{n+1} {_tq_{x_1x_2...x_n}}.
\end{aligned} \tag{8.34}$$

Desenvolvendo as probabilidades de vida na igualdade (8.32) e simplificando, obtém-se

$$t|q_{\overline{x_1x_2...x_n}} = \sum_k t|q_{x_k} - \sum_{i \neq j} t|q_{x_ix_j} + \cdots + (-1)^{n+1} t|q_{x_1x_2...x_n}. \quad (8.35)$$

Fazemos notar que a última expressão pode justificar directamente a fórmula (8.33).

8.5.2 Grupos extintos à k-ésima morte

Consideremos de novo o grupo $[x_1, x_2, ..., x_n]$. O estado que se observa enquanto estão vivas pelo menos r das n pessoas do grupo, constitui um estado que se considera activo enquanto não morrerem $(n - r + 1)$ cabeças do grupo inicial. Assim, o estado desactiva-se à $(n - r + 1)$ – ésima morte. Este estado representa-se habitualmente por $\overline{[x_1, x_2, ..., x_n]}^{(r)}$.

Se $r=1$, estamos na situação dos parágrafos anteriores onde, não sendo necessário, omitimos o símbolo (1) sobre o traço.

Antes de deduzirmos as probabilidades referentes ao estado em análise, vamos definir um outro, que consiste em estarem vivas exactamente r das n pessoas do grupo original.

Esse estado representa-se habitualmente por $[x_1, x_2, ..., x_n]^{[r]}$.

A probabilidade de que exactamente r de n pessoas estejam vivas ao fim de um período com duração t, vem dada pela relação

$$tp_{[x_1,x_2,...,x_n]^{[r]}} = \sum_{k=r}^n (-1)^{k-r} \binom{k}{k-r} \sum tp_{x_{i_1}x_{i_2}...x_{i_k}}. \quad (8.36)$$

A demonstração desta relação não é difícil mas é longa, pelo que se omite no texto, podendo todavia ser consultada, por exemplo, em [14 Jordan].

Representando simbolicamente por Z^k o somatório $\sum tp_{x_{i_1}x_{i_2}...x_{i_k}}$, a fórmula anterior pode escrever-se sinteticamente

$$_tp_{\underset{[x_1,x_2,...,x_n]}{[r]}} = \sum_{k=r}^{n}(-1)^{k-r}\binom{k}{k-r}Z^k. \qquad (8.37)$$

Prova-se ainda que, considerando Z^k como uma potência de Z $\left(Z \equiv Z^1 = \sum_{i=1}^{n} {}_tp_{x_i}\right)$, os coeficientes que aparecem na fórmula anterior podem ser obtidos por um quociente de polinómios, assumindo que nessa operação são nulos todos os coeficientes de Z^k para $k > n$.

Assim, prova-se que

$$\sum_{k=r}^{n}(-1)^{k-r}\binom{k}{k-r}Z^k = \frac{Z^r}{(1+Z)^{r+1}}. \qquad (8.38)$$

Exemplo 8.1 *Considere-se um grupo de quatro pessoas de idades x, y, z, w. A probabilidade de que exactamente duas delas estejam vivas passados t anos será um somatório de probabilidades à primeira morte com coeficientes dados por*

$$\frac{Z^2}{(1+Z)^3} = Z^2 - 3Z^3 + 6Z^4 + ...,$$

pelo que

$$\begin{aligned}_tp_{\underset{xyzw}{[2]}} &= {}_tp_{xy} + {}_tp_{xz} + {}_tp_{xw} + {}_tp_{yz} + {}_tp_{yw} + {}_tp_{zw} \\ &\quad -3\left({}_tp_{xyz} + {}_tp_{xyw} + {}_tp_{xzw} + {}_tp_{yzw}\right) + 6\,{}_tp_{xyzw}. \end{aligned} \qquad (8.39)$$

Pode efectuar-se uma verificação parcial da expressão anterior, admitindo que a probabilidade de sobrevivência de cada uma das pessoas é 1. Nesse caso, teríamos

$$_tp_{\underset{xyzw}{[2]}} = 6 - 3 \times 4 + 6 = 0,$$

o que de facto deve verificar-se, uma vez que, estando todos vivos com probabilidade 1, não é possível estarem dois vivos e dois mortos, pelo que a probabilidade terá de ser nula.

Utilizando a mesma simbologia, a probabilidade de *"pelo menos r em n"* virá dada pela expressão

$$_tp_{[x_1,x_2,...,x_n]}^{(r)} = \sum_{k=r}^{n}(-1)^{k-r}\binom{k-1}{k-r}Z^k, \qquad (8.40)$$

na qual os coeficientes das potências de Z se podem obter desenvolvendo o quociente

$$\frac{Z^r}{(1+Z)^r}. \qquad (8.41)$$

Uma vez que

$$_tp_{[x_1,x_2,...,x_n]}^{[r]} = {_tp_{[x_1,x_2,...,x_n]}^{(r)}} - {_tp_{[x_1,x_2,...,x_n]}^{(r+1)}},$$

também os coeficientes deveriam respeitar as expressões algébricas simbólicas. De facto,

$$\frac{Z^r}{(1+Z)^r} - \frac{Z^{r+1}}{(1+Z)^{r+1}} = \frac{Z^r(1+Z)-Z^{r+1}}{(1+Z)^{r+1}} = \frac{Z^r}{(1+Z)^{r+1}}, \qquad (8.42)$$

que mostra a adequação do cálculo simbólico ao presente problema.

Tal como na secção anterior, a aplicação destas expressões a anuidades ou seguros é imediata.

Exemplo 8.2 *Retomando os dados do exemplo 8.1, e considerando uma anuidade a ser paga enquanto estiverem vivas exactamente duas pessoas, teremos como valor actuarial*

$$a_{\overline{xyzw}}^{[2]} = a_{xy} + a_{xz} + a_{xw} + a_{yz} + a_{yw} + a_{zw}$$
$$-3(a_{xyz} + a_{xyw} + a_{xzw} + a_{yzw}) + 6\,a_{xyzw}.$$

Um seguro em caso de morte não faz sentido neste caso, já que o estado em causa começa por estar inactivo.

Exemplo 8.3 *Continuando com o mesmo exemplo, mas considerando um seguro a pagar no final do ano em que se desse o segundo falecimento, teríamos*

$$\frac{Z^3}{(1+Z)^3} = Z^3 - 3Z^4 + ...,$$

ou seja,

$$A_{\overline{xyzw}}^{\;3} = A_{xyz} + A_{xyw} + A_{xzw} + A_{yzw} - 3A_{xyzw}.$$

8.5.3 Estados compostos

Surgem por vezes estados compostos como, por exemplo, no grupo [x, y, z, w] o estado no qual pelo menos um dos pares (x, y) ou (z, w) está vivo. Usando a notação anterior, é fácil verificar que esse estado se representa por

$$\overline{(xy):(zw)}.$$

Podemos observar que um seguro do tipo $A_{\overline{(xy):(zw)}}$ será pago quando se der a segunda morte, se esta ocorrer no par contrário ao da primeira, ou à terceira morte, caso as duas primeiras ocorram no mesmo par.

O desenvolvimento de probabilidades e restantes funções lineares delas dependentes pode fazer-se por aplicação das regras das secções anteriores, começando do exterior para o interior, considerando primeiro cada grupo interno como uma "cabeça" e desenvolvendo posteriormente essa "cabeça" nas suas componentes à primeira morte.

Assim, por exemplo,

$$p_{\overline{(xy):(zw)}} = p_{xy} + p_{zw} - p_{xyzw},$$
$$A_{\overline{(xy):(zw)}} = A_{xy} + A_{zw} - A_{xyzw}, \quad (8.43)$$

$$\begin{aligned}p_{\overline{xy:zw}} &= p_{xy} + p_{\overline{zw}} - p_{xy\overline{zw}} = p_{xy} + (p_z + p_w - p_{zw}) - (p_{xyz} + p_{xyw} - p_{xyzw}) \\ &= p_z + p_w + p_{xy} - p_{zw} - p_{xyz} - p_{xyw} + p_{xyzw}.\end{aligned} \quad (8.44)$$

Idêntica relação se obteria para o seguro

$$\begin{aligned}A_{\overline{xy:zw}} &= A_{xy} + A_{\overline{zw}} - A_{xy\overline{zw}} = A_{xy} + (A_z + A_w - A_{zw}) - (A_{xyz} + A_{xyw} - A_{xyzw}) \\ &= A_z + A_w + A_{xy} - A_{zw} - A_{xyz} - A_{xyw} + A_{xyzw}.\end{aligned} \quad (8.45)$$

8.5.4 Rendas de sobrevivência

Uma renda de sobrevivência é uma renda cujo pagamento se inicia após o desaparecimento de um dado grupo de pessoas (ou de um dado estado φ), e se mantém enquanto um outro grupo de pessoas continua vivo (ou um dado estado ψ se mantém activo).

O caso mais simples é o da renda de sobrevivência sobre duas cabeças (x, y) a pagar a $[y]$ a partir do final do ano da morte de $[x]$. Usando a NAI teremos para valor actuarial,

$$a_{x|y} = a_y - a_{xy}. \quad (8.46)$$

Utilizando pagamentos contínuos, a partir do momento da morte de $[x]$, teríamos

$$\overline{a}_{x|y} = \int_0^\infty v^t {}_tp_y \left(1 - {}_tp_x\right) dt. \qquad (8.47)$$

O mesmo raciocínio pode ser aplicado aos estados φ e ψ, independentemente da sua natureza.
Assim,

$$a_{\varphi|\psi} = a_\psi - a_{\varphi\psi}. \qquad (8.48)$$

Podemos agora verificar a analogia com as rendas certas para amortizações, para as quais poderíamos escrever $\varphi = x$ e $\psi = \overline{n|}$, ou seja,

$$a_{x|\overline{n|}} = a_{\overline{n|}} - a_{x\overline{n|}}.$$

Se, por exemplo, $\varphi = \overline{yz}$ e $\psi = x$, obtemos

$$a_{\overline{yz}|x} = a_x - a_{\overline{yz}x} = a_x - a_{xy} - a_{xz} + a_{xyz}.$$

No caso de uma renda de sobrevivência diferida a favor de [y], podemos ter duas situações a considerar. Ou o período de diferimento é tido em consideração para efeito da decisão de pagamento por morte de [x], sendo então o valor actuarial dado por

$$_{k|}a_y - {}_{k|}a_{xy}, \qquad (8.49)$$

ou [y] só tem direito à renda se a morte de [x] ocorrer após o período de diferimento. Nesse caso, o valor actuarial será

$$_kE_{xy} \left(a_{y+k} - a_{x+k;y+k}\right). \qquad (8.50)$$

8.5.5 *Rendas reversíveis*

Se uma renda unitária sobre uma cabeça [x] for reversível de α ($0 < \alpha < 1$, em geral) a favor de [y], isto é, por morte de

[x], a renda é reduzida para o valor α e passa a incidir sobre a cabeça [y], teremos para valor actuarial

$$a_{x|y(\alpha)} = a_x + \alpha a_y - \alpha a_{xy}. \qquad (8.51)$$

A explicação para a fórmula anterior é simples: enquanto as duas pessoas estão vivas, está uma unidade em pagamento. Por morte de [x] cessam as duas anuidades de valor actuarial α_x e α_{xy}, ficando apenas em pagamento o termo α, enquanto [y] for viva.

Podem desenhar-se outros tipos de reversibilidade, envolvendo diferentes estados, tal como nos parágrafos precedentes, ou considerar uma reversibilidade em cascata envolvendo várias cabeças. Trata-se todavia de situações raras, que não justificam um desenvolvimento particular.

8.6 Resumo de formulário sobre várias cabeças

$[g] = [x_1, x_2, ..., x_n]$: grupo de n pessoas com idades $x_1, x_2, ..., x_n$

$_tp_{x_1 x_2 ... x_n} = {_tp_{x_1}} {_tp_{x_2}} ... {_tp_{x_n}}$: hipótese de independência

$_{t|k}q_{x_1 x_2 ... x_n} = {_tp_{x_1 x_2 ... x_n}} - {_{t+k}p_{x_1 x_2 ... x_n}}$

$_nE_{[g]} = v^n \, {_np_{[g]}}$: capital diferido

$\overline{a}_{[g]} = \int_0^\infty v^t \, {_tp_{[g]}} \, dt$: anuidade vitalícia

$\mu_{[g]}(t) = \sum_{k=1}^n \mu_{x_k+t}$: força de mortalidade conjunta

$\overline{A}_{[g]} = \int_0^\infty v^t \, {_tp_{[g]}} \mu_{[g]}(t) \, dt$: seguro por morte do grupo

$_tp_{[g]} \, \mu_{[g]}(t)$: densidade da v.a. $T_{[g]}$

$E\left(T_{[g]}^k\right) = \int_0^\infty t^k \, {_tp_{[g]}} \, \mu_{[g]}(t) \, dt$: momento de ordem k da v.a. $T_{[g]}$

$\mu_w = \frac{\sum_{k=1}^{n} \mu_{x_k}}{n}$: lei do envelhecimento uniforme (lei de Makeham)

$\mu_w = \sum_{k=1}^{n} \mu_{x_k}$: lei do envelhecimento uniforme (lei de Gompertz)

$_tp_{\overline{x_1,x_2,...,x_n}} = \sum_k {_tp_{x_k}} - \sum_{i \neq j} {_tp_{x_i x_j}} + ... + (-1)^{n+1} {_tp_{x_1,x_2,...,x_n}}$

$_{t|}q_{\overline{x_1 x_2 ... x_n}} = \sum_k {_{t|}q_{x_k}} - \sum_{i \neq j} {_{t|}q_{x_i x_j}} + ... + (-1)^{n+1} {_{t|}q_{x_1 x_2 ... x_n}}$

$_tp_{\underline{[x_1,x_2,...,x_n]}}^{[r]} = \sum_{k=r}^{n} (-1)^{k-r} \binom{k}{k-r} \sum {_tp_{x_{i_1} x_{i_2} ... x_{i_k}}} = \sum_{k=r}^{n} (-1)^{k-r} \binom{k}{k-r} Z^k$

$_tp_{\underline{[x_1,x_2,...,x_n]}}^{(r)} = \sum_{k=r}^{n} (-1)^{k-r} \binom{k-1}{k-r} Z^k$

$A_{\overline{xy:\overline{zw}}} = A_{xy} + A_{\overline{zw}} - A_{xyzw} = A_{xy} + (A_z + A - A_{zw}) - (A_{xyz} + A_{xyw} - A_{xyzw})$

$\overline{a}_{x|y} = \int_0^\infty v^t {_tp_y} (1 - {_tp_x}) \, dt$: renda de sobrevivência a favor de $[y]$

$a_{\overline{yz}|x} = a_x - a_{\overline{yz}x} = a_x - a_{xy} - a_{xz} + a_{xyz}$: renda de sobrevivência a favor de $[x]$

$_{k|}a_y - {_{k|}a_{xy}}$ renda de sobrevivência diferida a favor de $[y]$

$a_{x|y(\alpha)} = a_x + \alpha a_y - \alpha a_{xy}$: renda sobre $[x]$ reversível de α a favor de $[y]$.

Capítulo 9

Seguros complementares e riscos agravados

9.1 Introdução

Vários produtos comercializados pelas companhias de seguros, tais como seguros mistos, de vida inteira, temporáros, etc., dão ao segurado a possibilidade de subscrever determinadas coberturas adicionais/riscos em caso de morte por acidente (ou mesmo por determinado tipo de acidente), ou em caso de invalidez total e permanente. Estas coberturas, que são acrescentadas à cobertura principal, são designadas por seguros complementares. Por meio deles garante-se o pagamento antecipado ou adicional de determinados capitais ou rendas, caso ocorram os acontecimentos previstos na apólice, tornando-se necessário calcular os acréscimos de prémio daí decorrentes.

Por outro lado, surgem por vezes necessidades de cobertura que agravam as taxas de mortalidade de forma significativa, tais como seguros em ambiente de guerra, seguros de pessoas com determinada profissão, seguros de pessoas cujo estado de saúde se encontra temporária ou permanentemente debilitado, ou seja, seguros que podemos apelidar de riscos agravados. Nestas situações, há também que determinar as repercussões dos agravamentos nos respectivos prémios.

O presente capítulo pretende efectuar apenas uma abordagem simplificada destas questões, para as quais contribuem essencialmente estudos estatísticos adequados, estimação de parâmetros e modelos próprios aplicáveis a cada situação concreta. Suporemos, por hipótese, conhecidos os seus efeitos nas taxas instantâneas de mortalidade, que constituem o ponto de partida mais adequado para a análise deste tipo de agravamentos.

Os princípios estabelecidos permitem considerar também casos de desagravamento de risco, que algumas seguradoras nos EUA, por exemplo, começaram a aplicar a não fumadores.

Importa referir que parte desta matéria será desenvolvida mais detalhadamente no capítulo dedicado aos modelos Markovianos.

9.2 Complemento de capital em caso de invalidez

Se a apólice garante um capital C adicional, a pagar em caso de invalidez total e permanente, mantendo-se inalteradas as restantes coberturas e o pagamento dos prémios, a questão é, numa primeira aproximação, relativamente simples. Bastará adicionar ao prémio único puro o valor actuarial correspondente a esta cobertura adicional.

Supondo conhecida uma tabela de probabilidades de invalidez i_x, por idades, teremos para um seguro com duração n, sobre uma cabeça de idade x, o prémio único puro adicional

$$\Pi_i = C \sum_{t=0}^{n-1} v^{t+1/2} \,_t p_x^{aa} \, i_{x+t}, \qquad (9.1)$$

onde $_t p_x^{aa}$ é a probabilidade de uma pessoa de idade x estar viva e válida ao fim de t anos. Admite-se que a invalidez e o pagamento do capital adicional C ocorrem a meio do ano.

O cálculo das probabilidade correspondentes a pessoas vivas e válidas efectua-se normalmente por utilização de uma tábua de mortalidade própria, que em geral é construída através da fórmula de recorrência

$$l^{aa}_{x+1} = l^{aa}_x - d^{aa}_x - d^{ai}_x, \quad (9.2)$$

onde l^{aa}_x representa o número de vivos e válidos à idade x, d^{aa}_x o número de mortes ocorridas no grupo durante o ano e d^{ai}_x o número de pessoas que se invalidam no mesmo período. Dividindo ambos os membros da expressão anterior por l^{aa}_x, obtém-se a probabilidade de uma pessoa [x] continuar viva e válida passado um ano:

$$p^{aa}_x = \frac{l^{aa}_{x+1}}{l^{aa}_x} = 1 - \frac{d^{aa}_x}{l^{aa}_x} - \frac{d^{ai}_x}{l^{aa}_x} = 1 - q^{aa}_x - i_x, \quad (9.3)$$

expressão na qual q^{aa}_x é a probabilidade de morte (parcial) durante o ano, isto é, de morte como válido. Notamos que a probabilidade q^a_x de morte de uma pessoa, inicialmente válida, durante um ano é superior, já que falta acrescentar a probabilidade de morte após invalidez, caso esta ocorra. Com efeito, representando por q^i_x probabilidade de uma pessoa [x] inválida morrer antes de atingir a idade x + 1, teremos

$$q^a_x \simeq q^{aa}_x + \frac{1}{2} i_x q^i_{x+1/2}, \quad (9.4)$$

aproximação que se justifica porque se a invalidez ocorrer uniformemente ao longo do ano, as pessoas que se invalidarem apenas estarão sujeitas ao risco de morte, em média, durante meio ano.

Por vezes, utiliza-se a fórmula que segue para a criação de uma tabela de vivos e válidos:

$$l^{aa}_{x+1} = l^{aa}_x p_x (1 - i_x), \quad (9.5)$$

mas para idades mais avançadas o erro pode ser elevado (a menos que i_x represente a probabilidade de invalidez autónoma, sem considerar o decremento de mortalidade, o que pode melhorar a aproximação). Estamos novamente perante um modelo de multidecremento. Com efeito, num dado grupo fechado de pessoas vivas e válidas, as saídas são devidas a dois motivos: por morte e por invalidez, o que se verifica na fórmula (9.2). Ora, as pessoas que saem por morte num dado ano já não se podem invalidar depois. Por outro lado, a aplicação da probabilidade de vida p_x (de uma população genérica) aos l_x^{aa} existentes no início do ano também não está correcta, pois nem todos continuarão no grupo devido às saídas por invalidez. Há dependência entre os acontecimentos considerados, pelo que o produto das probabilidades não garante o resultado.

Exemplo 9.1 *Suponhamos que existe no início do ano um grupo de 1000 pessoas vivas e válidas, de idade x, e que as forças de saída por morte e por invalidez durante esse ano são, respectivamente, $\mu_x = .03$ e $\mu_{i_x} = .2$.*

Demonstra-se facilmente que a força de saídas conjunta é igual à soma das forças de saída individuais. No caso presente, essa força será $\mu = \mu_x + \mu_{i_x} = .23$.

Assim, a probabilidade de saída durante o ano seria

$$q = 1 - e^{-\int_0^1 .23 dt} = 1 - e^{-.23} = 0.20546,$$

pelo que, em princípio e em média, ficariam 795 pessoas e sairiam 205.

A probabilidade de saída por invalidez seria

$$q_i = \int_0^1 e^{-.23t} \times .2 dt = 0.178\,66,$$

e a de saída por morte

$$q_m = \int_0^1 e^{-.23t} \times .03 dt = 2.679\,99 \times 10^{-2},$$

pelo que sairiam de facto ao todo, em média,

$$\left(0.178\,66 + 2.679\,99 \times 10^{-2}\right) \times 1000 = 205.\,46,$$

dos quais 179 por invalidez, e 27 por morte. A diferença de uma unidade deve-se aos últimos arredondamentos, ambos no mesmo sentido.

Se admitíssemos agora que a mortalidade da população era idêntica à dos válidos (hipótese bastante comum em muitas situações, dependendo do tipo de invalidez considerada), teríamos

$$q_x = \int_0^1 e^{-.03t} \times .03 dt = 2.95545 \times 10^{-2}$$

e a fórmula (9.5) daria para o final do ano a seguinte estimativa de pessoas vivas e válidas:

$$1000 \times \left(1 - 2.95545 \times 10^{-2}\right) \times (1 - .17866) = 797.$$

Se fosse utilizada a probabilidade de invalidez autónoma,

$$q_i' = \int_0^1 e^{-.2t} \times .2 dt = 0.18127,$$

teríamos

$$1000 \times \left(1 - 2.95545 \times 10^{-2}\right) \times (1 - .18127) = 794.5,$$

valor mais próximo do resultado correcto.

Pelo exemplo anterior, vemos que a forma de calcular com exactidão a probabilidade de uma pessoa de idade x continuar viva e válida é por recurso à igualdade (9.3) ou, para qualquer valor de t, pela fórmula equivalente

$$_tp_x^{aa} = e^{-\int_0^t \left(\mu_{x+s} + \mu_{i_{x+s}}\right)ds} = e^{-\int_0^t \mu_{x+s}ds} e^{-\int_0^t \mu_{i_{x+s}}ds} = {_tp_x'} \times {_tp_{i_x}'}, \quad (9.6)$$

caso sejam conhecidas as forças decrementais respectivas. Notamos que $_tp_x'$ e $_tp_{i_x}'$ não podem ser consideradas probabilidades, pois as forças respectivas não actuam autonomamente sobre a população.

As tabelas de multidecremento constituem um importante complemento desta matéria [ver Bowers et al., 1997].

Relativamente ao cálculo do prémio anual, caso este cesse por invalidez ou morte, a anuidade a utilizar deverá ser

$$\ddot{a}^{aa}_{x\overline{n}|}, \qquad (9.7)$$

construída com uma tábua l^{aa}_x de vivos e válidos.

Notamos ainda que os valores correctos dos prémios teriam de considerar todas as possíveis hipóteses de decremento e que mesmo a cobertura principal poderia ter de ser reavaliada. Basta considerar por exemplo um seguro de capital diferido com um adicional em caso de invalidez. É óbvio que a probabilidade de sobrevivência de uma pessoa totalmente inválida diminui, pelo que considerar as duas coberturas isoladamente equivale a prejudicar nitidamente o segurado.

9.3 Complementos de morte por acidente

Em diversas modalidades são considerados capitais adicionais em caso de morte por acidente, ou mesmo por determinado tipo de acidente. Caso a tábua de mortalidade esteja ajustada pela lei de Makeham, sabemos que

$$\mu_x = A + Bc^x,$$

em que a constante A é a componente da força de mortalidade considerada "responsável" pela morte por acidente. Notamos todavia que tal não corresponde inteiramente à realidade. Há muitos tipos de acidente que em pessoas novas são inócuos e que em pessoas mais idosas podem ser mortais.

Independentemente da lei de mortalidade assumida se, para cada idade x, for possível decompor a força de mortalidade na parte referente a mortes devidas a acidentes do tipo y, e a outras causas $\overline{y}$, teremos

$$\mu_x = \mu^y_x + \mu^{\overline{y}}_x, \qquad (9.8)$$

pelo que o custo adicional a prémio único, para um capital unitário (adicional à cobertura principal) num seguro de prazo n, sobre a cabeça $[x]$, será

$$\Pi_y = \sum_{t=0}^{n-1} v^{t+1/2} \, _tp_x \int_0^1 {_sp_{x+t}} \mu^y_{x+t+s} ds, \qquad (9.9)$$

ou, em termos contínuos,

$$\overline{\Pi}_y = \int_0^n v^t \, _tp_x \mu^y_{x+t} dt. \qquad (9.10)$$

A questão estatística de separação de μ_x nas suas componentes não será analisada em detalhe, mas pode ser resolvida com relativa facilidade através do registo sistemático, em determinado período de observação, do número de mortes de uma dada população, separando devidamente as várias causas de morte.

Se a probabilidade de morte por acidente tipo y for conhecida para cada idade x, seja q^y_x, a fórmula (9.9) fica reduzida simplesmente a

$$\Pi_y = \sum_{t=0}^{n-1} v^{t+1/2} \, _tp_x \, q^y_{x+t}. \qquad (9.11)$$

Sob a hipótese simplificada de q^y_x ser uma percentagem r da probabilidade de morte q_x, teríamos simplesmente

$$\Pi_y = \sum_{t=0}^{n-1} v^{t+1/2} \, _tp_x \, \frac{r}{100} q_{x+t} = \frac{r}{100} A^1_{x\overline{n}|}.$$

9.4 Riscos agravados ou desagravados

Os designados riscos agravados têm geralmente origem numa de duas causas possíveis:
- agravamento provocado por ambientes de perigosidade acrescida (tipo A), como por exemplo a estadia num país

em guerra, a prática de um desporto motorizado, alpinismo ou outro, uma profissão de maior risco, etc.;
- ou derivam directamente do estado de saúde da pessoa segura (tipo B), que devido a doença, acidente, ou outra causa, eventualmente congénita, verifica uma diminuição significativa da sua capacidade de sobrevivência.

Qualquer aumento de risco repercute-se directamente na força de mortalidade. Um aumento dessa força por motivos tipo A traduzir-se-á em geral num aumento constante, ou seja,

$$\mu'_x = \mu_x + k, \qquad (9.12)$$

com o correspondente efeito sobre as probabilidades de sobrevivência:

$$_tp'_x = e^{-\int_0^t \mu'_{x+s}ds} = e^{-\int_0^t \mu_{x+s}ds - kt} = e^{-kt}{}_tp_x. \qquad (9.13)$$

O efeito deste tipo de alteração sobre uma anuidade, por exemplo, equivale a uma mudança na taxa de juro. Bastará verificar que

$$v^t e^{-kt} = \left(ve^{-k}\right)^t = e^{-(\delta+k)t} = e^{-\delta't} = v'^t = \left(\frac{1}{1+i'}\right)^t,$$

com

$$\delta' = \delta + k \text{ e } i' = (1+i)e^k - 1.$$

O mesmo tipo de efeito, sobre o valor actuarial de uma cobertura em caso de morte, já não corresponde rigorosamente à modificação da taxa de juro. No entanto, essa ideia pode ser recuperada, exprimindo esse valor em anuidades. Por exemplo, num seguro de vida inteira sobre uma pessoa com este tipo de agravamento, com capital a pagar no final do ano da morte, teríamos

$$A_x = \frac{1}{1+i}\ddot{a}_x^{(i')} - a_x^{(i')} \neq A_x^{(i')}. \tag{9.14}$$

No caso contínuo,

$$\overline{A}_x = \int_0^\infty e^{-\delta t}\, {}_tp'_x \mu'_{x+t} dt = \int_0^\infty e^{-(\delta+k)t}\, {}_tp_x \left(\mu_{x+t} + k\right) dt = \overline{A}_x^{(i')} + k\overline{a}_x^{(i')}. \tag{9.15}$$

Se a alteração corresponde ao tipo B, para ver o efeito nas probabilidades é vantajoso conhecer a lei de sobrevivência. Se esta for a de Makeham e a mudança de risco equivale, segundo opinião médica ou estatísticas específicas, a um envelhecimento precoce, a alteração em μ_x vai modificar a constante B. Já se o estado de saúde implica um acentuar constante no envelhecimento, a repercussão em μ incide sobre a constante c.

Com efeito, supondo $B' = Bc^k$ vem

$$\mu'_x = A + \left(Bc^k\right)c^x = A + Bc^{x+k}, \tag{9.16}$$

ou seja, há um envelhecimento permanente de k anos desta pessoa em relação a um cidadão considerado normal, isto é, a uma pessoa que verifique a força de mortalidade μ_x.

No caso de termos $c' = c^h$,

$$\mu'_x = A + Bc'^x = A + Bc^{hx},$$

passa a haver uma dilatação constante do envelhecimento (se $h > 1$), ou seja, a pessoa é cada vez "mais velha" quando comparada com um cidadão considerado normal. Pode ainda admitir--se que nalgumas pessoas (não necessariamente do sexo feminino!) se verifique $h < 1$, ou seja, uma contracção constante no envelhecimento, o que faz com que a pessoa em causa, quando comparada com o indivíduo médio da população considerada, seja cada vez "mais jovem".

Estes tipos de agravamento ou modificações nos parâmetros originais das leis de sobrevivência podem ser também usados para modificar uma dada tábua de mortalidade, em função da experiência verificada em determinada população seleccionada. Assim acontece quando essa população, embora não tenha um número suficiente de pessoas que justifique a criação de uma tábua própria, permite, através de alguns indicadores ou estimadores pontuais, perceber que existem diferenças significativas em relação à tábua de mortalidade original.

A aplicação de modificações deste tipo, em testes de solvência ou em modelos de *profit testing*, pode ser também de relevante utilidade.

PARTE II

MODELOS UNIVERSAL LIFE E UNIT LINKED

Introdução

Na segunda metade do século precedente, com especial relevo na década de 70, assistiu-se nos Estados Unidos, e logo de seguida na Europa, a uma pequena revolução nos produtos ligados às seguradoras do Ramo Vida. Tradicionalmente, tal como se pode constatar na primeira parte deste texto, a maior parte dos seguros de vida (muito em especial os de vida inteira e mistos, efectuados em geral a prémios nivelados e por períodos longos), apresentavam diversos inconvenientes de que os segurados e mesmo os próprios agentes e prospectores de seguros se queixavam e de onde sobressaíam:
1. falta de flexibilidade, tanto no que diz respeito às coberturas necessárias, como ao esquema de pagamento de prémios e suas possíveis alterações;
2. falta de transparência na aplicação e visualização dos encargos;
3. dificuldade de comparação de rendibilidades com outros produtos, nomeadamente bancários;
4. rigidez no acesso eventual a empréstimos baseados nas provisões existentes;
5. fraca vantagem da participação nos resultados, em geral diminuta.

Uma primeira resposta à maioria destes inconvenientes aparece com os produtos do tipo *Universal life*, os quais constituem a primeira geração não clássica, e que se caracterizam por uma grande flexibilidade na escolha, em seguros de tipo misto, da relação risco/poupança, separando devidamente nos prémios entregues as deduções com encargos, o custo do risco e a parte destinada a pura poupança. Por outro lado, neste tipo de produtos o segurado pode escolher, dentro de determinados limites, o que pretende pagar ao longo do tempo, consoante as suas possibilidades, necessidades ou desejos.

A rápida evolução dos mercados financeiros e dos produtos disponibilizados pela banca e fundos de investimento, que entretanto se verificou, fez com que as seguradoras depressa se dessem conta que, se aos produtos do tipo *Universal life* se adicionasse uma componente de investimento de maior ou menor risco, na qual o segurado pudesse livremente optar, poder-se-iam desenvolver produtos dos mais variados tipos, que dariam resposta à maioria das necessidades de poupança ou investimento que o mercado viesse a solicitar. Surgiu assim, nos EUA, na Alemanha, na França, na Holanda, na Grã-Bretanha e noutros países europeus, uma segunda geração de produtos a que com propriedade se passou a chamar genericamente produtos *Unit linked*. Nestes seguros o prémio pago, após a dedução dos encargos e eventualmente do custo do risco, é investido num ou vários fundos de investimento, em geral com perfis de risco diferenciados, e nos quais o segurado deseja ver investidas as suas poupanças.

Quer no *Universal life*, quer no *Unit linked*, as seguradoras deram-se também conta de que, à semelhança da banca, seria de toda a conveniência criar um sistema de conta corrente e de extracto periódico que, a todo o momento, espelhasse os movimentos efectuados, bem como os valores seguros expressos em unidades e com o respectivo contra-valor monetário, nos casos dos produtos ligados a fundos de investimento.

Através deste sistema os segurados passavam a poder de facto flexibilizar coberturas, riscos e pagamentos, podendo igualmente controlar os montantes seguros e os valores disponíveis, bem como as performances e benefícios esperados ao longo da vigência dos contratos. Adicionalmente, caso estivessem disponíveis, poderiam ainda exercer eventuais opções, cancelar ou reforçar pagamentos, ou mesmo cancelar ou suspender o contrato por tempo indeterminado.

Capítulo 10

O modelo universal life

10.1 Introdução

Como anteriormente referimos, esta nova geração de produtos, lançada pela primeira vez nos EUA, e de seguida na Grã-Bretanha, passou a ser responsável nesses países por uma parte significativa da poupança, numa época em que banca e seguros concorriam ferozmente nesse mercado.

Separando basicamente o risco da poupança, bem como os encargos, boa parte dos inconvenientes assinalados aos produtos tradicionais desaparecera, tornando estes produtos mais atractivos para o aforrador e flexibilizando definitivamente um mercado tradicional fechado, pouco transparente e, diríamos, conservador e mal habituado. Com resultados garantidos nas modalidades tradicionais, através de bases técnicas conservadoras, as seguradoras podiam dar-se ao luxo de, no Ramo Vida, apresentar resultados surpreendentes, sem que para o efeito tivessem de efectuar esforços significativos, quer em termos de inovação e performance, quer mesmo no capital investido, que muitas vezes se resumia aos imperativos legais vigentes. Porém, com o passar do tempo, os mercados começavam a apresentar nítidos sintomas de saturação, aos quais não eram indiferentes a concorrência, a evolução dos mercados de capitais e a inflação. E foram estes factores que criaram novos desafios e problemas, que não paravam de se avolumar e a que se impunha dar resposta adequada.

Neste capítulo procuraremos desenvolver as bases deste tipo de produtos, assim como a sua evolução nalguns países europeus nas décadas que se seguiram ao seu lançamento.

10.2 Descrição sucinta

Tendo estes produtos como principal objectivo a transparência, seria natural que a preocupação fundamental incidisse sobre prémios e encargos, por forma a dar ao segurado todas as informações de que este necessita para avaliar o negócio/contrato subscrito e a sua adequação aos objectivos em vista. Assim, surgiu de imediato a decomposição do prémio nas suas diversas componentes, indicando nomeadamente qual a parte do mesmo destinada a risco, qual a destinada a suportar os encargos e, finalmente, qual a parte destinada à acumulação em conta corrente.

A conta corrente (CC), cujo valor no final de determinado período, e após a entrada dos respectivos rendimentos ou juros atribuíveis, constitui a reserva matemática, desempenha neste tipo de apólices um papel fundamental. Para sermos justos e realistas, em nada se deve distinguir de uma vulgar conta bancária, na qual os valores debitados ou creditados, bem como a sua proveniência e as respectivas datas de efeito, aparecem devidamente discriminados. A CC poderá ser ainda objecto de movimentos de fim de ano, ou em datas aniversárias, tais como participação em resultados de natureza financeira, ou técnica, assim como de comissões de gestão, eventualmente não debitadas através dos prémios.

Para atingir os objectivos de flexibilização, os contratos deste tipo prevêem, dentro de certos limites ou condições, que o segurado altere os valores seguros em caso de morte, bem como os prémios a pagar (a sua diminuição, aumento ou eventual suspensão). Por outro lado, é possível ao tomador do seguro efectuar levantamentos da conta corrente, dentro dos limites ou períodos de carência estabelecidos, em geral sem qualquer penalização (pelo menos, passado determinado período de tempo). Naturalmente que este tipo de condições e a flexibilidade das opções oferecidas depende do contrato específico subscrito e da sua duração (na maioria dos casos trata-se de seguros de vida inteira), e as mesmas só são possíveis desde que o risco moral implícito na apólice não sofra alterações significativas. Não seria aceitável, por exemplo, que uma pessoa que de repente se sentisse extremamente doente, corresse à seguradora, se ainda tivesse forças para tal, para aumentar a cobertura em caso de morte para, digamos... o triplo!

10.3 A cobertura por morte

Os dois principais tipos de contratos são:
1. O capital em caso de morte tem um valor pré-fixado. Se, à data da morte, a conta corrente tem um valor inferior a companhia cobre a diferença. Se é superior, a seguradora limita-se a pagar aos beneficiários indicados o valor da própria CC. Assim, caso a CC ultrapasse o capital subscrito, o prémio de risco desaparece, ficando a mesma apenas como conta poupança. Note-se que há países onde este tipo de seguros, para poderem usufruir dos benefícios fiscais completos, tem de manter obrigatoriamente um adicional de capital em caso de morte.

Na primeira situação, anulando-se o risco, teríamos para o capital em caso de morte um gráfico do tipo

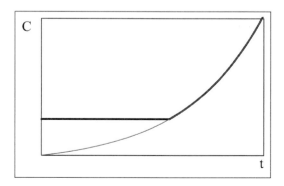

Verifica-se assim que, logo que a CC atinge o capital em caso de morte, deixa de haver risco e o prémio pago, deduzido das cargas de encaixe, vai integralmente para poupança.

No segundo caso teremos algo do género,

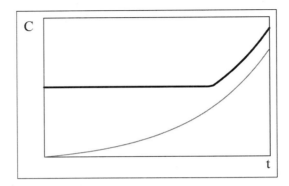

mantendo-se pois um capital em risco residual que, por morte, será então adicionado ao valor da conta corrente.

2. O capital por morte é constante e, em caso de morte, será pago aos beneficiários designados, em simultâneo com o valor da respectiva conta corrente. Teremos assim um gráfico do tipo,

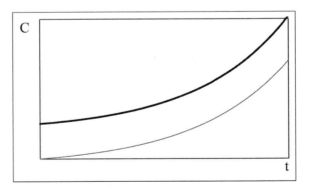

no qual a diferença entre as duas curvas se deve justamente ao capital adicional coberto.

10.4 Exemplos de contratos Universal life

Exemplo 10.1 *Suponha-se um seguro de vida inteira, efectuado sobre uma pessoa de 30 anos, que está disposta a pagar um prémio de 1000 u.m. crescente a uma taxa de 2% ao ano. O segurado deseja que, em caso de morte, os beneficiários recebam um capital não inferior a 30000 u.m.. Bases técnicas:*

tábua de mortalidade $-$ $TV_{88/90}$;

taxa de juro expressa em percentagem $j = \max[3,3 + .75 \times (i-3)]$, onde i é a taxa líquida de retorno obtida. Note-se que a fórmula significa uma taxa mínima de 3%, adicionada de eventual participação de 75% da diferença nos resultados financeiros da modalidade quando superiores;

encargos $-$ 5% do primeiro prémio e 2% dos restantes. Sobre o saldo da Conta-Corrente incide ainda no final de cada anuidade o encargo de gestão de 0,5%.

Na simulação que segue, o segurado efectua vários levantamentos e suspende por duas vezes o pagamento dos prémios. Apesar disso, e porque a partir dos 56 anos faz um reforço de prémios, verifica-se que ele consegue ao fim de 35 anos um valor acumulado de 48389 u.m., que se pode considerar bastante significativo, face ao esforço de aforro realizado. Refira-se que, com um capital desta grandeza, caso a Tábua de Mortalidade se mantivesse, ser-lhe-ia possível adquirir uma renda vitalícia aos 65 anos de idade superior a 3000 u.m. por ano.

204 | Matemática Actuarial. Vida e Pensões

Ano	Idade	Prémio	Enccargos	C. Risco	P. Risco	Levant.	Saldo -	Taxa de J.	Saldo+	C. Gestão	Saldo
1	30	1000,000	50,000	30000,000	18,330	0	931,670	3,000%	959,620	4,798	954,822
2	31	1020,000	20,400	29045,178	18,340	0	1936,082	3,822%	2010,076	10,050	2000,025
3	32	1040,400	20,808	27999,975	18,253	0	3001,365	4,954%	3150,061	15,750	3134,311
4	33	1061,208	21,224	26865,689	19,143	0	4155,152	4,386%	4337,376	21,687	4315,689
5	34	1082,432	21,649	25684,311	20,636	0	5355,837	3,000%	5516,512	27,583	5488,930
6	35	1104,081	22,082	24511,070	21,927	0	6549,002	3,000%	6745,472	33,727	6711,745
7	36	1126,162	22,523	23288,255	21,320	1800	5994,064	3,821%	6223,082	31,115	6191,967
8	37	0,000	0,000	23808,033	23,494	0	6168,472	5,090%	6482,431	32,412	6450,019
9	38	1100,000	22,000	23549,981	24,925	0	7503,094	4,927%	7872,796	39,364	7833,432
10	39	1122,000	22,440	22166,568	25,499	0	8907,493	3,656%	9233,158	46,166	9186,993
11	40	1144,440	22,889	20813,007	25,442	1750	8533,102	3,000%	8789,095	43,945	8745,150
12	41	1167,329	23,347	21254,850	28,164	0	9860,968	3,000%	10156,797	50,784	10106,013
13	42	1190,675	23,814	19893,987	29,016	0	11243,859	3,413%	11627,665	58,138	11569,527
14	43	1214,489	24,290	18430,473	29,351	0	12730,374	3,000%	13112,286	65,561	13046,724
15	44	1238,779	24,776	16953,276	29,454	0	14231,273	3,000%	14658,212	73,291	14584,920
16	45	1263,554	25,271	15415,080	29,496	0	15793,708	3,000%	16267,519	81,338	16186,181
17	46	1288,825	25,777	13813,819	27,892	0	17421,338	3,000%	17943,978	89,720	17854,258
18	47	1314,602	26,292	12145,742	25,567	0	19117,000	3,610%	19807,081	99,035	19708,046
19	48	1340,894	26,818	10291,954	23,503	0	20998,618	3,000%	21628,577	108,143	21520,434
20	49	1367,712	27,354	8479,566	21,150	0	22839,642	3,000%	23524,831	117,624	23407,207
21	50	1395,066	27,901	6592,793	17,910	0	24756,461	3,580%	25642,628	128,213	25514,414
22	51	1422,967	28,459	4485,586	13,238	0	26895,685	3,000%	27702,555	138,513	27564,042
23	52	1451,427	29,029	2435,958	7,816	0	28978,625	4,951%	30413,300	152,067	30261,234
24	53	1480,455	29,609	0,000	0,000	10000	21712,080	5,938%	23001,350	115,007	22886,343
25	54	0,000	0,000	7113,657	25,573	5000	17860,770	5,671%	18873,619	94,368	18779,251
26	55	0,000	0,000	11220,749	43,067	0	18736,184	6,029%	19865,747	99,329	19766,419
27	56	2000,000	40,000	10233,581	43,085	0	21683,333	6,393%	23069,647	115,348	22954,298
28	57	2040,000	40,800	7045,702	32,168	0	24921,330	4,758%	26106,986	130,535	25976,451
29	58	2080,800	41,616	4023,549	19,990	0	27995,645	4,184%	29167,099	145,835	29021,264
30	59	2122,416	42,448	978,736	5,158	0	31096,073	3,000%	32028,955	160,145	31868,810
31	60	2164,864	43,297	0,000	0,000	0	33990,377	3,062%	35031,077	175,155	34855,922
32	61	2208,162	44,163	0,000	0,000	0	37019,920	3,167%	38192,458	190,962	38001,496
33	62	2252,325	45,046	0,000	0,000	0	40208,774	3,000%	41415,037	207,075	41207,962
34	63	2297,371	45,947	0,000	0,000	0	43459,386	3,000%	44763,168	223,816	44539,352
35	64	2343,319	46,866	0,000	0,000	0	46835,804	3,836%	48632,479	243,162	48389,317

Nota: a taxa de juro foi simulada considerando um modelo estocástico autoregressivo.

10.5 Os prémios e sua possível evolução

Neste tipo de modalidades, tanto podem ser fixados montantes mínimos a pagar periodicamente, como pode ser deixado ao segurado o livre arbítrio para a escolha dos montantes que deseja pagar e quando o deseja fazer. Casos há em que as entregas são únicas.

Naturalmente que, para que as garantias da apólice possam ser accionadas, algum valor significativo terá de ser pago nos primeiros anos do contrato.

A suspensão dos pagamentos, ou a redução temporária de prémios (quando periódicos), é igualmente uma possibilidade importante a explorar pelo tomador do seguro que, dessa forma, não vê a sua estratégia de risco/poupança posta em causa, o que de todo não acontecia, ou era de execução difícil, nas modalidades tradicionais.

Também os reforços de prémio poderão estar limitados, quer por razões de natureza fiscal, quer porque poderão em determinadas circunstâncias – por exemplo, face a taxas de juro garantidas elevadas – ou a movimentos anómalos nos mercados financeiros, prejudicar a seguradora ou mesmo a rendibilidade da modalidade.

No caso de o segurado pretender atingir uma certa poupança, ao fim de um determinado intervalo de tempo, e simultaneamente garantir um capital equivalente por morte, o prémio a pagar pode ser calculado como se de um seguro misto se tratasse, embora esse valor constitua apenas um indicador para que o segurado possa guiar-se desde o início. Depois de a modalidade entrar em velocidade de cruzeiro, a melhor forma de ele controlar a sua poupança será através da observação atenta da respectiva CC e da sua evolução no tempo.

Como porém os encargos são aplicados e determinados de outra forma, em especial quando incidem sobre valores de fim de ano, que para todos os efeitos são aleatórios, a melhor forma de dar indicações seguras ao interessado será efectuar algumas simulações semi-determinísticas ou criar mesmo um modelo de simulação que lhe possa dar uma ideia da distribuição final da sua poupança, atendendo à variação dos prémios e das taxas de rendibilidade, caso estes valores não estejam prefixados. Embora tais modelos se encontrem fora do objectivo do presente texto, não podemos deixar de chamar a atenção do leitor para a sua larga vantagem e variedade de aplicações, quer a nível comercial quer a nível dos resultados para a própria empresa seguradora.

Se à poupança desejada ao fim de n anos, seja V, se juntar um capital adicional por morte, seja C, o prémio indicativo P anual pode ser obtido pela expressão

$$P \approx \frac{\overline{A}^1_{x\overline{n}|} \times C + v^n \times V}{\ddot{a}_{\overline{n}|} \times (1-\beta)},$$

onde β representa a carga de encaixe dos prémios, devendo a anuidade do denominador ser calculada a uma taxa prudencial líquida, abatida de eventual comissão de gestão.

Note-se que, propositadamente, não considerámos a probabilidade de morte, com excepção do custo do risco. A justificação para este facto é que neste tipo de contratos não há compensação entre os que sobrevivem e os que morrem. A CC é um activo que pertence ao segurado, ou aos beneficiários em caso de morte. Por outras palavras, só interessa atingir o valor V se, no final do período escolhido, a pessoa segura continuar viva. Por essa razão, também a anuidade que aparece no denominador é estritamente financeira.

Notamos que os prémios são muitas vezes pagos mensalmente, em certos casos até por desconto em conta bancária, tendo nesse caso o prémio de risco das modalidades de tipo 1, de ser ajustado com maior frequência face à evolução da CC.

Nestes produtos, as cargas a considerar são totalmente explícitas e como tal aparecem sempre em qualquer extracto da CC. Nalguns casos as cargas estabelecidas podem ter valores mínimos e noutras estar superiormente limitadas. De referir ainda alguma carga eventual, em caso de resgate prematuro e total da conta corrente.

Caso exista um simulador, o prémio P não necessita de ser calculado pela fórmula anterior, a menos que se pretenda verificar a própria fórmula utilizada.

O prémio de risco pode ainda basear-se em tábuas de mortalidade mais favoráveis que as tradicionalmente empregues, consoante a experiência da seguradora e o tipo de risco representado pela própria pessoa segura. Note-se que na tábua de mortalidade está muitas vezes implícita uma carga de segurança, da qual a seguradora pode tirar larga vantagem.

Chamamos a atenção que, neste tipo de modalidades, raramente se garante o resultado final, com excepção natural para o valor do capital adicional por morte que eventualmente se encontre seguro, assim como para a taxa de juro mínima atribuída.

Convém finalmente salientar dois aspectos importantes para o sucesso deste tipo de produtos

- dada a sua transparência e objectivos, não pode haver lugar a certas despesas, como por exemplo, o pagamento de comissões elevadas. Tal facto coloca em causa as redes tradicionais de venda de seguros do Ramo Vida, onde aquele tipo de comissionamento é usual.
- Para gerir convenientemente este tipo de contratos, torna-se imprescindível desenvolver ou adquirir software apropriado.

10.6 Outros aspectos específicos

Tendo estes produtos como suporte uma estrutura de CC, periodicamente actualizada (na maioria dos casos mensalmente), o que se justifica pela cobrança dos prémios e pela eventual flutuação do capital em risco, não faz, em princípio, qualquer sentido considerar os métodos tradicionais de cálculo das provisões matemáticas. Assim, no final do ano civil, as reservas limitam-se a considerar os saldos das contas correntes que, de facto, constituem na prática as únicas responsabilidades da seguradora nesse momento.

Por outro lado, devem ter-se em especial consideração nestas modalidades os objectivos de poupança dos clientes, assim como a rendibilidade e segurança dos activos sob gestão, pelo que se justifica que as provisões correspondentes estejam aplicadas em carteiras de activos específicas, com contabilidade precisa e autónoma; somente dessa forma se poderão controlar com rigor os resultados financeiros, bem como os riscos inerentes à taxa de juro normalmente garantida.

Considera-se igualmente importante o estabelecimento de uma estratégia de investimentos que tenha em atenção as maturidades dos cash-flow previsíveis, considerando nomeadamente as taxas de empréstimo, resgate e mortalidade, bem como eventuais opções que tornem exigíveis os valores da conta corrente por antecipação.

Capítulo 11

O modelo unit linked

11.1 Introdução

Os seguros ligados a fundos de investimento têm uma tradição de mais de meio século, situando-se por essa razão na década de 50. Surgiram mesmo antes dos produtos *Universal life*, de que viriam posteriormente a tornar-se naturais aliados, com as vantagens que adiante se irão identificar. Têm a sua génese numa combinação perfeita entre risco, poupança e investimento, plenamente justificada pela rigidez das apólices tradicionais, em especial face aos produtos financeiros mais recentes, criados na segunda metade do século, assim como às crescentes e voláteis taxas de inflação verificadas nesse período na maioria dos países da OCDE.

Numa definição simplificada podemos dizer que o modelo *Unit linked* (ULI) se caracteriza pelo facto de os valores seguros, reservas ou mesmo os prémios estarem expressos em unidades de um ou mais fundos de investimento. De idêntica forma, um seguro, mesmo que tradicional, expresso numa moeda diferente da do país de origem, pode igualmente assemelhar-se a essa categoria. Todavia, se os valores seguros estão expressos em unidades de um fundo de investimentos (em geral externo à seguradora e eventualmente gerido por terceiros) e se as próprias provisões se encontram investidas nesse fundo, é de todo evidente que a seguradora deixa de correr qualquer risco de investimento e que este passa inteira e directamente para o segurado. Aqui reside a grande diferença para os produtos clássicos e mesmo para o *Universal life*, nos quais existe em geral uma taxa mínima garantida. Assim, os benefícios ou prejuízos do investimento, e em especial a parte referente à poupança, ficam automaticamente adstritos à apólice ou à conta corrente, caso esta faça parte da modalidade. A união dos dois conceitos, *Universal life* e *Unit linked*, traduz-se pois não só numa enorme flexibilidade de produtos e opções, em termos dos riscos cobertos e poupança associada, como também numa grande oportunidade de escolha, por parte do segurado, dos riscos financeiros que melhor se adequam ao seu próprio perfil de risco e à evolução deste ao longo do tempo.

Sendo múltiplas as diversas combinações possíveis entre valores expressos em moeda e valores expressos em unidades de fundos de investimento, procuraremos cobrir de forma simplificada as principais opções disponíveis, sabendo de antemão que, muitas outras poderão ficar excluídas.

As principais variantes são de quatro tipos e vamos supor que a base da modalidade é do tipo *Universal life*:

1. Os valores seguros e os prémios estão expressos em unidades monetárias.

Neste caso a seguradora limita-se a aplicar os valores da conta corrente num ou vários fundos de investimento, cuja valorização ou desvalorização dita a evolução dos valores aplicados e da própria conta. Não há juros a creditar, mas se, por exemplo, num determinado período a unidade sobe 5%, a conta corrente é creditada do correspondente rendimento, assumindo portanto idêntica subida, tal como se estivesse expressa nessa unidade. Os fundos autónomos ligados ao modelo *Universal life* já permitiam esta abordagem.

2. Os prémios são fixados em unidades monetárias, mas os valores seguros e a própria CC estão expressos em unidades de um ou mais fundos de investimento.

Esta é talvez a fórmula mais frequente e aquela que melhor traduz a ideia do ULI. Naturalmente que, se o prémio é fixo, o número de unidades adquiridas em determinado instante depende da valorização destas até esse momento.

3. Os prémios e o capital por morte são fixados em unidades monetárias, mas os valores da CC estão expressos em unidades de um ou mais fundos de investimento.

Esta fórmula é também frequente e representa bem este tipo de produtos. Naturalmente que, se o capital por morte é fixo e depende do valor da CC, o capital em risco varia continuamente, o que obriga também ao débito constante (diferencial) do prémio de risco necessário.

4. Os valores seguros e os prémios estão expressos em unidades de um ou de uma combinação de vários fundos de investimento.

Os seguros tradicionais expressos em moeda estrangeira podem considerar-se um caso particular deste tipo de *Unit linked*.

Todas as modalidades apresentadas têm vantagens e inconvenientes, que adiante tentaremos analisar com mais pormenor. Contudo, face aos produtos tradicionais, e mesmo face aos do tipo UL, os seguros expressos em unidades de conta têm duas grandes vantagens. Em primeiro lugar, para a seguradora, que se traduz na transferência total do risco de investimento para o segurado (pode haver algumas excepções, como por exemplo quando há valores mínimos garantidos, que em geral são objecto de sobreprémios específicos). Em segundo lugar, para o tomador do seguro que, de acordo com o seu perfil de risco e expectativas de longo prazo, pode escolher a forma como deseja investir a sua conta poupança e, eventualmente, intervir e alterar essa forma ao longo do tempo, consoante a evolução da economia, dos mercados, da inflação e das suas próprias necessidades de cobertura ou expectativas de poupança. Nas modalidades mais modernas, esta flexibilidade adicional pode conduzir as seguradoras que a saibam aproveitar convenientemente a uma posição imbatível, na captação da poupança de longo prazo. Acresce que os seguros de vida se encontram para esse efeito, de forma justificada e em quase todos os países, protegidos por uma fiscalidade favorável.

Em resumo, os princípios base de um seguro expresso em unidades são:

1. O prémio de poupança deixa de pertencer a um sistema de capitalização colectivo, passando a fazer parte integrante da conta corrente do tomador do seguro, através da aquisição de unidades nos fundos de investimento seleccionados;

2. O retorno dos investimentos, que em geral se traduz pela valorização automática das unidades de participação, reverte integralmente para a conta corrente do segurado, assumindo este, em contrapartida, todos os riscos financeiros subjacentes;

3. Os prémios de risco do capital por morte, ou de outras coberturas complementares, são cobrados com base nos valores em risco, os quais, em função da modalidade, podem depender da evolução da conta corrente e da valorização das unidades em que se encontra investida.

Por fim, devemos acentuar que a introdução de produtos de base ULI produziu em muitos países uma alteração significativa nos mercados de seguros e de produtos financeiros, o que se fica a dever à multiplicidade de soluções possíveis, à flexibilidade e transparência inerentes a este tipo de produtos e, de forma mais significativa, à possibilidade de beneficiar de forma controlada da grande evolução dos mercados de capitais. Assim, muitos produtos tradicionais como o seguro misto, por exemplo, caíram rapidamente em desuso, tendo-se assistido ao desenvolvimento quase exponencial de produtos de capitalização, muitos deles orientados para a associação *banque-assurance* e para outros canais específicos de distribuição. Modernamente, eles encontram-se também muito difundidos a nível de seguros de grupo, contribuindo nalguns casos para o financiamento de esquemas colectivos de reforma.

No que se refere às tendências actuais, podemos constatar que os produtos ULI têm verificado uma sofisticação crescente, que vai desde o acesso a perfis de risco prefixados até carteiras de activos e fundos multi-geridos, com acesso a milhares de outros fundos. Alguns produtos mais elaborados garantem diversos tipos de risco e opções, incluindo antecipação ou duplicação de benefícios em casos de doença, invalidez, etc. Nalguns contratos, pode haver protecção de capital ou taxa mínima garantida.

Apesar de toda esta sofisticação, há mercados, como por exemplo o francês e o alemão, onde os contratos ULI apenas respondem por 20% do mercado de seguros de vida. Tal facto pode dever-se à legislação desses países, nos quais os produtos tradicionais estão mais regulamentados.

Uma geração de novos produtos, que nos Estados Unidos e Japão tem já um acentuado sucesso, está neste momento a desenvolver-se na Europa, tendo por base a noção de Anuidade Variável.

Uma Anuidade Variável é um contrato de seguro de vida constituído basicamente por uma anuidade imediata ou diferida, adquirida a prémio único ou a prémios sucessivos, cujo valor flutua em função dos activos subjacentes, unidades de fundos ou mesmo índices onde se encontra investida ou ligada. Os pagamentos periódicos dependem do valor de mercado do portfolio ou índice associado. O segurado pode, como noutros ULI, escolher uma grande variedade de produtos financeiros subjacentes, assim como um vasto conjunto de garantias e opções.

Devemos ainda referir que os termos de uma anuidade variável, quando pagos vitaliciamente, podem depender ainda da esperança de vida da pessoa segura e da dinâmica atribuída às tabelas de mortalidade associadas ao colectivo considerado.

11.2 Descrição dos fundos associados

Como referido anteriormente, os seguros de vida do tipo ULI têm por base a ligação de uma ou mais das suas componentes (riscos, prémios ou CC) a fundos de investimento expressos em unidades, designados por fundos associados. Em princípio, separando o risco da poupança, podemos dizer que aquele é tratado normalmente pela seguradora, na sua função principal, que consiste na cobertura de riscos, enquanto a poupança acaba por ser trabalhada autonomamente, como se tivesse sido aplicada directamente num produto bancário ou numa sociedade de investimentos.

Um fundo associado é sobretudo um conjunto de activos financeiros criado e gerido por especialistas nesta área, que tentam de alguma forma maximizar o retorno esperado dos investimentos, mantendo simultaneamente o risco controlado e a liquidez necessária à solvência, face aos cash-flows previstos.

Os fundos necessários à aquisição das unidades tanto podem ser geridos pela própria seguradora como podem ser fundos externos, geridos por outras entidades. Havendo mais do que um, os fundos à escolha do segurado apresentam em geral perfis de risco bastante diferenciados, consoante a natureza e composição dos seus activos. É vulgar as seguradoras disponibilizarem um fundo constituído apenas por obrigações, em geral de menor risco, outro com uma percentagem de acções até cerca de 15%, e ainda um ou dois em que esta percentagem é mais elevada, chegando mesmo algumas entidades a propor fundos constituídos exclusivamente por acções (de maior risco, mas de performance de longo prazo em geral superior).

Muitos dos produtos oferecidos pela indústria prevêem que o tomador do seguro escolha uma combinação dos vários fundos disponíveis. Por exemplo, é vulgar o seguinte leque de aplicações: 60% no fundo de menor risco, 30% num fundo de risco intermédio e 10% no de maior risco. Esta combinação pode em muitos casos ser alterada, por vezes sem custos adicionais, outras vezes mediante algum sobreprémio destinado à cobertura dos custos de intermediação para a compra ou venda dos activos subjacentes.

Os fundos podem ter dois tipos de unidades, consoante o retorno é ou não reinvestido internamente:
1. **unidades de capitalização;**
2. **unidades de distribuição.**

No primeiro caso, a entrada do retorno no próprio fundo faz com que o valor da unidade suba na respectiva proporção. No segundo caso, a valorização ou desvalorização da unidade deve-se apenas à reavaliação dos activos que compõem o próprio fundo. O rendimento obtido é em geral creditado ao tomador do seguro por meio da aquisição de mais unidades dos fundos detidos. Por este processo verifica-se facilmente que as unidades de distribuição têm uma volatilidade inferior à das correspondentes unidades de capitalização, caso o paralelo seja efectuado para dois fundos com idêntica composição, mas com unidades de tipo diferente.

Aparecem assim dois tipos de fundos: os de capitalização e os de distribuição.

Por outro lado, o número de unidades em circulação depende ainda da *aquisição* ou *venda* de unidades, que a todo o momento é efectuada pelos gestores do fundo face às entradas ou saídas do correspondente numerário.

Os fundos podem ser geridos internamente pela seguradora ou então, apesar de internos, ser geridos por terceiros mediante mandatos específicos. Podem também ser fundos completamente autónomos, criados e geridos por diferentes entidades, aos quais a seguradora adquire unidades para os produtos deste tipo que comercializa.

11.3 O activo e o passivo

A ligação entre o activo e o passivo é formalmente idêntica nos contratos *Unit linked* e *Universal life*. Contudo, quando comparada com os contratos clássicos, há uma diferença fundamental.

Nos seguros clássicos, onde existe em geral uma taxa de juro mínima garantida, o activo é determinado pelo valor que resulta da avaliação das provisões matemáticas, ou seja, é o passivo que determina o activo. Nos modelos ULI, não havendo em geral taxas garantidas, é o próprio valor dos fundos existentes, normalmente avaliados a preço de mercado, que determina o passivo. Por outras palavras, a seguradora não tem nestes casos mais responsabilidades do que aquelas que estão espelhadas nos activos dos fundos associados existentes, quer estes sejam internos quer sejam geridos externamente. É também esta a razão pela qual as restrições de investimento das reservas matemáticas das modalidades clássicas são em muitos países mais acentuadas do que nos contratos do tipo ULI, nos quais o risco financeiro é transferido para o tomador do seguro.

Como se disse atrás, nas modalidades clássicas há uma taxa de juro garantida, em geral prudencialmente baixa, que acaba por ser posta em confronto com a taxa efectiva líquida obtida nas aplicações das provisões matemáticas. Caso aquela seja superior a esta, a seguradora tem de repor a diferença sob a forma de prejuízo, que afecta directamente as suas contas de resultado. Inversamente, no caso de haver boas rendibilidades, parte da diferença para os valores garantidos (em geral, uma percentagem que pode variar entre 70% e 95%) é estornada aos segurados sob diversas formas, designadas genericamente por participação nos resultados, sendo talvez a mais vulgar constituída por aumento da provisão matemática e dos valores seguros correspondentes.

Nos contratos ULI a situação é completamente diferente. Mesmo que haja uma taxa de juro técnica, apenas para efeitos indicativos ou para controlar melhor a volatilidade das unidades do fundo, não há qualquer garantia sobre ela e, no caso de o retorno dos fundos ser superior, a participação na diferença é integralmente creditada à conta corrente do segurado, ou por aumento do valor das unidades, ou por aumento do seu número, consoante o seu tipo.

11.4 As unidades e sua valorização

Nas unidades de capitalização, se designarmos por $U(t)$ o valor da unidade no instante t, por $F(t)$ o valor do fundo no mesmo instante (em princípio, a valor de mercado, líquido de qualquer encargo) e por $N(t)$ o número de unidades em circulação, teremos:

$$U(t) = \frac{F(t)}{N(t)}. \quad (11.1)$$

A fórmula será idêntica para as unidades de repartição. A única diferença é que neste caso o detentor de k unidades poderá, sem adquirir mais nenhuma, ver esse número aumentar com a distribuição de resultados.

Existe ainda um outro tipo de unidades em que, considerando uma previsível valorização média de $i\%$, se procede a um aumento sistemático do seu número. Assim, determina-se primeiro o efeito desse aumento e somente depois se calcula o valor da unidade como na expressão anterior. Neste caso as unidades são designadas por unidades técnicas (correspondentes à taxa técnica i), e o seu número para o instante $t > s$ calcula-se pela fórmula

$$N(t) = N(s)\left(1 + \frac{i}{100}\right)^{t-s}. \quad (11.2)$$

Também neste caso a volatilidade do valor da unidade é menor e, se a taxa média de retorno dos activos coincidir aproximadamente com a taxa técnica, o valor da unidade pouco oscilará em torno do seu valor inicial. Este facto pode ser importante caso o prémio esteja expresso neste tipo de unidades.

Convirá ainda referir que, em qualquer dos casos anteriores, o valor da unidade é um valor de inventário que representa contravalores em moeda para os activos detidos pelos segurados.

Porém, quando através da entrega de novos prémios se adquirem mais unidades, existe em geral um preço superior (*offer*) que se justifica por necessidade de aquisição de activos e correspondentes despesas de intermediação, constituindo também uma margem comercial importante. A diferença entre o valor de compra e o valor de venda é designada *bid-offer spread* podendo atingir nalguns casos o valor de 5%. Trata-se de uma carga adicional, em geral bastante significativa, como se pode facilmente constatar.

11.5 Exemplos de modelos de *Unit linked*

11.5.1 O modelo americano *New York Life*

Trata-se de um modelo simples, que se aplica normalmente a seguros de vida inteira, a prémios periódicos renováveis, não necessariamente constantes. A poupança (reserva acumulada), expressa numa conta corrente individual, é aplicada num fundo de investimento cujo risco fica totalmente a cargo do tomador de seguro.

O capital seguro evolui consoante os prémios entregues, as cargas e o prémio de risco cobrados, bem como consoante a performance do fundo subjacente e a valorização das respectivas unidades.

Se quisermos simplificar, podemos descrever este modelo como um modelo do tipo *Universal life* em que o saldo da conta corrente está investido em unidades de um determinado fundo de investimento. A principal diferença para o UL reside na não garantia de taxa.

11.5.2 *O modelo Unit linked em Inglaterra*

Depois de ter ensaiado diversos modelos, como o atribuído a Benjamin [7, *Delvaux*], as companhias inglesas acabaram por adoptar um esquema relativamente simples, que se passa a descrever.

No início de cada ano, ou outro período de referência, como por exemplo o mês, o segurado entrega um prémio bruto ao qual são deduzidas de imediato determinadas despesas de encaixe, muitas vezes designadas também como despesas de gestão. O saldo é então utilizado para adquirir unidades de um ou mais fundos de investimento. Nessa operação é cobrado o *bid-offer spread*. Diga-se de passagem que este spread pode ser diferente, consoante os fundos adquiridos. Os fundos nos quais se investe podem ser de distribuição ou de capitalização, se bem que sejam estes os mais utilizados.

Seja α a carga de encaixe e β o valor do *bid-offer spread*. Considere-se um segurado que detém no início do ano t, $N\left(t^{-}\right)$ unidades e que paga um prémio $P(t)$. Seja $U(t)$ o valor de cada unidade. Com esse prémio serão adquiridas para a conta corrente as seguintes unidades:

$$n(t) = \frac{P(t) \times (1-\alpha) \times (1-\beta)}{U(t)}. \tag{11.3}$$

O valor da conta corrente, expresso em unidades, passa a ser então

$$N(t) = N\left(t^{-}\right) + n(t). \tag{11.4}$$

O valor $N\left(t^{-}\right)$ poderá coincidir (ou não) com o valor que transitou do período anterior, consoante tenha havido (ou não), cobrança de prémios de risco e de eventuais cargas de gestão, assim como retiradas temporárias ou resgates parciais da conta corrente, o que em geral é permitido neste tipo de contratos e se processa através do valor *bid* das respectivas unidades.

Acentuamos que a cobrança do prémio de risco através da conta corrente depende da modalidade. Nalguns casos, pode ser cobrado directamente a partir do prémio $P(t)$. Nessa situação, se o prémio de risco for representado por $P_r(t)$, o número de unidades adquiridas é então

$$n(t) = \frac{[P(t) \times (1-\alpha) - P_r(t)] \times (1-\beta)}{U(t)}. \qquad (11.5)$$

Desde a sua aparição, os seguros ligados a fundos de investimento têm tido um grande sucesso em Inglaterra, tanto os contratados a prémios regulares como os contratados a prémios únicos. Refira-se ainda que nalgumas modalidades há esquemas mistos, como na modalidade *Flexible-life* que seguidamente descrevemos.

No *Flexible-life* o segurado pode optar por uma dada cobertura em caso de morte (em geral, vida inteira) e por um dado objectivo de poupança a longo prazo. Para a cobertura por morte, por vezes indexada a um determinado crescimento ou à taxa de inflação, o segurado obriga-se a pagar regularmente prémios com valores mínimos pré-estabelecidos. Esta cobertura pode ser revista periodicamente, tanto pelo segurado como pela seguradora, dentro de certos limites, assim como os objectivos de poupança. Como sucede nos contratos ULI, o prémio, depois de deduzidas as comissões de encaixe, é investido em unidades de determinados fundos de investimento. Esta parte constitui a poupança previsível, que só será reduzida caso haja resgates parciais, ou caso o prémio pago pelo segurado não seja suficiente para pagar o prémio de risco. As cargas, assim como os valores de resgate, dependem naturalmente da companhia seguradora e eventualmente do nível de capitais e prémios envolvidos.

Estes contratos podem ainda admitir opções, com efeitos preferenciais sobre os valores seguros, sem controles médicos adicionais (por exemplo, em caso de casamento ou por nascimento de um filho), assim como seguros complementares em caso de acidente, invalidez ou mesmo hospitalização.

11.5.3 O modelo francês de capital variável

Tal como noutros países, também em França as elevadas taxas de inflação, mais notórias a partir da década de 70, conduziram a um desinteresse progressivo pela maioria das modalidades tradicionais, dando origem a contratos de seguro de capital variável. Os valores seguros, os prémios e as reservas matemáticas, em vez de estarem expressos na moeda da época, o franco francês, passam a estar expressos numa unidade de conta ou valor de referência, valor que originalmente correspondia ao próprio valor das acções de uma ou mais sociedades de investimento de capital variável.

As sociedades de investimento de capital variável (*Les Sociétés d'Investissement à Capital Variable* – *SICAV*) fazem parte, em conjunto com os fundos comuns de colocação *(Fonds Communs de Placement)*, dos designados *OPCVM* (*Organismes de Placement Collectif en Valeurs Mobilières*). Os gestores destas sociedades, através do dinheiro encaixado aos diversos subscritores, constituem e gerem carteiras de valores mobiliários, constituídas essencialmente por acções e obrigações. Existem hoje muitos tipos de *SICAV*, consoante a sua composição, o grau de risco implícito e também a sua diversificação. Há *SICAV* orientadas para a performance (cuja carteira é basicamente constituída por acções), *SICAV* de rendimento (basicamente constituídas por obrigações), *SICAV* diversificadas (cuja composição acções/obrigações depende do grau de risco assumido) e *SICAV* imobiliárias (constituídos essencialmente por participações em empresas de construção ou que exploram investimentos em edifícios, lojas, etc.).

À parte o facto de se tratar de sociedades específicas, juridicamente independentes, na prática, as *SICAV* são em tudo idênticos aos fundos mobiliários existentes noutros países. Talvez a segurança e transparência sejam superiores, tal como haverá diferenças no tratamento fiscal associado. Porém, um produto seguro que adquire partes de uma *SICAV*, ou unidades de um fundo, é na prática um típico produto ULI.

Em França, os produtos ULI foram complementados por uma opção de capital mínimo garantido, para a qual o segurado contribui com um ligeiro sobreprémio. Neste aspecto, o risco acaba por ser partilhado pelo segurado e pela seguradora, aproximando mais estes ULI dos produtos tradicionais, o que, para pessoas avessas ao risco, pode constituir um atractivo importante.

Em caso de morte, a maioria dos produtos ULI comercializados por empresas francesas prevêem o pagamento de um capital mínimo, que eventualmente pode estar associado ao contra-seguro dos prémios pagos.

O segurado tem nestes produtos uma dupla vantagem fiscal – por um lado, beneficia da fiscalidade dos seguros, por outro, se as reservas estão aplicadas em determinados tipos de SICAV, os rendimentos destas também podem ter uma fiscalidade reduzida. Protege-se e incentiva-se deste modo a poupança de longo prazo, tradicionalmente ligada aos produtos do ramo Vida das seguradoras.

No modelo francês, a conta corrente individual (em euros) é creditada pelos prémios entregues pelo segurado, bem como por todos os rendimentos (cupões ou dividendos) das SICAV onde o respectivo valor se encontra investido. A débito, a seguradora cobra eventuais encargos, assim como os prémios de risco devidos. Estes valores são majorados até final do ano em curso (a juros compostos) por uma dada taxa de juro fixa. No final de cada ano os valores ainda em moeda são convertidos na combinação de SICAV prevista no contrato, considerando os valores de referência respectivos (designação francesa para o valor da unidade), ou seja, são convertidos em unidades que se vão juntar às unidades já anteriormente subscritas. Assim, a 31 de Dezembro, o saldo da conta corrente está totalmente aplicado em unidades de SICAV.

Como se verifica, pelo pagamento de cupões e dividendos, este modelo corresponde aos de unidades de distribuição, pelo que a sua volatilidade se pode considerar reduzida.

11.5.4 *Modelos em vigor em Portugal*

Em Portugal, os seguros ligados a fundos de investimento são relativamente recentes, embora existam actualmente produtos bastante evoluídos como o que a seguir se apresenta.

Trata-se de um seguro de vida inteira a prémio único, ou prémios únicos sucessivos, investido em unidades de um ou mais fundos de investimento com diferentes perfis de risco, cuja combinação fica ao critério do subscritor. Existe um valor mínimo para o prémio entregue, assim como para cada um dos fundos escolhidos. Em caso de vida/resgate (com eventual penalização, caso o tempo decorrido seja escasso), ou em caso de morte da pessoa segura, a apólice garante o pagamento da poupança constituída (contravalor em euros das unidades detidas). O segurado pode ainda optar por subscrever uma garantia adicional em caso de morte, fixa ou dependente da poupança existente, cujo prémio é deduzido das unidades detidas.

O segurado pode ainda subscrever, mediante sobreprémio adequado, uma opção que lhe garante uma transferência periódica das mais valias eventualmente existentes em cada fundo, para o fundo de menor risco. De certa forma, consoante o patamar (percentagem de ganho) estabelecido para fazer actuar essa garantia, conseguirá diminuir o risco correspondente à combinação de fundos escolhida.

As percentagens de afectação aos diferentes fundos (*mix*) podem também ser reajustadas anualmente sem penalização ou mediante determinados encargos, a qualquer momento.

O segurado pode resgatar parcial ou totalmente os valores da poupança acumulada, desde que respeite os valores mínimos estabelecidos na apólice. No caso do contrato ter menos de três anos, o resgate está sujeito a uma penalização pré-definida.

O património dos fundos afectos a este produto é avaliado semanalmente, reflectindo o valor de cada unidade o valor liquidativo do fundo respectivo (avaliação a preços de mercado).

As comissões de encaixe dependem do prémio entregue, sendo escalonadas e havendo mesmo um valor máximo a cobrar. Sobre a poupança constituída incide trimestralmente uma determinada comissão de gestão.

Os fundos têm *de per si* comissões de gestão naturalmente diferenciadas, consoante a sua natureza, que se reflectem no respectivo valor liquidativo e consequentemente na valorização da unidade associada.

Existem ainda em Portugal produtos idênticos ao que anteriormente descrevemos, em que estão previstas entregas periódicas, tanto fixas como indexadas, sendo também possível efectuar reforços sempre que o segurado o desejar. Quando estes reforços modificam substancialmente os valores seguros em caso de morte, ou outros riscos cobertos, as companhias podem reservar-se uma decisão sobre a sua aceitação.

11.6 Tendências

As seguradoras mais recentes, ou mais dinâmicas, tendem a adicionar a apólices de seguros de vida flexíveis, ligados a fundos de investimento, outras coberturas que, para além de constituírem uma fonte de receita considerável, permitem ao segurado ajustar as coberturas seleccionáveis em função da sua situação financeira, da composição do seu agregado familiar, do seu estado de saúde, do seu grau de aversão ao risco, dos seus objectivos de poupança a médio ou longo prazo, etc.

Os modelos tipo *Universal life/Unit linked* associados a seguros complementares em caso de acidente, invalidez, doença, internamento hospitalar do próprio, ou de algum membro do agregado familiar, bem como permitindo a subscrição de garantias extra, tais como aceitação de aumento de coberturas, retorno mínimo ou garantia de capital, opções de transformação em pensão vitalícia ou temporária, etc., conduzem este tipo de produtos a autênticos sistemas integrados de protecção familiar, que atravessam toda a estrutura tradicional das seguradoras clássicas. É fácil verificar que esta sofisticação não tem qualquer hipótese de concorrência fora da actividade seguradora.

A sua implementação é complexa, mesmo difícil, pois necessita de uma estrutura organizacional diferente da tradicional, de software, bases de dados e simuladores adequados, de redes de distribuição e venda bem preparadas, de técnicos e actuários bastante actualizados e com conhecimentos em áreas diferenciadas.

Do ponto de vista actuarial as questões que se levantam e os riscos envolvidos em produtos desta natureza são de vária ordem e começam por associar diferentes tipos de actuariado – Vida, Não Vida, Pensões e Actuariado Financeiro – competências que dificilmente poderão estar concentradas numa única pessoa, exigindo equipas pluridisciplinares competentes.

PARTE III

INTRODUÇÃO AO MODELO MARKOVIANO

Capítulo 12

O processo de Markov e a vida humana

12.1 Introdução

Viu-se na Parte 1, dedicada ao modelo clássico de ocorrências sobre a vida humana e às suas repercussões em seguros, que em numerosas situações, nomeadamente em casos de invalidez, morte por acidente, resgates totais ou parciais de apólices e, em geral, em todas aquelas em que se deveriam considerar multidecrementos, o modelo tradicional fraqueja. E isso acontece pela simples razão de se limitar normalmente ao uso de valores esperados de variáveis aleatórias, como a duração da vida humana, por exemplo, e tabelas discretas, tais como as tábuas de mortalidade e as tábuas de invalidez.

Embora as soluções encontradas para algumas das questões levantadas estejam correctas, podemos constatar que as mesmas só se aplicam a modelos relativamente simples e que, à medida que nos afastamos dos valores esperados, bem como dos estados/situações de passagem única, sobre os quais assenta basicamente o modelo clássico, a questão complica-se. Entrando numa análise mais detalhada, em cada momento, da situação de uma apólice ou das pessoas que nela intervêm, como por exemplo nos casos de doença ou invalidez temporária, somos obrigados a concluir que somente através de modelos mais complexos tais situações/ocorrências podem ser correctamente abordadas.

Quer para questões de natureza demográfica ou social, quer para problemas de carácter financeiro, é imprescindível dispor de modelos que permitam prever ou simular ao longo do tempo:
- o comportamento e a vida do ser humano;
- o seu estado de saúde;
- as situações em que se pode encontrar, ou para onde pode transitar uma determinada apólice;
- as ocorrências que podem dar origem às mudanças;
- as consequências daí resultantes, nomeadamente, as de natureza financeira.

Se, por exemplo, pretendermos estimar o custo total de assistência médica, medicamentosa e de enfermagem e de eventual apoio domiciliário a uma dada pessoa, actualmente saudável, a partir dos 65 anos de idade, teremos de considerar entre outras, pelo menos, as seguintes questões:
- o estado (de saúde/vida) da pessoa nessa idade;
- os diferentes estados/situações que se podem verificar a partir daí, tendo em conta nomeadamente doenças simples, ou graves, invalidez parcial ou total, com ou sem recuperação, dependência de terceiros, sua possível duração, etc.;
- como irá evoluir o Serviço Nacional de Saúde, as taxas moderadoras, etc;
- que entidades poderão proporcionar o apoio às diversas contingências previstas;
- que custos inflacionados se podem esperar para cada uma das situações descritas;
- que volatilidades, etc.

O exemplo anterior, cuja modelização tem um elevado grau de complexidade, não encontra resposta adequada nos modelos clássicos semi-determinísticos.

O Processo Estocástico de Markov em tempo contínuo, com um número finito de estados (ou cadeia de Markov em tempo contínuo), é de todos os processos aquele que melhor se adequa ao tipo de ocorrências e situações mencionados, constituindo por essa razão (e também pela sua natureza) um modelo robusto, do qual o modelo clássico é um caso particular. Podendo ser aplicado em muitos ramos da actividade seguradora, como por exemplo no ramo automóvel, é contudo nos seguros de vida e doença que a sua aplicação se torna mais fecunda e útil, como teremos ocasião de verificar.

O conceito de **estado** é basilar e constitui o elemento de suporte de um processo de Markov. Estados referentes a um dado cidadão, tais como *vivo, morto, são, contagiado, doente, inválido, solteiro, casado, divorciado, viúvo, etc.*, são alguns dos que se podem considerar, consoante os objectivos a atingir. Já relativamente a uma apólice, para além dos estados referentes à pessoa segura, outros estados poderão ter de ser considerados, tais como, *em vigor, liberada, resgatada, anulada, suspensa, etc.*

Outro conceito básico diz respeito às probabilidades de transição entre os diferentes estados, que numa primeira fase consideraremos conhecidas. Num Processo Estocástico de Markov, as probabilidades de transição satisfazem a importante propriedade de Markov, segundo a qual o comportamento do processo, a partir de um determinado momento, depende somente do estado em que o mesmo se encontra nesse momento e não dos estados anteriormente visitados.

Designa-se por **trajectória** ou **realização** do processo o conjunto de estados sucessivamente visitados durante um determinado intervalo de tempo, associados aos respectivos instantes de ocorrência.

A aplicação de modelos Markovianos em seguros de vida ou doença implica o cálculo de valores actuariais de pagamentos contingentes, consoante os estados visitados e o tempo decorrido, quer no momento da transição (em geral referente a seguros de capital ou equivalentes), quer durante a permanência em determinado estado ou conjunto de estados (em geral referente a seguros de rendas, doença prolongada, invalidez, etc.). Outro tipo de pagamento, também sujeito à permanência num dado estado ou conjunto de estados, é o relativo aos prémios a pagar pelo tomador do seguro, quando estes são periódicos.

Como os *valores actuariais* a considerar pressupõem um modelo financeiro para o cálculo dos respectivos descontos, usaremos, para não complicar, o modelo clássico de juros compostos de taxa fixa.

Na secção 12.2 faz-se uma descrição matemática de um processo de Markov, bem como das suas principais propriedades.

A secção 12.3 é dedicada ao cálculo do valor actuarial dos riscos (ou benefícios) cobertos pela apólice, bem como à avaliação dos respectivos prémios.

A secção 12.4 analisa a questão da avaliação das reservas matemáticas pelo método prospectivo.

12.2 Probabilidades, intensidades e taxas de transição

Na presente secção, caso nada seja dito em contrário, estaremos a referir os estados de uma dada apólice de seguro emitida sobre uma pessoa de idade x. Diremos então que uma apólice (de vida, doença ou similar) pode ser representada por uma trajectória de um processo estocástico $\mathbf{X} = \{X(t), t \geq 0\}$, no qual a v.a. $X(t)$ representa o estado da apólice no instante t (medido em anos).

O processo estocástico $\mathbf{X}$ toma valores num conjunto ordenado e finito de estados $\mathbf{N} = \{0, 1, ..., w - 1\}$, com cardinalidade $w > 1$. Por comodidade, assumiremos que o estado inicial é o estado 0 (para $t = 0$).

Por hipótese, todos os estados de $\mathbf{N}$ podem ser atingidos a partir do estado 0, através de uma ou várias **transições**. Entende-se por transição a mudança (num dado instante) de um estado ou conjunto de estados para outro estado ou conjunto de estados.

A propriedade markoviana que caracteriza estes processos pode ser enunciada da seguinte forma.

Quaisquer que sejam os instantes $t_0 \leq t_1 \leq ... \leq t_n$ e o correspondente conjunto de estados $\{e_0, e_1, ..., e_n\} \subset \mathbf{N}$, tais que

$$P[X(t_0) = e_0, X(t_1) = e_1, ..., X(t_{n-1}) = e_{n-1}] > 0,$$

tem-se

$$P[X(t_n) = e_n \mid X(t_{n-1}) = e_{n-1}, X(t_{n-2}) = e_{n-2}, ..., X(t_0) = e_0]$$
$$= P[X(t_n) = e_n \mid X(t_{n-1}) = e_{n-1}]. \quad (12.1)$$

Há situações em que esta propriedade não se verifica, como por exemplo nos casos em que o número de vezes que uma pessoa contrai uma certa doença, influencia a sua probabilidade de morte. Contudo, desdobrando o estado D correspondente a esse tipo de doença em D_1, D_2, ..., consoante a ordem em que a referida doença se vai manifestando, o problema pode ser torneado (assim haja dados estatísticos suficientes para que a separação seja viável e útil).

12.2.1 Probabilidades de transição

Dados dois quaisquer instantes s e t, tais que $s \leq t$, e dois estados $j, k \in \mathbf{N}$, a probabilidade de transição da cadeia de Markov $p_{jk}(s, t)$ é definida por

$$\begin{aligned} p_{jk}(s,t) &= P[X(t) = k \mid X(s) = j] \\ &= \frac{P[X(t) = k, X(s) = j]}{P[X(s) = j]}, \end{aligned} \quad (12.2)$$

caso $P[X(s) = j] > 0$. Caso contrário, considerar-se-á naturalmente $p_{jk}(s, t) = 0$.

Notamos que, usando o símbolo de Kronecker δ_{jk}, se pode escrever

$$p_{jk}(s,s) = \delta_{jk} = \begin{cases} 1, & j = k \\ 0, & j \neq k \end{cases}. \quad (12.3)$$

Devemos notar ainda que as probabilidades de transição, que no caso vertente se referem a acontecimentos sobre a vida humana, não dependem apenas do tempo decorrido desde o último acontecimento, ou seja, p_{jk} (s, t) não depende apenas da diferença $t - s$, mas sim dos instantes s (inicial) e t (final). Trata-se pois de um processo no qual as probabilidades de transição dependem em geral de t. Diz-se então que a cadeia é não homogénea.

Para quaisquer estados $j, k, l \in \mathbf{N}$ e instantes $s \leq t \leq u$, as probabilidades de transição satisfazem as relações:

$$0 \leq p_{jk}(s,t) \leq 1,$$

$$p_{jN}(s,t) = \sum_{k \in N} p_{jk}(s,t) = 1,$$

$$p_{jl}(s,u) = \sum_{k \in N} p_{jk}(s,t) p_{kl}(t,u). \tag{12.4}$$

De modo geral usaremos a notação

$$p_{jA}(s,t) = \sum_{k \in A} p_{jk}(s,t) \tag{12.5}$$

para designar a probabilidade de $X(t)$ estar num dos estados de $A \subset N$ no instante t, sabendo que $X(s) = j$.

A equação (12.4) é conhecida como equação de Chapman-Kolmogorov (C-K), e traduz o simples facto de que, para que a trajectória do processo passe do estado j onde se encontra no instante s, para o estado l no instante u, nalgum estado $k \in N$, terá de estar no instante intermédio t.

A demonstração daquela equação faz-se por recurso à propriedade markoviana do processo que, como se viu, traduz a independência em relação aos estados anteriores visitados. Com efeito,

$$\begin{aligned} p_{jl}(s,u) &= P[X(u)=l \mid X(s)=j] = P[X(t) \in N, \ X(u)=l \mid X(s)=j] \\ &= \sum_{k \in N} P[X(t)=k, \ X(u)=l \mid X(s)=j] \\ &= \sum_{k \in N} P[X(t)=k \mid X(s)=j] P[X(u)=l \mid \ X(t)=k, \ X(s)=j] \\ &= \sum_{k \in N} p_{jk}(s,t) p_{kl}(t,u). \end{aligned}$$

12.2.2 Matrizes de transição

As probabilidades de transição podem ser escritas sob a forma matricial (matriz $(w+1) \times (w+1)$):

$$p(s,t) = \begin{bmatrix} p_{00}(s,t) & p_{01}(s,t) & \cdots & p_{0w}(s,t) \\ p_{10}(s,t) & p_{11}(s,t) & \cdots & p_{1w}(s,t) \\ \vdots & \vdots & & \vdots \\ p_{w0}(s,t) & p_{w1}(s,t) & \cdots & p_{ww}(s,t) \end{bmatrix}.$$

A matriz anterior designa-se por matriz de transição e é classificada como estocástica, uma vez que é constituída por elementos não negativos e todas as linhas têm uma soma igual à unidade.

Notamos que $p(s, s) = I$.

Torna-se fácil verificar que as equações de Chapman-Kolmogorov, envolvendo todos os estados possíveis, se podem sintetizar na forma matricial:

$$p(s,u) = p(s,t) p(t,u). \tag{12.6}$$

Com efeito o primeiro membro da equação $\sum_k p_{jk}(s,t) p_{kl}(t,u) = p_{jl}(s,u)$ não é mais que o resultado do produto da linha j da matriz $p(s, t)$ pela coluna l da matriz $p(t, u)$.

12.2.3 Intensidades de transição

A intensidade de transição do estado j para o estado $k \neq j$, no instante t, $\mu_{jk}(t)$, define-se pelo limite

$$\mu_{jk}(t) = \lim_{h \to 0} \frac{p_{jk}(t, t+h)}{h}, \quad h > 0. \tag{12.7}$$

Por conveniência e simplificação de formulário, considera-se $\mu_{jj}(t) = 0$, uma vez que, por definição, não faria qualquer sentido considerar $\mu_{jj}(t)$.

Notamos que $\mu_{jk}(t)$, embora seja não negativo, não é uma probabilidade, podendo em certos casos apresentar valores superiores à unidade. Já o produto $\mu_{jk}(t)dt$ pode ser considerado a probabilidade condicional de a trajectória do processo transitar do estado j para o estado k no intervalo $[t, t + dt)$, sabendo-se que estava no estado j no instante t.

Registe-se que as intensidades de transição são geralmente apelidadas nos modelos clássicos de forças de ... ou taxas instantâneas de ..., tais como a força ou taxa instantânea de mortalidade, força de saída, etc.

Exemplo 12.1 *Consideremos uma pessoa de idade x e os dois únicos estados 0 – estar vivo e 1 – estar morto.*

A matriz de transição p (0, t) tomará a forma

$$p(0,t) = \begin{bmatrix} {}_t p_x & {}_t q_x \\ 0 & 1 \end{bmatrix},$$

enquanto p (s, t) se escreverá na forma

$$p(s,t) = \begin{bmatrix} {}_{t-s} p_{x+s} & {}_{t-s} q_{x+s} \\ 0 & 1 \end{bmatrix}.$$

Parte III – Capítulo 12. O processo de Markov e a vida humana | 237

Por seu lado,

$$\mu_{01}(t) = \lim_{h \to 0} \frac{p_{01}(t, t+h)}{h} = \lim_{h \to 0} \frac{{}_h q_{x+t}}{h},$$

podendo reconhecer-se facilmente a definição dada para a força de mortalidade através da espressão (1.9) aplicada à idade x + t.

A intensidade de saída do estado *j* no instante *t* será dada pela igualdade

$$\mu_{jN}(t) = \lim_{h \to 0} \frac{1 - p_{jj}(t, t+h)}{h} = \lim_{h \to 0} \frac{\sum_{k \neq j} p_{jk}(t, t+h)}{h} = \sum_{k \neq j} \mu_{jk}(t). \quad (12.8)$$

De idêntica forma, qualquer que seja $A \subset \mathbf{N}$ teremos

$$\mu_{jA}(t) = \lim_{h \to 0} \frac{\sum_{k \in A} p_{jk}(t, t+h)}{h} = \sum_{k \in A} \mu_{jk}(t). \quad (12.9)$$

A fórmula anterior, que tem ampla utilização nos modelos clássicos de *profit-testing* e invalidez, diz-nos que a intensidade de transição de um dado estado para um conjunto de estados é a soma das intensidades de transição daquele estado para os estados que formam este conjunto.

12.2.4 *As equações progressiva e regressiva de Chapman--Kolmogorov*

Admitindo que $p_{jk}(s, t)$ é derivável em ordem a *t* e calculando a respectiva derivada, obtemos a designada equação progressiva de C-K:

$$\frac{d}{dt} p_{jk}(s, t) = \sum_{l} p_{jl}(s, t) \mu_{lk}(t) - p_{jk}(s, t) \mu_{kN}(t). \quad (12.10)$$

A demonstração da expressão anterior pode ser efectuada recorrendo à definição de derivada e à equação base de C-K (12.4). Com efeito,

$$p_{jk}(s,t+h) = \sum_{l} p_{jl}(s,t) p_{lk}(t,t+h) = \sum_{l \neq k} p_{jl}(s,t) p_{lk}(t,t+h) + p_{jk}(s,t) p_{kk}(t,t+h).$$

Subtraindo a ambos os membros da relação anterior $p_{jk}(s, t)$, obtemos

$$p_{jk}(s,t+h) - p_{jk}(s,t) = \sum_{l \neq k} p_{jl}(s,t) p_{lk}(t,t+h) - p_{jk}(s,t)[1 - p_{kk}(t,t+h)].$$

Dividindo por h e passando ao limite, obtemos de imediato a expressão (12.10):

$$\begin{aligned}\frac{d}{dt}p_{jk}(s,t) &= \lim_{h \to 0} \frac{p_{jk}(s,t+h) - p_{jk}(s,t)}{h} \\ &= \sum_{l \neq k} p_{jl}(s,t) \lim_{h \to 0} \frac{p_{lk}(t,t+h)}{h} - p_{jk}(s,t) \lim_{h \to 0} \frac{[1 - p_{kk}(t,t+h)]}{h} \\ &= \sum_{l \neq k} p_{jl}(s,t) \mu_{lk}(t) - p_{jk}(s,t) \mu_{kN}(t).\end{aligned}$$

Derivando $p_{jk}(s, t)$ em ordem a s, obtemos a designada equação regressiva de Chapman-Kolmogorov:

$$\frac{d}{ds}p_{jk}(s,t) = p_{jk}(s,t) \mu_{jN}(s) - \sum_{l} p_{lk}(s,t) \mu_{jl}(s). \quad (12.11)$$

A demonstração da equação anterior, admitindo que a derivada existe, faz-se de modo análogo ao da equação progressiva.

Podemos igualmente verificar que, escritas sob a forma diferencial, estas equações têm interpretações mais simples. Por exemplo, a equação (12.10) pode ser escrita na forma

$$d_t p_{jk}(s,t) = \sum_{l} p_{jl}(s,t) \mu_{lk}(t) dt - p_{jk}(s,t) \mu_{kN}(t) dt, \quad (12.12)$$

permitindo concluir que a mudança que se verifica na probabilidade de transição $p_{jk}(s, t)$, quando o final do período passa de t a $t + dt$, é igual à diferença entre o número esperado de transições para o estado k e o número esperado de saídas do estado k no intervalo $[t, t + dt)$.

As equações progressiva e regressiva possibilitam o cálculo das probabilidades de transição a partir do conhecimento das intensidades de transição, facto que será oportunamente analisado.

12.2.5 Densidades de probabilidade associadas à permanência em determinado estado

Seja $P_j(s, t)$ a probabilidade de uma apólice qualquer não sair do estado j no intervalo $[s, t]$, sabendo que lá se encontrava no início do mesmo. Torna-se simples verificar que se trata de uma função de sobrevivência naquele estado e, como tal, a intensidade de abandono, que sabemos ser $\mu_{jN}(v)$, pode ser definida como

$$\mu_{jN}(v) = -\frac{\frac{d}{dv}P_j(s,v)}{P_j(s,v)} = -\frac{d}{dv}\log[P_j(s,v)]. \qquad (12.13)$$

Integrando a expressão anterior entre s e t, obtém-se a relação

$$P_j(s,t) = e^{-\int_s^t \mu_{jN}(v)dv}, \qquad (12.14)$$

semelhante a uma relação deduzida atrás, quando do estudo da força de mortalidade.

Estamos agora em condições de definir as densidades conjuntas

$$P_j(s,t)\mu_{jk}(t), \qquad (12.15)$$

relativas à permanência sem interrupção no estado j e correspondente saída no instante t para o estado k.

É imediato que
$$P_j(s,t)\mu_{jk}(t) \geq 0,$$
e que, desde que $\lim_{t\to\infty} P_j(s,t) = 0$, se tem
$$\sum_k \int_s^\infty P_j(s,t)\mu_{jk}(t)\,dt = 1.$$

Seja $T_{j/s}$ a v.a. que representa o tempo de permanência ininterrupta no estado j, após o instante s. O momento de ordem k de $T_{j/s}$ será então dado pela igualdade

$$E\left(T^k_{j/s}\right) = \int_s^\infty t^k P_j(s,t)\mu_{jN}(t)\,dt = \sum_k \int_s^\infty t^k P_j(s,t)\mu_{jk}(t)\,dt. \qquad (12.16)$$

Também se prova, recorrendo à propriedade markoviana, a relação

$$P_j(s,u) = P_j(s,t)P_j(t,u). \qquad (12.17)$$

A relação anterior tem em Vida, para uma apólice emitida sobre uma cabeça $[x]$, a relação equivalente

$$_{u-s}p_{x+s} = {}_{t-s}p_{x+s}\,{}_{u-t}p_{x+t}.$$

12.2.6 Classificação dos diferentes estados

A introdução das densidades anteriormente definidas permite classificar mais facilmente os diferentes tipos de estados de uma cadeia de Markov.

Assim, um estado j diz-se:
- **absorvente** se, para todo o $t > s$,
$$P_j(s,t) = p_{jj}(s,t) = 1,$$

ou, de forma análoga, se $\mu_{jk}(t) = \mu_{jN}(t) = 0$, para quaisquer $t > s$ e $k \in N$. Torna-se evidente que $p_{jk}(s, t) = 0$ para $k \neq j$ e que, uma vez atingido, não é possível abandonar um estado absorvente;

- **transitório ou transiente**, se $p_{jj}(s, \infty) = 0$ ou, em alternativa, se

$$\int_s^\infty p_{jj}(s,t)\,dt < \infty,$$

ou seja, se o tempo esperado de permanência no estado j no intervalo $[s, \infty]$ é finito. Com efeito, se $p_{jj}(s, \infty) = 0$, podemos, recorrendo à integração por partes e à equação progressiva de C-K, escrever

$$\begin{aligned}
\int_s^\infty p_{jj}(s,t)\,dt &= [(t-s)p_{jj}(s,t)]_s^\infty - \int_s^\infty (t-s)\,d_t p_{jj}(s,t) \\
&= 0 - \int_s^\infty (t-s) \sum_l p_{jl}(s,t)\mu_{lj}(t)\,dt + \int_s^\infty (t-s) p_{jj}(s,t)\mu_{jN}(t)\,dt \\
&= \int_s^\infty (t-s) p_{jj}(s,t)\mu_{jN}(t)\,dt - \int_s^\infty (t-s) \sum_l p_{jl}(s,t)\mu_{lj}(t)\,dt,
\end{aligned}$$

que corresponde à diferença entre os tempos médios de saída e os tempos médios de reentrada no estado j, contados a partir do instante s até ao instante t, e assim coincide com o tempo esperado de permanência no estado j no intervalo $[s, t]$;

- **fortemente transitório ou transiente forte**, se é transitório e se, para além disso,

$$P_j(s,t) = p_{jj}(s,t),$$

o que significa que estar no estado j no instante t, sabendo-se que estava nesse estado no instante s, equivale a dizer que permanece em j ao longo do intervalo (s, t); por outras palavras, uma vez abandonado, não há retorno possível a um estado deste tipo. Verifica-se também que, uma vez que $P_j(s, \infty) = 0$, a probabilidade de saída tem de ser 1. Com efeito,

$$\int_s^\infty P_j(s,t)\mu_{jN}(t)\,dt = -\int_s^\infty d_t P_j(s,t) = P_j(s,s) - P_j(s,\infty) = 1. \quad (12.18)$$

Diz-se que uma cadeia de Markov é hierárquica se os estados que a constituem são apenas fortemente transitórios ou absorventes. Numa cadeia hierárquica, a matriz de transição é uma matriz triangular superior. Em contingências sobre a vida humana, a maioria dos modelos utilizados são deste tipo e algumas exceções podem, através de redesenho apropriado, transformar-se em cadeias hierárquicas.

Nota: as classificações anteriores pressupõem que há pelo menos um estado absorvente.

12.2.7 Taxas de transição

As taxas de transição $q_{j,kl}(s,t)$ são definidas pela relação

$$q_{j,kl}(s,t) = \int_s^t p_{jk}(s,v)\mu_{kl}(v)\,dv. \quad (12.19)$$

Em certos casos, como por exemplo em cadeias hierárquicas, as taxas q são probabilidades.

Em vida, por exemplo, para uma cabeça $[x]$, vê-se que

$$\int_s^t p_{00}(s,v)\mu_{01}(v)\,dv = \int_s^t {}_{v-s}p_{x+s}\mu_{x+v}\,dv = {}_{t-s}q_{x+s}. \quad (12.20)$$

Contudo, se um estado pode ser revisitado no intervalo considerado, a taxa $q_{j,kl}(s,t)$ só pode ser interpretada como o número esperado de transições $k \to l$ no intervalo $(s, t]$, sabendo que o processo se encontrava no estado j no instante s.

Fazemos notar que $q_{j,kl}(s,t) \geq 0$ é uma função não decrescente de t e que $q_{j,kk}(s,t) = 0$, pois por convenção $\mu_{kk}(t) = 0$.

As taxas de transição $q_{j,kA}(s,t)$ para um conjunto de estados A definem-se por

$$q_{j,kA}\left(s,t\right) = \int_s^t p_{jk}\left(s,v\right)\mu_{kA}\left(v\right)dv = \sum_{l \in A} q_{j,kl}\left(s,t\right). \quad (12.21)$$

$q_{j,kA}$ (s, t) pode ser interpretada como o número esperado de transições $k \to A$ no intervalo (s, t], sabendo que o processo se encontrava no estado j no instante s.

De idêntica forma, as taxas de transição $q_{j,Ak}$ (s, t) definem-se pela igualdade

$$q_{j,Ak}\left(s,t\right) = \sum_{l \in A} q_{j,lk}\left(s,t\right). \quad (12.22)$$

A integração da equação progressiva de C-K

$$d_v p_{jk}\left(s,v\right) = \sum_l p_{jl}\left(s,v\right)\mu_{lk}\left(v\right)dv - p_{jk}\left(s,v\right)\mu_{kN}\left(v\right)dv,$$

entre s e t, dará

$$p_{jk}\left(s,t\right) - \delta_{jk} = \sum_l q_{j,lk}\left(s,t\right) - q_{j,kN}\left(s,t\right) = q_{j,Nk}\left(s,t\right) - q_{j,kN}\left(s,t\right),$$

pelo que

$$p_{jk}\left(s,t\right) = \delta_{jk} + q_{j,Nk}\left(s,t\right) - q_{j,kN}\left(s,t\right). \quad (12.23)$$

A expressão precedente, que relaciona probabilidades de transição com taxas de transição, é bastante importante, pois permite calcular as probabilidades a partir das taxas, mais simples de estimar.

Exemplos de aplicação da fórmula anterior (cadeia não hierárquica a preto e cadeia hierárquica a vermelho):

Em cada um destes exemplos são consideradas 30 apólices, que no instante inicial s estão no estado j, assim como as transições $k \to N$ e $N \to k$ verificadas para cada uma delas até ao instante t. Notamos que, como $j \neq k$, o número de entradas em k tem de ser superior ou igual ao número de saídas e que a diferença não pode ser superior à unidade. Calculando a frequência média e tomando-a como estimador da taxa de transição, chegamos aos valores: $p_{jk}(s,t) = 1/3$ para o modelo não hierárquico e $p_{jk}(s, t) = 1/6$ para o modelo hierárquico.

$$p_{jk}(s,t) = \delta_{jk} + q_{j,Nk}(s,t) - q_{j,kN}(s,t)$$

Nota: chamamos a atenção para o facto de a estimação destes modelos, quer paramétrica quer não paramétrica, ser um problema complexo que exige a compilação de grande volume de dados correspondentes a intervalos de tempo o mais reduzidos possível. Só nessa situação se poderão evitar saídas concorrenciais que se afectam mutuamente. A questão do multidecremento resulta desse facto. Em cadeias não homogéneas a questão é ainda mais delicada. Não cabe contudo no âmbito desta introdução abordá-la com maior detalhe.

A relação (12.23) diz-nos que a probabilidade de a apólice estar no estado k no instante t, sabendo que estava em j no instante s, é igual a δ_{jk}, adicionada da taxa de transição para k e subtraída da taxa de saídas de k no intervalo $(s, t]$.

Para $k = j$, a expressão anterior ficará

$$p_{jj}(s,t) = 1 + q_{j,Nj}(s,t) - q_{j,jN}(s,t).$$

Neste caso, e considerando as taxas de entrada e de saída do estado j, o número de entradas tem de ser inferior ou igual ao número de saídas e, tal como anteriormente, a diferença não pode ser superior à unidade.

Se, em especial, $q_{j,Nj}(s, t) = 0$, o que acontece em cadeias hierárquicas, temos

$$p_{jj}(s,t) + q_{j,jN}(s,t) = 1;$$

nesse caso particular, as taxas de transição podem ser consideradas probabilidades.

Usando a equação original de C-K podemos obter também a seguinte relação, entre taxas e intensidades de transição:

$$\begin{aligned} q_{j,kl}(s,u) - q_{j,kl}(s,t) &= \int_t^u p_{jk}(s,v)\mu_{kl}(v)\,dv \\ &= \int_t^u \sum_r p_{jr}(s,t) p_{rk}(t,v) \mu_{kl}(v)\,dv \\ &= \sum_r p_{jr}(s,t) \int_t^u p_{rk}(t,v) \mu_{kl}(v)\,dv, \quad (12.24) \end{aligned}$$

ou seja,

$$q_{j,kl}(s,u) - q_{j,kl}(s,t) = \sum_r p_{jr}(s,t) q_{r,kl}(t,u). \qquad (12.25)$$

Exemplo 12.2 *Considere-se uma apólice sobre uma pessoa $[x]$, na qual existem apenas os riscos de invalidez total e permanente e morte. Três estados são necessários, no mínimo, para reflectir as possíveis trajectórias da apólice:*

a – estado Activo

i – estado Inválido
m – estado Morto.

Notamos que no presente exemplo os únicos estados considerados para a apólice são os que derivam directamente dos estados da pessoa segura, pressupondo que a apólice se mantém em vigor em qualquer dos dois primeiros.

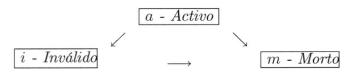

Diagrama de estados

Em primeiro lugar, há que verificar que se trata de uma cadeia hierárquica, na qual os estados a e i são fortemente transitórios e m é um estado absorvente. Assim, teremos por exemplo,

$$p_{aa}(s,t) = P_a(s,t) = e^{-\int_s^t \mu_{a\{i,m\}}(v)dv},$$

$$p_{ai}(s,t) = \int_s^t P_a(s,v)\mu_{ai}(v)P_i(v,t)\,dv,$$

$$p_{am}(s,t) = 1 - p_{aa}(s,t) - p_{ai}(s,t).$$

Capítulo 13
Principais funções actuariais

13.1 Prémios e valores actuariais

O aspecto mais saliente desta abordagem reside na generalização do modelo clássico, pela qual tanto os prémios como os valores seguros, quando periódicos, passam a ser devidos enquanto a apólice se encontrar num dado estado ou conjunto de estados. No que se refere aos prémios únicos, eles correspondem naturalmente ao valor actuarial dos capitais e rendas seguros. Tal como no modelo clássico, os termos das rendas (anuidades) serão pagos enquanto a apólice, ou as pessoas seguras, se encontrarem num determinado estado ou conjunto de estados, enquanto os benefícios sob a forma de capital serão pagos ou devidos quando se verificarem as mudanças de estado previstas no contrato.

Assim, há que considerar uma terminologia mais adequada a estes modelos, a qual passa, nos casos de prémios e rendas, por considerar os respectivos valores acumulados.

Seja $\Pi_j(t)$ o valor total de prémios pagos ou a pagar no intervalo $[0, t]$, enquanto a apólice se encontrar no estado j e $B_j(t)$ o valor total para benefícios de rendas no mesmo intervalo.

Os prémios pagos no intervalo $(s, t]$, enquanto a apólice se encontrar no estado j, serão então $\Pi_j(t) - \Pi_j(s)$; no mesmo intervalo, caso sejam devidos, os benefícios de valores periódicos (rendas) serão dados por $B_j(t) - B_j(s)$.

Verifica-se com facilidade que $\Pi_j(t)$ e $B_j(t)$ são funções não decrescentes de t, podendo ser contínuas ou descontínuas, consoante a modalidade considerada. Em geral, são funções descontínuas, com saltos anuais correspondentes às datas aniversárias da apólice. Caso sejam descontínuas, os valores nas descontinuidades serão representados respectivamente por

$$d\Pi_j(t) = \Pi_j(t+0) - \Pi_j(t-0),$$
$$dB_j(t) = B_j(t+0) - B_j(t-0).$$

Notamos que por vezes os valores, quando anuais, são pagos no início de cada anuidade (correspondente à data aniversária da apólice) e outras vezes no final da mesma.

Quando $\Pi_j(t)$ e $B_j(t)$ são funções contínuas, as designadas taxas instantâneas de pagamento obtêm-se por derivação:

$$d\Pi_j(t) = \pi_j(t)\,dt;$$
$$dB_j(t) = b_j(t)\,dt.$$

Independentemente de serem contínuas ou descontínuas, por utilização do integral de Riemann-Stieltjes, podemos escrever

$$\Pi_j(t) = \int_0^t d\Pi_j(u);$$
$$B_j(t) = \int_0^t dB_j(t).$$

No que se refere aos capitais seguros, usar-se-á a notação $c_{jk}(t)$ para designar um capital que é devido no instante t, caso nesse instante se dê a transição $j \to k$.

Com as notações anteriores, podemos agora proceder ao cálculo dos valores actuariais necessários.

Assim, o valor actuarial dos prémios puros, admitindo que são devidos pelo segurado enquanto a apólice se encontra no conjunto de estados $A \subset N$, e sendo 0 o estado inicial, é

$$\Pi = \sum_{j \in A} \int_0^\infty e^{-\delta t} p_{0j}(0,t) \, d\Pi_j(t), \qquad (13.1)$$

sendo δ a taxa instantânea de juro, que suporemos constante. No caso particular $A = \{0\}$ e prémios anuais constantes de valor P, teremos

$$\Pi = \int_0^\infty e^{-\delta t} p_{00}(0,t) \, d\Pi_j(t) = P \sum_{k=0}^\infty e^{-\delta k} p_{00}(0,k). \qquad (13.2)$$

Se o estado 0 corresponder exclusivamente ao facto da pessoa segura [x] estar viva, então a fórmula anterior ficará reduzida a

$$\Pi = P \sum_{k=0}^\infty e^{-\delta k} p_{00}(0,k) = P \sum_{k=0}^\infty e^{-\delta k} \,_k p_x = P \ddot{a}_x, \qquad (13.3)$$

e, tal como no modelo clássico, o valor actuarial dos prémios anuais de valor P constante é o produto desse valor pela respectiva anuidade antecipada.

De forma semelhante, o valor actuarial de uma renda (de valor acumulado $B_j(t)$), devida enquanto a apólice se encontrar em qualquer estado do conjunto $A \subset N$, será dado pela expressão

$$a^* = \sum_{j \in A} \int_0^\infty e^{-\delta t} p_{0j}(0,t) \, dB_j(t). \qquad (13.4)$$

Para uma renda anual antecipada de termo unitário sobre uma cabeça [x], podemos escrever $B_0(t) = \lceil t \rceil$ – leia-se menor inteiro superior ou igual a t – pelo que $dB_0(t) = 1$ para $t = 0^+, 1^+, 2^+, \ldots$ e zero para t não inteiro:

$$\ddot{a}_x = \int_0^\infty e^{-\delta t} p_{00}(0,t) \, dB_0(t) = \int_0^\infty e^{-\delta t} p_{00}(0,t) \, d\lceil t \rceil = \sum_{k=0}^\infty e^{-\delta k} \,_k p_x. \quad (13.5)$$

Se a renda for anual postecipada, também de termo unitário sobre a cabeça [x], podemos escrever $B_0(t) = \lfloor t \rfloor$ – leia-se maior inteiro contido em t^- pelo que $dB_0(t) = 1$ para $t = 1, 2, \ldots$ e zero para t não inteiro, teremos

$$a_x = \int_0^\infty e^{-\delta t} p_{00}(0,t)\, dB_0(t) = \int_0^\infty e^{-\delta t} p_{00}(0,t)\, d\lfloor t \rfloor = \sum_{k=1}^\infty e^{-\delta k}{}_k p_x. \quad (13.6)$$

O valor actuarial de um conjunto de capitais $C(t) = \{c_{jk}(t)\}$, devidos em t, se nesse instante se der uma das transições $j \to k$ previstas, é

$$A^* = \sum_{j,k} \int_0^\infty e^{-\delta t} c_{jk}(t)\, p_{0j}(0,t)\, \mu_{jk}(t)\, dt. \quad (13.7)$$

Se o seguro for temporário, de prazo n, teremos

$$A^*_{\overline{n}|} = \sum_{j,k} \int_0^n e^{-\delta t} c_{jk}(t)\, p_{0j}(0,t)\, \mu_{jk}(t)\, dt.$$

No caso de um seguro de vida inteira de capital unitário sobre uma pesssoa $[x]$, teríamos naturalmente $c_{01}(t) = 1$ e

$$\overline{A}_x = \int_0^\infty e^{-\delta t} c_{01}(t)\, p_{00}(0,t)\, \mu_{01}(t)\, dt = \int_0^\infty e^{-\delta t}\, {}_t p_x \mu_{x+t}\, dt. \quad (13.8)$$

Em qualquer caso, a manutenção do princípio de equivalência entre os valores actuariais a pagar pelo segurado (prémios puros) e a soma dos valores actuariais dos riscos cobertos pela seguradora (capitais ou rendas), implica a igualdade

$$\sum_j \int_0^\infty e^{-\delta t} p_{0j}(0,t)\, d\Pi_j(t)$$
$$= \sum_{j,k} \int_0^\infty e^{-\delta t} c_{jk}(t)\, p_{0j}(0,t)\, \mu_{jk}(t)\, dt + \sum_j \int_0^\infty e^{-\delta t} p_{0j}(0,t)\, dB_j(t). \quad (13.9)$$

Fazemos notar que tanto os prémios como os benefícios de tipo B (rendas em geral) só serão devidos em determinados estados, consoante a modalidade. Na fórmula anterior, fora desses estados, são considerados nulos.

Notamos também que a expressão anterior deverá ser usada com o máximo cuidado, muito especialmente nos benefícios de tipo B.

Exemplo 13.1 *Suponhamos uma renda de sobrevivência anual antecipada, de valor R, a pagar a [y] por morte de [x].*
O diagrama de estados tem o seguinte aspecto:

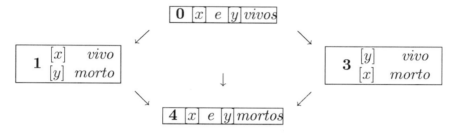

O prémio único pode, em primeira aproximação, ser determinado pela igualdade

$$\Pi = R \int_0^\infty e^{-\delta t} p_{03}(0,t) \, d\lceil t\rceil = R \sum_{k=0}^\infty e^{-\delta k} p_{03}(0,k).$$

Repare-se no entanto que, desta forma, a pensão só será paga em datas aniversárias da apólice, ou seja, em média, passado meio ano. Multiplicando Π por $e^{\frac{\delta}{2}}$ a aproximação melhorará.

Em rigor, dever-se-ia considerar o momento da morte, e a expressão correcta seria

$$\Pi = R \int_0^\infty e^{-\delta t} p_{00}(0,t) \, \mu_{03}(t) \int_0^\infty e^{-\delta s} p_{33}(t, t+s) \, d\lceil s\rceil \, dt.$$

Outra dificuldade surge quando o benefício depende do instante de entrada em funcionamento, como no caso de estar sujeito a uma taxa de inflação ou actualização. Supondo, por exemplo, que até ao momento da morte se usaria uma taxa de inflação de 2% e que após a morte de [x], caso a renda fosse devida, se utilizaria uma taxa de actualização de 3%, teríamos

$$\Pi = R \int_0^\infty e^{-\delta t} \times 1.02^t p_{00}(0,t) \mu_{03}(t) \int_0^\infty e^{-\delta s} \times 1.03^s p_{33}(t, t+s)\, d\lceil s \rceil\, dt.$$

Notamos que no exemplo precedente não fizemos propositadamente a transcrição para o modelo clássico, válida apenas se admitirmos independência entre as probabilidades de morte das duas pessoas consideradas. Com efeito, verifica-se que em muitos casais $\mu_{34}(t) \neq \mu_{y+t}$, sendo esta última taxa instantânea a correspondente à mortalidade normal da população.

Assim, $p_{33}(t, t+s) \neq {}_s p_{y+t}$. Poder-se-ia argumentar que, se existissem estatísticas sobre a mortalidade associada a casais, seria possível desenvolver fórmulas de tipo clássico. Seria todavia forçado fazê-lo, quando no modelo markoviano essa questão aparece naturalmente – embora a necessidade desse tipo de estatísticas se mantenha, sendo crucial para a determinação das probabilidades de transição.

Exemplo 13.2 *Consideremos uma apólice que garante em função da situação de uma pessoa [x] as seguintes coberturas:*

    a) em caso de morte natural, um capital C;

    b) em caso de morte por acidente, um capital 2C;

    c) em caso de invalidez total e permanente, uma renda vitalícia anual de termo R, a pagar em datas aniversárias da apólice.

Os prémios anuais de valor constante são pagos apenas enquanto a pessoa segura estiver válida.

O diagrama de estados terá o seguinte aspecto:

```
        ┌─────────┐
        │ 0 Válido│
        └─────────┘
   ╱         ↓         ╲
┌──────────┐  ┌────────────┐  ┌──────────────┐
│1 Inválido│→ │2 M. natural│  │3 M. acidente │
└──────────┘  └────────────┘  └──────────────┘
   ╲                     ╱
         ───→
```

O prémio único puro vem

$$\Pi = C \int_0^\infty e^{-\delta t} p_{00(0,t)} \mu_{02}(t)\, dt + C \int_0^\infty e^{-\delta t} p_{01(0,t)} \mu_{12}(t)\, dt +$$

$$+ 2C \int_0^\infty e^{-\delta t} p_{00(0,t)} \mu_{03}(t)\, dt + 2C \int_0^\infty e^{-\delta t} p_{01(0,t)} \mu_{13}(t)\, dt +$$

$$+ R \int_0^\infty e^{-\delta t} p_{01}(0,t)\, d\lfloor t \rfloor.$$

O prémio anual π obtém-se igualando o prémio único ao valor actuarial dos pagamentos a efectuar pelo segurado, cujo montante é

$$\pi \int_0^\infty e^{-\delta t} p_{00}(0,t)\, d\lceil t \rceil.$$

Então,

$$\pi = \frac{\Pi}{\int_0^\infty e^{-\delta t} p_{00}(0,t)\, d\lceil t \rceil}.$$

Notamos de novo que há situações em que o tempo decorrido para o pagamento de determinados benefícios só começa a contar depois de a apólice entrar no respectivo estado.

Se, por exemplo, a renda de invalidez fosse paga anual e adiantadamente, a partir da data da invalidez, em vez de o ser na data aniversária da apólice, o prémio respectivo, em rigor, deveria ser calculado pela expressão

$$R \int_0^\infty e^{-\delta t} p_{00}(0,t)\, \mu_{01}(t) \int_0^\infty e^{-\delta s} p_{11}(t,t+s)\, d\lceil s \rceil\, dt. \quad (13.10)$$

Todavia, a diferença entre os dois tipos de abordagem não é significativa. Em média, a primeira assume que o pagamento é efectuado meio ano mais tarde, pelo que bastará multplicar o respectivo valor por $e^{\delta/2}$ para se aproximar ainda mais do valor exacto.

13.2 Reservas pelo método prospectivo

Seja $V_j(t)$ a reserva matemática para uma apólice que se encontra no estado j no instante t.

Da fórmula (13.9) concluimos de imediato que $V_0(0) = 0$.

De uma forma geral, $V_j(t)$ calcula-se prospectivamente pela expressão

$$V_j(t) = \sum_{k,l} \int_t^\infty e^{-\delta(v-t)} c_{kl}(v) p_{jk}(t,v) \mu_{kl}(v) dv + \sum_k \int_t^\infty e^{-\delta(v-t)} p_{jk}(t,v) dB_k(v)$$
$$- \sum_k \int_t^\infty e^{-\delta(v-t)} p_{jk}(t,v) d\Pi_k(v), \qquad (13.11)$$

igualdade onde a parcela subtractiva diz respeito à responsabilidade do segurado com o pagamento dos prémios futuros; quanto às primeiras parcelas, representam a responsabilidade futura da seguradora, ou seja, o pagamento dos capitais seguros, caso se dêem os acontecimentos correspondentes às mudanças de estado $k \to l$ previstas na apólice, bem como o pagamento dos benefícios (em geral rendas) durante a estadia da apólice nos estados nela considerados para esse efeito.

A fórmula anterior é bastante geral e possíveis variações nos valores seguros ao longo do tempo estão em princípio por ela asseguradas. No caso de apólices liberadas, ou decorrido o prazo de pagamento de prémios, a reserva ficará reduzida às duas primeiras parcelas:

$$V_j(t) = \sum_{k,l} \int_t^\infty e^{-\delta(v-t)} c_{kl}(v) p_{jk}(t,v) \mu_{kl}(v) dv + \sum_k \int_t^\infty e^{-\delta(v-t)} p_{jk}(t,v) dB_k(v).$$

Para estados absorventes, uma vez que não há pagamento de prémios nem mais mudanças de estado possíveis, a reserva ou é nula ou fica reduzida aos benefícios em pagamento, ou seja, temos apenas que descontar os valores em causa. Se o estado é j, fica então

$$V_j(t) = \int_t^\infty e^{-\delta(v-t)} dB_j(v)$$

Notamos todavia que, tal como para os prémios únicos, a fórmula anterior poderá ter de ser ajustada em função da possível variação dos benefícios de tipo B (rendas) com o tempo e com o instante de entrada em funcionamento.

Exemplo 13.3 *Consideremos um seguro de renda certa de valor R para amortização de um empréstimo a n anos com prazo de pagamento $k < n$ (a fim de a reserva não se tornar negativa). Se a pessoa segura tiver idade x, e considerando uma cadeia de Markov apenas com os estados 0 e 1, teremos:*

$$\Pi_0(t) = \begin{cases} P \times t & para\ 0 \leq t \leq k \\ P \times k & para\ t > k \end{cases}.$$

O benefício a pagar em caso de morte no instante t terá o valor

$$c_{01}(t) = R\overline{a}_{\overline{n-t|}}, \quad para\ 0 \leq t \leq n,$$

sendo o prémio puro

$$P = \frac{R\left(\overline{a}_{\overline{n|}} - \overline{a}_{x;\overline{n|}}\right)}{\overline{a}_{x;\overline{k|}}}.$$

Note-se que estamos a considerar pagamentos contínuos para simplificar. A reserva, enquanto a pessoa segura estiver viva e antes do fim do prazo de pagamentos do prémio, será então

$$\begin{aligned}V_0(t) &= \int_t^n e^{-\delta(v-t)} c_{01}(v) p_{00}(t,v) \mu_{01}(v) dv - \int_t^k e^{-\delta(v-t)} p_{00}(t,v) d\Pi_0(v) \\ &= \int_t^n e^{-\delta(v-t)} R\overline{a}_{\overline{n-v|}} \,_{v-t}p_{x+t}\mu_{x+v} dv - \int_t^k e^{-\delta(v-t)} \,_{v-t}p_{x+t} P dv \\ &= R\left(\overline{a}_{\overline{n-t|}} - \overline{a}_{x+t;\overline{n-t|}}\right) - P\overline{a}_{x+t;\overline{k-t|}}. \end{aligned} \qquad (13.12)$$

Para $t > k$ a componente do prémio na expressão anterior desaparece.

PARTE IV

INTRODUÇÃO AOS FUNDOS DE PENSÕES

Nota prévia

O actuariado dos fundos de pensões constitui um dos principais componentes para a implantação, gestão e controlo deste tipo de produtos, quer tenham por base planos de simples poupança, quer planos de benefícios mais complexos, como teremos ocasião de analisar. De facto, sendo o actuário um medidor de riscos a ele competem, entre outras tarefas, identificar em primeira linha todos os riscos envolvidos na gestão dos fundos de pensões, qualquer que seja a sua origem: económica, social, financeira ou outra. Em segundo lugar, compete-lhe criar e supervisionar os mecanismos adequados a um controlo rigoroso dos riscos existentes e à sua medição/avaliação periódicas e também o correspondente relato às entidades competentes previstas, quer dentro da própria empresa gestora, quer no exterior.

Para uma supervisão adequada deste tipo de produtos existe na legislação portuguesa a figura do Actuário Responsável, o qual deverá possuir as competências necessárias para o cabal desempenho das actividades atrás mencionadas.

O presente apontamento não pretende analisar todos os tipos de risco presentes nos fundos de pensões, ou em produtos seguros com idêntico objectivo, mas somente contribuir para a criação de uma plataforma mínima de trabalho, que permita a um jovem profissional desta área iniciar e desenvolver sem hesitação a sua actividade corrente, seja numa sociedade gestora, numa seguradora, numa consultora ou mesmo num organismo de controlo.

O desenvolvimento da matéria, bem como o seu encadeamento, pressupõem que o leitor tem conhecimentos sólidos de probabilidades e estatística, assim como as noções de matemática actuarial e de processos estocásticos desenvolvidas nos capítulos precedentes.

Sendo a componente actuarial mais necessária em planos com pensões e responsabilidades a longo prazo, as quais resultam da estipulação, à priori, dos próprios benefícios, é natural que o presente texto incida em especial sobre este tipo de planos. Contudo, alguma análise será feita sobre outro tipo de planos/fundos, nomeadamente sobre planos de mera poupança, aparentemente inócuos do ponto de vista de risco, mas que acabam por se tornar, para os respectivos contribuintes e beneficiários, numa fonte inesgotável de surpresas, nem todas de carácter necessariamente agradável.

Tanto quanto possível, não vai ser objecto de análise a natureza complementar ou supletiva dos planos em relação à Segurança Social e sua possível integração, nem tão pouco o seu enquadramento social, económico ou financeiro. Limitar-nos-emos, e daremos especial ênfase, aos problemas de carácter técnico-actuarial ou matemático mais salientes, deixando outro tipo de análise para entidades mais competentes e noutro forum, pois de certa forma também não caberiam no âmbito deste texto.

Para terminar, salientamos que os conceitos e formulários apresentados têm por base a experiência nacional e os normativos existentes nesta área, bem como os métodos actuariais mais usados internacionalmente, com especial destaque para os do Reino Unido.

Capítulo 14

Fundos de pensões

14.1 Introdução

Nas sociedades economicamente mais desenvolvidas, a situação dos cidadãos que, não tendo fortuna pessoal e por motivo de doença ou velhice deixavam de poder angariar meios de subsistência, foi desde há séculos uma preocupação de natureza social importante, à qual muitos dirigentes do sector público, privado e religioso tentaram dar resposta, ainda que por vezes de forma particular ou meramente pontual. Em diversos países, e Portugal não foi excepção, algumas empresas dos sectores mais dinâmicos da economia premiavam os seus trabalhadores mais antigos e dedicados com pensões de reforma graciosas; não raras vezes também, em caso de morte, os filhos ou viúvas acabavam por ser contemplados com pensões de sobrevivência ou outros tipos de benefício.

A ideia de criar fundos de pensões, nalguns países designados por fundos ocupacionais, constituiu uma forma de generalizar aquele tipo de benefícios e de lhes proporcionar maior solidez, através de um suporte técnico e actuarial efectivo, bem como por um enquadramento legal e fiscal adequado.

Na Inglaterra, por exemplo, existiam já no século XVIII diversos planos de pensões, embora na sua maioria sem financiamento prévio, isto é, os pensionistas recebiam directamente de caixa, não existindo a noção de provisão para fazer face a esses encargos. Esse tipo de planos, que ainda hoje subsiste, é designado por *pay as you go*. Aliás, são os sistemas públicos de segurança social que, na maioria dos países, recorrem a este sistema, o qual permite estabelecer interessantes benefícios, mas cuja factura somente bastantes anos (várias décadas) depois começa a pesar no respectivo orçamento.

Data de 1743, na Escócia, um dos primeiros fundos com financiamento adequado, que se destinava às viúvas dos pastores das igrejas escocesas. Na mesma época, surgiam no país fundos do sector privado, como por exemplo o do Banco de Inglaterra e o da Companhia da Índia Oriental. Contudo, é no século XIX que se verifica o maior desenvolvimento dos esquemas de pensões privados, estabelecidos pelas principais empresas ou sectores de actividade, tais como os caminhos de ferro, a indústria, o sector financeiro e mesmo o comércio a retalho. Em Inglaterra, aparece nesse século a primeira legislação para fundos do sector público, o *Superannuation Act 1834*, através da qual, após 45 anos de serviço, o trabalhador tinha direito a uma pensão de reforma equivalente a 2/3 do seu salário final. O segundo Acto dessa legislação, datado de 1859, reduziu o número de anos de serviço para 40, com uma taxa de direitos adquiridos de 1/60, tendo igualmente reduzido a data normal de reforma de 65 para 60 anos de idade. Estes esquemas são ainda hoje, na sua maioria, não contributivos, e em geral não previamente financiados, isto é, o pagamento dos benefícios deriva directamente dos impostos cobrados num sistema puro de *pay as you go*. Porém, outros esquemas do sector público inglês, tais como os dos bombeiros, professores e trabalhadores do sistema nacional de saúde, embora não previamente financiados, são contributivos, isto é, recebem contribuições dos seus participantes. Por outro lado, para polícia e bombeiros, a taxa de formação da pensão é superior, sendo o número de anos de serviço necessários para atingir os referidos 2/3 de apenas 30.

Os fundos de pensões têm ainda em Portugal uma dimensão reduzida, quando comparada coma que se verifica noutros países, muito especialmente nos de origem anglo-saxónica. Convém, todavia, referir algumas excepções que se verificam no mercado nacional. Por exemplo, para a maioria dos bancos, que tradicionalmente não descontavam para a segurança social, a adesão aos fundos de pensões constituiu um passo importante para a diminuição dos passivos acumulados ao longo de gerações, permitindo aos seus pensionistas e restantes beneficiários uma confiança acrescida, independente do futuro da própria instituição. Constata-se que o seu peso deu aos fundos de pensões uma visibilidade que de outra forma ainda não teriam. A legislação, nomeadamente fiscal, bem como as novas regras de contabilização, resultantes da transposição das directivas comunitárias, constituíram também incentivo importante para a concretização de alguns fundos de pensões, de empresas com responsabilidade significativa relativa a planos em vigor, mas cujas provisões não existiam ou não se encontravam devidamente acauteladas.

Noutros sectores de actividade, para além de razões de natureza histórica e cultural, a ampla cobertura até agora dada pelo Estado para os valores de substituição à data da reforma (leia-se pensões atribuídas pela Caixa Nacional de Pensões ou pela Caixa Geral de Aposentações), não deixavam grande margem para o sector privado actuar e se desenvolver. Criou-se mesmo na população um sentimento de (falsa) segurança e expectativa de que seria e deveria ser sempre o Estado a suprir as falhas na doença, na invalidez, na reforma, na viuvez, no desemprego, enfim, em todas as situações que envolvessem algum destes riscos, quer para os próprios, quer para os restantes membros do seu agregado familiar.

Porém, a evolução das contas da segurança social, com níveis elevados de apoio à velhice e ao desemprego, não se mostra auspiciosa. O acréscimo do número de desempregados, o aumento da longevidade e o número crescente de reformados com pensões significativamente elevadas são factores importantes, que associados a uma quase estagnação nas contribuições da população activa, praticamente estabilizada, podem conduzir a uma equação de solução impossível, a menos que se proceda ao corte de benefícios ou que novas fontes de financiamento sejam consideradas, eventualmente pelo aumento das taxas sociais ou pela criação de novos impostos. Como economicamente tal se poderá tornar insustentável, até por uma questão de concorrência em mercados globais abertos e mais competitivos, restam poucas alternativas de actuação que, quanto mais tardia, mais dolorosa se irá tornar. Assim, não estranhamos que o Estado tente:

- mitigar o esquema de atribuição de pensões, cortando ou diminuindo o acesso a pré-reformas e reformas antecipadas;
- aumentar a idade de reforma;
- alterar a fórmula de cálculo (por exemplo, passando a fórmula de cálculo a incidir apenas sobre salários de carreira, ou alterando mesmo a percentagem por ano de serviço);
- plafonar pensões, sem que isso signifique plafonar contribuições;
- incorporar a longevidade nos possíveis aumentos das pensões ou limitando-os abaixo da taxa de inflação;
- incentivar esquemas de poupança paralelos, públicos ou privados, que diminuam a pressão sobre as prestações a seu cargo, facilitando a sua previsível diminuição.

Os fundos de pensões e os produtos de reforma devem por isso ser enquadrados numa política social de longo prazo, sustentável e não sujeita a actos isolados de base orçamental, eleitoral, ou de mero zelo fiscal, para que os cidadãos possam saber com antecedência com o que poderão efectivamente contar, e como se poderão precaver quanto ao futuro do seu património, da sua saúde e, naturalmente, das suas pensões.

Ao cidadão/contribuinte, por seu turno, compete alterar ou readequar os padrões de consumo, aumentar o nível de poupança e das diversas coberturas de que necessita, seja na doença, na reforma ou em caso de invalidez ou morte.

As empresas podem dar também um contributo importante, promovendo uma cultura de previdência e uma grelha de incentivos diferidos diversificada, proporcional à sua capacidade financeira e à dos seus colaboradores. Devem igualmente promover e contratualizar a adesão dos mesmos a seguros ou fundos de pensões que propiciem coberturas alternativas ou complementares apropriadas.

14.2 Definições

Os **fundos de pensões** constituem um património autónomo destinado à concretização e realização de um ou mais planos de pensões e de planos de benefícios diferidos associados (de saúde, por exemplo). A classificação principal dos fundos de pensões, do ponto de vista actuarial, deriva dos planos de pensões subjacentes. Quando estes definem claramente os benefícios a alcançar, estamos perante fundos/planos de benefício definido; quando apenas o esquema contributivo está identificado e os valores finais dos benefícios dependem da poupança acumulada, estamos perante fundos/planos de contribuição definida.

Chama-se a atenção para o facto de haver ainda fundos/planos de tipo misto, em que uma parte do plano estabelece determinados benefícios (completamente definidos) e outra parte estabelece o tipo de poupança a efectuar (não o montante a alcançar), através de um esquema de contribuições apropriado.

Os fundos de pensões são também classificados segundo a natureza contratual existente, podendo ser fechados ou abertos, consoante a adesão aos mesmos dependa ou não de autorização dos seus promotores ou associados. A aceitação da adesão a fundos de pensões abertos depende exclusivamente da entidade gestora. Outras classificações resultam, como atrás mencionámos, dos planos de pensões estabelecidos, da eventual complementaridade à Segurança Social, dos riscos cobertos, dos benefícios considerados, dos contribuintes do mesmo, da sua elegibilidade fiscal, etc.

Num fundo de pensões intervêm, para além da sociedade gestora e dos organismos de supervisão, diversas entidades que convém identificar:

- Associado – a pessoa colectiva cujos planos de pensões ou de benefícios de saúde são objecto de financiamento através de um fundo de pensões;
- Participante – a pessoa singular em função de cujas circunstâncias pessoais e profissionais se definem os direitos consignados nos planos de benefícios existentes, independentemente de contribuir ou não para o seu financiamento;
- Beneficiário – a pessoa singular com direito aos benefícios estabelecidos nos planos do fundo, tenha ou não sido participante;
- Contribuinte – a pessoa singular que contribui para o fundo, ou a pessoa colectiva que efectua contribuições em nome ou a favor do participante;
- Aderente – a pessoa singular ou colectiva que adere a um fundo de pensões aberto.

Os fundos de pensões podem ser geridos por uma ou várias entidades gestoras, e os valores a eles adstritos são depositados num ou mais bancos depositários. Em Portugal, podem gerir fundos de pensões seguradoras que explorem directamente o ramo Vida, ou entidades dedicadas em exclusivo a essa actividade, designadas por Sociedades Gestoras de Fundos de Pensões.

Seja qual for o plano ou planos subjacentes, um **fundo de pensões** deve ser encarado essencialmente como um veículo de financiamento do plano (*veículo de transporte e gestão dos valores afectos ao plano*). Outro veículo possível seria um seguro colectivo de reforma.

Qualquer que seja o veículo escolhido, tratando-se de um meio destinado a complementar e, em certos casos, a suprir a protecção social na velhice, invalidez ou sobrevivência dos participantes e beneficiários, exige-se que seja gerido com a maior prudência e segurança, e objecto de supervisão adequada aos diversos riscos envolvidos.

14.3 Planos de pensões e planos de benefícios de saúde

Como o próprio nome indica, um plano de pensões consiste num programa que define um conjunto de condições e regras que permitem a uma dada pessoa, ou ao seu agregado familiar, habilitar-se ao recebimento de uma ou mais prestações pecuniárias (benefícios), em geral liquidadas sob a forma de pensão, caso ocorram os acontecimentos previstos nesse programa.

Os benefícios podem ter várias origens, tomar diversas formas e envolver diferentes riscos.

Destacamos os seguintes:
- pensão de reforma ou reforma antecipada
- pensão de pré-reforma
- pensão por direitos adquiridos
- pensão de sobrevivência
- pensão de invalidez (total e permanente).

Quando complementares, os planos de pensões podem ainda prever a atribuição de subsídios por morte, bem como o pagamento de contribuições para a Segurança Social ou decorrentes de contratação colectiva, desde que os beneficiários a elas estejam obrigados e tal constar dos acordos estabelecidos com o associado.

Por não ser típico dos planos de pensões, mas por estarem com eles relacionados e dependentes, foram criados por lei, em 2006, planos de benefícios de saúde destinados a cobrir o reembolso de despesas de saúde diferidas para a data normal de reforma, ou ocorridas após situações de invalidez ou sobrevivência.

Por definição, plano de benefício de saúde é um programa estabelecido por uma pessoa colectiva a favor dos seus colaboradores, que define as condições em que se constitui o direito ao pagamento ou reembolso de despesas de saúde, decorrentes da alteração involuntária do estado de saúde do beneficiário – e havidas após a data da reforma por velhice ou invalidez, sobrevivência, pré-reforma ou reforma antecipada. Segundo a legislação vigente, este tipo de planos só pode ser financiado através de fundos de pensões fechados ou de adesões colectivas a fundos de pensões abertos.

Apesar de a reforma constituir o objectivo principal de um plano de pensões, não devemos esquecer que as outras eventualidades assinaladas apresentam também responsabilidades acrescidas, a que muitos planos procuram dar resposta, tanto mais que algumas dessas contingências (morte, invalidez, doença) podem ocorrer em idades de todo não esperadas e nas quais os recursos do agregado familiar, face às suas necessidades correntes, são mais duramente atingidos.

Tratando-se contudo de riscos distintos, nalguns casos não diferidos, procuraremos abordá-los em separado, mantendo apenas, quando necessário, eventuais ligações ou comparações.

A principal classificação dos planos resulta do binómio benefícios/contribuições. Assim, como anteriormente mencionámos, o plano pode ser considerado:
- de benefício definido, caso os valores dos benefícios sejam determináveis por formulário ou tabela apropriados;
- de contribuição definida, caso o esquema de contribuições esteja pré-definido, independentemente dos maiores ou menores benefícios que as mesmas permitirão alcançar;
- misto, quando a um esquema de contribuição definida, se juntam alguns benefícios adicionais bem definidos.

Relativamente à Segurança Social, os planos podem ser classificados como:
- independentes ou não integrados, quando os benefícios estabelecidos são totalmente independentes da Segurança Social;

- complementares, quando os benefícios do plano completam de alguma forma as pensões da Segurança Social, podendo o respectivo complemento ser basicamente de três tipos:
  - integrado com a Segurança Social: quando estabelece um nível de reforma global, integrando a pensão da Segurança Social, sendo da responsabilidade do plano assegurar a diferença entre esta pensão e o nível global estabelecido;
  - semi-integrado com a Segurança Social: se as características são análogas às dos planos de benefício definido integrado, mas existir um limite superior para a pensão a cargo do plano, por forma a diminuir o risco de um aumento elevado das responsabilidades resultante de alterações no nível de benefícios proporcionados pela Segurança Social;
  - supletivo: quando o benefício é função, em geral linear, da pensão estabelecida pela Segurança Social.

Relativamente aos contribuintes, podemos ter:
- planos contributivos, quando o próprio participante contribui;
- planos não contributivos, quando apenas o associado do fundo contribui.

Tendo em conta a componente fiscal, os planos podem ser considerados:
- fiscalmente elegíveis, se respeitam as normas impostas pela legislação fiscal para usufruírem plenamente dos benefícios fiscais previstos;
- parcialmente elegíveis, quando apenas alguns dos benefícios fiscais podem ser considerados;
- fiscalmente não elegíveis.

14.4 Formas de pagamento dos benefícios

Um fundo de pensões, como o próprio nome indica, destina-se essencialmente a pagar benefícios sob a forma de pensão. Contudo, circunstâncias diversas, de natureza social, particular ou financeira, devem permitir ao beneficiário escolher para o seu caso concreto a forma mais conveniente de os receber, dentro de determinados limites, e desde que essa escolha não ponha em causa os objectivos previdenciais que nortearam a constituição do respectivo plano e do próprio fundo.

Em Portugal, segundo a legislação actual, no momento em que se inicia o pagamento da pensão estabelecida pode ser concedida a sua remição parcial em capital, ou a sua transformação noutro tipo de renda, desde que se verifiquem as seguintes condições:

1 – Essa possibilidade esteja prevista no plano de pensões e tenha sido apresentado à entidade gestora um pedido formulado por escrito pelo futuro beneficiário.

2 – O montante do capital de remição, bem como o valor actual da renda proveniente da transformação, não seja superior a um terço do valor actual da pensão estabelecida, calculado de acordo com as bases técnicas utilizadas para a determinação do mínimo de solvência.

3 – Mediante acordo entre a entidade gestora, o associado e o beneficiário, é ainda possível a remição total da pensão, desde que o montante da prestação periódica mensal seja inferior à décima parte da retribuição mínima mensal garantida para a generalidade dos trabalhadores, em vigor à data da remição.

4 – No caso de fundos de pensões com planos contributivos, os beneficiários têm direito ao reembolso do montante determinado em função das contribuições efectuadas pelos participantes, em qualquer das contingências de reforma previstas, e ainda em caso de desemprego de longa duração, doença grave ou incapacidade permanente para o trabalho, entendidos estes conceitos nos termos da legislação aplicável.

5 – O reembolso previsto no número anterior pode ser efectuado sob a forma de renda, capital ou qualquer combinação destes, aplicando-se as condições referidas no n.º 2 apenas ao valor que não resulte das contribuições do participante.

6 – Sem prejuízo da possibilidade de remição da pensão em capital, as pensões resultantes de planos de pensões de contribuição definida são garantidas através de um seguro celebrado em nome e por conta do beneficiário.

7 – As pensões referidas no número anterior podem ser pagas directamente pelo fundo, se os associados assumirem o pagamento de eventuais contribuições extraordinárias para garantia da manutenção do seu valor e se forem cumpridos os requisitos de ordem prudencial estabelecidos.

Relativamente ao ponto 6, deve referir-se que a aquisição de rendas vitalícias para garantia do pagamento da pensão não é actualmente uma questão de resolução fácil, pois a volatilidade das taxas de juro e retorno, bem como o aumento da longevidade, têm conduzido as seguradoras a restringir ou limitar a oferta destes produtos a preços razoáveis, dificultando de alguma forma a sua aquisição.

Idêntico cenário ocorre em todos os fundos que não pagam directamente pensões.

Capítulo 15

Planos de benefício definido (BD)

15.1 Introdução

Quando o quantitativo de um determinado benefício, seja de reforma, invalidez, ou outro, se encontra bem descrito pelas regras do plano, seja através de uma fórmula, de uma tabela ou até de uma especificação particular, diremos que estamos perante um **Plano de Benefício Definido**.

Neste tipo de planos, o papel dos actuários é imprescindível e ao Actuário Responsável colocam-se diversos tipos de questões, de que destacamos:

- Quais os valores actuariais das responsabilidades inerentes aos benefícios assumidos?
- Como calcular as dotações iniciais e as contribuições periódicas necessárias, bem como estimar a sua repartição ao longo do tempo?
- Como controlar a adequação dos activos do fundo aos previsíveis fluxos financeiros?
- Como monitorar o nível de solvência do fundo face ao valor de mercado dos activos detidos e atendendo à evolução das responsabilidades?
- Como prevenir ou tratar eventuais desvios ou cash-flows que ponham em causa a solvência do fundo, ou mesmo a dos seus associados?

- Como tratar e diversificar eventuais riscos de morte ou invalidez?
- Como controlar global e sistematicamente a matriz de riscos existentes?

15.2 Principais tipos de planos BD

Na sua grande maioria, os planos de pensões BD resultam da aplicação de uma fórmula de benefício, ou tabela, em geral dependente do número de anos da trabalho numa dada instituição (empresa, grupo, sector, etc.), a um determinado tipo de salário, a que podemos chamar salário pensionável. Há, no entanto, planos BD nos quais o benefício é fixo ou tabelado apenas em função da antiguidade, não dependendo do salário recebido pelo participante. Por outro lado, há que referir que o salário pensionável, nalguns planos, incorpora todas as verbas colocadas à disposição do participante, enquanto noutros casos apenas considera o salário base e eventuais diuturnidades. Noutros ainda, considera apenas os valores sobre os quais incidem descontos para a Segurança Social.

15.2.1 *Planos sobre o salário final*

Quando a fórmula ou tabela de benefício se aplica ao salário final, ou ao salário médio dos últimos k meses/anos, diz-se que estamos perante um plano de benefícios sobre salário final.

Exemplo 15.1 *Um plano estipula que à data normal de reforma o participante tem direito a uma pensão de reforma vitalícia, mensal, postecipada, calculada pela fórmula*

$$P = \min\left\{0.01 n \frac{\overline{S}}{12},\ 0.40 \frac{\overline{S}}{12}\right\},$$

expressão na qual $\overline{S}$ representa o salário médio anual recebido durante os últimos cinco anos de actividade, sendo n o número de anos que o participante trabalhou ao abrigo do plano, considerando um máximo de 40 anos. A pensão será actualizada em Janeiro de cada ano, segundo o índice de preços no consumidor publicado pelo INE.

15.2.2 Planos sobre o salário de carreira

Quando a fórmula de benefício ou tabela se aplica ao salário médio de carreira, ainda que este se calcule tendo em atenção as correcções monetárias por efeito da inflação verificada, diz-se que estamos perante um plano de benefícios sobre o salário de carreira.

Quando, com idêntica taxa de formação do benefício, expressa em função dos anos de serviço, comparamos este tipo de plano com um plano sobre o salário final, chegamos, em geral, a valores da pensão final substancialmente inferiores. Com efeito, o salário médio de carreira, ainda que considerando correcções de inflação, é em geral inferior ao salário final, que reflecte a progressão na carreira. No caso de um quadro técnico, essa diferença pode ser enorme, enquanto que no caso de um trabalhador indiferenciado poderá ficar mais esbatida. Retome-se o exemplo anterior, com as necessárias modificações.

Exemplo 15.2 *Um plano estipula que à data normal de reforma o participante tem direito a uma pensão de reforma vitalícia, a pagar mensal e postecipadamente, calculada pela fórmula*

$$P = \min\left\{0.20\frac{\overline{S}}{12},\ 0.40\frac{S}{12}\right\},$$

expressão na qual $\overline{S}$ representa a média dos salários recebidos durante os anos em que o participante do plano trabalhou ao abrigo do mesmo e S é o salário anual à data de reforma. Para o cálculo do salário médio *de carreira, bem como para a actualização do valor da pensão, a efectuar em Janeiro de cada ano, será utilizado o índice de preços no consumidor publicado pelo INE.*

Notamos que nos exemplos dados, como aliás na maioria dos planos, os valores da pensão só podem ser conhecidos com rigor à posteriori, uma vez que as fórmulas de cálculo incidem sobre valores desconhecidos à priori. Esta questão tem naturalmente um interesse importante do ponto de vista actuarial, como adiante teremos ocasião de constatar.

15.2.3 Outros tipos de planos e benefícios

Independentemente do benefício estipulado para a data normal de reforma, um plano BD pode garantir ainda, em certas circunstâncias, o direito a uma pensão por saída da empresa ou sector onde aquele plano se aplica. Estamos, nesse caso, perante um plano com **direitos adquiridos** (DA). A fórmula de cálculo dos direitos adquiridos pode estar relacionada com a da pensão de reforma, ou ser mesmo idêntica, tendo naturalmente em atenção o tempo de serviço e os salários até à data da saída, mas pode também ser diferente e com outras regras de cálculo.

O exemplo que se segue, na parte referente à pensão de reforma, é semelhante ao exemplo 15.2.1; no entanto, os direitos adquiridos têm uma fórmula própria.

Exemplo 15.3 *Um plano estipula que à data normal de reforma o participante tem direito a uma pensão de reforma vitalícia, de valor anual P, a pagar em duodécimos, postecipadamente, calculada pela fórmula*

$$P = \min\left\{0.01n\frac{\overline{S}}{12},\ 0.40\frac{\overline{S}}{12}\right\},$$

onde $\overline{S}$ representa o salário médio anual recebido durante os últimos cinco anos de actividade e n é o número de anos que o participante trabalhou ao abrigo do plano, considerando um máximo de 40 anos. A pensão será actualizada em Janeiro de cada ano, segundo o índice de preços no consumidor publicado pelo INE.

No caso de saída do sector, após um mínimo de cinco anos de serviço, o participante fica com direito, à data normal de reforma, a uma pensão vitalícia postecipada, não actualizável, a pagar em duodécimos, calculada pela fórmula

$$P = \min\left\{0.008n\frac{\overline{S}}{12},\ 0.40\frac{\overline{S}}{12}\right\}.$$

Como se pode verificar no exemplo anterior, não só a fórmula de cálculo da pensão por direitos adquiridos é diferente, como não se procede a qualquer actualização da pensão por abandono de serviço: nem pela inflação ocorrida, desde a saída até à idade normal de reforma, nem após reforma. Significa isto que uma elevada rotação de emprego, ainda que considerando direitos adquiridos e fórmulas de cálculo idênticas às de reforma, conduz necessariamente a "partes de pensão" profundamente degradadas. Será este um dos principais problemas que os fundos de pensões têm dificuldade em resolver, conquanto se possam considerar instrumentos privilegiados de poupança para a reforma em regime de capitalização.

Uma outra forma de que por vezes se revestem os direitos adquiridos consiste em considerar que os mesmos são directamente proporcionais à pensão de reforma, considerando o quociente entre o tempo decorrido e o tempo total (teórico) de serviço até à data normal de reforma, embora tendo por base o salário à data da saída. Também nestes casos as actualizações posteriores à data de saída estão em princípio excluídas. Voltaremos a este assunto quando estudarmos outro tipo de planos e também quando alguma reflexão tiver sido feita sobre as aplicações financeiras dos FP.

Muitos planos de benefício definido consideram também pensões em caso de invalidez total e permanente do participante. A fórmula de cálculo da pensão é muito variável. Nalguns casos acompanha a taxa de formação da pensão de reforma, dizendo--se então que se trata de invalidez adquirida; noutros considera o tempo total de serviço que o participante teria à data normal de reforma, caso não se tivesse invalidado. Estamos neste caso perante invalidez, dita, projectada. O salário pensionável, para efeitos de invalidez, também pode ser diferente do que se considera para efeitos de reforma. Quase sempre a fórmula de cálculo da pensão de invalidez incide sobre o salário à data da invalidez. Como se verifica, trata-se de um risco por vezes considerável, ao qual tem de ser dada particular atenção.

No que se refere a todas as coberturas complementares, quer em caso de invalidez total e permanente, quer em caso de morte, os planos de pensões constituem um óptimo instrumento de protecção, já que podem repartir a baixo custo os riscos inerentes a estas coberturas, através de seguro ou resseguro adequado.

Exemplo 15.4 ...*Para além da pensão de reforma o plano garante que, em caso de morte do participante, o cônjuge e filhos menores têm direito a uma pensão vitalícia calculada de acordo com as seguintes fórmulas*

$$P_v = 50\% P_r,$$
$$P_o = 10\% P_r,$$

sendo P_r a pensão de reforma a que o participante falecido teria direito caso se reformasse à data da morte. A pensão dos filhos cessa quando estes atingem 21 anos de idade.

O plano garante ainda que, em caso de invalidez total e definitiva, o participante tem direito a uma pensão vitalícia igual a $100\% P_r$, sendo Pr a pensão de reforma a que o participante inválido teria direito caso se reformasse à data da invalidez, embora considerando o tempo potencial de serviço até à data normal de reforma (invalidez projectada).

Existem também planos de benefício definido que não são função do salário do participante. Embora não sejam vulgares em Portugal, o seu interesse pode residir no estabelecimento de plataformas mínimas de subsistência, como aquelas que regulamentam algumas prestações de carácter social.

Exemplo 15.5 *O plano garante que, à data normal de reforma, o participante tem direito a uma pensão de reforma vitalícia correspondente a 80% da retribuição mínima mensal garantida em vigor nessa data. A pensão será paga 14 vezes por ano, sendo o 13º mês pago em Julho e o 14º em Dezembro. A actualização da pensão em pagamento será idêntica à verificada para a retribuição mínima mensal garantida.*

Casos há também em que a pensão está dependente da categoria profissional do participante e não necessariamente do seu salário que, nalguns casos, pouco ou nada tem a ver com essa categoria. Estão nesta situação alguns planos em que as fórmulas de cálculo da pensão dependem directamente das tabelas salariais de acordos colectivos de trabalho, embora os participantes sejam pagos por valores acima dessas tabelas.

Não podemos deixar de mencionar ainda os planos BD que prevêem reformas antecipadas ou pré-reformas, cujas fórmulas de cálculo podem diferir também substancialmente das da pensão de reforma.

As conclusões resultantes dos exemplos dados e dos diferentes tipos de planos de pensões de BD podem ser sintetizadas da seguinte forma:
- um plano pode considerar riscos/benefícios bastante diversificados;
- não existem padrões fixos para as fórmulas e tipos de benefícios que se pretendem conceder;
- os objectivos de natureza social que se deseja alcançar com a implementação do plano dependem de numerosos factores, tais como acordos de empresa, acordos colectivos, etc.;

- a criação de um plano de pensões e o estabelecimento do respectivo fundo dependem dos meios financeiros disponíveis para o seu cabal financiamento e funcionamento.

Convirá referir ainda que:
- um plano de pensões deve, tanto quanto possível, optimizar a componente fiscal, tanto dos associados, como dos participantes e beneficiários;
- Um plano e o respectivo fundo devem, naturalmente, respeitar toda a legislação e normativos legais em vigor.

Pelas razões e argumentos apresentados, fácil se torna concluir que o desenho de um plano de pensões não é tarefa simples. Para além de uma relação custo/benefício de difícil avaliação, as perspectivas dos participantes e dos contribuintes podem ser bastante distintas, ou até contraditórias. Tudo depende da cultura ou tradição existente, do nível de remunerações dos diversos grupos de participantes, da capacidade financeira dos contribuintes, da estrutura etária da população abrangida e ainda de outros factores que neste ponto se torna prematuro descrever e analisar.

15.3 Alguns conceitos actuariais de base

15.3.1 *Introdução*

O facto de um plano de BD estabelecer garantias diferidas no tempo, coloca à partida duas questões essenciais:
- como determinar as responsabilidades iniciais, logo que o plano é instituído (a menos que seja contado para cada participante apenas o tempo de serviço posterior à sua criação);
- como estimar os meios financeiros necessários a cada momento para se poder cumprir, com razoável grau de confiança, o plano estabelecido.

Uma e outra conduzem a tarefas prioritárias que apenas o actuário pode desenvolver, como já anteriormente referimos, e teremos ocasião de constatar.

A **avaliação actuarial** num determinado momento de um plano BD consiste justamente na determinação e atribuição de um valor actuarial às responsabilidades existentes. Para esse efeito, o actuário deve assumir pressupostos básicos prudentes, enquadráveis tanto nos elementos estatísticos disponíveis, como nas boas práticas nacionais e internacionais sobre esta matéria existentes. Constitui igualmente objectivo da avaliação actuarial a determinação das contribuições necessárias para a exequibilidade do plano, quer tenham um carácter pontual imediato (contribuição do ano ou contribuição extraordinária, por exemplo), quer um carácter permanente (contribuição nivelada esperada futura).

A necessidade de prudência é de todo evidente, pois quando falamos de planos de pensões estamos implicitamente a falar do longo prazo. Para uma população de participantes com uma idade média de 35 anos, por exemplo, há que considerar um primeiro período, de cerca de 30 anos, que vai até à idade normal de reforma, e um segundo período, que irá dos 65 anos até aos 85 ou mais, dependendo da longevidade do participante. Estamos pois a referir-nos a populações e acontecimentos ao longo de 50 ou mais anos. Num período tão longo torna-se difícil imaginar como poderão evoluir alguns sectores ou indicadores, de que se destacam:

- a economia, o sector de actividade, a empresa promotora do plano;
- o mercado de trabalho e a rotação de pessoal;
- os benefícios proporcionados pelo Estado;
- as taxas de juro, as taxas de inflação, os mercados de capitais;
- as taxas de mortalidade, invalidez ou doença;
- o mercado de rendas vitalícias.

Considerando as tendências dos factores descritos e a sua previsível volatilidade, assim como a capacidade financeira dos associados do fundo, não seria difícil concluir que estamos perante um elevado grau de incerteza, ao qual somente modelos de natureza estocástica poderiam parcialmente responder. Porém, a consideração de tais modelos complicaria em demasia qualquer avaliação actuarial, razão pela qual são substituídos, numa primeira análise, por modelos semi-determinísticos e por análises de sensibilidade, através das quais se podem testar as situações mais prováveis ou ainda situações limite de grande interesse prático. Os modelos de avaliação actuarial que iremos apresentar substituem nalguns casos os processos estocásticos aplicáveis por parâmetros fixos (como por exemplo a taxa de rendimento do fundo ou a taxa de crescimento salarial) e por variáveis aleatórias noutros (como, por exemplo, o tempo de vida do participante/beneficiário, ou a sua sobrevivência dentro do próprio plano).

Para além dos objectivos essenciais acima descritos, a avaliação actuarial deve permitir ainda, nos casos em que o plano esteja a ser administrado por um **fundo de pensões**:

- definir níveis de financiamento/solvência do fundo, nomeadamente face aos mínimos legais exigíveis;
- analisar desvios quer das responsabilidades quer do valor do fundo, face a previsões anteriores, sua natureza e causas;
- reajustar parâmetros e medir o seu efeito nos valores das responsabilidades e contribuições futuras;
- monitorar a adequação da carteira de activos face às responsabilidades existentes e à sua exigibilidade no tempo, quer por mapas prospectivos de cash-flow, quer através de estudos de ALM;
- estudar os efeitos de alteração de benefícios ou inclusão de novos riscos;
- estabelecer esquemas de seguro ou resseguro adequados aos riscos cobertos pelo fundo;
- efectuar relatórios detalhados quer para os promotores do plano/fundo, quer para as autoridades de controlo ou supervisão.

15.3.2 *Glossário*

Responsabilidade actuarial

Entende-se por responsabilidade actuarial o valor actuarial de todas as despesas futuras com os benefícios estabelecidos no plano, independentemente da sua natureza (pensões, indemnizações, transferências, despesas administrativas, etc.) ou dos acontecimentos que lhes dêem origem. Devemos acentuar que a responsabilidade actuarial depende do método de avaliação/financiamento adoptado, bem como dos parâmetros utilizados. De forma geral a avaliação é feita prospectivamente.

Notamos que alguns autores designam por responsabilidade actuarial só a responsabilidade atribuível aos benefícios por serviços passados.

No texto que se segue apenas nos referiremos aos benefícios do plano, não considerando as despesas administrativas que implicam. O formulário apresentado não necessitaria de alterações significativas para as considerar.

Responsabilidade actuarial suplementar

Entende-se por responsabilidade actuarial suplementar o valor actuarial correspondente, em determinado momento, a um aumento de benefícios ou a uma mudança dos parâmetros de avaliação previamente utilizados. No início do plano, caso seja reconhecida antiguidade aos participantes no cálculo dos benefícios, a responsabilidade suplementar designa-se por responsabilidade inicial.

Também se pode considerar a responsabilidade suplementar como a diferença de avaliação de responsabilidades entre o método prospectivo (que contempla todas as prestações futuras) e o método retrospectivo (que considera o passado actuarial do fundo).

Fundo normal

Designa-se por fundo normal o valor que o fundo deveria ter (valor dos activos existentes), caso se tivessem verificado os pressupostos actuariais à priori considerados sob o método de avaliação utilizado. Quando o método de avaliação o permite, o fundo normal toma a designação de responsabilidade por serviços passados. Veremos oportunamente a sua aplicação.

Fundo em excesso (sobrefinanciado)

Diferença, quando positiva, entre o valor dos activos e o fundo normal (segundo o critério de valorimetria assumido ou o valor de mercado).

Fundo em falta (subfinanciado)

Diferença, quando negativa, entre o valor dos activos e o fundo normal (segundo o critério de valorimetria assumido ou o valor de mercado).

Contribuição normal

Designa-se por contribuição normal o valor da contribuição actuarialmente calculada (para o início do ano em curso), segundo um determinado método de financiamento, para fazer face às responsabilidades do fundo e permitir a constituição e manutenção do fundo normal em nível adequado. Em geral, a contribuição normal vem expressa em percentagem da massa salarial.

Nível de financiamento

Quociente entre o valor dos activos do fundo (segundo o critério de valorimetria assumido ou o valor de mercado) e o fundo normal.

Por vezes, refere-se o *nível de financiamento para activos* (participantes no activo) como o quociente entre o valor dos activos do fundo, abatido do valor das responsabilidades com pensionistas, e o valor das responsabilidades atribuíveis aos serviços passados dos participantes no activo. Neste caso, se o nível de financiamento para activos for positivo, o nível de financiamento para reformados será de 100%.

Período de controlo

Entende-se por período de controlo o intervalo de tempo durante o qual são efectuadas projecções dos parâmetros ou valores (crescimento salarial, por exemplo), ou o período máximo durante o qual são consideradas responsabilidades (por exemplo, somente se consideram os trabalhadores a menos de 25 anos da idade normal de reforma).

15.3.3 *Parâmetros e tabelas a considerar*

Para efectuar uma avaliação actuarial é necessário conhecer a população envolvida, separando devidamente os participantes dos restantes tipos de beneficiários – reformados, pré-reformados, ex-participantes e pensionistas por invalidez ou morte. Para o efeito deverá ser constituído um ficheiro onde constem os seguintes elementos para cada pessoa, directa ou indirectamente ao abrigo do plano:
- tipo (activo, reformado, pré-reformado, viúvo, órfão, etc.)
- número de contribuinte
- nome
- sexo
- data de nascimento
- data de inscrição na Segurança Social ou regime equivalente
- data de admissão na empresa
- data de admissão no sector
- data de nascimento do cônjuge
- data de nascimento de cada filho
- categoria profissional
- salário pensionável e suas componentes

Relativamente a parâmetros e tabelas, terão de ser considerados, no mínimo, os seguintes items:
- idade normal de reforma
- taxa de rendimento esperada para o fundo
- taxa técnica para eventual aquisição de rendas vitalícias
- taxa de crescimento salarial
- taxa de actualização de pensões
- função de sobrevivência na empresa ou força de saída
- tábua de mortalidade ou força de mortalidade
- tábua de invalidez ou força de invalidez.

15.3.4 Os benefícios

De uma forma geral, os benefícios serão identificados pela letra B (ou b) e pela primeira letra do respectivo nome em expoente. Usar-se-á b quando se tratar de um benefício anual e B quando nos referirmos a um benefício acumulado durante um dado período. Sempre que necessário, utilizaremos as notações do integral de Stieltjes, que facilita a escrita das respectivas expressões algébricas, já que na maioria dos planos de pensões os benefícios são funções descontínuas do tempo.

Assim, para a pensão de reforma, considerando uma idade de reforma IR e um participante de idade x, com uma idade de admissão a, teremos:

$$B_x^r = \int_a^x dB^r(t),$$
$$B_{IR}^r = \int_a^{IR} dB^r(t). \tag{15.1}$$

O benefício acrescido ao longo do $(x - a + 1)$ - ésimo ano de presença no fundo será então

$$b_x^r = \int_x^{x+1} dB^r(t). \tag{15.2}$$

Exemplo 15.6 *Um plano garante à data normal de reforma (65 anos) uma pensão anual cujo valor é uma percentagem do salário final, calculada com uma taxa de formação anual de 1,5%. O plano considera apenas o número de anos completos. Para um participante que entrou para o plano com 25 anos e que tem agora 35.5 anos, teremos*

$$B_x^r = \int_a^x dB^r(t) = \int_{25}^{35.5} .015 S_{65} \, d \lfloor t \rfloor = 15\% S_{65}$$

$$B_{IR}^r = \int_{25}^{65} dB^r(t) = \int_{25}^{65} .015 S_{65} d \lfloor t \rfloor = 60\% S_{65},$$

expressões nas quais $\lfloor t \rfloor$ representa o maior inteiro contido em t e S_{65} é o salário estimado para a data normal de reforma.

O benefício acrescido ao longo do ano corrente será então

$$b_x^r = \int_x^{x+1} dB^r(t) = \int_{35}^{36} .015 S_{65} d \lfloor t \rfloor = .015 S_{65}.$$

Caso o plano considerasse fracções do ano teríamos, de idêntica forma, para x = 35.5, por exemplo,

$$B^r(t) = .015 S_{65}(t-a),$$

$$B_x^r = \int_a^x dB^r(t) = \int_{25}^{35.5} .015 S_{65} dt = 15.75\% S_{65},$$

$$B_{IR}^r = \int_{25}^{65} dB^r(t) = \int_{25}^{65} .015 S_{65} dt = 60\% S_{65}.$$

Exemplo 15.7 *Se o plano garantisse um benefício de 1% sobre o total de salários auferidos teríamos, considerando as idades do exercício anterior,*

$$B_x^r = \int_a^x dB^r(t) = \int_{25}^{35} .01 dTS(y)$$

$$B_{IR}^r = \int_{25}^{65} dB^r(t) = \int_{25}^{65} .01 dTS(y),$$

expressão na qual TS (y) representa o valor dos salários agregados até à idade y.

Caso os salários aumentassem a partir dessa data em progressão geométrica de razão r, e o participante continuasse no plano à idade y, teríamos

$$TS(y) = TS(35) + S_{35}\frac{1 - r^{y-35}}{1 - r}, \ para \ 35 < y < 65.$$

15.3.5 Saídas do plano

São diversos os motivos possíveis de saída de um participante de um dado plano de pensões. Consoante a natureza deste e os riscos/benefícios considerados, assim o seu efeito e correspondentes valores actuariais terão de ser ou não calculados separadamente.

Podemos identificar, à partida, diversas causas de saída:
- saídas por reforma (normal ou antecipada)
- saídas por pré-reforma
- saídas por morte
- saídas por invalidez (total e permanente).

Além destas há que atender ainda às seguintes alternativas:
- saídas de serviço com direitos adquiridos
- abandono de serviço sem direitos adquiridos
- passagem para outro plano do mesmo empregador.

O efeito conjunto deste tipo de movimentos populacionais, que se afectam mutuamente, pode ser resolvido através das chamadas tabelas de serviço (que mais não são do que tabelas de multidecremento), ou por estimação de funções de sobrevivência apropriadas. Em geral, estão envolvidos vários parâmetros, tais como a idade de admissão, a categoria profissional, o salário auferido, o tempo de serviço, ...

A utilização de uma tabela de serviço (ou de uma função de sobrevivência) depende muito da natureza do plano e da população abrangida, do volume de empregados activos e da sua rotação, não sendo possível estabelecer padrões rígidos que se apliquem de imediato a um determinado plano.

Nos casos mais simples, ou quando a população é muito reduzida, chega a admitir-se que nem sequer há saídas durante o período activo.

Na maioria das avaliações actuariais, aplicáveis a populações de pequena ou média dimensão, apenas se consideram as saídas por morte ou invalidez.

Seja qual for o caso considerado, em todo o formulário que se segue, usaremos a notação correspondente a funções de sobrevivência, que suporemos dependentes da idade de admissão, ou seja,

$$s_a(x) = P\left([a] \text{ estar vivo e no plano à idade } x\right).$$

Assim, a probabilidade de um participante de idade x, que foi admitido com a idade a, estar no plano à idade $x + t$, será

$$_tp_x = \frac{s_a(x+t)}{s_a(x)}.$$

Por utilização de uma tabela de serviço teríamos simplesmente

$$_tp_x = \frac{l^s_{x+t}}{l^s_x}.$$

Se apenas for usada a tábua de mortalidade, temos obviamente

$$_tp_x = \frac{l_{x+t}}{l_x}.$$

Capítulo 16

Métodos de financiamento em planos BD

16.1 Introdução

Os métodos de financiamento/avaliação actuarial de responsabilidades que se vão estudar têm como principal objectivo criar as provisões necessárias para que o fundo possa cumprir o plano estabelecido, isto é, para que possa, em tempo oportuno e sem entrega extemporânea de contribuições extraordinárias, pagar as pensões devidas aos beneficiários ou adquirir as respectivas rendas vitalícias e, de uma forma geral, garantir a sua solvência ao longo do tempo.

Por outro lado, o facto de haver diferentes métodos de financiamento/avaliação, subentende à partida que existem diferentes objectivos e formas de olhar para as reservas e contribuições necessárias em cada momento, o que naturalmente pode ser discutido e encarado sob diferentes perspectivas, nomeadamente prudenciais, contabilísticas, ou de pura racionalidade económica. Também não são alheias a essas diferenças, a segurança para os participantes, beneficiários e pensionistas, a possível volatilidade das contribuições para o fundo, a solvabilidade e capacidade económica do próprio promotor, as garantias para os organismos de controlo, uma sã concorrência com produtos similares, as questões de natureza fiscal, etc..

A maioria dos métodos baseia-se na aplicação do respectivo formulário a cada membro do plano, participante, beneficiário ou pensionista, resultando os valores das responsabilidades e contribuições no colectivo de simples adições dos valores individuais calculados. Diz-se neste caso que se trata de métodos de custo individual. Contudo, noutros métodos de financiamento, embora se efectuem avaliações individuais de responsabilidades, o próprio método só faz sentido quando considerada toda a população. Nestes casos diremos que estamos perante métodos de custo agregado.

Um bom método de financiamento deve em princípio permitir:

- a correcta determinação da responsabilidade actuarial existente para com o plano num determinado momento e, em especial, a componente atribuível aos serviços já prestados (fundo normal);
- a determinação da taxa ou valor das contribuições aconselháveis em cada momento (contribuição normal ou contribuição adicional);
- salvaguardar os direitos e segurança dos participantes e beneficiários, face aos diversos riscos existentes;
- salvaguardar os interesses e a capacidade económica e financeira dos associados;
- imputar a cada exercício os custos originados nesse exercício;
- respeitar a legislação e normativos em vigor.

16.2 Métodos de custo individual

16.2.1 *Prémio nivelado individual (individual level premium)*

Este método indicia, pelo próprio nome, uma origem seguradora, já que em fundos de pensões não faz sentido falar de prémios, mas sim de **contribuições**. Note-se que, como se viu em (2.4), um prémio corresponde ao valor actual esperado, ou valor para a aquisição prévia de um determinado risco a coberto de uma apólice de seguro. Assim, neste método, o valor da contribuição corresponde ao prémio que uma seguradora necessitaria para garantir o mesmo tipo de benefício, caso os pressupostos de cálculo considerados fossem idênticos às bases técnicas utilizadas e os benefícios ficassem garantidos por uma apólice.

Considerando um participante [a, x], que entrou para o plano com idade a e que tem actualmente a idade x, e um benefício anual estimado à idade normal de reforma B_{IR}^r, teremos para o valor actual total de responsabilidades (responsabilidade actuarial) com a reforma desse participante

$$VABT_x^r = \left(\frac{1}{1+i}\right)^{IR-x} \frac{s_a(IR)}{s_a(x)} B_{IR}^r a_{IR}^*, \qquad (16.1)$$

expressão na qual $s_a(x)$ é a função de sobrevivência no plano para um participante que entra com idade a, i representa em princípio a taxa de rendimento esperada para o fundo, ou uma taxa de actualização prudencial, e a_{IR}^* é o custo de uma unidade de pensão na idade normal de reforma (trata-se de uma anuidade vitalícia assinalada com um * por se admitir que poderá não ser constante ou ter um fraccionamento especial, para englobar, por exemplo, o 13º ou 14º mês).

Muito haveria a dizer sobre a utilização e valor da taxa de desconto i, nomeadamente sobre o seu possível enquadramento legal, bem como a sua dependência dos objectivos qualitativos de financiamento de que adiante falaremos. Contudo, tal não é possível num ambiente de natureza estritamente actuarial.

Devemos chamar a atenção para o facto de a taxa técnica a utilizar na anuidade a_{IR}^* depender do tipo de fundo. Caso este possa pagar directamente pensões, nada impede que se aplique uma taxa idêntica à utilizada no período de diferimento, uma vez que, do ponto de vista financeiro, não há nesse caso distinção entre provisões/responsabilidades para participantes activos e reservas para pensionistas. Já no caso de o fundo ter de adquirir rendas vitalícias à data normal de reforma, impõe-se a utilização de uma taxa prudencial mais baixa, com a qual se preveja poder adquirir as mesmas junto de uma seguradora. Igual preocupação deverá ser tida em relação à tábua de mortalidade a utilizar.

Para a contribuição normal do ano, teríamos então

$$C_a = \frac{VABT_a^r}{\ddot{a}_{a:\overline{IR-a}|}}, \qquad (16.2)$$

expressão na qual a anuidade no denominador deve ser calculada à taxa i e considerando a função de sobrevivência $s_a(x)$. Note-se que num seguro jamais se usaria (por não fazer sentido numa apólice) tal função de sobrevivência.

Para a população no activo, a designada contribuição normal (CN) virá dada então pela soma das contribuições individuais anteriormente calculadas para os n participantes existentes:

$$CN = \sum_{i=1}^{n} C_{x_i}. \qquad (16.3)$$

Uma variante deste método consiste em nivelar a contribuição com base nos salários (em geral supostos crescentes a uma taxa j). Teríamos assim, para o valor da contribuição expressa em percentagem dos salários,

$$C_a\% = \frac{VABT_a^r}{S_a \ddot{a}_{a:\overline{IR-a}|}^{(j)}} \times 100, \qquad (16.4)$$

igualdade em que a anuidade no denominador é idêntica à anterior, apenas com a diferença de considerar um crescimento do salário inicial S_a à taxa j.

Notamos que o valor actual dos salários futuros à idade a é precisamente

Parte IV – Capítulo 16. Métodos de financiamento em planos (BD) | 295

$$VASF_a = S_a \ddot{a}^{(j)}_{a:\overline{IR-a}|}.$$ (16.5)

Neste caso, a contribuição normal virá dada pela expressão

$$CN = \sum_{i=1}^{n} C_{x_i} \frac{S_{x_i}}{100}.$$ (16.6)

A racionalidade deste método é óbvia – a contribuição, quer seja nivelada em unidades monetárias, quer seja nivelada em função dos salários, será suficiente para fazer face ao benefício pretendido, caso os pressupostos actuariais se confirmem (isto é, caso a taxa de rendimento do fundo coincida com a taxa usada na avaliação, os salários cresçam à taxa j e se "verifique" na prática a função de sobrevivência utilizada). Significa isso que, para uma pessoa isoladamente ou para um grupo restrito de participantes, os desvios em relação aos valores finais esperados à data normal de reforma podem ser relativamente importantes. É necessário acentuar que, não considerando direitos adquiridos, basta por exemplo um só participante estar "a mais" à data normal de reforma para o plano se tornar inviável, ou requerer contribuições adicionais significativas. Qualquer desvio nas saídas poderá conduzir a uma situação desse tipo. Veremos que no caso de haver direitos adquiridos existe uma compensação que, de certa forma, diminui os possíveis *erros*. Ainda assim, consideramos este método inadequado para o financiamento de um fundo de pensões, não pelos factos assinalados, que aliás são comuns à maioria dos métodos de cálculo, mas porque ao nivelar contribuições está a conduzir de forma geral a reservas e valores do fundo muito elevados logo desde o seu arranque, quando faltam na grande maioria dos casos, em média, mais de 30 anos para a exigibilidade dos benefícios a conceder ao abrigo do plano. Por outro lado, esse nivelamento não respeita o princípio de custo do ano, intrinsecamente ligado à parte da pensão que deveria ser adquirida com o salário desse ano, bem como a sua correcta imputação ao exercício.

No que se refere ao fundo normal, podemos proceder ao seu cálculo prospectivo como se de uma reserva matemática se tratasse. Assim, para os n participantes activos teremos:

$$FN_x = VABT_x^r - C_x\ddot{a}_{x:\overline{IR-x}|},$$
$$FN = \sum_{l=1}^{n} FN_{x_l}. \qquad (16.7)$$

Seria este o valor que deveria existir no fundo, caso todos os pressupostos actuariais assumidos se tivessem verificado.

Para os m reformados ou pensionistas existentes, caso os termos das respectivas pensões estejam a cargo do fundo, a componente do Fundo Normal será o valor equivalente à reserva matemática das pensões em pagamento. Supondo que são todas vitalícias, o total será

$$\sum_{k=1}^{m} B_{x_k} a^*_{x_k}. \qquad (16.8)$$

Existindo pensões de orfandade bastaria adicionar os valores actuariais das correspondentes rendas temporárias.

Uma vez que estas componentes do Fundo Normal são idênticas e independentes do método de financiamento, e como se considera que os capitais de cobertura das pensões em pagamento estão integralmente garantidos pelos activos do fundo (o que equivale a considerar que o nível de financiamento para reformados e pensionistas é de 100%), deixaremos de as indicar explicitamente para os diversos métodos descritos.

No caso de se exprimir a contribuição individual em percentagem do salário, teremos para os participantes activos:

$$FN_x = VABT_x^r - C_x S_x \ddot{a}^{(j)}_{x:\overline{IR-x}|}/100$$
$$FN = \sum_{l=1}^{n} FN_{x_l}. \qquad (16.9)$$

Quando um fundo se inicia, e se reconhece aos participantes a sua antiguidade para efeitos do cálculo da pensão, é criada à partida uma responsabilidade adicional, designada por responsabilidade inicial, que é representada pelo *FN* que deveria existir, caso o plano estivesse em vigor desde a entrada do participante mais antigo para o esquema.

Tal responsabilidade deve reflectir-se no valor do fundo como uma dívida. Esta pode ser imediatamente amortizada pelo valor inicial com que o mesmo é criado, ou pode ser objecto de um esquema de amortização, por um período a determinar em função da estrutura etária dos participantes – desde que, naturalmente, respeite a legislação e normativos em vigor.

Idêntico tratamento deverá ter o reconhecimento de antiguidade para um novo participante que, logo à entrada, cria uma responsabilidade suplementar considerável.

Assim, por vezes, a contribuição do ano entregue ao fundo apresenta parcelas que resultam desse tipo de amortizações e que naturalmente acrescem ao custo normal correspondente. Como essas amortizações são em princípio independentes do método de avaliação utilizado, não as tornaremos a referir ao longo dos sucessivos métodos analisados.

16.2.2 Unidade de pensão creditada (unit credit)

Este método de cálculo de contribuições e responsabilidades é talvez o mais usado internacionalmente, e embora tenha diversas variantes é de fácil compreensão. Se um participante entra para o esquema com idade a (suposto número inteiro) e se vai reformar com idade *IR*, terá à idade normal de reforma um número de anos de serviço

$$N = IR - a. \qquad (16.10)$$

O presente método parte do seguinte princípio: se o benefício final é conhecido, ou pode ser estimado, poder-se-á *adquirir* em cada ano de serviço a pensão correspondente a $1/N$ do valor total (unidade de pensão ou benefício), por forma a que ao chegar à data normal de reforma toda a pensão esteja *comprada*. Este método pode ser aplicado numa seguradora, através da aquisição anual de cada unidade de pensão, a prémio único, adquirindo a correspondente renda vitalícia diferida.

Torna-se óbvio que tal procedimento se pode adoptar num fundo de pensões. Bastará considerar como contribuição o valor actuarial correspondente à pensão que se deseja *adquirir*, ou seja, na sua variante mais simples,

$$C_x = \frac{VABT_x^r}{N}. \qquad (16.11)$$

$VABT_x^r$ é calculado como em (16.1), embora B_{IR}^r possa ter variantes, como se verá. Por outro lado, se já decorreram $(x - a)$ anos, o FN deverá corresponder à quota parte da pensão já *adquirida*, ou seja,

$$FN_x = VABT_x^r \frac{x-a}{N}. \qquad (16.12)$$

Tal como noutros métodos individuais, basta somar os respectivos valores individuais para obter a contribuição do ano, bem como as responsabilidades atribuíveis aos serviços passados, ou seja, o fundo normal. Teremos assim:

$$C = \sum_{l=1}^{n} C_{x_l} \qquad (16.13)$$

$$FN = \sum_{l=1}^{n} FN_{x_l}. \qquad (16.14)$$

Impõe-se para já efectuar dois comentários:
- cada unidade de pensão, suposta constante, tem um custo crescente, não só porque o período de capitalização de cada contribuição entregue vai diminuindo, como a pro-

babilidade de se atingir a reforma aumenta com o tempo. Trata-se, pois, de um método de financiamento de custos unitários crescentes. Contudo, se a população for estacionária, isto é, se a estrutura etária, salarial e de antiguidades se mantiver ao longo do tempo, a contribuição total é praticamente constante. Caso não haja admissões e as saídas sejam reduzidas, o custo normal crescerá significativamente;
- nada se disse sobre a estimação do benefício à data normal de reforma.

Caso o benefício à data normal de reforma dependa do salário final, dois cenários são possíveis: ou se calcula a pensão estimada com base na projecção hipotética de salários, ou se calcula com base no salário actual de cada participante. No primeiro caso diremos que estamos a usar o *unit credit* projectado; no segundo, o *unit credit* não projectado.

Existem ainda diversas variantes para o *unit credit* projectado, consoante a projecção representa a melhor estimativa para o benefício final, ou apenas um valor intermédio entre o que se obtém utilizando o salário actual e o salário totalmente projectado. Uma das variantes considera que a projecção só se efectua dentro do período de controlo anteriormente referido (ver glossário). Outra, bastante utilizada, considera uma taxa de crescimento salarial mais baixa do que a prevista. Todas estas variantes criam reservas e, naturalmente, valores do fundo inferiores aos que resultariam usando a melhor estimativa, pelo que periodicamente podem surgir necessidades de financiamento e contribuições adicionais importantes.

Torna-se razoavelmente evidente que a utilização do método sem projecção faz com que, sempre que haja aumentos salariais, as unidades já *adquiridas* não correspondam à quota parte da pensão corrigida pelos novos salários. Dessa forma surge em cada ano uma responsabilidade adicional

$$[VABT_x^r(S_x) - VABT_x^r(S_{x-1})]\frac{x-a}{N}, \qquad (16.15)$$

que dá origem a uma segunda componente da contribuição, a ser entregue ao fundo como uma correcção de provisões relativas a períodos anteriores. A contribuição normal considera a soma das duas componentes.

Este método é conhecido por *unit credit* não projectado corrigido. As provisões criadas acabam por ser menores do que as do *unit credit* projectado, introduzindo um terceiro factor de crescimento no custo individual da unidade de pensão. Porém, trata-se de um método de avaliação importante, como teremos ocasião de constatar, quando existem direitos adquiridos baseados no salário à data de saída.

Existem duas variantes importantes do *unit credit*, podendo cada uma delas ser calculada com valores de salários projectados ou não projectados:

A primeira baseia-se nos benefícios acrescidos e tem particular importância quando a taxa de formação dos mesmos não é constante, como acontece por exemplo nos planos escalonados, ou quando o benefício está directamente dependente do salário do ano (caso de um plano que garanta uma percentagem constante por cada ano de serviço do salário desse ano, ou seja, trata-se de um plano sobre o salário médio de carreira). Neste caso teremos:

$$C_x = b_x^r \left(\frac{1}{1+i}\right)^{IR-x} \frac{s_a(IR)}{s_a(x)} a_{IR}^* = VABT_x^r \frac{b_x^r}{B_{IR}^r} \qquad (16.16)$$

e

$$FN_x = B_x^r \left(\frac{1}{1+i}\right)^{IR-x} \frac{s_a(IR)}{s_a(x)} a_{IR}^* = VABT_x^r \frac{B_x^r}{B_{IR}^r}. \qquad (16.17)$$

A proporção correspondente à unidade a *adquirir* é obtida pela relação entre o acréscimo de benefício do ano e o benefício final (estimado).

A segunda variante baseia-se na estimativa da proporção entre o salário do ano (ts_x) e o total de salários a auferir pelo participante durante a sua vida activa $TS\,(IR)$, ou seja,

$$C_x = VABT_x^r \frac{ts_x}{TS\,(IR)} \qquad (16.18)$$

e

$$FN_x = VABT_x^r \frac{TS\,(x)}{TS\,(IR)}. \qquad (16.19)$$

Quer se projectem salários, quer não, vê-se facilmente que estas variantes do *unit credit*, em especial a segunda, conduzem em geral a níveis de financiamento mais reduzidos do que o método proporcional tradicional, uma vez que as *unidades* linearizadas são em geral superiores às que resultam de quocientes com denominador constante e nos quais o numerador tem crescimento de tipo exponencial. Contudo, considerando que o salário que o participante aufere em cada momento está directamente ligado à sua produtividade e à riqueza criada na empresa, pode argumentar-se que os custos com o plano também deveriam ser imputados aos respectivos exercícios segundo idêntico critério, o que a linearização dos mesmos não permite.

16.2.3 Idade atingida – individual (Individual Attained Age)

Este método de financiamento acaba por se poder considerar como um misto entre um método de nivelamento do tipo do *individual level premium*, com ligeira alteração, e o *unit credit*. Com efeito, o fundo normal corresponde ao fundo normal do *unit credit projectado*. A contribuição normal obtém-se por nivelamento do custo dos serviços futuros até à reforma, após diminuição do valor do fundo normal, e vem em geral expressa em percentagem do valor actual esperado dos salários futuros, $VASF_x$:

$$C_x\% = \frac{VABT_x^r - FN_x}{VASF_x} \times 100.$$

Quando o método é aplicado a uma conta corrente individual, caso esta exista, a contribuição futura nivelada pode ser calculada por uma expressão idêntica à anterior, subtstituindo o fundo normal pelo próprio valor da conta corrente (F_x) existente. Vem então

$$C_x\% = \frac{VABT_x^r - F_x}{VASF_x} \times 100. \tag{16.20}$$

Note-se que ao nivelar a contribuição, pelo menos enquanto a população é jovem, se está a criar um fundo superior ao que o *unit credit* suscitaria, pelo que, passado um ano, o valor do fundo e o fundo normal já serão diferentes, ainda que todos os pressupostos actuariais se verifiquem.

Devemos salientar que raramente se aplica este método a título individual, a menos que se pretenda conhecer, em determinado momento, o custo nivelado futuro com a pensão do participante. Veremos que existe uma variante agregada para toda a população, que já é de utilização mais ampla.

16.2.4 *Financiamento inicial (Initial funding)*

Neste método, a contribuição para o fundo corresponde à aquisição a prémio único da totalidade da pensão logo que o participante entra para o plano. Assim, para os l participantes que entram nesse ano para o plano (com idades a_j), a contribuição total virá dada pela expressão

$$C = \sum_{j=1}^{l} VABT_{a_j}^r. \tag{16.21}$$

Estando toda a pensão individual *adquirida*, o Fundo Normal será em qualquer momento, para os n participantes activos do plano, o valor actuarial total dos benefícios a conceder:

$$FN = \sum_{i=1}^{n} VABT_{x_i}^{r}. \qquad (16.22)$$

Como é evidente, trata-se de um método de financiamento que cria à partida elevadas provisões, que apenas serão necessárias passadas algumas dezenas de anos, pelo que, em princípio, não é um método de financiamento usado na prática. Pelas características focadas na introdução, este método poderia contrariar a legislação em vigor, nomeadamente fiscal, para além de não imputar correctamente os custos aos exercícios onde foram originados.

Em anos em que não haja admissões a contribuição respectiva será nula.

Caso o número de admissões e as respectivas idades, os salários e, de um modo geral, as condições contratuais e os parâmetros usados na avaliação sejam idênticos de ano para ano, a contribuição será constante.

16.2.5 *Financiamento final (Terminal funding)*

Em oposição ao *Initial funding*, neste método a contribuição para o fundo corresponde à aquisição a *prémio único* da totalidade da pensão apenas quando o participante entra na situação de reformado, ou seja, para os r participantes que entram nesse ano para a reforma (com idade comum *IR* ou idades x_k) a contribuição total virá dada pela expressão

$$C = \sum_{k=1}^{r} VABT_{x_k}^{r}. \qquad (16.23)$$

Nos anos em que não haja reformas, a contribuição será nula. O Fundo Normal resume-se, pois, aos reformados, já que para os participantes no activo nenhum financiamento é feito de avanço.

Trata-se de um método de financiamento extremamente perigoso, quer para os associados, pela volatilidade associada aos possíveis custos, quer para os participantes no activo, em situações de falência ou dificuldades económicas dos associados do fundo.

Pelas características focadas na introdução, este método contraria a legislação e normativos em vigor, para além de também não imputar correctamente os custos aos exercícios em que os mesmos têm origem. Com efeito, é durante o exercício da sua actividade que o participante produz riqueza em função da qual recebe salários e outros benefícios imediatos ou diferidos. Não parece fazer qualquer sentido imputar os custos inerentes a esses benefícios numa altura em que já nada pode produzir.

No entanto, em termos de fundos públicos, na própria Segurança Social e na Caixa geral de Aposentações, já faria sentido utilizá-lo, pelo menos a partir de um determinado momento. Estariam dessa forma, a partir daí, cobertas as responsabilidades com os novos pensionistas e salvaguardadas as suas pensões futuras, **o que actualmente não se verifica**. No final de uma geração (correspondente aos actuais pensionistas) todas as pensões estariam financiadas.

16.3 Métodos de custo agregado

16.3.1 *Idade de entrada (entry age)*

Este método parte do princípio de que todos os participantes entram (ou entraram) para o esquema com a mesma idade. Pelos cálculos atrás efectuados para o método de *prémio individual nivelado*, a contribuição necessária para o financiamento do plano, para uma pessoa que entre neste com idade a, expressa em percentagem do salário, será:

$$C = \frac{VABT_a^r}{S_a \ddot{a}_{a:\overline{IR-a}|}^j} \times 100. \qquad (16.24)$$

A contribuição assim calculada aplica-se a toda a massa salarial dos participantes no plano. Daí pode resultar uma contribuição menor ou maior que a anteriormente calculada pelo método individual, dependendo do número de pessoas que entraram com idade inferior ou superior a a, bem como da respectiva estrutura salarial.

O fundo normal calcula-se prospectivamente, ou seja,

$$FN = VABT^r - \frac{C}{100}VASF, \qquad (16.25)$$

expressão em que $VASF$ representa o valor actual esperado da massa salarial futura da população considerada. Quando o fundo é criado, havendo naturalmente uma população activa com tempo de serviço reconhecido pelo plano, há que calcular a responsabilidade inicial, igual ao FN que deveria existir caso o plano estivesse em vigor desde o início. Prospectivamente, teremos então

$$RI = VABT^r - \frac{C}{100}VASF. \qquad (16.26)$$

O valor desta responsabilidade poderá ser entregue ao fundo como valor constitutivo do mesmo, ou ser amortizado por um período a definir em função da capacidade financeira dos associados, bem como dos objectivos de financiamento estabelecidos. Esses objectivos tanto podem ser ditados por regras prudenciais adequadas, como por normativos legais existentes.

Notamos que, por vezes, a idade comum ou virtual, a, é calculada com base nas idades de admissão da actual população do fundo, o que se pode justificar quando a população abrangida é jovem. Numa empresa com alguma antiguidade será melhor confiar na política de admissão de pessoal para novos aderentes e, eventualmente, calcular uma idade a ponderada pelas idades possíveis de admissão e respectivos salários. O objectivo principal desse cálculo deverá ser garantir que a contribuição assim determinada, aplicada aos novos aderentes, é suficiente, em média, para adquirir as correspondentes pensões.

16.3.2 Método agregado (aggregate cost method)

Como o próprio nome indica, este método de cálculo agrega responsabilidades, isto é, não permite a separação entre as responsabilidades atribuíveis a serviços passados e as atribuíveis a serviços futuros. A contribuição inicial resulta do quociente entre o valor actuarial total das responsabilidades para toda a população ao abrigo do plano e o valor actuarial da massa salarial futura correspondente, ou seja,

$$C = \frac{VABT^r}{VASF} \times 100. \tag{16.27}$$

Neste método, todos os valores considerados, sejam benefícios ou salários, são projectados para a data normal de reforma.

Quando o fundo já tem o valor F, a contribuição futura será

$$C = \frac{VABT^r - F}{VASF} \times 100. \tag{16.28}$$

Tratando-se de um método que mistura dois conceitos e não explicita a componente dos benefícios acrescidos até um determinado instante, não se aconselha a sua utilização, excepto como indicador da taxa nivelada esperada.

Tal como no método anterior, o fundo normal calcula-se prospectivamente, ou seja,

$$FN = VABT^r - C \times \frac{VASF}{100}. \tag{16.29}$$

16.3.3 Contribuição constante

Por analogia com o *entry age ou aggregate*, o associado do fundo pode, em certos casos, desejar estabelecer uma contribuição nivelada mais baixa do que a obtida por um destes métodos.

Isso é possível desde que o fundo inicial cubra a diferença. Assim, sendo C a contribuição que se pretende pré-fixar, expressa em percentagem da massa salarial futura, teremos para responsabilidade inicial

$$RI = VABT^r - \frac{C}{100}VASF. \qquad (16.30)$$

Esta responsabilidade, desde que o respectivo valor seja entregue ao fundo, tanto pode constituir o seu valor inicial, como pode ser amortizada por um período a estabelecer, desde que respeite as normas prudenciais em vigor e a fiscalidade aplicável.

16.3.4 Idade atingida (Attained age)

Tal como para o caso individual, este método mistura dois conceitos. A contribuição obtém-se nivelando os custos actuariais relativos ao serviço futuro dos actuais participantes activos. O fundo normal é idêntico ao do *unit credit* projectado. Assim,

$$C = \frac{VABT^r - FN}{VASF} \times 100, \qquad (16.31)$$

onde FN é o valor correspondente à responsabilidade por serviços passados dos participantes activos.

A única vantagem deste método traduz-se no conhecimento do encargo médio futuro, expresso em percentagem dos salários (valores esperados), caso se verifiquem as hipóteses actuariais assumidas nos cálculos. Em relação ao *unit credit* projectado, caso esses pressupostos se verifiquem, o fundo estará, passado um ano, sobre-financiado.

16.3.5 Reposição do nível de financiamento

Uma vez fixado o nível de financiamento pretendido, quer seja constante, quer tabelado em função de objectivos estabelecidos no tempo, a contribuição do ano pode resumir-se à diferença entre o valor das responsabilidades por serviços passados (fundo normal) a esse nível e o valor dos activos do fundo. Para o efeito, o *FN* pode ser calculado, por exemplo, pelo *unit credit* projectado.

Assim, caso N_f seja o nível de financiamento fixado para um dado ano, teremos

$$C = FN \times \frac{N_f}{100} - F.$$

Como se pode verificar, este método tem a vantagem de repor de forma consistente o nível de financiamento, embora por outro lado possa dar origem a uma volatilidade acentuada nas contribuições, facto que a maioria dos restantes métodos procura evitar. Contudo, está particularmente indicado para os casos em que a evolução do nível de financiamento está pré-definida.

Uma crítica adicional que se pode fazer é a de que, neste método, se misturam conceitos de activos e passivos, facto que já ocorria também no método agregado, não se distinguindo devidamente as causas da volatilidade encontrada.

Por último, saliente-se que a utilização de um dado método, para avaliação de responsabilidades ou cálculo de contribuições, não impede que se efectue uma análise actuarial mais profunda sobre a evolução das mesmas, e do próprio fundo, bem como sobre as perdas ou lucros actuariais e financeiros verificados em cada exercício, ou acumulados. Recorrendo a análises de sensibilidade ou modelação estocástica de activos, passivos e contribuições, o actuário deve analisar com algum detalhe tudo o que se pode vir a passar com o fundo, mesmo em situações extremadas. Somente dessa forma poderá ter uma ideia dos riscos a que o fundo, os associados e os participantes estão sujeitos. Aliás, à luz de variadas normas e directrizes, tanto nacionais como internacionais, tal análise torna-se imprescindível.

Parte IV – Capítulo 16. Métodos de financiamento em planos (BD) | 309

Exemplo 16.1 *Um plano de pensões garante aos 65 anos uma pensão vitalícia constante, paga em duodécimos, cujo montante anual é igual a 20% do salário final. Considere-se um participante de 25 anos, que acaba de aderir ao plano com um salário mensal de 1000 u.m. (14 vezes). Considere-se ainda uma taxa de rendimento de 4%, uma taxa de crescimento salarial de 2% e a tábua de mortalidade TV88/90.*

O quadro e os gráficos que seguem comparam, ao longo do tempo, a evolução das responsabilidades totais, contribuições e fundos normais, para os três métodos considerados: unit credit projectado, entry age e unit credit não projectado corrigido.

	UCP				Entry Age			UCNP		
	VABT	CN-UCP	FN-UCP	VASF	CN Entry	FN-Entry	CA	CN	CT-UCNP	FN-UCNP
0	15.213	380,31	0	384599	553,76	0	0,00	172,24	172,24	0
1	15.829	395,53	396		564,55	576	3,58	182,71	186,29	179
2	16.471	411,35	823		575,53	1.186	7,60	193,82	201,42	380
3	17.139	427,80	1.283		586,71	1.832	12,09	205,61	217,70	605
4	17.835	444,91	1.780		598,12	2.516	17,11	218,11	235,21	855
5	18.559	462,71	2.314		609,73	3.238	22,68	231,37	254,05	1.134
6	19.313	481,22	2.887		621,54	4.002	28,87	245,43	274,31	1.444
7	20.099	500,47	3.503		633,56	4.808	35,74	260,36	296,09	1.787
8	20.916	520,48	4.164		645,80	5.660	43,32	276,19	319,51	2.166
9	21.769	541,30	4.872		658,24	6.558	51,70	292,98	344,68	2.585
10	22.658	562,96	5.630		670,86	7.504	60,94	310,79	371,73	3.047
11	23.586	585,47	6.440		683,66	8.502	71,11	329,69	400,80	3.555
12	24.552	608,89	7.307		696,68	9.553	82,29	349,73	432,02	4.115
13	25.560	633,25	8.232		709,90	10.660	94,57	371,00	465,56	4.728
14	26.611	658,58	9.220		723,32	11.825	108,03	393,55	501,59	5.402
15	27.708	684,92	10.274		736,93	13.050	122,79	417,48	540,27	6.139
16	28.852	712,32	11.397		750,74	14.338	138,94	442,86	581,80	6.947
17	30.046	740,81	12.594		764,72	15.693	156,60	469,79	626,39	7.830
18	31.294	770,44	13.868		778,86	17.116	175,89	498,35	674,24	8.794
19	32.599	801,26	15.224		793,15	18.610	196,95	528,65	725,60	9.847
20	33.963	833,31	16.666		807,59	20.180	219,92	560,80	780,71	10.996
21	35.390	866,64	18.200		822,14	21.827	244,96	594,89	839,85	12.248
22	36.881	901,31	19.829		836,87	23.555	272,22	631,06	903,28	13.611
23	38.438	937,36	21.559		851,78	25.367	301,90	669,43	971,33	15.095
24	40.069	974,86	23.397		866,80	27.268	334,18	710,13	1.044,31	16.709
25	41.777	1013,85	25.346		881,90	29.260	369,27	753,31	1.122,57	18.463
26	43.568	1054,41	27.415		897,06	31.348	407,39	799,11	1.206,50	20.369
27	45.447	1096,58	29.608		912,26	33.535	448,78	847,69	1.296,47	22.439
28	47.420	1140,45	31.932		927,47	35.825	493,70	899,23	1.392,93	24.685
29	49.490	1186,06	34.396		942,71	38.222	542,42	953,91	1.496,32	27.121
30	51.658	1233,51	37.005		958,06	40.732	595,24	1.011,90	1.607,14	29.762
31	53.934	1282,85	39.768		973,41	43.357	652,48	1.073,43	1.725,90	32.624
32	56.332	1334,16	42.693		988,64	46.104	714,47	1.138,69	1.853,17	35.724
33	58.858	1387,53	45.788		1003,74	48.976	781,60	1.207,92	1.989,52	39.080
34	61.523	1443,03	49.063		1018,65	51.979	854,24	1.281,37	2.135,61	42.712
35	64.328	1500,75	52.526		1033,47	55.118	932,83	1.359,27	2.292,11	46.642
36	67.286	1560,78	56.188		1048,10	58.397	1.017,82	1.441,92	2.459,74	50.891
37	70.415	1623,21	60.059		1062,42	61.823	1.109,70	1.529,59	2.639,29	55.485
38	73.727	1688,14	64.149		1076,39	65.401	1.208,98	1.622,58	2.831,57	60.449
39	77.237	1755,66	68.471		1089,94	69.137	1.316,24	1.721,24	3.037,48	65.812
40	80.966		73.036			73.036	1.432,07		1.432,07	73.036

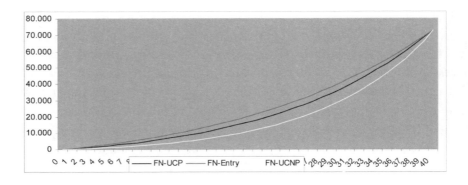

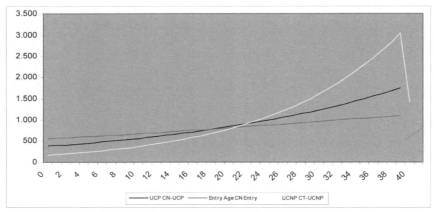

Gráfico de contribuições e fundos normais

16.4 Objectivos de financiamento

Antes da escolha do método de financiamento mais adequado, deve o actuário definir claramente os objectivos de financiamento a atingir, a sua natureza e *timing*, bem como discuti-los com o associado, a fim de que os mesmos possam constar do plano técnico-actuarial do fundo.

Os objectivos de financiamento terão de ser analisados, em primeiro lugar, do ponto de vista qualitativo, e somente depois do ponto de vista quantitativo.

De forma geral, pode definir-se objectivo de financiamento como o nível de financiamento que se pretende atingir em determinado período, partindo do princípio de que, no início do mesmo, o valor daquele nível é naturalmente inferior.

Estabelecer um objectivo de financiamento de 100% a dez anos, por exemplo, significa que se espera que daqui por dez anos o valor do fundo seja igual ao valor das responsabilidades atribuíveis aos serviços passados. Porém, colocam-se de imediato três questões:
- que método vai ser utilizado nas avaliações actuariais das responsabilidades?
- qual a qualidade dos pressupostos e parâmetros utilizados?
- qual o método de avaliação dos activos do fundo (valor de mercado, outro ...)?

Assim, antes de definir um objectivo pelos aspectos quantitativos, é essencial identificar e analisar primeiro os aspectos qualitativos, sem os quais a meta definida pouco significado poderá ter.

Um objectivo de elevada qualidade implica que nas avaliações das responsabilidades e dos activos financeiros do fundo sejam usados modelos e parâmetros credíveis, conservadores mesmo, benefícios totalmente projectados. Enfim, devem ser calculados valores actuariais de activos e passivos que, com razoável segurança (certeza não existe), sejam considerados suficientes para a cobertura dos benefícios assumidos.

No caso do objectivo estar definido com a "máxima" qualidade, será razoável estabelecer como objectivo de financiamento (para pessoal no activo) um valor inferior a 100%, embora próximo. Aliás, sendo conservadores os diversos parâmetros de avaliação utilizados, qualquer desvio num deles, como por exemplo uma taxa de rendimento mais favorável, ou saídas do plano não previstas, conduz de imediato ao sobrefinanciamento do fundo, o que, a verificar-se continuadamente, pode ser tão inconveniente como um eventual subfinanciamento. Com efeito, em caso de nítido sobrefinanciamento, atribuível a factores não conjunturais, será difícil explicar ao associado os motivos porque se estiveram a recomendar contribuições que afinal se mostraram exageradas e que possivelmente desviaram recursos necessários para a actividade produtiva!

Objectivos de qualidade intermédia podem ser estabelecidos de várias formas, de que damos alguns exemplos: a introdução de tabelas de saídas, projecções salariais a taxas inferiores às previstas, a utilização de períodos de controlo, ou o uso de taxas optimistas para o retorno esperado.

Considera-se como razoável, para um fundo de média dimensão, um objectivo de financiamento de 90%, desde que o mesmo tenha de facto a "máxima" qualidade. Já para uma qualidade intermédia, o objectivo de financiamento não deve ser inferior a 100%.

Outro aspecto importante centra-se no estabelecimento do período disponível para atingir o referido objectivo. Mesmo nos casos em que a legislação o permite, não se aconselham períodos longos (superiores a dez anos); para além da segurança dos beneficiários, que diminuiria, tal procedimento poderia conduzir a maior volatilidade das contribuições, dificultando a aplicação de uma política de investimentos baseada em activos/passivos, o que, por exemplo face a uma estratégia de ALM, pode ser negativo.

16.5 Direitos adquiridos

16.5.1 *Introdução*

Os planos de pensões consagram um princípio implícito, internacionalmente aceite: os benefícios estabelecidos pelo plano constituem um salário diferido. Não faz pois sentido considerar como verdadeiros planos de pensões aqueles que consideram meras expectativas, isto é, que somente se tornam efectivos quando o participante se mantém no plano até à data normal de reforma. Admite-se naturalmente a existência de períodos de carência, dentro dos quais nada esteja garantido, muito especialmente quando nos primeiros anos de trabalho se verifica uma elevada rotação de pessoal. Devemos no entanto acentuar que tais períodos não se deverão aplicar às contribuições em planos de CD.

Em Portugal, contudo, a grande maioria dos planos de pensões BD não prevê direitos adquiridos. Tal situação, que podemos considerar um pouco anómala, tem talvez justificação histórica. Garantindo a Segurança Social taxas de substituição elevadas, os complementos de pensão eram vistos pela empresa como um prémio de fidelidade para quem tinha dedicado a sua vida ao serviço da mesma. Por outro lado, dado tratar-se de planos não contributivos, a entidade patronal não via razão para conceder benefícios extra a quem abandonava o serviço antes da reforma. Em muitas empresas, o plano nem sequer estava formalizado, constituindo antes uma tradição que era em geral respeitada. Temos de reconhecer porém que a não existência de direitos adquiridos constitui um risco acrescido para o beneficiário, muito especialmente, quando este se aproxima da idade normal de reforma.

Partimos pois do princípio de que todos os planos consagram benefícios, mesmo quando o participante abandona o plano. Ao valor desses benefícios atribui-se a designação de valor adquirido (*vested*) e a responsabilidade actuarial correspondente é designada por valor dos direitos adquiridos (*vested wrights*).

Os valores adquiridos individuais tanto podem estar consignados em contas correntes individuais reais como virtuais, dependendo do plano e do modelo de gestão seguido. Podem também envolver a totalidade dos benefícios estabelecidos, ou das contribuições efectuadas, ou apenas uma parte dependente do tempo de serviço à data da saída.

A determinação de tal responsabilidade em planos BD deve considerar a probabilidade de saída com esse tipo de direitos, bem como a fórmula de cálculo do respectivo benefício. Esta pode seguir (ou não) a fórmula para formação da pensão de reforma. Por outro lado, dado tratar-se de benefícios diferidos para a data normal de reforma, é necessário saber se os mesmos têm alguma correcção monetária, ou de outro tipo, ou se pura e simplesmente são congelados (tendo por base o salário à data da saída).

Chamamos ainda a atenção para a existência em certos planos de direitos adquiridos especiais, como no plano do ACT (acordo colectivo de trabalho) dos bancários, por exemplo. Neste caso, tais direitos são difíceis de quantificar, pois a quota-parte da pensão de reforma que a ex-instituição é obrigada a financiar depende do sector de actividade e regime em que o trabalhador que a abandonou se venha posteriormente a reformar. Neste tipo de planos, julgamos que se deveria calcular igualmente a correspondente responsabilidade, ainda que para a mesma tenha de ser utilizada uma base de parâmetros subjectiva. Uma alternativa seria o cálculo dessa responsabilidade partindo do princípio que o ex-participante se iria reformar no regime geral da Segurança Social. Caso isso não sucedesse, efectuar-se-iam os necessários acertos. O importante em qualquer fundo é ter a garantia de que o valor de mercado dos activos cobre em cada momento todos os compromissos até lá assumidos, sejam as pensões em pagamento ou as que se encontram em formação.

Convirá neste ponto referir a evolução da legislação inglesa que, de alguma forma, tem procurado salvaguardar os casos de subfinanciamento detectados – que naquele país se têm verificado com alguma frequência (vide caso Maxwell).

O designado *Minimum Funding Requirement* (*MFR*) fazia parte do *Pensions Act 1995* tendo sido introduzido em 6 de Abril de 1997.

O objectivo do modelo *MFR* consistia em estabelecer um valor mínimo para os activos financeiros de um fundo de benefícios definidos, por forma a poder solver os compromissos com os referidos benefícios. Se o fundo não dispunha de activos considerados suficientes, era-lhe solicitado atingir o nível mínimo num período determinado.

Para um fundo com um nível de financiamento inferior a 90%, a passagem àquele nível deveria ser efectuada num período máximo de três anos. Se o nível estivesse entre 90% e 100% a reposição deveria ocorrer num período não superior a 10 anos.

Embora a legislação especificasse os principais requisitos exigidos pelo *MFR*, os detalhes dos métodos e pressupostos actuariais a utilizar encontrava-se especificados na *Guidance Note 27* emitida pelo *Institute of Actuaries e pela Faculty of Actuaries*.

Contudo, na prática, o nível de cobertura garantido pelo *MFR* provou não ser suficiente para poder garantir os benefícios que se propunha. Por essa razão, o *Pensions Act 2004* procedeu à sua abolição, introduzindo objectivos de financiamento mais flexíveis e adaptados a cada fundo, ao mesmo tempo que protegia os benefícios atribuíveis aos seus membros. Basicamente, o que a legislação inglesa procurou corrigir através deste decreto foi o estabelecimento de objectivos qualitativos e quantitativos de financiamento, assim como a introdução de procedimentos actuariais e de gestão que assegurassem o seu cumprimento ao longo do tempo. O *Pensions Act 2004* apenas viria a ser regulamentado em 30 de Dezembro de 2005, passando a ser obrigatório para avaliações de todos os fundos de pensões com data posterior a 22 de Setembro desse ano.

Podendo, em princípio, usar-se qualquer método de avaliação actuarial para a determinação de responsabilidades e contribuições, sempre que existam direitos adquiridos, torna-se necessário ter em linha de conta que a sua existência aumenta significativamente a exigibilidade do respectivo valor, pelo menos em caso de transferência do mesmo para outro fundo ou entidade similar. Por essa razão, o designado *discontinuance fund*, ou seja o fundo necessário em caso de liquidação compulsiva, como por exemplo numa situação de falência do associado, deveria estar sempre salvaguardado. Acontece que tal salvaguarda não é fácil de conseguir se as responsabilidades não tiverem sido avaliadas com suficiente prudência, ou se a carteira de activos do fundo contiver produtos com risco elevado ou de difícil negociação imediata.

16.5.2 Responsabilidades por direitos adquiridos

Por uma questão de simplicidade, passaremos a estudar apenas a avaliação actuarial dos direitos adquiridos através do *unit credit*, método aliás de maior utilização para os benefícios de reforma (nalguns países é mesmo o único método legalmente aceite).

Considere-se um participante [x] e o respectivo benefício adquirido nesse ano,

$$b_x^{da} = \int_x^{x+1} dB^{da}(t), \qquad (16.32)$$

bem como o benefício acumulado respectivo:

$$B_x^{da} = \int_a^x dB^{da}(t). \qquad (16.33)$$

Considerando que o participante [x] pode sair em qualquer ano k, (k = 1, 2, ...IR − x), que a probabilidade de sair com direitos adquiridos é q_{x+k-1}^{da}, e que em média a saída será a meio do ano, teremos para responsabilidade total por direitos adquiridos

$$\begin{aligned}
VABT_x^{da} &= \sum_{k=1}^{IR-x} \left(\frac{1}{1+i}\right)^{k-1/2} \frac{s_a(x+k-1)}{s_a(x)} q_{x+k-1}^{da} B_{x+k-1}^{da} \\
&\quad \times \left(\frac{1}{1+i}\right)^{IR-x-k+1/2} {}_{IR-x-k+1/2}p_{x+k-1/2} a_{IR}^* \\
&= \left(\frac{1}{1+i}\right)^{IR-x} a_{IR}^* \sum_{k=1}^{IR-x} \frac{s_a(x+k-1)}{s_a(x)} q_{x+k-1}^{da} B_{x+k-1}^{da} \\
&\quad \times {}_{IR-x-k+1/2}p_{x+k-1/2}. \qquad (16.34)
\end{aligned}$$

Daqui resulta que a responsabilidade por serviços passados, ou fundo normal para direitos adquiridos, é

$$FN_x^{da} = \left(\frac{1}{1+i}\right)^{IR-x} \sum_{k=1}^{IR-x} \frac{s_a(x+k-1)}{s_a(x)} q_{x+k-1}^{da} B_{x+k-1}^{da}$$
$$\times \frac{x-a}{x+k-a-1} {}_{IR-x-k+1/2|}p_{x+k-1/2} a_{IR}^*, \qquad (16.35)$$

sendo a contribuição normal

$$C_x^{da} = \left(\frac{1}{1+i}\right)^{IR-x} \sum_{k=1}^{IR-x} \frac{s_a(x+k-1)}{s_a(x)} q_{x+k-1}^{da} B_{x+k-1}^{da}$$
$$\times \frac{1}{x+k-a-1} {}_{IR-x-k+1/2|}p_{x+k-1/2} a_{IR}^*. \qquad (16.36)$$

Note-se que cada benefício B_{x+k-1}^{da}, correspondente à idade $x + k - 1$, deverá ser *adquirido* (no sentido de financiado) até essa idade.

Tal como para a pensão de reforma, a responsabilidade total e a contribuição para toda a população activa obtêm-se por simples adições dos respectivos valores individuais.

Assim, a contribuição total para o fundo em cada ano acaba por ser a soma da contribuição para reforma com a contribuição para fazer face aos direitos adquiridos.

De idêntica forma, o fundo normal global será a soma dos respectivos fundos normais.

Como excepção ao procedimento anterior, caso o benefício por direitos adquiridos acompanhe a taxa de formação da pensão de reforma e o volume de saídas não seja significativo, poder-se-á utilizar o *unit credit* projectado apenas aplicado à pensão de reforma (não considerando saídas, já que, nesse caso, o fundo normal cobrirá os direitos adquiridos). O mesmo se passa com a utilização do *unit credit* não projectado corrigido, o qual, se aplicado a toda a população activa sem saídas, garante em geral a totalidade dos direitos adquiridos.

Se o volume de saídas esperado for significativo, poderá ainda ser utilizado o *unit credit* projectado, também apenas aplicado à pensão de reforma, considerando um período de controlo para as projecções salariais que tenha em atenção, e cubra, a permanência média dos participantes no plano, embora sem considerar saídas. Evitar-se-á dessa forma o sobrefinanciamento do mesmo. Nesse caso, os participantes que abandonarem o plano antes do período de controlo deixarão no fundo um *resíduo* positivo, enquanto aqueles que permanecerem no plano para além do período de controlo estarão *subfinanciados*, deixando no fundo o respectivo deficit. Ambas as situações, consoante a grandeza dos desvios, poderão auto compensar-se ou dar origem a acertos futuros nas contribuições.

Como sempre, tudo dependerá do comportamento populacional, razão pela qual as avaliações actuariais efectuadas deverão apurar os desvios anuais verificados com o maior cuidado e regularidade.

Em Portugal, o fundo mínimo exigido pela autoridade de controlo, que corresponde ao *discontinuance fund*, cobre em geral os possíveis direitos adquiridos. Naturalmente tal só é verdade, se os pressupostos usados forem prudentes.

Mesmo nos casos em que os direitos adquiridos não acompanham a taxa de formação da pensão, é possível encontrar métodos de financiamento adequados, desde que se separem nitidamente as contribuições e os fundos normais respectivos. Damos um exemplo.

Exemplo 16.2 *Um plano de pensões tem o seguinte esquema de benefícios: à data normal de reforma (65 anos), o participante tem direito a uma renda vitalícia paga em duodécimos, não actualizável, cujo valor anual é calculado pela fórmula*

$$B_r = 0.5\% * N_r * \overline{S}_5,$$

expressão na qual $N_r = (IR - a)$ e $\overline{S}_5$ corresponde à média dos melhores 5 salários/ano. Em caso de saída, seja qual for o motivo, tem direito a uma pensão diferida baseada em idêntica fórmula, mas incidindo sobre o salário de carreira.

Pretende-se calcular as contribuições e os fundos normais adequados que, por um lado, respeitem integralmente os direitos adquiridos e, por outro, permitam pagar as reformas àqueles que atingirem a data normal de reforma.

Considere-se um grupo de l_x participantes de idade x que entraram para o plano com idade a, uma taxa de juro i, uma taxa de evolução salarial j e a função de sobrevivência no plano $s_a(x)$. A probabilidade de um qualquer participante atingir a data normal de reforma ao abrigo do plano será

$$p = \frac{s_a(65)}{s_a(x)},$$

e a probabilidade de sair antes disso é

$$q = 1 - p.$$

Separando os dois tipos de contribuição e de fundos normais, como se de dois grupos se tratasse, podemos dizer que, em média, $l_x p$ destes cidadãos irão receber uma pensão de reforma com base nos salários finais e $l_x(1-p)$ sairão de serviço em tempo indeterminado. Em qualquer dos casos, se o fundo estiver financiado a 100% e se os pressupostos se verificarem, as contribuições serão suficientes para o pagamento dos benefícios considerados. No primeiro caso teríamos

$$b_x^1 = 0.5\% \left(\overline{S}_5\right), \quad B_x^1 = 0.5\% (x-a)\left(\overline{S}_5\right),$$

$$C_x^1 = b_x^1 \left(\frac{1}{1+i}\right)^{IR-x} \frac{s_a(IR)}{s_a(x)} a_{IR}^*, \quad FN_x^1 = B_x^1 \left(\frac{1}{1+i}\right)^{IR-x} \frac{s_a(IR)}{s_a(x)} a_{IR}^*.$$

Para o segundo grupo, cujos direitos irão ser exercidos antes da data normal de reforma, deveríamos usar as fórmulas (16.34) e (16.35). Podemos, no entanto, em alternativa, adquirir pensões baseadas no salário médio para todos, sem considerar saídas, e efectuar as correcções necessárias para aqueles que vierem a atingir a data normal de reforma. No primeiro caso, para um participante que tenha atingido a idade x teremos então:

$$b_x^1 = 0.5\% S_x, \quad B_x^1 = 0.5\% \sum_{y=a}^{x-1} S_y,$$

$$C_x^1 = b_x^1 \left(\frac{1}{1+i}\right)^{IR-x} {}_{IR-x}p_x a_{IR}^*,$$

e o fundo normal, antes da entrada da contribuição, será

$$FN_x^1 = B_x^1 \left(\frac{1}{1+i}\right)^{IR-x} {}_{IR-x}p_x a_{IR}^*.$$

Qualquer saída, seja em que ano for, terá a provisão necessária devidamente constituída. Já para os que vão chegar à data normal de reforma, a reserva será insuficiente, uma vez que a fórmula anterior não respeita os últimos cinco salários e a sua média. Assim, devemos constituir uma contribuição adicional calculada com base na diferença de benefícios não adquiridos à data normal de reforma, para aqueles que a atingirem, ou seja, considerando

$$b_x^2 = 0.5\% \frac{1}{N_r} \left(\overline{S}_5 - \overline{S}\right), \quad B_x^2 = 0.5\% \frac{(x-a)}{N_r} \left(\overline{S}_5 - \overline{S}\right),$$

fórmula onde $\overline{S}$ e $\overline{S}_5$ representam, respectivamente, o salário médio final e o salário médio dos últimos 5 anos, estimados de acordo com a taxa de evolução esperada j. A contribuição adicional seria então

$$C_x^2 = b_x^2 \left(\frac{1}{1+i}\right)^{IR-x} \frac{s_a(IR)}{s_a(x)} a_{IR}^*,$$

e o correspondente fundo normal viria

$$FN_x^2 = B_x^2 \left(\frac{1}{1+i}\right)^{IR-x} \frac{s_a(IR)}{s_a(x)} a_{IR}^*.$$

Parece evidente que

$$C_x = C_x^1 + C_x^2, \ FN_x = FN_x^1 + FN_x^2.$$

16.5.3 Transferência de direitos adquiridos

A transferência de direitos adquiridos em planos BD, quando prevista, levanta à partida diversas questões, nem sempre de fácil solução, a menos que todas as alternativas possíveis constem do plano. As primeiras são:
- para onde transferir a reserva existente?
- quem decide para onde transferir?

A transferência pode ser efectuada:
- para o fundo do novo empregador, caso este exista e esteja disposto a aceitar tal incumbência?
- para um produto individual do tipo conta poupança--reforma?
- poderá o próprio fundo continuar a gerir aquela poupança?

Um segundo grupo de questões prende-se com a avaliação de responsabilidades. Até que ponto a responsabilidade anteriormente calculada satisfaz o participante ou o novo fundo para onde a reserva transita?
- estará a taxa de desconto usada na determinação da respectiva responsabilidade adequada aos futuros rendimentos daquela poupança, muito especialmente se ela for gerida com investimentos de baixo risco?
- se não está, como resolver o diferendo?
- estarão os restantes pressupostos actuariais exagerados, ou seja, optimistas para quem transfere e pessimistas para quem aceita a transferência?
- a taxa de desconto e outros pressupostos deverão ou não ser fixados por norma ou lei, por forma a que se possa definir um *fair value* para as provisões a transferir?

Existe contudo um problema, de âmbito mais vasto, que não tem a ver exclusivamente com a transferência dos direitos adquiridos. Foi referido na introdução e deriva da rigidez dos benefícios por abandono de serviço, face à inflação que posteriormente se venha a verificar. De facto, em geral,
- os direitos adquiridos garantem apenas valores baseados nos salários à data da saída do participante, sem qualquer correcção posterior. Nesses casos a desvalorização da pensão é óbvia, mesmo antes de entrar em pagamento;
- a pensão em pagamento raramente tem actualização;
- se tem actualização, ou esta é determinística, sem garantia de aderência à inflação que se venha a verificar, ou se a mesma está ligada ao índice de preços, fica por determinar uma responsabilidade do associado/fundo primitivo, que dificilmente virá a ser remida.

Estes últimos pontos constituem talvez o maior *handicap* dos fundos de pensões, mesmo que tenham direitos adquiridos, quando tentam de alguma forma substituir ou compensar a diminuição previsível das pensões a cargo do Estado.

Repare-se que o efeito exponencial da inflação se acentua em períodos longos e que, na maioria dos planos, estes podem atingir facilmente 60 ou mais anos (soma do período de diferimento com o período de pagamento da pensão).

Por outro lado, o facto de haver mudanças de emprego cada vez mais frequentes faz com que as possíveis partes da pensão adquiridas ao longo da vida do participante, estejam não só desvalorizadas como, eventualmente, dispersas por vários fundos ou entidades gestoras.

Capítulo 17

Planos de contribuição definida (CD)

17.1 Introdução

Em alternativa aos planos **BD**, existem planos de pensões **CD**, através dos quais o associado do fundo, o participante, ou ambos, estabelecem um esquema de poupança/reforma alimentado por contribuições regulares (ou extraordinárias), normalmente de quantitativos pré-fixados em percentagem do salário ou até em valor. Essas contribuições são creditadas em contas correntes individuais, cujos valores constituem o fundo a administrar e que, mais tarde, em geral à idade normal de reforma, permitirão adquirir as respectivas pensões.

Ao contrário dos planos BD, os planos CD não garantem o quantitativo do benefício final a atingir, que depende do volume e *timing* das contribuições entregues, bem como dos rendimentos gerados pelas aplicações financeiras dos activos sob gestão.

O valor da conta corrente constitui automaticamente um direito adquirido, razão pela qual muitos planos BD sem esse direito têm vindo a ser transformados em planos CD, em geral com grande aceitação por parte dos participantes, mesmo quando a expectativa de benefício final diminui.

Um outro aspecto que decorre do que anteriormente se disse, e que aliás é válido para quaisquer planos CD, é que não há (nem poderia haver) qualquer tipo de solidariedade ou compensação entre contas correntes individuais!

Porém, há vantagens e desvantagens nos dois tipos de plano, quer para o associado do fundo, quer para o participante.

Para o associado, um plano CD tem as seguintes vantagens:
- conhece de antemão as contribuições que irá entregar ao fundo, o que lhe permite orçamentar com a necessária antecedência o respectivo valor, bem como gerir melhor as suas necessidades de tesouraria;
- não corre o risco de desvalorização dos activos do fundo, para o qual se limita a contribuir de forma não volátil;
- as contas do fundo não têm qualquer reflexo na sua conta de exploração, para além da contribuição regular entregue. Não há responsabilidades adicionais a considerar;
- a performance do fundo também não tem qualquer reflexo na sua conta de exploração.

Como desvantagens para o associado, podemos assinalar:
- a existência de um encargo permanente, incidindo normalmente sobre a massa salarial, facto que poderá limitar a sua capacidade competitiva;
- possível reflexo negativo no clima social da empresa, caso as expectativas dos participantes venham a ser defraudadas, quer por eventual má performance do respectivo fundo, quer pela exiguidade dos benefícios finais alcançados.

As vantagens para os participantes são:
- a existência de uma conta corrente individual;
- as contribuições do associado constituem um complemento salarial importante;
- diminuição do risco inerente à redução de pensões proporcionadas pelo Estado;
- mais segurança e confiança no futuro;
- benefícios fiscais interessantes;
- simplicidade de transferência dos direitos adquiridos.

Existem ainda outras vantagens para o participante quando o plano é contributivo:
- abolição de encargos de aquisição e cobrança;
- diluição ou anulação dos encargos de gestão;
- benefícios fiscais acrescidos.

As principais desvantagens são:
- incerteza sobre a taxa de substituição do salário à data normal de reforma;
- pouco controlo sobre a performance do fundo, muito especialmente se este não tiver opções de risco diferenciadas à escolha do participante;
- o risco dos fundos CD fica todo do lado do participante;
- dificuldade em revalorizar pensões em pagamento.

Chamamos todavia a atenção para a existência de planos de pensões de tipo misto, nos quais a pensão final resulta da soma da pensão estabelecida pela componente de benefício definido com a pensão adquirida pela conta corrente individual, acumulada até à idade normal de reforma. Tais planos reduzem significativamente o risco de volatilidade nas contribuições do associado, na medida em que parte desse risco é transferido para o participante, ficando volátil apenas a contribuição correspondente ao BD. As contribuições do associado são, neste caso, a soma da contribuição BD, em geral fixada em percentagem do salário, com a contribuição normal de benefício definido.

Outros planos de tipo misto surgem quando se adiciona a um plano CD benefícios em caso de invalidez e/ou morte, para aquisição dos quais a conta corrente individual não será suficiente ou tão pouco utilizada.

Muitos planos CD têm objectivos a atingir. Em geral, esses objectivos traduzem-se por aquilo que se designa por *valor de substituição*, que se define como o quociente, expresso em percentagem, entre a pensão adquirida com o saldo final da conta corrente individual e o salário final auferido pelo participante. Quando o objectivo a atingir tem mínimos garantidos pelo plano, este tem de ser considerado de tipo misto e as responsabilidades do associado podem ser significativas. Estão nesta situação muitos planos CD nos quais estão definidas pensões mínimas.

A fim de atingir um dado valor de substituição, através de uma contribuição pré-fixada, o actuário tem de efectuar estudos prospectivos, ensaiando hipóteses, quase como se de um plano de benefício definido se tratasse. Levantam-se agora, porém, algumas questões mais complicadas, na medida em que neste caso não há contribuições extraordinárias para compensar eventuais deslizes do respectivo fundo, ao longo do tempo. Como facilmente se constata, trata-se de uma questão complexa cuja resposta poderá quando muito ser do tipo condicional: "caso se verifiquem os pressupostos de retorno, inflação, progressão salarial e custo da unidade de pensão à data normal de reforma a, b, c, d, a taxa de substituição será de $x\%$". Caso se opte pela utilização de modelos estocásticos, a resposta poderá ser mais abrangente, tendo por base a distribuição final da taxa de substituição. A partir do seu valor médio, bem como dos percentis que se pretenda considerar, podemos ter uma noção mais correcta do risco existente e simular estratégias que o minimizem.

17.2 Principais tipos de planos CD

A grande maioria de planos CD apenas garante que o associado contribui para o fundo com uma percentagem fixa sobre o salário do participante. O salário pensionável pode considerar todas as verbas auferidas, ou todos os valores sujeitos a IRS, ou restringir-se apenas ao salário base.

Para ter direito às contribuições pagas pelo associado, o plano pode impor que o participante contribua igualmente para o mesmo, tratando-se nesse caso de um plano contributivo.

Exemplo 17.1 *Ao abrigo do plano, o associado obriga-se a contribuir mensalmente para a conta corrente do participante com 3% do vencimento base. Para ter direito a essa contribuição, o participante deverá contribuir também mensalmente com um valor não inferior a 2% do seu vencimento.*

No exemplo anterior, a conta corrente do participante terá duas componentes, cujo histórico deverá ser registado separadamente, até por questões de natureza fiscal, pagamento de benefícios ou rendimentos. De facto, mesmo os investimentos e os respectivos retornos podem ser diferentes. Basta que o fundo tenha a possibilidade de o participante escolher o perfil de risco que considera mais adequado às suas contribuições pessoais – e que pode ser diferente daquele que o associado estabeleceu.

Há planos CD nos quais a contribuição do associado não está, no todo ou em parte, pré-fixada. Por exemplo, quando depende dos resultados do exercício.

Exemplo 17.2 *O plano de pensões garante que o associado contribui mensalmente para a conta corrente do participante com 4% do seu vencimento base. Sempre que o resultado líquido da empresa o permita, esta contribuirá ainda para a conta corrente individual com um valor a decidir, após o fecho anual das suas contas, que poderá ir até ao máximo de 5% do vencimento anual do participante.*

O plano pode ainda contemplar uma contribuição adicional para riscos de morte ou invalidez. Em geral, para estas componentes, será considerado de benefício definido.

Exemplo 17.3 *Ao abrigo do plano, o associado obriga-se a contribuir mensalmente para a conta corrente do participante com 3% do vencimento base deste. Para ter direito a esse desconto, o participante deverá contribuir também mensalmente com 2% do vencimento auferido. Em caso de invalidez total e permanente, o participante terá direito a uma* *pensão de invalidez vitalícia correspondente a 50% do vencimento à data da invalidez. Para aquisição dessa pensão será utilizado o saldo da sua conta corrente; se este não for suficiente, será complementado pelo fundo.*

Este exemplo mostra que se trata de um plano de tipo misto, contributivo, e que a empresa associada terá de dotar o fundo das contribuições indispensáveis à cobertura do respectivo risco (como se de um seguro se tratasse). Em alternativa, poderia efectuar um seguro directo adequado para cobertura desse risco, o que neste caso traria dificuldades acrescidas, dada a estreita ligação entre o valor da conta corrente individual e o respectivo capital em risco. Deve-se acrescentar que, tanto em planos CD como BD, muitas das coberturas complementares (daí o seu nome) consideram a cobertura principal, a pensão de reforma, como a base para o cálculo, pelo que os respectivos capitais de cobertura têm de ser calculados caso a caso, entrando com os valores das provisões individuais afectas à reforma, quer estas sejam reais quer virtuais.

17.3 Planos de objectivo definido

Como dissemos na introdução, este tipo de planos, sendo de contribuição definida, exige que à partida, e numa base individual ou colectiva, se procurem determinar as contribuições adequadas ao estabelecimento de um objectivo final de poupança previamente estabelecido. Dependendo essa poupança das contribuições efectivamente entregues, da performance do fundo e, globalmente, da evolução da conta corrente individual (pode haver empréstimos, mesmo que temporários, e outros movimentos na conta corrente), não é possível criar modelos ou fórmulas mágicas que univocamente a determinem. Mesmo que o valor objectivo fosse atingido, restaria ainda a sua conversão em pensão, o que constitui outro problema de razoável dimensão. A utilização de modelos estocásticos poderia ser útil mas seria também, sem dúvida, complexa. Por essa razão, procuraremos estabelecer apenas o formulário que, de acordo com os pressupostos assumidos, permita alcançar os objectivos prévios definidos com razoável nível de confiança. Com ele, através de análises de sensibilidade, é possível construir cenários alternativos que dão ao participante uma ideia clara dos riscos incorridos e do esforço financeiro necessário, assim como a sua evolução ao longo do período activo.

A questão complica-se quando, num esquema colectivo, o associado pretende alcançar uma taxa de substituição igual para toda a população abrangida. Nos casos em que o objectivo é, por exemplo, proporcional ao tempo de serviço, isso não é em geral possível sem valores iniciais significativos; mesmo assim, basta que a progressão salarial individual saia fora do padrão assumido à partida, para que a contribuição calculada se mostre inadequada e o objectivo não venha a ser atingido.

Ao contrário dos planos de benefício definido, neste tipo de planos só se considera que o benefício objectivo é atingido caso o participante se encontre vivo, e ao abrigo do plano, à data normal de reforma. Nesse sentido, as avaliações prospectivas limitam-se a considerar actualizações de tipo financeiro, nas quais não devem entrar quaisquer probabilidades de saída ou morte. Trata-se pois de avaliar valores actuais e não valores esperados, com excepção do valor actuarial de uma unidade de pensão vitalícia à data normal de reforma, que é indispensável para o cálculo da pensão final a adquirir.

17.3.1 *Taxa de substituição individual pré-fixada*

Considere-se um participante [x] que acaba de aderir ao plano. Admita-se que se pretende atingir à data normal de reforma uma taxa de substituição de $k\%$ do salário final. Suponha-se ainda que os salários vão crescer a uma taxa anual j e que o respectivo fundo vai ter uma taxa anual de rendimento i. O benefício objectivo é claramente:

$$BO = kS_{IR}/100$$

e a contribuição nivelada para o atingir, expressa em percentagem dos salários, será

$$C_x = \frac{k\, S_x \left(\frac{1+j}{1+i}\right)^{IR-x} a^*_{IR}}{\sum_{k=0}^{IR-x-1} S_x \left(\frac{1+j}{1+i}\right)^k} = \frac{k\,(1-v_j)\,v_j^{IR-x} a^*_{IR}}{1 - v_j^{IR-x}}, \qquad (17.1)$$

expressão na qual

$$v_j = (1+j)\,/\,(1+i).$$

Exemplo 17.4 *Supondo que* $x = 30$, $IR = 65$, $k\% = 20\%$, $i\% = 4\%$, $j\% = 2\%$ *e* $a^*_{65} = 12$, *teríamos*

$$C_x = \frac{20 \times \left(\frac{1.02}{1.04}\right)^{65-30} \times 12}{\sum_{k=0}^{65-30-1} \left(\frac{1.02}{1.04}\right)^k} = 4.7427,$$

ou seja cerca de 4.74% dos salários.

Supondo que a empresa apenas está disposta a pagar ao fundo uma contribuição fixa de 4% sobre a massa salarial de cada empregado, neste caso concreto, ou o participante contribui com a diferença, .74%, ou a conta corrente tem de ser creditada à cabeça pelo valor actual correspondente, o que neste caso daria

$$F_x^0 = .007427 \sum_{k=0}^{65-30-1} \left(\frac{1.02}{1.04}\right)^k S_x = .19047 S_x.$$

Como facilmente se depreende, os valores encontrados para as contribuições poderão ser insuficientes para, à data normal de reforma, a pensão adquirida corresponder ao objectivo fixado. Basta que algo corra mal na rendibilidade do fundo, ou que os salários cresçam (especialmente nos últimos anos de serviço) acima da percentagem ou modelo usado nos cálculos iniciais, ou ainda que cada unidade de pensão à data de reforma seja mais dispendiosa, para que o valor acumulado na conta corrente não seja suficiente para se adquirir a pensão desejada.

17.3.2 *Taxa de contribuição global pré-fixada*

O exemplo anterior mostra um caminho possível na fixação da taxa de contribuição para todos os participantes, ainda que o plano, por ter um objectivo definido, venha a exigir taxas diferentes consoante a idade dos participantes. Bastará que o associado do fundo, logo que o participante adere, verifique se, por uma questão de idade, o benefício objectivo é ou não alcançável com a contribuição definida previamente fixada. Caso o não seja, poderá iniciar a conta corrente com a diferença necessária, ou solicitar ao participante que contribua com essa diferença ou por meio de contribuição equivalente.

Tal como no caso individual, a insuficiência das contas correntes para adquirir as respectivas pensões pode claramente ocorrer.

A taxa de contribuição pré-fixada pelo associado do fundo pode também não ser a mesma para todos os participantes. Estão neste caso os fundos de objectivo definido que prevêem uma taxa de substituição dependente do tempo de serviço. Nestes casos podemos ter um conjunto de taxas pré-fixadas escalonadas por idades e antiguidades.

Deve chamar-se a atenção para o facto de, em esquemas deste tipo ser necessário consultar cautelosamente a legislação fiscal aplicável, que pode inviabilizar na prática algumas das soluções apontadas ou, pelo menos, reduzir os benefícios que se pretendia alcançar.

17.3.3 Nível de poupança

Por analogia com o nível de financiamento em planos BD, designa-se por nível de poupança o quociente entre o valor da conta corrente e o valor actual do benefício objectivo (*BO*) que já "deveria estar adquirido". O plano estará bem financiado sempre que este nível não seja inferior a 100% e estará sub-financiado no caso contrário.

O valor do benefício normal que já deveria estar adquirido à idade x com a contribuição C_x em vigor, pode ser calculado prospectivamente pela diferença entre o que necessita poupar, considerando o *BO* original, e o que vai efectivamente poupar por aplicação da taxa de contribuição aos salários futuros:

$$VAB_x = BO \left(\frac{1}{1+i}\right)^{IR-x} a^*_{IR} - C_x S_x \sum_{k=0}^{IR-x-1} \left(\frac{1+j}{1+i}\right)^k. \quad (17.2)$$

Devemos chamar a atenção para a circunstância de que compete ao actuário monitorar periodicamente o nível de poupança das contas correntes e, em caso de manifesta ou previsível insuficiência, alertar os associados (ou os participantes, no caso de esquemas contributivos), convidando-os a reforçar as contribuições, a fim de manter com realismo o objectivo inicial estabelecido.

Por essa razão, os planos de objectivo definido requerem uma avaliação actuarial frequente, embora de natureza diferente e mais simples do que a necessária, por razões óbvias, nos planos de benefício definido.

Neste tipo de planos, caso haja uma gestão criteriosa do fundo e do nível de financiamento/poupança, podem-se conseguir resultados próximos dos que se obteriam com planos equivalentes BD. Contudo, nem sempre os associados estarão disponíveis para alterar a sua contribuição, até porque esse facto constituiria um precedente que aproximaria o plano de um plano BD, cujas responsabilidades não se podem comparar.

Capítulo 18

Invalidez, sobrevivência e reformas antecipadas

18.1 Pensões de invalidez e sobrevivência

18.1.1 *Introdução*

Constituindo os fundos de pensões um veículo privilegiado de gestão de um plano de pensões, e podendo este prever pagamento de benefícios em caso de invalidez ou morte do participante, considera-se importante poder abranger esses riscos através do fundo, ainda que de uma forma geral a sua cobertura implique o recurso a apólices de seguro/resseguro adequadas ao respectivo nível de risco.

Com efeito, muitos planos, essencialmente de tipo BD, prevêem o pagamento de uma pensão de invalidez ao participante, ou pensões de viuvez e orfandade ao cônjuge e filhos menores, caso ocorram as contingências que as motivam.

Por se tratar de acontecimentos raros na faixa etária dos participantes, poder-se-ia pensar que o fundo teria suficiente capacidade financeira para absorver esses riscos com facilidade. Nada mais errado. As pensões deles decorrentes constituem encargos potenciais elevados para o fundo, dado conduzirem habitualmente a capitais de cobertura assaz importantes. Pelo facto de se tratar de acontecimentos de baixa probabilidade, essencialmente em idades jovens, os valores actuariais são reduzidos, conduzindo naturalmente a contribuições para lhes fazer face também reduzidas. Por essa razão, é desaconselhável deixar tais riscos totalmente a cargo do fundo. Veremos que o seguro ou resseguro são para o efeito instrumentos privilegiados e, na prática, quase obrigatórios, o que aliás está previsto na legislação e normativos da actividade de gestão dos fundos de pensões.

Nalguns planos seria possível dissociar as pensões de invalidez e sobrevivência, em especial esta últimas, do próprio fundo, sendo então viável o associado efectuar um seguro independente que cobrisse os respectivos riscos. Tal não se aconselha, porém, por três motivos:

- os benefícios em caso de morte e invalidez estão quase sempre ligados ao valor das pensões de reforma e, consequentemente, à quota parte do fundo normal existente para cada participante, o que implica ou justifica uma gestão conjunta dos respectivos riscos;
- os gestores de fundos têm maior capacidade negocial com seguradoras e resseguradoras, podendo obter condições muito mais favoráveis, quer quanto aos prémios a pagar quer quanto a uma possível participação nos resultados;
- os custos de gestão para o fundo são mais reduzidos que quaisquer encargos que um seguro equivalente se veria obrigado a debitar.

Ademais, as sociedades gestoras podem desenvolver e negociar com resseguradores esquemas de resseguro em *pool* para todos os fundos sob gestão, podendo envolver alguns milhares de cabeças para cada tipo de risco, facto que, só por si, permite a obtenção de melhores prémios e participação em resultados de periodicidade reduzida. Bastará então a cada fundo contribuir para esse *pool* com os valores dos respectivos prémios de risco, para que a entidade gestora possa, por sua vez, pagar o prémio global ao ressegurador.

A quota-parte da participação nos resultados pode igualmente ser redistribuída na proporção dos prémios de cada fundo, liquidados no respectivo período, sem ter em consideração eventuais sinistros ocorridos.

Sublinhe-se que o esquema anteriormente descrito implica a aceitação pelos associados do princípio de solidariedade implícito no *pool* criado, facto que é facilmente justificável, face aos benefícios potenciais do mesmo, partindo naturalmente do pressuposto de que os riscos envolvidos são de idêntica natureza.

Exceptuamos dos anteriores comentários as pensões de viuvez e os benefícios de saúde diferidos para a reforma, os quais devem ter um tratamento completamente diferente, já que os respectivos riscos têm de ser *comprados*, isto é, financiados antecipadamente, em conjunto com a própria pensão de reforma.

18.1.2 *Pensões de invalidez*

Na sua grande maioria, os planos BD prevêem que, em caso de invalidez total e permanente para o trabalho, ou para qualquer outra actividade remunerada que respeite as aptidões e conhecimentos do participante, este passe a receber uma pensão vitalícia imediata, cujo montante está normalmente associado à pensão de reforma, ou pelo menos à sua fórmula de cálculo.

Em planos de pensões consideram-se apenas casos de invalidez total e irreversível. Todavia, a definição de invalidez deverá ser feita com o máximo cuidado e rigor, até porque a sua verificação objectiva pode tornar-se problemática, levando a dificuldades administrativas ou legais indesejáveis, com eventual reflexo nos tratados de resseguro, caso existam.

Em muitos planos a pensão de invalidez corresponde a uma antecipação da pensão de reforma que, para o efeito, pode ser calculada de duas formas:
- considerando o tempo de serviço até à data da invalidez, sendo nesse caso o risco chamado de *invalidez adquirida*;

- considerando o tempo total de serviço (que o participante teria se permanecesse válido até à idade normal de reforma), sendo nesse caso o risco chamado de *invalidez projectada*.

Torna-se evidente que, para idêntica fórmula de benefício, o risco inerente à invalidez projectada é comparativamente maior que o da invalidez adquirida, razão pela qual o seguro ou resseguro se torna praticamente obrigatório nesses casos, até porque as provisões existentes no fundo para a pensão de reforma, que provavelmente apenas dirão respeito aos serviços passados (fundo normal), são exíguas quando comparadas com o valor actuarial (capital de cobertura) de uma pensão de invalidez projectada. Devemos assinalar que o diferencial entre o custo da pensão de invalidez e as provisões para a pensão de reforma diminui fortemente, à medida que o participante se aproxima da data normal de reforma. Apesar da probabilidade de invalidez crescer com a idade, esse facto acaba por reduzir de forma substancial o risco inerente (para o fundo) na parte final da carreira.

Poder-se-ia pensar ainda que, pelo facto de a mortalidade de inválidos ser em geral superior à de válidos, haveria um desconto substancial no custo da respectiva pensão. Tal não é verdade. A maioria dos casos de invalidez, essencialmente em idades jovens, (bastante dispendiosos, em especial se a invalidez é projectada) são devidos a acidente, o que não significa, em muitas situações, uma mudança significativa na esperança de vida. Ainda que tal se verificasse, deve ter-se em atenção que, devido aos progressos da medicina e ao aumento da capacidade de assistência, se continua a verificar na maioria dos países ocidentais um aumento substancial da esperança de vida, quer para válidos quer, por maioria de razão, para inválidos.

Independentemente do tipo de invalidez, designe-se por B_x^i o benefício a que o participante tem direito caso se invalide com idade x e por i_x a respectiva probabilidade de invalidez. Esta probabilidade é calculada considerando que o participante está sujeito ao risco desde o início do ano até atingir a idade $x + 1$, devendo ser corrigida por eventuais saídas (correcção de múltiplo decremento). Seja a_x^* o custo de uma unidade de pensão à idade x.

O valor do capital de cobertura da pensão será então

$$CC_x = B_x^i a_x^*.$$

O prémio de risco para o ano em curso, admitindo que a invalidez, caso ocorra, se dá a meio do ano, vem

$$P_x^i = (1+i)^{-1/2} i_x CC_x = (1+i)^{-1/2} i_x B_x^i a_x^*. \qquad (18.1)$$

Por outro lado, a responsabilidade total com pensões de invalidez é dada pela expressão

$$VABT_x^i = \sum_{k=0}^{IR-x-1} \left(\frac{1}{1+i}\right)^{k+1/2} \frac{s_a(x+k)}{s_a(x)} i_{x+k} B_{x+k}^i a_{x+k}^*. \qquad (18.2)$$

A responsabilidade por serviços passados deverá ser calculada, recorrendo ao *unit credit*, pela expressão

$$FN_x^i = \sum_{k=0}^{IR-x-1} \left(\frac{1}{1+i}\right)^{k+1/2} \frac{s_a(x+k)}{s_a(x)} i_{x+k} B_{x+k}^i a_{x+k}^* \frac{x-a}{x+k-a}, \qquad (18.3)$$

devendo notar-se que somente se devem considerar estas responsabilidades nos casos em que não haja seguro ou resseguro do risco.

Quanto à contribuição normal viria, pelo mesmo método, dada por

$$C_x^i = \sum_{k=0}^{IR-x-1} \left(\frac{1}{1+i}\right)^{k+1/2} \frac{s_a(x+k)}{s_a(x)} i_{x+k} B_{x+k}^i a_{x+k}^* \frac{1}{x+k-a}. \qquad (18.4)$$

Os valores para toda a população activa obter-se-iam, tal como para a reforma, por simples adições dos respectivos valores individuais.

Poderá ainda o associado pretender pagar uma contribuição nivelada, em percentagem da massa salarial. Esta poderá ser calculada por

$$C^i = \frac{VABT^i}{VASF}. \tag{18.5}$$

Havendo um esquema de seguro ou resseguro, as contribuições do ano para o fundo, relativas a este risco, podem restringir-se ao valor do respectivo prémio, o que será suficiente para que o nível de financiamento do fundo não seja afectado pelas ocorrências que se venham a verificar.

Nos casos em que haja direitos adquiridos com contas individualizadas por participante, reais ou virtuais, o capital de cobertura do risco de invalidez diminui, assim como o seu custo, já que nesse caso a própria conta corrente poderá comprar parte da respectiva pensão (caso o plano o preveja).

18.1.3 *Pensões de sobrevivência*

Como dissemos na introdução, o plano pode prever o pagamento de uma pensão de viuvez, normalmente baseada na fórmula da pensão de reforma, bem como pensões de orfandade, a pagar enquanto os filhos forem menores ou estudarem. Em casos especiais, desde que o plano o preveja, a pensão atribuída a um órfão inválido ou com doença grave, pode ser vitalícia. A pensão de orfandade é, na maioria dos planos, uma percentagem da pensão de viuvez. Contudo, na maioria dos planos, a pensão total de sobrevivência (viuvez + orfandade) está limitada superiormente. Nos planos em que esse limite é de 80% do último salário e em que as pensões de viuvez e orfandade são de 50% e 10% desse salário, respectivamente, o número máximo de filhos abrangido é três.

Neste tipo de benefício há que distinguir claramente duas situações, a que correspondem riscos bastante diferentes:

- o risco durante o período activo do participante, que se designa por sobrevivência imediata;
- o risco após reforma, que se designa habitualmente por sobrevivência diferida.

O primeiro risco pode ser objecto de seguro ou resseguro, tal como para a invalidez, numa base de prémios anuais sucessivos. O segundo, cuja fórmula de cálculo depende em geral da pensão de reforma, tem de ser, tal como ela, previamente financiado.

18.1.4 *Sobrevivência imediata*

Considere-se um agregado familiar constituído pelo participante [x], pelo cônjuge [y] e pelos filhos menores [z_1] e [z_2]. Sejam B_x^v, B_x^o, os benefícios a atribuir por viuvez e orfandade, (calculados numa base anual), caso o participante morra à idade x.

Se considerarmos que os filhos receberão pensões até aos 21 anos de idade, por exemplo, o valor actuarial do risco para esse ano será o produto do capital em risco por $(1+i)^{-1/2} q_x$,

$$P_x^{v/o} = (1+i)^{-1/2} q_x \left(B_x^v a_y^* + B_x^o a_{z_1:\overline{21-z_1|}}^* + B_x^o a_{z_2:\overline{21-z_2|}}^* \right). \quad (18.6)$$

Tal como para a invalidez, a probabilidade q_x deve estar corrigida de eventuais saídas e entradas. No entanto, havendo seguro ou ressseguro, as movimentações populacionais são tratadas por acerto dos prémios, tendo em atenção o período de permanência de cada participante no plano. No caso do plano ter benefícios individuais atribuídos, quer por conta corrente individual, quer porque tem direitos adquiridos (conta corrente individual virtual), o capital em risco virá inferior, pois parte do custo pode ser suportado directamente por esse valor, caso o plano o preveja. Note-se que poderá haver planos nos quais as pensões de viuvez ou orfandade estão garantidas para além dos valores da conta corrente, funcionando esta então como uma espécie de capital seguro que é devolvido aos herdeiros ou beneficiários indicados, sem qualquer dedução.

Não considerando a existência de eventuais direitos, o valor actuarial total daquelas pensões virá dado pela expressão

$$VABT_x^{v/o} = \sum_{k=0}^{IR-x-1} \left(\frac{1}{1+i}\right)^{k+1/2} \frac{s_a(x+k)}{s_a(x)} q_{x+k}$$
$$\times \left(B_{x+k}^v a_{y+k}^* + B_{x+k}^o a_{z_1+k:\overline{21-z_1-k|}}^{**} + B_x^o a_{z_2+k:\overline{21-z_2-k|}}^{**}\right), \quad (18.7)$$

expressão na qual $a_{z+k:\overline{21-z-k|}}^{**}$ se considera nula, se o prazo (21 − z − k) for nulo ou negativo.

Chamamos a atenção para o facto de muitas vezes se utilizar uma tabela de mortalidade por sexo e de dupla entrada. Muito em especial, tratando-se de pensões vitalícias pagas a pessoas do sexo feminino, cuja esperança de vida é superior à dos homens, o cuidado a ter com os respectivos custos deverá ser redobrado.

Tal como para a invalidez, poder-se-ia também calcular para este risco uma contribuição nivelada, ou uma contribuição do tipo *unit credit*, bem como a responsabilidade acumulada referente a serviços passados. Como, porém, pensamos ser aconselhável o seguro ou resseguro destes riscos, dispensamo-nos de apresentar o respectivo formulário.

18.1.5 Sobrevivência diferida

A sobrevivência após reforma passa em geral pela aquisição de uma renda vitalícia com reversibilidade. Tal pode estar previsto no plano, caso em que o custo adicional, que é significativo, tem de estar incluído na contribuição normal, ou pode também ser uma opção do próprio pensionista. Se assim for, este pode dispensar parte da pensão (unipessoal) a que tinha direito à data normal de reforma, a fim de adquirir uma pensão parcialmente reversível a favor do cônjuge. Nesta última situação não existem responsabilidades e custos adicionais para o associado, não existindo também qualquer influência na avaliação actuarial.

Numerosos planos atribuem ao cônjuge sobrevivo uma pensão de viuvez, independentemente de este ser o que existia à data de reforma. Esta questão não é de fácil resolução, até porque a aquisição de uma renda vitalícia reversível impõe o conhecimento das cabeças seguras.

À data normal de reforma há que considerar ainda duas situações. Ou existe cônjuge inicial, ou não, facto que pode ocorrer devido ao participante se ter casado, divorciado, enviuvado, voltado a casar, etc..

Por essa razão, em numerosas avaliações actuariais, quando existe este risco e o participante é solteiro, ou não há indicação explícita do nome do cônjuge, recorre-se a um indicador estatístico que considera o valor esperado da percentagem de participantes casados à data normal de reforma (80% é um valor frequentemente usado) com uma pessoa de idêntica idade ou inferior.

Assim, sendo α o factor de reversibilidade da pensão de [x] a favor de [y], supondo por exemplo que $y = x - 3$, teremos

$$VABT_x^r = \left(\frac{1}{1+i}\right)^{IR-x} \frac{s_a(IR)}{s_a(x)} B_{IR}^r \left(a_{IR}^* + .8 \times \alpha \left(a_{IR-3}^* - a_{IR,\ IR-3}^*\right)\right). \quad (18.8)$$

Para planos nos quais se considera o cônjuge actual [y] como o único com direito à reversibilidade (após reforma), teremos

$$VABT_x^r = \left(\frac{1}{1+i}\right)^{IR-x} \frac{s_a(IR)}{s_a(x)} B_{IR}^r \left(a_{IR}^* +\ _{IR-x}p_y \times \alpha \left(a_{IR-x+y}^* - a_{IR,\ IR-x+y}^*\right)\right). \quad (18.9)$$

Notamos, para terminar, que a sobrevivência diferida pode ainda ser considerada no cálculo dos direitos adquiridos, caso em que as respectivas fórmulas deverão ser ajustadas em conformidade.

18.2 Pensões de pré-reforma e reforma antecipada

18.2.1 Introdução

Muitos planos de pensões BD prevêem a antecipação da reforma a partir de determinada idade, por vezes com condicionamento pelo tempo de serviço prestado. Contudo, essa antecipação não constitui uma verdadeira reforma, quando o trabalhador não tem ainda condições para se reformar pela Segurança Social ou outro regime equivalente. Nesses casos, a pensão designa-se como pensão de pré-reforma e é, em geral, superior à pensão que o plano garante a partir da data normal de reforma. Com efeito, na sua maioria, os planos garantem apenas um complemento de pensão de reforma, enquanto a pensão de pré-reforma substitui até à idade normal de reforma o salário auferido anteriormente pelo participante, ou uma parte substancial do mesmo.

Já a reforma antecipada, quando prevista no respectivo plano, pressupõe a passagem definitiva do participante à situação de reformado, embora daí resulte uma eventual penalização pela antecipação efectuada. Os valores envolvidos são de fácil determinação, embora as datas em que os mesmos venham a ser exigidos, bem como a responsabilidade adicional daí decorrente, sejam mais difíceis de prever.

Na pré-reforma, a empresa tem em princípio de salvaguardar os direitos do participante até à data normal de reforma, sendo em geral as condições de vigência dos mesmos e os valores envolvidos aceites por mútuo acordo entre as partes. Caso estes benefícios estejam previstos no plano de pensões (facto que não é habitual), existem responsabilidades acrescidas importantes, as quais, quer no momento da passagem, quer antecipadamente, se possível, devem ser actuarialmente avaliadas.

Na situação de pré-reforma o participante e a empresa continuam a descontar para a Segurança Social, ou regime em vigor equivalente, a fim de que não haja repercussões significativas na futura pensão de reforma. Para salários baixos, estão previstos

Parte IV – Capítulo 18. Invalidez, sobrevivência e reformas antecipadas | 343

por parte da Segurança Social descontos nas respectivas taxas únicas, tanto para o trabalhador nessa situação como para a entidade patronal.

Chamamos a atenção para numerosas situações em que, embora o plano de pensões não preveja a pré-reforma, o actuário é solicitado para efectuar o cálculo dos custos respectivos, que nessas circunstâncias podem ficar directamente a cargo da empresa. Juridicamente, nada impede que o associado continue a pagar ao pré-reformado como se de um trabalhador activo se tratasse. Alguns acordos de pré-reforma prevêem até que o ex-trabalhador regresse ao activo, caso a empresa necessite.

Embora haja, por parte dos regimes a cargo do Estado, alguma resistência natural à antecipação da reforma, pois os custos daí decorrentes poderão ser elevados, não há dúvida de que este recurso é importante para a reestruturação de algumas empresas, e até de serviços públicos, sem que o participante/beneficiário fique parcial ou completamente desprotegido.

Cabe ainda um reparo sobre a componente fiscal aplicável actualmente em Portugal. Enquanto a pensão de reforma ou reforma antecipada, segundo o código do IRS, consubstancia um rendimento da categoria H, a de pré-reforma é actualmente considerada rendimento da categoria A.

18.2.2 *Pensões de pré-reforma*

Representando por B_x^{pr} o benefício a que o participante $[x]$ tem direito, caso entre na situação de pré-reformado nessa idade, haverá um acréscimo de responsabilidades (a cargo do fundo ou a cargo da empresa, consoante a situação prevista) decorrente das prestações a pagar até o participante atingir a idade normal de reforma. O valor actuarial dessas responsabilidades é

$$VABT_x^{pr} = (1 + c_1 + c_2)\, B_x^{pr}\, a^*_{x:\overline{IR-x|}}, \qquad (18.10)$$

expressão em que c_1 designa o encargo adicional para o respectivo regime de reforma (taxa social única aplicável, por exemplo), e c_2 a taxa de contribuição normal para aquisição da pensão de reforma a cargo do fundo, que só mais tarde será solicitada.

A aquisição prévia deste tipo de benefício torna-se bastante difícil, a menos que a empresa associada tenha um plano previamente estabelecido e negociado, que dê ao actuário a possibilidade de estimar os valores em causa ao longo do tempo.

Não sendo esse o caso, o valor total da responsabilidade suplementar criada deverá ser pago ao fundo como contribuição extraordinária no momento do seu aparecimento.

Somos de opinião que, no caso desta pensão ficar a cargo da empresa, deverá ser criada uma provisão adequada para o efeito de valor não inferior a $VABT_x^{pr}$.

Notamos que as provisões existentes no fundo, para efeito da pensão de reforma do participante, não podem ser utilizadas para este tipo de antecipação, pois virão a ser necessárias quando da reforma definitiva. Por outro lado, as contribuições normais para a reforma não podem excluir os participantes na situação de pré-reforma. Quer para efeitos da reforma definitiva, quer para efeitos fiscais, tudo se passa como se o trabalhador continuasse no activo.

18.2.3 Reforma antecipada

Representando por B_x^{ra} o benefício a que o participante $[x]$ tem direito, caso entre na situação de reformado nessa idade, haverá em geral um acréscimo de responsabilidades a cargo do fundo, decorrente da antecipação do pagamento da pensão vitalícia, tudo dependendo naturalmente da fórmula de benefícios e de eventual penalização pela antecipação efectuada. Esse acréscimo, calculado pelo *unit credit* projectado, será

$$\Delta VABT_x = B_x^{ra} a_x^* - VABT_x^r \frac{x-a}{IR-a} \qquad (18.11)$$

e, consoante este valor seja positivo ou negativo, haverá ou não necessidade de uma contribuição extraordinária para que o nível do fundo não se degrade. Esta contribuição não será em geral necessária, caso o nível do fundo seja superior a 100%.

Tal como referido, as reformas antecipadas fazem com que o participante ao abrigo do plano passe definitivamente à situação de reformado, ao contrário das pré-reformas anteriormente tratadas.

Tal como nas pré-reformas, não é fácil prever ou estimar a probabilidade desta situação ocorrer; todavia por uma questão de prudência, nas avaliações actuariais é possível majorar a contribuição anual nos planos em que tal esteja previsto – bem como, naturalmente, a responsabilidade atribuível a serviços totais e passados. Para o efeito, pode partir-se do princípio de que todos os participantes que atingem o tempo de serviço necessário para pedir a reforma antecipada vão exercer essa opção, pelo que a responsabilidade total de um participante [x] se poderá então calcular pela fórmula

$$VABT_x^r = \left(\frac{1}{1+i}\right)^{IRA-x} \frac{s_a(IRA)}{s_a(x)} B_{IRA}^{ra} a_{IRA}^*, \qquad (18.12)$$

igualdade onde IRA designa a idade mínima a partir da qual a reforma antecipada pode ser solicitada. Se as contribuições e responsabilidades forem calculadas de acordo com a fórmula anterior, não haverá lugar a responsabilidades e contribuições adicionais por eventuais antecipações. Se as reformas antecipadas não se realizarem, o fundo estará neste caso melhor financiado, podendo eventuais excessos ser corrigidos nas contribuições futuras. Tudo depende dos acontecimentos que venhama ocorrer, bem como dos objectivos e níveis de financiamento atingidos.

Na fórmula anterior, após o participante ter atingido a idade IRA sem se ter reformado, há que anualmente corrigir essa idade, bem como o respectivo benefício, ou seja, passado um ano, e uma vez que a reforma pode ocorrer de imediato (note-se que a opção de reforma antecipada se mantém em geral para $x > IRA$), teremos

$$VABT^r_{IRA+1} = B^{ra}_{IRA+1}a^*_{IRA+1}.\qquad(18.13)$$

Note-se que daqui resulta uma ligeira diferença de responsabilidades, positiva ou negativa, consoante o valor calculado no ano anterior, e que depende, sobretudo, da penalização por antecipação e da evolução do próprio benefício (caso incida sobre o salário final, por exemplo). Chama-se a atenção para o facto de os termos da renda, que supostamente já estaria em pagamento, não terem sido de facto liquidados, daí resultando um excesso de reservas.

O parágrafo precedente pode ser estendido às reformas adiadas, que ao contrário das antecipadas conferem ao participante benefícios acrescidos, continuando entretanto o fundo a capitalizar e sem o encargo de pagamento da pensão. O acerto de responsabilidades e de eventuais contribuições resulta de fórmula em tudo análoga a (18.13), na qual *IRA* será substituída por *IR*, idade normal de reforma, sendo B^{ra}_{IR+1} o novo benefício a considerar.

Todas as alterações que se verifiquem com antecipação ou adiamento de pensões devem ser também consideradas em perdas e ganhos actuariais, tema de que de imediato nos ocuparemos.

Capítulo 19

Ganhos e perdas em planos de benefício definido

19.1 Introdução

Ao escolher determinados algoritmos para efectuar uma avaliação actuarial, bem como os respectivos parâmetros e tabelas, o actuário tem plena consciência de que dificilmente as suas previsões se irão verificar na prática, até porque em muitas situações essa escolha recaiu sobre valores prudenciais, em detrimento de valores optimistas ou mesmo de valores esperados.

Se atendermos a que as responsabilidades variam fortemente ao longo do tempo com:
- a evolução da população, resultante de entradas, saídas, casos de morte ou invalidez, etc. (abrangendo participantes, ex-participantes e beneficiários),
- a evolução dos salários e das pensões em pagamento (se as houver),
- a eventual alteração dos benefícios,
- a eventual alteração dos pressupostos actuariais,

fácil se torna concluir que as estimativas anteriormente efectuadas, e das quais resultaram entre outros elementos o valor da contribuição, das responsabilidades iniciais e do fundo normal, dificilmente se verificam na prática.

Porém, interessa também saber quais os afastamentos mais significativos e os seus montantes, até porque poderão ter de ser considerados pelo associado e reflectidos nas suas próprias contas (nomeadamente por aplicação de directrizes contabilísticas como a IASB DC 19, por exemplo).

Os desvios poderão ainda verificar-se no valor dos activos do fundo, facto muitas vezes responsável pelo aparecimento de desvios actuariais. Enquanto que o grosso destes possíveis desvios se deve à performance financeira, uma parte ainda significativa dos mesmos pode ficar a dever-se à ocorrência de sinistros, reformas antecipadas, quebra de contribuições e outras modificações populacionais, o que já tem a ver com os desvios actuariais propriamente ditos.

Um indicador misto abrange naturalmente todos os desvios e a sua resultante, sem contudo detalhar as suas causas. Trata-se do nível de financiamento, que põe claramente em confronto activos e passivos. Importa pois ir mais além e ter uma noção clara dos diferentes tipos de desvio, tentando apurar o efeito de cada um no desvio global verificado. Dado estarmos em presença de modelos concorrenciais de tipo multidecremento, encontra-se por vezes um desvio residual, sem grande significado prático, e que poderá ser imputado à causa principal encontrada.

Para efeito da análise subsequente de responsabilidades, iremos apenas considerar o método *unit credit* projectado. Na análise da componente financeira, suporemos que a avaliação dos activos do fundo será efectuada a valores de mercado, ou segundo critérios de valorimetria apropriados, mas fixos, de que não se exclui o alisamento paramétrico da volatilidade, por exemplo.

Dos desvios globais detectados, quando superiores a determinados valores, em geral pré-fixados em percentagem do valor do fundo, podem resultar acertos de contribuições, a fim de que os objectivos de financiamento no essencial se mantenham, ou sejam atingidos num horizonte temporal para o efeito estabelecido.

19.2 Desvios de origem financeira

Sabendo que dificilmente o valor do fundo coincidirá no final do ano de avaliação com o valor que o mesmo teria, caso o rendimento fosse o assumido implicitamente na taxa de desconto, há que apurar qual o desvio verificado, quer seja positivo, quer negativo.

Considere-se o valor F_0 do fundo no final do ano precedente. Seja S_{t_k} o valor do k-ésimo pagamento ou transferência efectuado pelo fundo no instante t_k ($t_k \in [0,1]$), e correspondente exclusivamente a benefícios ou prémios de seguro/resseguro relativos a riscos de morte ou invalidez. Seja E_{t_j} o j-ésimo valor entrado no fundo no instante t_j ($t_j \in [0,1]$) por contribuição, normal ou extraordinária, ou transferência, e correspondendo exclusivamente a benefícios ou participação em resultados recebidos de seguro ou resseguro.

Se a taxa de rendimento **líquida** verificada no fundo fosse constante, e igual à taxa utilizada para desconto na avaliação de responsabilidades (i), teríamos para valor do fundo no final do ano,

$$F_1 = F_0(1+i) + \sum_j E_{t_j}(1+i)^{1-t_j} - \sum_k S_{t_k}(1+i)^{1-t_k}. \quad (19.1)$$

Se o verdadeiro valor dos activos do fundo for F^1 (segundo o critério de valorimetria assumido, que poderá não coincidir com o valor de mercado), o ganho ou prejuízo financeiro será

$$\Delta F = F^1 - F_1. \quad (19.2)$$

Podemos considerar ainda

$$F^1 = F_0(1+i') + \sum_j E_{t_j}(1+i')^{1-t_j} - \sum_k S_{t_k}(1+i')^{1-t_k},$$

i' representando a taxa interna de rendibilidade (TIR).

Notamos que muitas vezes algumas despesas, tais como comissões de gestão ou outras (em geral alheias à esfera financeira), são consideradas saídas, o que aparentemente melhora o aspecto dos resultados, ou seja, a designada performance financeira.

Se a taxa de desconto é líquida, então os cash-flow considerados devem apenas estar relacionados com os benefícios, como acima se descreve. Se a taxa de desconto não é líquida, tem que se apurar quais as despesas consideradas (de gestão, ou outras), quer na determinação dessa taxa quer no cálculo das correspondentes responsabilidades.

Notamos que em Portugal, tanto quanto nos é dado conhecer, as responsabilidades são calculadas tendo em atenção apenas os valores actuariais dos benefícios, o que subentende que a taxa i de actualização é de facto líquida. Por outro lado, no cálculo da TIR, muitas instituições consideram as despesas de gestão nos cash-flows, o que manifestamente valoriza a gestão financeira, cujos responsáveis argumentam não dever ser aquela actividade penalizada por outras despesas que o fundo deve suportar e que nada têm a ver com a área e performance financeiras. Porém, esse cálculo não está em geral em concordância com a avaliação de responsabilidades.

Quando o fundo está expresso em unidades, a rendibilidade líquida anual obtém-se, normalmente, pela expressão

$$j = \frac{U_1}{U_0} - 1,$$

onde U_0 e U_1 representam o valor da unidade no início e fim do ano, respectivamente. Todavia, se houver contas correntes individuais por participante ou associada (por exemplo, em fundos abertos com empresas aderentes), e as comissões de gestão puderem ser debitadas a essas contas em unidades, já o cálculo anterior não traduz a verdadeira rendibilidade líquida.

Independentemente dos critérios estabelecidos, os desvios financeiros têm de ser analisados com precaução, até porque, por vezes, são meramente conjunturais, traduzindo apenas a volatilidade dos activos que compõem a carteira do fundo.

Por outro lado, importa contabilizá-los e ter sempre presente que, em termos de efeitos actuariais, é o desvio acumulado que conta. Considerando as projecções financeiras com os retornos observados em cada ano, para o fim do período n, temos

$$\Delta F = \Delta F_1 \prod_{k=2}^{n} (1 + i_k) + \Delta F_2 \prod_{k=3}^{n} (1 + i_k) + ... + \Delta F_n \, .$$

Este valor, quando comparado com idêntico valor, para o mesmo período, referente às responsabilidades, assim como com o nível de financiamento existente, ditará a necessidade de alteração estrutural ou ajustamento temporário das correspondentes contribuições.

19.3 Desvio global e desvios parciais (activos)

Considere-se o seguinte diagrama:

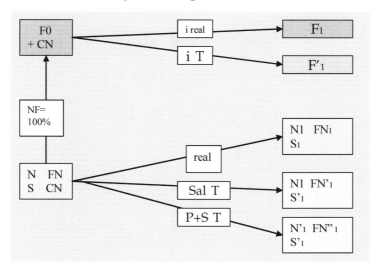

Os rectângulos da esquerda representam os valores do fundo e população no início do ano, admitindo que o nível de financiamento (*NF*) é de 100%. Os rectângulos da direita representam os valores reais ou possíveis no final do ano, caso se verifiquem os pressupostos iniciais, ou pelo menos alguns deles.

As variáveis indicadas têem o seguinte significado:

F_0 valor do fundo existente antes da entrada da contribuição normal (CN)
N população no início do ano
S massa salarial no início do ano
FN fundo normal no início do ano
F_1 valor do fundo existente no final do ano, antes da entrada da contribuição normal
N_1 população no final do ano
S_1 massa salarial no final do ano
FN_1 fundo normal no final do ano
F'_1 valor do fundo que existiria no final do ano, caso o retorno fosse o assumido
N'_1 população teórica que existiria no final do ano
S'_1 massa salarial teórica que existiria no final do ano
FN'_1 fundo normal no final do ano, caso os salários fossem os teóricos
FN''_1 fundo normal no final do ano, caso a população e os salários fossem os teóricos.

Nestas condições, o desvio financeiro será

$$\Delta F = F_1 - F'_1, \qquad (19.3)$$

e o desvio global é dado por

$$\Delta G = F_1 - FN_1. \qquad (19.4)$$

O desvio atribuível aos salários calcula-se pela diferença

$$\Delta S = FN'_1 - FN_1. \qquad (19.5)$$

O desvio atribuível à variação populacional é dado pela diferença

$$\Delta P = FN_1'' - FN_1'. \qquad (19.6)$$

É fácil verificar que

$$\Delta F + \Delta S + \Delta P = F_1 - F_1' + FN_1' - FN_1 + FN_1'' - FN_1' = F_1 - FN_1 + FN_1'' - F_1' = F_1 - FN_1 = \Delta G,$$

uma vez que, com os pressupostos teóricos, o nível de financiamento manter-se-ia em 100%, ou seja, $FN_1'' - F_1' = 0$.

19.4 Desvios – análise detalhada

Consideremos o participante $[x, x > a]$ cuja responsabilidade actuarial era no ano anterior

$$FN_{x-1} = VABT_{x-1}^r \frac{x-1-a}{N}, \text{ com } N = IR - a,$$

e que este ano teria responsabilidade

$$FN_x = VABT_x^r \frac{x-a}{N}.$$

Considerando a contribuição normal devida no início do ano,

$$CN_{x-1} = VABT_{x-1}^r \frac{1}{N},$$

o valor transportado actuarialmente para o ano seguinte será dado pela expressão

$$\begin{aligned}
FN_x^+ &= \left(VABT_{x-1}^r \frac{x-1-a}{N} + VABT_{x-1}^r \frac{1}{N} \right)(1+i)\frac{s_a(x-1)}{s_a(x)} \\
&= VABT_{x-1}^r \frac{x-a}{N}(1+i)\frac{s_a(x-1)}{s_a(x)} \\
&= \left(\frac{1}{1+i} \right)^{IR-x+1}(1+i)\frac{s_a(IR)}{s_a(x-1)}B_{IR}^r a_{IR}^* \frac{s_a(x-1)}{s_a(x)}\frac{x-a}{N} \\
&= \left(\frac{1}{1+i} \right)^{IR-x} \frac{s_a(IR)}{s_a(x)} B_{IR}^r a_{IR}^* \frac{x-a}{N} = FN_x.
\end{aligned}$$

Aparentemente, tudo está bem. Mas vejamos o que acontece com mais detalhe no exemplo que segue.

Exemplo 19.1 *Suponhamos que temos dez participantes com idade [x − 1] e que $\frac{s(x)}{s(x-1)} = .1$, pelo que se espera que apenas um destes participantes esteja ao abrigo do plano no ano seguinte. Consideremos ainda $VABT^r_{x-1} = 10000$, $FN_{x-1} = 2500$, a contribuição normal $CN_{x-1} = 250$ e $i = 5\%$.*

Teríamos então para fundo normal à idade x, calculado retrospectivamente,

$$FN_x = (2500 + 250)(1.05) \times \frac{1}{.1} = 28875.$$

Porém, havendo dez participantes com as mesmas características, idade e benefício, o fundo normal seria no ano anterior 25000 e a contribuição normal 2500, pelo que o valor do fundo seria no fnal do ano

$$F^1 = (25000 + 2500)(1.05) = 28875.$$

Portanto, teoricamente, o fundo normal coincidiria com o valor dos activos, caso o nível de financiamento fosse de 100% e a taxa líquida de retorno fosse de 5%. Porém, se em vez de um participante estiverem ainda dois ao abrigo do plano, as responsabilidades atribuíveis a serviços passados passarão a ser

$$FN = 2 \times 28875 = 57750,$$

pelo que haveria, nesse caso, um desvio nas responsabilidades de 100%. Pode parecer estranho, mas não se pode esquecer o facto de que as responsabilidades são calculadas com base em valores esperados, cuja aproximação à realidade só se pode garantir quando o número de participantes é suficientemente elevado.

No caso geral, não havendo direitos adquiridos, os desvios actuariais por movimentações populacionais (e salariais) de participantes no activo, podem ser globalmente calculados pela expressão

$$\Delta FN^r = FN^r - \sum_{k=1}^{M}\left(VABT^r_{x_k-1}\frac{x_k-a_k}{IR-a_k}(1+i)\frac{s_a(x_k-1)}{s_a(x_k)}\right)\frac{s_a(x_k)}{s_a(x_k-1)}$$

$$= FN^r - \sum_{k=1}^{M}\left(VABT^r_{x_k-1}\frac{x_k-a_k}{IR-a_k}(1+i)\right), \qquad (19.7)$$

em que M designa o número de participantes do ano anterior e FN^r o fundo normal para activos no ano em curso. A parcela subtractiva corresponde ao fundo que existiria hoje, caso o nível de financiamento fosse de 100% e a taxa de rendimento verificada coincidisse com a taxa assumida para desconto.

Notamos que dificilmente ΔFN^r será nulo, já que o volume de saídas esperado, mesmo que constitua uma boa aproximação, terá sempre alguma casa decimal, enquanto o número de pessoas ao abrigo do plano é um número inteiro.

Calculado de acordo com a fórmula anterior, o desvio é global, como referimos, não se distinguindo as causas da diferença encontrada, nem o contributo de cada factor para esse valor.

É contudo da máxima conveniência que a evolução de responsabilidades venha, tanto quanto possível, separada por parcelas, de forma a realçar explicitamente as influências de:

1 – saídas do plano;
2 – entradas (responsabilidades dos novos participantes admitidos no ano, caso existam);
3 – correcções salariais (participantes activos);
4 – novos reformados e pensionistas;
5 – correcção de pensões em pagamento;
6 – mortalidade;
7 – invalidez.

Saídas

A variação exclusivamente devida às saídas (ou não saídas) na população durante o ano pode ser avaliada por uma expressão análoga a (19.7), mas em que no cálculo de FN (seja FN_1), não se consideram as responsabilidades dos novos participantes admitidos ao longo desse ano, nem a evolução salarial real. Ou seja, considera-se a população actual, sem as entradas do ano, e admitindo que os salários respectivos foram actualizados apenas pela taxa de crescimento salarial assumida. Então,

$$\Delta FN_1 = FN_1 - \sum_{k=1}^{M} \left(VABT^r_{x_k-1} \frac{x_k - a_k}{IR - a_k} (1+i) \right). \quad (19.8)$$

É fácil verificar que $\Delta F N_1$ e ΔP da fórmula (19.6) têm o mesmo valor absoluto.

Entradas

Para efeito de novos participantes, que entrem para o plano com antiguidade reconhecida (em número M_n), teremos

$$FN_2 = \sum_{k=1}^{M_n} \left(VABT^r_{x_k} \frac{x_k - a_k}{IR - a_k} \right). \quad (19.9)$$

Salários

Para o efeito salarial bastará considerar a diferença

$$\Delta FN_3 = FN^r - FN_2 - FN_1. \quad (19.10)$$

De facto, a equação anterior escrita na forma

$$FN^r = FN_1 + FN_2 + \Delta FN_3 \quad (19.11)$$

tem uma interpretação simples: a responsabilidade actuarial da actual população é a soma da correspondente responsabilidade teórica (considerando a projecção teórica dos salários) com a responsabilidade dos novos aderentes e com o aumento da responsabilidade devido aos desvios salariais.

Deve chamar-se a atenção para o facto de que parte dos desvios salariais se deve às saídas, quando estas diferem das previstas actuarialmente. Neste caso, a separação que se faz entre os dois tipos de desvio não é rigorosa, devido à co-influência das duas causas de desvio.

A variação total de responsabilidades em termos actuariais com pessoal no activo vem então dada pela soma

$$\Delta FN = \Delta FN_1 + FN_2 + \Delta FN_3, \qquad (19.12)$$

que, caso não haja reformas ao longo do ano, poderá coincidir com a diferença

$$FN^r - \left(FN^r_{-1} + CN\right)(1+i).$$

Reformados

Para os reformados, podemos considerar uma análise semelhante à anterior.

Assim, a variação de responsabilidades devida apenas às saídas (por morte) ou permanência da população reformada durante o ano será dada pela expressão

$$\Delta FN_4 = \sum_{x_k > IR} B^r_{x_k-1} (1+j^r) a^*_{x_k} - \sum_{x_l \geq IR} B^r_{x_l} (1+j^r) a^*_{x_l+1} \, p_{x_l}, \qquad (19.13)$$

em que no cálculo do valor actual da primeira parcela não se consideram as responsabilidades dos novos reformados do ano, nem a evolução real das reformas, ou seja, a população é a actual sem novos pensionistas, mas as pensões consideradas são as do ano anterior actualizadas pela taxa de crescimento j^r assumida. Na parcela subtractiva consideram-se todos os reformados que no ano anterior tinham a idade x_l.

Para o efeito "novos" teremos

$$FN_5 = \sum_{x_k = IR} B^r_k a^*_{IR}. \qquad (19.14)$$

Para o efeito "aumento de pensões", bastará considerar a diferença

$$\Delta FN_6 = \sum_{x_k \geq IR} B^r_{x_k} a^*_{x_k} - FN_5 - \sum_{x_k > IR} B^r_{x_k-1}(1+j^r) a^*_{x_k}. \quad (19.15)$$

A variação total de responsabilidades em termos actuariais com beneficiários reformados vem então dada pela soma

$$\Delta FN^{ref} = \Delta FN_4 + FN_5 + \Delta FN_6. \quad (19.16)$$

É necessário acentuar o facto de as novas reformas e as responsabilidades que geram corresponderem na totalidade, ou pelo menos em grande parte, à diminuição de responsabilidades nos activos. Não estão em geral nesta situação as reformas antecipadas, que na maioria dos planos implicam um substancial reforço das reservas existentes, nem as pré-reformas, que ao terem custos superiores, devido essencialmente à antecipação dos pagamentos, exigem reforços consideráveis. Num e noutro caso, se não forem entregues ao fundo as correspondentes contribuições extraordinárias, o deficit eventualmente existente agravar-se-á, com consequente deterioração do nível de financiamento.

Os efeitos sobre as rendas de sobrevivência ou invalidez poderão ser analisados de idêntica forma, tendo contudo em atenção que a variação de responsabilidades depende largamente da existência de contratos de seguro ou resseguro e do tipo de tratado estabelecido.

Tal como para os desvios financeiros, os desvios nas responsabilidades podem corresponder apenas à volatilidade associada. Daí que interesse também considerar o desvio acumulado. A projecção financeira com os retornos observados em cada ano, para o fim do período n, dá para esse desvio o valor

$$\Delta FN = \Delta FN_1 \prod_{k=2}^{n}(1+i_k) + \Delta FN_2 \prod_{k=3}^{n}(1+i_k) + ... + \Delta FN_n.$$

Parte IV – Capítulo 19. Ganhos e perdas em planos de benefício definido | 359

Exemplo 19.2 *Um plano de pensões tem o seguinte esquema de benefícios: à data normal de reforma (Ir = 65 anos), o participante tem direito a uma renda vitalícia paga em duodécimos, não actualizável, cujo valor anual é calculado pela fórmula*

$$B_r = 1\% * N_r * \overline{S}_{10}, N_r \leq 40,$$

onde $N_r = (I_r - a)$ e $\overline{S}_{10}$ corresponde à média dos melhores 10 salários/ ano dos últimos 15 anos de serviço. Considere-se uma taxa de actualização de 6% e uma taxa de crescimento salarial de 2%. A função de sobrevivência no fundo, para um participante que entrou com idade a, é dada pela expressão

$$s_a(x) = e^{-.02(x-a)}.$$

Pela tábua de mortalidade em presença

$$a^{(12)}_{65} = 13,1; a^{(12)}_{66} = 12.7; a^{(12)}_{70} = 11.1; a^{(12)}_{71} = 10.7.$$

A população activa a considerar é:

Núm.	a	x	S_m
1500	20	25	1100

A população reformada a considerar é:

Núm.	a	x	P_m
20	25	70	450

Comecemos por calcular a contribuição normal e o fundo normal pelo método Unit Credit parcialmente projectado (considerando 14 salários mensais por ano e uma taxa de projecção salarial de 1%).

Para cada pessoa, temos

$$\overline{S}_{10} = 1100 \times 14 \times 1.01^{39} \times \frac{1 - 1.01^{-10}}{1 - 1.01^{-1}}/10$$
$$= 21716.28 : B_{65} = 40/100 \times 21716.28 = 8686.512,$$

$$VABT = 1.06^{-40} \times e^{-.02 \times 40} \times 8686.512 \times 13.1 = 4971.032.$$

Para a população activa,

$$VABT^a = 4971.032 \times 1500 = 7.456548 \times 10^6,$$

$$FN^a = \frac{7.456548 \times 10^6 \times 5}{45} = 8.285053 \times 10^5,$$

$$CN = 8.285053 \times 10^5/5 = 1.657011 \times 10^5.$$

Para os reformados,

$$VABT^{ref} = 20 \times 12 \times 450 \times 11.1 = 1.1988 \times 10^6,$$

$$FN = 1.1988 \times 10^6 + 8.285053 \times 10^5 = 2.027305 \times 10^6,$$

e finalmente

$$FN = 2.027305 \times 10^6 : CN = 1.657011 \times 10^5.$$

Admita-se agora que o nível de financiamento no início do ano é de 100%, que os salários cresceram 4% no ano, que o rendimento do fundo foi de 3% e que houve 20 saídas. Então, os ganhos e perdas actuariais considerados relevantes no final do ano, por natureza, serão os que se calculam de seguida.

Considere-se o fundo inicial

$$F = FN + CN = 2.027305 \times 10^6 + 1.657011 \times 10^5 = 2.193006 \times 10^6.$$

Uma vez que no final do ano o fundo terá o valor aproximado

$$F_1 \simeq \left(2.193006 \times 10^6\right) \times 1.03 - 20 \times 450 \times 12 \times 1.03^{1/2} = 2.149188 \times 10^6,$$

caso se tivesse observado o retorno esperado, teríamos

$$F_1' \simeq \left(2.193006 \times 10^6\right) \times 1.06 - 20 \times 450 \times 12 \times 1.06^{1/2} = 2.213394 \times 10^6,$$

donde resulta que

$$\Delta F \simeq 2.149188 \times 10^6 - 2.213394 \times 10^6 = -64206.0.$$

Parte IV – Capítulo 19. Ganhos e perdas em planos de benefício definido | 361

Deve notar-se no entanto que o prejuízo financeiro é inferior ao valor acima indicado, porque as anuidades dos reformados foram calculadas com uma taxa de juro de 4% e, portanto, a diferença de rendibilidades nas reservas correspondentes é apenas de 1%. Temos então

$$F_1' \simeq \left(8.285\,053 \times 10^5 + 1.657\,011 \times 10^5\right) \times 1.06 +$$
$$+1.198\,8 \times 10^6 \times 1.04 - 20 \times 450 \times 12 \times 1.04^{1/2}$$
$$\simeq 2.190\,472\,0 \times 10^6.$$

O prejuízo financeiro reduz-se assim a

$$\Delta F \simeq 2.149\,188 \times 10^6 - 2.190\,472\,0 \times 10^6 = -41284.0.$$

Quanto às responsabilidades no ano seguinte, tem-se

$$\overline{S}_{10}^1 = 1100 \times 1.04 \times 14 \times 1.01^{38} \times \frac{1 - 1.01^{-10}}{1 - 1.01^{-1}}/10 = 22361.32,$$

$$B_{65}^1 = 40/100 \times 22361.32 = 8944.528$$
$$VABT^1 = 1.06^{-39} \times e^{-.02 \times 39} \times 8944.528 \times 13.1 = 5535.416.$$

Para a população activa:

$$VABT^{1a} = 5535.416 \times 1480 = 8.192\,416 \times 10^6,$$

$$FN^{1a} = \frac{8.192\,416 \times 10^6 \times 6}{45} = 1.092\,322 \times 10^6,$$

$CN^{1a} = 8.192\,416 \times 10^6/45 = 1.820\,537 \times 10^5$ (*sem adicional*).

Para os reformados:

$$VABT^{ref} = 20 \times 12 \times 450 \times 10.7 = 1.155\,6 \times 10^6,$$

$$FN^1 = 1.092\,322 \times 10^6 + 1.155\,6 \times 10^6 = 2.247\,922 \times 10^6.$$

Logo, a diferença global entre a responsabilidade actuarial e o valor do fundo é

$$\Delta G \simeq 2.149\,188 \times 10^6 - 2.247\,922 \times 10^6 = -98734$$

Caso os salários fossem os teóricos (1%) teríamos:

$$\overline{S}_{10}^{'1} = 1100 \times 1.01 \times 14 \times 1.01^{38} \times \frac{1 - 1.01^{-10}}{1 - 1.01^{-1}}/10 = 21716.28,$$

$$B_{65}^{'1} = 40/100 \times 21716.28 = 8686.512,$$
$$VABT'^{1} = 1.06^{-39} \times e^{-.02 \times 39} \times 8686.512 \times 13.1 = 5375.74,$$
$$VABT'^{1a} = 5375.74 \times 1480 = 7.956\,095 \times 10^6$$
$$FN'^{1a} = \frac{7.956\,095 \times 10^6 \times 6}{45} = 1.060\,813 \times 10^6.$$

Então, o prejuízo atribuível aos salários será

$$\Delta S \simeq 1.060\,813 \times 10^6 - 1.092\,322 \times 10^6 = -31509.$$

Caso os salários e a população fossem os teóricos, teríamos:

$$\overline{S}_{10}^{''1} = 1100 \times 1.01 \times 14 \times 1.01^{38} \times \frac{1 - 1.01^{-10}}{1 - 1.01^{-1}}/10 = 21716.28,$$

$$VABT''^{1} = 1.06^{-39} \times e^{-.02 \times 39} \times 8686.512 \times 13.1 = 5375.74,$$
$$VABT''^{1a} = 5375.74 \times 1500 \times e^{-.02} = 7.903\,940 \times 10^6,$$
$$FN''^{1a} = \frac{7.903\,940 \times 10^6 \times 6}{45} = 1.053\,859 \times 10^6.$$

Não considerando a mortalidade dos reformados, a variação populacional nos activos dá origem à diferença

$$\Delta P \simeq 1.053\,859 \times 10^6 - 1.060\,813 \times 10^6 = -6954.0.$$

Para os reformados, considerando $q_{70} = .014081$, temos um prejuízo potencial que advém de uma provisão superior ao valor esperado e de se terem pago, em média, mais pensões.

$$\Delta R = -.014\,081 * \left(1.155\,6 \times 10^6 + 20 * 450 * 6 * 1.03^{1/2}\right) = -17043.699.$$

A soma dos desvios será, considerando todas as fontes,

$-17043.699 - 31509 - 41284.0 - 6954.0 = -96790.699.$

A diferença entre a soma anterior e o desvio global ΔG acima calculado deve-se à simplificação de alguns cálculos e ao facto de os valores das anuidades consideradas terem sido arredondados.

19.5 O tratamento dos desvios acumulados

Por comparação entre os desvios financeiros e os desvios de responsabilidades, acumulados ao longo de um dado período, vê-se claramente em que medida eles contribuem para a melhoria ou diminuição do nível de financiamento.
Seja

$$\Delta_n = \frac{\Delta F - \Delta FN}{F^1}.$$

Estabelecido que seja um corredor para este quociente, baseado no sobre e sub-financiamento máximos admissíveis, sempre que o valor de Δ_n caia abaixo da barreira mínima, dever-se-á calcular uma contribuição extraordinária específica que, por um período não excessivamente longo, reponha o nível de financiamento objectivo estabelecido. Caso aquele valor supere a barreira superior, poder-se-á diminuir a contribuição por período adequado, a fim de evitar o excesso de financiamento, que também não se pode considerar salutar, tendo em atenção o esforço financeiro subjacente às contribuições do associado, que muito provavelmente preferiria aplicar esses excedentes no reforço e desenvolvimento do seu próprio negócio. Casos há em que o sobre-financiamento é de tal forma elevado que nem as designadas *férias* de contribuições o conseguem anular.

Em alternativa ao método dos desvios acumulados, pode sempre calcular-se a qualquer momento o desvio existente entre o valor do fundo e as responsabilidades atribuíveis aos serviços passados; caso a diferença seja significativa, proceder-se-á à correcção das contribuições futuras. Porém, este método, sendo de aplicação mais fácil, não tem contudo em devida atenção os exercícios onde ocorreram os maiores desvios, nem a sua evolução no tempo, impedindo assim a correcta imputação aos exercícios em que foram gerados. Por outro lado, daí em diante, passa a haver uma contribuição anual agregada que não corresponde às responsabilidades criadas no respectivo exercício.

Deve acentuar-se que, a este respeito, existem directrizes contabilísticas que impõem ao associado, e portanto ao próprio fundo, regras precisas, para cujo cumprimento o actuário terá de dar o necessário contributo. Dá-se como exemplo a norma contabilística *DC 19*, emitida pelo IASB (*International Accounting Standards Board*), que procura dar aos fundos de pensões e às empresas associadas um enquadramento contabilístico preciso, que reflicta correctamente as responsabilidades assumidas pelos benefícios prometidos e que impute aos exercícios os custos gerados nos mesmos.

19.6 Medidas de performance

Para além da TIR (referida no Capítulo 11), existem outras medidas de performance das carteiras dos Fundos de Pensões que importa mencionar. Contudo, tendo o presente texto como objectivo uma introdução às matemáticas actuariais, limitar-nos-emos a indicar as medidas mais frequentemente utilizadas, que um actuário, mesmo júnior, não deve ignorar.

A medida talvez mais usada é a *TWR (time weighted rate)* que avalia a performance sempre que existe um fluxo financeiro de entrada ou saída. Assim, designando por ΔF_{tk} o fluxo entrado (+) ou saído (-) no instante genérico t_k, a performance entre t_{k-1} e t_k será dada pela igualdade

$$r_k = \frac{F_k}{F_{k-1} + \Delta F_{t_{k-1}}} - 1,$$

onde F_k representa o valor dos activos do fundo, segundo o critério de valorimetria utilizado, mas antes da entrada ou saída ΔF_{tk}. O mesmo se aplica a F_{k-1}.

A taxa de retorno acumulada no intervalo [t_0, t_n] será naturalmente

$$r = \Pi_{k=1}^{n}(1+r_k) - 1,$$

pelo que a taxa média (geométrica) instantânea será

$$\delta = \ln(1+r) = \sum_{k=1}^{n}\log(1+r_k).$$

Por vezes, o cálculo tem de ser efectuado num momento t para o qual não existe qualquer fluxo, (final do ano, por exemplo). Nesses casos, podemos considerar um último fluxo $\Delta F = 0$, continuando válidas as expressões anteriores.

Desejamos chamar a atenção para o facto de que alguns autores, por distracção, consideram fluxos financeiros, por exemplo, o recebimento de dividendos. De facto, são-no efectivamente, mas devem ser considerados com especial atenção na fórmula da TWR. Esses valores fazem pura e simplesmente parte dos activos do fundo e, naturalmente, entram na sua valorização seja qual for o critério de valorimetria adoptado. Os fluxos financeiros que não podem deixar de ser considerados são os que determinam entradas ou saídas de capital.

Exemplo 19.3 *Um fundo tem entre 1 de Janeiro e 31 de Dezembro os seguintes movimentos:*

Data	F	Dividendos	Contribuições
01/01	10000	0	1000
06/30	11200	500	1000
12/31	12900	0	0

As rendibilidades do primeiro semestre e do ano calculadas pela fórmula anterior, considerando os dividendos como meros fluxos financeiros, seriam respectivamente

$$r_1 = \frac{F_k}{F_{k-1} + \Delta F_{t_{k-1}}} - 1 = \frac{11200}{11000} - 1 = 1.82\%,$$
$$r = \frac{11200}{11000} \times \frac{12900}{12700} - 1 = 3.42\%,$$

enquanto o valor real é

$$r_1 = \frac{11700}{11000} - 1 = 6.36\%,$$
$$r = \frac{11700}{11000} \times \frac{12900}{12700} - 1 = 8.04\%.$$

Neste caso, a TIR é 7.83%.

A diferença da TWR para a TIR pode ser significativa, tudo dependendo dos momentos de ocorrência dos fluxos e respectivos volumes. Essa diferença pode ser mesmo acentuada, como se verifica no exemplo que segue:

Exemplo 19.4 *Um fundo tem entre 1 de Janeiro e 31 de Dezembro os seguintes movimentos:*

Data	F	Dividendos	Contribuições
01/01	10000	0	1000
06/30	11200	500	10000
12/31	21900	0	0

As rendibilidades do primeiro semestre e do ano calculadas são respectivamente,

$$r_1 = \frac{11700}{11000} - 1 = 6.36\%,$$
$$r = \frac{11700}{11000} \times \frac{21900}{21700} - 1 = 7.34\%,$$

sendo a TIR de apenas 5.649%. Neste exemplo a TWR mostra-se nitidamente exagerada.

Uma outra nota prende-se com o cálculo da rentabilidade no final de um dado período. Com efeito, não é necessário desencadear todos os cálculos nos momentos de existência de fluxos, basta ter em base de dados adequada um registo de todos os montantes entrados ou saídos e respectivas datas de ocorrência, bem como a composição da carteira. Desse modo, o algoritmo pode desencadear-se sempre que necessário ou em datas fixas de calendário.

As medidas relativas a carteiras ou índices de referência (*benchmarks*) são igualmente importantes, pois não só permitem avaliar o desempenho do gestor do fundo, como aferir até que ponto a estratégia de investimentos é a mais correcta para o fundo em causa. Naturalmente, a escolha do *benchmark* (simples ou composto) é fundamental e deverá estar de acordo com o tipo de activos e *carteira objectivo* pretendidos. As principais medidas utilizadas são o desvio do retorno médio entre a carteira e o *benchmark* e o respectivo desvio padrão (*tracking error*), medidos ao longo de N períodos (em geral 24 ou 36 trimestres consecutivos).

Outra medida de inegável interesse, conhecida como índice ou medida de Sharpe, resulta do quociente entre o rendimento médio em excesso, relativamente a um activo sem risco, e o desvio padrão dos retornos da carteira ao longo de N períodos consecutivos (em geral 24 ou 36 trimestres). A expressão deste índice é

$$S = \frac{\overline{r} - \overline{a}}{\sigma},$$

onde $\bar{r}$ e $\bar{a}$ representam, respectivamente, os retornos médios da carteira e do activo sem risco, ao longo do intervalo de tempo considerado, e σ é o desvio padrão dos retornos da carteira durante esse intervalo. As médias consideradas são em geral as geométricas.

O quociente indicado exprime no fundo o verdadeiro rendimento em excesso, por unidade de risco, permitindo assim uma melhor comparação de resultados entre carteiras ou gestores distintos, já que uma melhor performance resulta, por vezes, apenas de um elevado grau de risco e da volatilidade associada (nesse caso favorável), e não necessariamente da qualidade dos gestores envolvidos.

Torna-se óbvio que, apesar de se tratar de uma medida relativa, quanto maior e mais estável for S ao longo do tempo, melhor será o comportamento da carteira do fundo e do seu gestor.

Para os relatórios dos fundos e informação às empresas associadas, para além da informação contabilística e estatística relevante, tem também bastante importância a posição relativa da performance do fundo em comparação com alguns indicadores de mercado. Os mais utilizados são, sem dúvida, a rendibilidade média e a mediana, que apenas têm verdadeiro significado se forem calculadas para fundos de idêntica natureza e dimensão. Por vezes, são também utilizados quartis e outros parâmetros de ordem.

As medidas apresentadas podem ainda ser aplicadas a partes da carteira, consoante os activos geridos, existindo eventualmente para o efeito *benchmarks* específicos. Aliás, trata-se de uma prática corrente em fundos de elevada dimensão, que não só repartem a gestão do fundo por diversas entidades gestoras, como recorrem a gestores de activos diferenciados, consoante o seu tipo ou a dimensão da carteira atribuída.

PARTE V

RISCO-IDENTIFICAÇÃO E MODELOS

Nota prévia

Como referido na nota prévia para os fundos de pensões, "... sendo o actuário um medidor de riscos a ele competem, entre outras tarefas, identificar em primeira linha todos os riscos envolvidos na gestão dos fundos de pensões, qualquer que seja a sua origem: económica, social, financeira ou outra. Em segundo lugar, compete-lhe criar e supervisionar os mecanismos adequados a um controlo rigoroso dos riscos existentes e à sua medição/avaliação periódicas e também o correspondente relato às entidades competentes previstas, quer dentro da própria empresa gestora, quer no exterior. Para uma supervisão adequada deste tipo de produtos existe na legislação portuguesa a figura do Actuário Responsável, o qual deverá possuir as competências necessárias para o cabal desempenho das actividades atrás mencionadas."

Parece óbvia a extensão destas palavras aos diferentes riscos que estão presentes em todas as empresas de seguros ou gestoras de fundos de pensões. A questão principal consiste na identificação dos riscos e respectivas causas, bem como na escolha de modelos de gestão e controlo que os detectem e avaliem de forma preventiva e sistemática. Com essa intenção surgiram na banca os acordos Basileia I e Basileia II, que viriam a ser seguidos na actividade seguradora pelos acordos Solvência I e Solvência II. Apesar de os mais recentes, Basileia II e Solvência II, permanecerem ainda numa fase embrionária, estando a análise da sua aplicação mais avançada nuns países que noutros, não há dúvida que os mesmos tentam criar modelos orientados no sentido correcto de avaliação do risco e da necessidade de capital, embora nalguns casos a rigidez daí decorrente possa causar problemas diversos nas empresas e no funcionamento dos mercados. Aliás, na recente crise (2008/2009), que afecta tanto bancos como seguradoras, essa rigidez tem sido apontada por alguns autores como uma das causas de agravamento.

Seja como for, não resta a menor dúvida que os riscos têm de ser identificados e quantificados e que os seus efeitos sobre as empresas, a sociedade e a economia têm igualmente de ser medidos e, tanto quanto possível, minimizados.

Os capítulos que seguem tentam lançar resumidamente algumas ideias básicas em áreas de pesquisa e aplicação onde existem já numerosos modelos desenvolvidos e testados. Recomenda-se a sua leitura, assim como a consulta de algumas das fontes citadas, com especial atenção – até porque as matérias abordadas fazem (ou virão a fazer) parte das competências e do trabalho diário dos actuários responsáveis em qualquer tipo de instituição.

O primeiro capítulo descreve sucintamente os princípios e objectivos do modelo Solvência II.

O segundo capítulo introduz as técnicas de *profit testing* na actividade seguradora, as quais podem dar também um contributo importante para o teste de determinados produtos ou carteiras e para os riscos que os mesmos podem vir a representar, nomeadamente através de *stress* testes.

O terceiro capítulo faz uma ligeira introdução às técnicas de *ALM*, também elas aplicáveis à solvência de determinados tipos de risco e à optimização de funções objectivo específicas.

O quarto capítulo é dedicado às taxas de juro, estrutura e alguns modelos simples.

O quinto capítulo é dedicado à noção de *VaR* que, sob o ponto de vista de solvência, tem especial impacto na área financeira e na gestão de carteiras de activos.

Capítulo 20

Solvência

20.1 Introdução

O projecto Solvência II constitui um conjunto de normas e regulamentos emitidos pelas entidades de supervisão da UE, visando o estabelecimento e consolidação do mercado único europeu de seguros. A ideia base da legislação comunitária é não só dotar o mercado dos instrumentos que lhe permitam operar sem fronteiras, como simultaneamente proteger o contribuinte e consumidor dos riscos que voluntária, ou involuntariamente, vai correndo.

As directivas de terceira geração, baseadas no mútuo reconhecimento e harmonização no espaço europeu, permitirão a qualquer seguradora estabelecida num Estado membro, exercer a sua actividade noutro Estado membro sem qualquer autorização específica. Trata-se de uma espécie de passaporte virtual equivalente, pelo menos na área seguradora, a uma queda definitiva de fronteiras. A adopção destas directivas visa dar corpo à legislação comunitária relativa ao mercado único, devendo os diferentes estados proceder à sua transposição para a respectiva legislação nacional, logo que estejam reunidas condições para que a restante legislação e normativos dos órgãos de supervisão possam articular-se em conformidade. Alguns Estados membros têm, contudo, critérios de avaliação de risco e capital mais exigentes que os mínimos estabelecidos pelo projecto Solvência II. Por essa razão, embora a ideia base e os objectivos continuem válidos, a visão do designado mercado único é, por enquanto, prematura.

O projecto Solvência II baseou-se em princípios económicos e actuariais para a medição dos activos e passivos das seguradoras e respectivas carteiras. Trata-se de um sistema centrado na avaliação de risco e na determinação subsequente do capital necessário para lhe fazer face, com um determinado nível de segurança. Nesse sentido, o capital deverá ser suficiente para:
- reduzir de forma significativa o risco de uma seguradora não poder solver os compromissos assumidos com os seus clientes;
- reduzir de forma significativa os prejuízos potenciais dos segurados ou beneficiários em caso de falência;
- dar confiança ao supervisor do sector e ao mercado sobre a estabilidade económica e financeira da empresa, no curto, no médio e no longo prazos.

20.2 Os três pilares do modelo Solvência II

A génese dos projectos Solvência I e II está intimamente relacionada com os correspondentes projectos Basileia, estabelecidos para o sector bancário. O acordo de Basileia I original não tinha em consideração a qualidade da gestão do risco de crédito de cada banco, nem tinha em conta o risco de mercado e o risco operacional (ver secção seguinte). Em 1999, o Comité de Supervisores Bancários começou o processo de substituição desse acordo por um que definisse requisitos quantitativos de capital, bem como requisitos qualitativos ao nível da gestão e controlo do risco operacional, subordinado a uma noção de *corporate governance*, que resultasse num modelo de supervisão mais eficaz e transparente. Surgiu assim o acordo Basileia II.

Como sempre, este movimento na actividade bancária, viria a ter reflexos na indústria seguradora que, desde os anos 70, procurava definir requisitos de capital para a margem de solvência, tipicamente baseados em regras aplicáveis às provisões técnicas ou aos prémios.

Assim, com base na orientação do Basileia II e atendendo aos objectivos estratégicos do Solvência II, também designado como o Basileia II segurador, os pilares deste projecto ficaram definidos da seguinte forma:
- Pilar I – Requisitos quantitativos de capital – consiste em desenvolver e estabelecer regras ou modelos que permitam determinar os capitais próprios mínimos exigíveis a cada seguradora, em função dos riscos assumidos e respectiva gestão;
- Pilar II – Requisitos qualitativos e processo de actuação/supervisão – estabelece um conjunto de princípios de *governance* e gestão do risco por parte das seguradoras, em estreita ligação com as competências e mecanismos de actuação efectiva por parte dos supervisores;
- Pilar III – Conduta face ao mercado – pretende determinar a informação que as entidades deverão proporcionar aos diversos intervenientes na actividade desenvolvida, nomeadamente em relação à política de gestão e controlo de riscos, com o objectivo de aumentar a transparência e disciplina de mercado.

Numa perspectiva actuarial, todos os pilares têm importância relevante, embora os aspectos quantitativos estejam concentrados no primeiro Pilar, tanto no que respeita à identificação e quantificação dos riscos, como à determinação dos diferentes patamares de capital necessários para a sua cobertura. O segundo Pilar é dedicado à gestão e monitorização integradas dos diferentes tipos de risco, com o objectivo de os prevenir e permitir uma supervisão adequada. O terceiro Pilar, não menos importante, deverá permitir que as informações prestadas aos segurados, accionistas e supervisores possuam a fiabilidade indispensável ao funcionamento regular da instituição e à sua transparência.

No segundo Pilar pretende-se ainda que os organismos de supervisão possam antecipar e evitar situações em que o aumento do risco assumido pela seguradora ponha em causa o capital existente ou os valores mínimos anteriormente determinados. Neste enquadramento, o CEIOPS *(Comitee of European Insurance and Occupational Pensions Supervisors)* vem desenvolvendo *standards* para que a avaliação da gestão das seguradoras seja regida por princípios comuns, permitindo identificar atempadamente problemas, nomeadamente ao nível da qualidade dos activos e das práticas actuariais e contabilísticas.

Por seu turno, o CEA *(Comité Européen des Assurances)* vem desenvolvendo esforços para estabelecer um modelo de análise do risco comum ao mercado segurador, para que esta ferramenta possa servir de base às decisões que o CEIOPS vai tomando relativamente aos requisitos quantitativos do Pilar I. Já no que respeita ao Pilar II, o CEA pretende que seja implementada uma abordagem *prudent person plus*, definindo princípios gerais de gestão e organização, estratégias e políticas de investimentos bem definidas, gestão baseada em activos/passivos (ALM), mecanismos de controlo e reporte interno, assim como algumas exigências ao nível do *fit & proper* extensivos a todos os níveis hierárquicos da empresa, isto é, idoneidade, qualificação e formação adequada dos responsáveis e técnicos (requisitos de *governance*).

No que respeita à transparência no mercado segurador e no âmbito do Pilar III, as regras do Solvência II exigem que as seguradoras divulguem informação referente ao seu nível de solvência, à sua exposição ao risco e aos mecanismos de controlo adoptados, para que os mercados possam tomar decisões fundamentadas.

Na figura seguinte apresenta-se uma estrutura de balanço para o pilar I, onde se encontram assinalados os diversos patamares de solvência, envolvendo:

– a *melhor estimativa* para o valor das responsabilidades
– a *margem de risco*

- o capital mínimo para explorar a carteira (*MCR*)
- o capital de solvência (*SCR*)
- eventuais reservas livres.

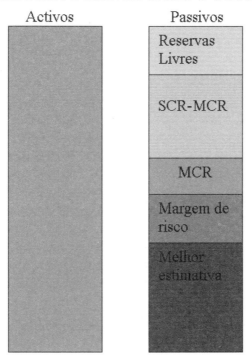

ESTRUTURA POSSÍVEL PARA O PILAR I

A cronologia prevista pela Comissão Europeia para implementação e transposição da directiva do projecto Solvência II era no ano de 2008 a seguinte:

2008 Quarto estudo de impacto (QIS4, *Quantitative Impact Studies 4*).
2009 Adopção da directiva pelo Parlamento e Conselho europeus.
2010 Adopção das medidas de execução.
2012 Transposição da directiva.

20.3 Os riscos e sua classificação

A maioria das seguradoras classificam os riscos em função das carteiras que gerem e da sua própria estrutura interna. Dada a complexidade do negócio dos seguros, onde diferentes ramos implicam diferentes e numerosos tipos de risco, não é possível definir para todas as empresas de seguros uma classificação uniforme que se lhes aplique integralmente. Tal não impede, contudo, que se tente uma classificação abrangente, com menos detalhe, que permita uma aproximação à solvência e ao cálculo dos capitais indispensáveis para a alcançar.

Acresce ainda que, para além dos riscos tradicionais inerentes à própria actividade, há que considerar outros tipos de risco, não menos importantes, nomeadamente, os provenientes de *corporate governance*, os riscos operacionais e os resultantes de grupos ou conglomerados financeiros, nacionais ou internacionais, onde a seguradora se inclua.

É possível encontrar a seguinte classificação tradicional:
- riscos não vida, compreendendo riscos de subscrição, de prémio e de provisionamento;
- riscos vida, tais como resgates, mortalidade, taxas de juro, reservas matemáticas, despesas, ...;
- riscos de crédito, incluindo os provenientes de resseguro;
- riscos de investimentos, *matching* e liquidez.

Como se verifica, e apesar da sua relevância, esta classificação apenas se refere ao negócio, em sentido estrito, deixando de fora numerosos riscos que anteriormente referimos. Podem, no entanto, estabelecer-se outras classificações. Uma delas baseia-se na origem do risco, podendo dizer-se que há três grandes fontes de risco que, por sua vez, se decompõem em diversos riscos não necessariamente independentes:
- riscos a nível da própria empresa seguradora;

A este nível podem identificar-se os riscos:
– de subscrição;

– de crédito envolvendo intermediários e resseguradores;
– tratados de resseguro com coberturas deficientes;
– operacional – actuação indevida, erros diversos, fraude, etc.;
– de investimento – fraca qualidade ou risco dos activos detidos;
– de liquidez;
– *de matching*;
– de anulações e resgates;
– de provisionamento deficiente.

• riscos a nível do sector;
A este nível podem identificar-se os riscos:
– legal ou jurídico;
– de concorrência;

• riscos oriundos da economia.
Neste tipo de riscos, uma vez que as suas causas lhe escapam, tanto a nível local como global, a seguradora apenas poderá desencadear acções preventivas ou correctivas. Destacam-se, sob este aspecto, os seguintes riscos:
– flutuação do valor de mercado dos activos detidos;
– mudanças climáticas e outros riscos provocados por causas naturais;
– mudanças sociais, demográficas e políticas;
– recessão ou depressão económica;
– volatilidade ou aumento da taxa de inflação;
– volatilidade ou aumento das taxas de juro;
– impacto das novas tecnologias e respectivos efeitos a nível social e económico;
– mudança de padrões de consumo e subscrição.

Em seguros de vida podemos identificar diversos tipos de fenómenos aleatórios associados à gestão da carteira e de que

resultam também diferentes tipos de risco. Começando pelos principais:
- Mortalidade.
- Retorno dos activos financeiros.
- Resgates e liberações.
- Despesas de gestão.
- Inflação.
- Opções.

Será conveniente referir que muitos dos riscos apresentados ou identificáveis apresentam entre si correlações importantes, que por vezes se torna necessário considerar, ainda que as mesmas tenham um carácter temporal acentuado e sejam de difícil determinação. Por exemplo, a taxa de inflação tem habitualmente forte correlação com o retorno de determinados tipos de activos, assim como com o volume de resgates e liberações verificados.

Segundo a metodologia implícita no projecto Solvência II podemos considerar a seguinte tabela de riscos:

Riscos

Vida	Não vida	Doença	Mercado	Operacional	Insolvência
Mortalidade	Prémio/Subs.	Epidémico	Taxa de juro	*Governance*	Responsabilid.
Longevidade	Provisionam.	Despesas/Infl.	Acções	Controle op.	Cash flows
Invalidez	Concentração	Prémio/Subs.	Obrigações	Despesas	Activos/pass.
Catastrófico	Catastrófico		Imobiliário	Fraude	
Resgate/Anul.			*Spread*	Fiscal	
Inflação			Cambial		
Opções.			Concentração		

A questão principal reside na identificação dos diferentes factores que podem ocorrer numa dada carteira e que, de acordo com cada modalidade ou tipo de risco, contribuem para o risco global suportado, que se pretende avaliar. Alguns exemplos ajudarão a perceber a ideia:
- Modalidade:
    - Vida inteira ou temporários – risco de mortalidade

- Capitais diferidos ou termo fixo - riscos de mercado
- Rendas vitalícias com ou sem garantia – risco de longevidade
- Rendas de sobrevivência – risco de longevidade

- Valores seguros
  - Distribuição concentrada – baixo risco
  - Distribuição muito dispersa – risco elevado

- Condições da apólice e risco moral
  - Resgates – risco de liquidez
  - Subscrição em condições particulares não detectáveis – risco de selecção
  - Opções de aumento de capital – risco de selecção
  - Opções de transformação de capital em renda – risco de selecção/longevidade

- Estrutura tarifária
  - Tabelas de mortalidade inadequadas – risco de selecção/longevidade
  - Deficientes parâmetros técnicos, taxa de desconto, etc. – risco de prémio
  - Deficiente tarifação de riscos agravados – risco de selecção/prémio

- Activos financeiros
  - Não imunizados – risco de mercado
  - Concentração em activos de risco elevado – acções/*hedge funds/junk bonds*
  - ALM fraca – risco de liquidez

20.4 Avaliação do impacto no capital de solvência

A avaliação do impacto dos diferentes tipos de risco nas necessidades de capital depende da natureza da seguradora e dos ramos que explora, da sua dimensão, da sua estrutura e recursos, essencialmente humanos, e ainda da solidez do grupo económico a que pertence. De qualquer forma, separando Vida de Não-Vida, é possível estabelecer uma hierarquia para esse impacto, ainda que o mesmo, apesar de baseado em dados estatísticos, apresente um carácter subjectivo acentuado.

RISCOS DA ACTIVIDADE:	VIDA	NÃO VIDA
subscrição	***	***
anulações e resgates	**	*
ciclo económico/social	**	*
taxa de inflação	**	*
resseguro	*	**

RISCOS DE MERCADO:	VIDA	NÃO VIDA
taxas de juro	***	**
preço de activos	***	***
liquidez	**	*
matching	***	*

RISCOS DE CRÉDITO	VIDA	NÃO VIDA
emitentes	***	***
resseguro	**	**
concentração	**	**

RISCO OPERACIONAL	VIDA	NÃO VIDA
controlo de subscrição	***	***
erros e fraude	*	*
provisionamento	***	***
modelos ineficientes	**	*
estrutura e hierarquia fracas	**	**
actuarial	**	*

No quadro acima optou-se por considerar apenas os impactos:* fraco, ** médio, *** elevado.

Na sua maioria, os modelos para avaliação de risco apenas consideram os riscos internos à actividade, embora nas projecções e actualizações de cash flows e na componente financeira os riscos provenientes do exterior, como as taxas de inflação, os riscos de crédito e os de mercado sejam, naturalmente, tidos em consideração.

Um dos principais objectivos do projecto Solvência II é a determinação do designado SCR *(solvency capital requirement)*. A fórmula standard para o SCR encontra-se ainda em desenvolvimento a nível europeu (o estudo QIS4 foi orientado nesse sentido), sendo consensual que se deve considerar no seu cálculo todos os riscos materiais quantificáveis, tais como o risco específico da actividade, os riscos de mercado, de crédito, operacional e de liquidez.

O modelo base da *European Standard Approach* (ESA) poderá constituir um dos principais indicadores para o supervisor avaliar o requisito de capital e, implicitamente, o nível de risco de uma determinada companhia de seguros. A figura seguinte, que teve por base o estudo QIS3, sintetiza este modelo (ver esquema análogo em [Célia Santos, 11]).

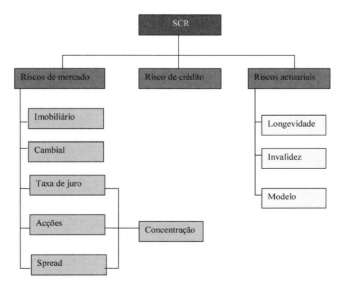

É de ressalvar que o CEIOPS pretende criar um modelo de concepção relativamente simples que, todavia, deve captar os diversos factores económicos implícitos. Contudo, na prática, tal simplicidade é mais difícil de conseguir. Daí os testes levados a cabo com o QIS3 e presentemente com o QIS4.

Os parâmetros e pressupostos utilizados para o cálculo do SCR pretendem reflectir o VaR (*Value at Risk* – ver Capítulo 24) de uma seguradora a um ano, com um grau de confiança de 99,5%. O *VaR* apresenta como medida de risco diversas vantagens, nomeadamente, pelo facto de ser um conceito facilmente assimilável, e fornecer um valor concreto de fácil comparabilidade, que permite levar em consideração os riscos dos activos e das responsabilidades, bem como as interligações entre ambos. Contudo, apresenta também algumas desvantagens, que diversos autores identificam e de que sobressaem a arbitrariedade na escolha do percentil correspondente ao nível de confiança e o horizonte de perdas considerado. Por ser uma medida agregada, também não reconhece a diversificação de alguns riscos nem o comportamento das caudas de outros, cuja probabilidade de ocorrência seja reduzida. Por outro lado, sabemos que os modelos que permitem o seu cálculo, ou são bastante simples, com base em distribuições normais, ou exigem parametrizações e estimações com um razoável grau de complexidade.

Para agregação dos riscos estimados individualmente, as especificações dos modelos QIS3 e QIS4 sugerem a aplicação de técnicas de correlação linear. A definição dos coeficientes de correlação é empírica, procurando reflectir as dependências potenciais verificadas na cauda das distribuições dos diferentes riscos, assim como a estabilidade dos pressupostos de correlação sob condições de *stress*.

A fórmula *standard* de cálculo para o SCR proposta no QIS3 foi:

$$SCR_x = \sqrt{\sum_{k,n} \rho(k,n) \times SCR_k \times SCR_n},$$

onde $\rho(k, n)$ é o coeficiente de correlação entre SCR_k e SCR_n, ou seja, entre os capitais de solvência necessários, respectivamente, para os riscos k e n.

A fórmula anterior encontra justificação numa proposição sobre VaR, que se pode ver por exemplo em [Egídio Reis, 5]; de acordo com essa proposição, designando por VaR (X) o VaR correspondente a uma ordem α, previamente fixada, verifica-se que

$$VaR(Y) = \sqrt{\sum_{i,j=1}^{N} \rho(i,j) \omega_i \omega_j VaR(X_i) VaR(X_j)},$$

onde $X_1, X_2, ..., X_n$ são variáveis aleatórias com distribuição normal de média nula. $Y = \sum_{n=1}^{N} \omega_n X_n$ e os coeficientes $\omega_1, \omega_2, ..., \omega_n$ são constantes; $\rho(i, j)$ é o coeficiente de correlação do par (X_i, X_j).

Em Vida, por exemplo, podem ser considerados a nível macro os SCR provenientes dos riscos de mercado, de crédito e biométrico.

O cálculo do SCR correspondente ao risco de mercado com base na figura anterior, só para se ter uma ideia, considera por sua vez os seguintes SCR:

taxas de juro (1), acções (2), imobiliário (3), *spread* (4), cambial (5) e concentração (6), pois todos estes riscos têm impacto no valor da carteira. A matriz de correlações proposta neste caso pelo QIS3 foi a seguinte

$\rho(k,n)$	SCR_1	SCR_2	SCR_3	SCR_4	SCR_5	SCR_6
SCR_1	1					
SCR_2	0	1				
SCR_3	.5	.75	1			
SCR_4	.25	.25	.25	1		
SCR_5	.25	.25	.25	.25	1	
SCR_6	0	0	0	0	0	1

Verifica-se assim que o modelo vai decompondo cada risco macro nas suas componentes, até chegar a um risco não decomponível, no qual o SCR é então calculado por um modelo estocástico ou determinístico, através de técnicas VaR. Um exemplo completo de cálculo dos SCR acima descritos pode ser visto em [Célia Santos, 11].

Uma noção importante usada frequentemente nos estudos QIS é a de *best estimate* (**a melhor estimativa**). As provisões técnicas devem ser calculadas, considerando **a melhor estimativa**, à qual deve ser adicionada uma **margem de risco**. Segundo as notas emitidas pelo CEIOPS:

- A melhor estimativa é uma média ponderada dos cash-flows futuros, ou seja, o seu valor actual esperado, considerando a estrutura a termo das taxas de juro sem risco.
- O cálculo da melhor estimativa deve basear-se em informações existentes credíveis, hipóteses realistas e ser efectuado usando técnicas estatísticas e métodos actuariais adequados.
- A projecção dos cash-flows usada nos cálculos da melhor estimativa deve considerar todos os valores *in* e *out* necessários para solver as obrigações existentes até ao seu termo.
- A melhor estimativa deverá ser calculada em termos brutos, sem dedução dos montantes recuperáveis por tratados de resseguro ou outros veículos similares.

Segundo a mesma entidade, a **margem de risco** do portfolio deve ser tal que um possível comprador, considerando as provisões assim constituídas, esteja disposto a adquirir as obrigações dele decorrentes. Isso equivale a dizer que a margem de risco representa o custo da transferência para terceiros. Assim, a margem de risco deve ser calculada determinando o custo dos fundos próprios que igualariam o SCR necessário para que essas obrigações pudessem ser cumpridas até ao seu termo de vida. Para o efeito, no QIS4, a taxa de custo de capital considerada foi de 6%.

A margem de risco pode ser dispensada em determinadas partes do portfolio, desde que nestas os cash-flows futuros estejam completamente imunizados (ver o conceito de imunização no capítulo sobre ALM).

Na avaliação do valor actuarial das responsabilidades devem ser usadas hipóteses realistas, nem sub nem sobre-avaliadas, mesmo que não haja informação suficiente disponível e tenham de ser utilizados valores aproximados (*proxies*) para esse efeito. A projecção de cash-flows deve reflectir, mesmo no longo prazo, os valores esperados no desenvolvimento demográfico, legal, médico, tecnológico, social e económico. Os factores relacionados com os diversos tipos de inflação (preços, salários, medicamentos, custos de reparações, etc.), devem igualmente ser considerados, consoante a natureza dos cash-flows estimados.

Os mesmos princípios devem ser aplicados na avaliação das responsabilidades inerentes às despesas futuras relacionadas com a gestão e manutenção das carteiras detidas, seja para regularização de sinistros, gestão financeira, comissões, ou outros custos previsíveis e respectivos aumentos.

Todos os pormenores e recomendações de cálculo de provisões, dos SCR e da margem de risco para os diferentes tipos de risco, podem ser consultados em detalhe nas notas técnicas emitidas pelo CEIOPS (QIS4 *Technical Specifications MARKT/2505/08*).

Para finalizar, deve referir-se que as fórmulas de cálculo para determinação dos SCR estão ainda em fase experimental e que os modelos que lhes servem de base poderão sofrer alterações significativas.

Capítulo 21
Introdução ao *profit testing*

21.1 Introdução

Os termos *profit testing* designam uma técnica actuarial (ou modelo) através da qual a seguradora analisa os resultados esperados durante um determinado período de observação (T), provenientes de uma dada apólice, modalidade, carteira, ou, eventualmente, de toda a companhia. Trata-se de uma análise prospectiva, que pressupõe entre outros o conhecimento, ou uma perspectiva de conhecimento, da evolução do negócio em estudo, dos riscos assumidos, e também das despesas previsíveis com o referido negócio ao longo do período em observação.

Como a maioria dos parâmetros envolvidos, a começar pelos que resultam da tábua de mortalidade utilizada e das taxas de juro assumidas no cálculo dos prémios e reservas, bem como os referentes às despesas previstas, correspondem na prática a valores de carácter aleatório, estamos em presença de um objectivo ambicioso, que tanto pode ser encarado de uma forma simplificada, semi-determinística, como de uma forma mais sofisticada e de carácter estocástico, que conduz no entanto a modelos bem mais complexos, de que daremos alguns exemplos no último capítulo.

As técnicas de *profit testing* também se aplicam em fundos de pensões, muito especialmente para antevisão de possíveis falhas no nível de financiamento, ou no consequente aumento de contribuições em planos de benefício definido, ou ainda para testar a possível diminuição ou aumento de benefícios em planos de contribuição definida.

No estudo que segue apenas se vão usar modalidades convencionais, do tipo descrito nos capítulos anteriores, sem considerar produtos do tipo *Unit linked* ou apólices com participação nos resultados. No entanto, a extensão do modelo a modalidades desse tipo é relativamente simples, não sendo necessária para o efeito qualquer alteração à sua génese.

Em primeiro lugar, para uma apólice em vigor no início de cada ano, analisaremos o cash-flow esperado e gerado nesse ano, projectado para o final do ano (CF_t). Com esses valores obtemos o designado vector de cash-flows condicionais (CF_1, CF_2, ..., CF_T). O termo condicional aplica-se por se admitir que a apólice está ainda em vigor no início do ano t, $t = 1$, ..., T.

De seguida, entrando com as provisões matemáticas (RM) no início e no final de cada ano específico, calcular-se-á o lucro esperado condicional (PRO_t). Com esses valores obtemos o designado vector de lucros esperados condicionais, também designado por *profit vector*, (PRO_1, PRO_2, ..., PRO_T).

Procede-se de seguida ao cálculo do valor esperado (considerando as probabilidade de a apólice estar em vigor), do vector de lucros esperados condicionais. O vector resultante designa-se em inglês por *profit signature* e podemos chamar-lhe vector de lucros esperados $\sigma = (\sigma_1, \sigma_2, ..., \sigma_T)$. A componente σ_t corresponde ao valor esperado do lucro para o ano t de uma apólice que acaba de ser subscrita (ou assinada).

Finalmente, calculam-se vários tipos de indicadores que têm por base a actualização financeira das componentes do vector σ.

De modo geral, as projecções financeiras, dentro de cada ano, serão efectuadas à taxa de rendimento esperada pela empresa para as provisões matemáticas da modalidade em estudo, ou mesmo para todas as provisões técnicas, e que pode ser diferente quer da taxa técnica quer da taxa de actualização a utilizar para avaliação de σ.

A mortalidade esperada será também aquela que a seguradora admite como mais próxima da real (futura), seja porque a sua experiência estatística a isso aconselha, seja porque deseja ensaiar o modelo com várias hipóteses futuras consideradas credíveis ou extremas.

Como o modelo não vai especificar nenhuma modalidade em particular, assumir-se-á que haverá apenas uma cabeça segura com idade inicial x, e que os prémios, benefícios e despesas assumirão no ano t, respectivamente, os valores condicionais:

P_t – prémio comercial recebido no início do ano t;
e_t – despesas com a apólice no início do ano t;
D_t – benefício por morte da pessoa segura durante o ano t, considerando que o mesmo é pago no final do ano;
S_t – benefício em caso de vida a pagar no final do ano t;
i – taxa de rendimento atribuída às RM.

Assumindo que a probabilidade de a apólice estar em vigor no início do ano t é diferente de $_tp_x$, há que considerar também a probabilidade de anulação ou resgate, bem como os possíveis valores de resgate R_t.

Devemos notar que nos textos de introdução ao *profit testing* não se fala normalmente em resgates ou anulações de apólices, o que falseia à partida qualquer análise de possíveis lucros esperados. Por essa razão, aqueles serão introduzidos de imediato, ainda que de forma simplificada.

Pelo que anteriormente dissemos, existem três bases de cálculo que entram na análise semi-determinística de *profit testing*:

Bases de primeira ordem – aquelas que foram utilizadas para o cálculo de prémios;

Bases ou modelos de segunda ordem – as que a seguradora espera que se mostrem reais, ou que deseja ensaiar como possíveis;

Bases ou modelos para cálculo de reservas matemáticas – as que têm apenas esse propósito.

21.2 O cálculo de cash-flows

Comecemos por adoptar as bases de primeira ordem, sem resgates ou anulações, isto é, considerando prémios comerciais, despesas e tábua de mortalidade segundo as bases técnicas originais.

Teremos então, para uma apólice em vigor no início do ano t,

$$CF_t = (P_t - e_t)(1 + i) - D_t\, q_{x+t-1} - S_t\, p_{x+t-1}. \quad (21.1)$$

Se o contrato tiver duração n e considerarmos $T = n$, o valor actuarial dos cash-flows será

$$\begin{aligned}VACF &= \sum_{t=1}^{n} v^{t-1}{}_{t-1}p_x\,(P_t - e_t) - \sum_{t=1}^{n} v^t{}_{t-1}p_x\, q_{x+t-1}D_t - \sum_{t=1}^{n} v^t{}_{t-1}p_x\, p_{x+t-1}.S_t \\ &= \Pi'' - V_{\alpha,\beta,\gamma,\delta} - A^*_{\overline{xn|}} - a^*_{\overline{xn|}} = 0 \end{aligned} \quad (21.2)$$

A justificação da última igualdade da expressão anterior é simples. O prémio único comercial é igual ao valor actuarial das coberturas da apólice, neste caso representadas por $\left(A^*_{\overline{xn|}} + a^*_{\overline{xn|}}\right)$, adicionado do valor actuarial das despesas ($V_{\alpha,\beta,\gamma,\delta} = V_\alpha + V_\beta + V_\gamma + V_\delta$).

Notamos que a utlização dos símbolos $A^*_{\overline{xn|}}$ e $a^*_{\overline{xn|}}$ é apenas uma forma sintética de nos referirmos, respectivamente, aos capitais por morte e aos capitais ou rendas em caso de vida, dependendo a sua composição efectiva da modalidade específica em estudo, podendo mesmo muitas das parcelas consideradas ser nulas. Por exemplo, num seguro de vida inteira, teremos $S_t \equiv 0$.

Considerando agora bases técnicas de segunda ordem, que destinguiremos das de primeira ordem por uma plica em cada símbolo, bem como possíveis resgates, teríamos para valor esperado dos cash-flows,

$$CF_t \simeq (P_t - e'_t)(1 + i') - R'_t r_t (1 + i')^{1/2} - D_t\left(1 - \frac{r_t}{2}\right) q'_{x+t-1} - S_t\left(1 - r_t - \left(1 - \frac{r_t}{2}\right) q'_{x+t-1}\right),$$
$$(21.3)$$

expressão na qual r_t designa a probabilidade de resgate durante o ano t. Assume-se que, em média, este ocorre a meio do ano e que pode ser inferior ao resgate teórico (R_t).

O valor actuarial dos cash-flows, que agora deverá ser diferente de zero, será dado pela expressão

$$VACF = \sum_{t=1}^{n} \left(\frac{1}{1+j}\right)^t {}_{t-1}p_x^v CF_t. \qquad (21.4)$$

As probabilidades ${}_tp_x^v$, de sobrevivência da apólice, podem ser calculadas pela fórmula de recorrência

$${}_tp_x^v \simeq {}_{t-1}p_x^v \left(1 - r_t - \left(1 - \frac{r_t}{2}\right) q'_{x+t-1}\right). \qquad (21.5)$$

A justificação do factor $\left(1 - \frac{r_t}{2}\right)$, tanto na expressão anterior como em (21.3), baseia-se no facto de a sobrevivência da apólice depender de duas causas de saída – por resgate/anulação e por morte. Estamos, por essa razão, em presença de um modelo de multidecremento. Porém, do ponto de vista prático, não são as mortes eventuais, cujo número é em geral bastante reduzido, que causam perturbação no cálculo do volume de resgates. O mesmo não se pode dizer do efeito deste último; sendo em geral elevado faz com que, em média, de N apólices no início do ano t, apenas N' estejam expostas ao risco de morte ao longo do ano

$$N' \simeq \frac{N + N(1 - r_t)}{2} = N\left(1 - \frac{r_t}{2}\right). \qquad (21.6)$$

Aliás, considerando as forças de saída por resgate/anulação e por morte, respectivamente $\mu_r(t)$ e μ_{x+t}, teremos para a força de saídas conjunta

$$\mu(t) = \mu_r(t) + \mu_{x+t}, \qquad (21.7)$$

pelo que, uma vez conhecida $\mu(t)$, a probabilidade ${}_tp_x^v$ poderia ser calculada com exactidão pela expressão

$${}_tp_x^v = e^{-\int_0^t \mu(s)ds}. \qquad (21.8)$$

Para uma apólice em vigor no início do ano t ($t = 1, 2, ...$), a probabilidade de saída por resgate nesse ano virá dada pela relação

$$r_t = \int_0^1 e^{-\int_0^s \mu(t-1+v)dv} \mu_r(t-1+s)\, ds, \qquad (21.9)$$

e a probabilidade de saída por morte, pela igualdade

$$q_{x+t-1} = \int_0^1 e^{-\int_0^s \mu(t-1+v)dv} \mu_{x+t-1+s}\, ds. \qquad (21.10)$$

Notamos que a probabilidade de a pessoa segura morrer nesse ano é diferente do valor q_{x+t-1} anteriormente calculado.

Exemplo 21.1 *Consideremos uma carteira de apólices individuais com uma população de 1000 pessoas da mesma idade ($x + t$) num determinado ano, sujeitas a uma força de saída por resgate/anulação constante ($\mu_r(t) = 0.4$) e com uma força de mortalidade também constante ($\mu_{x+t} = 0.01$). Pergunta-se: quantas pessoas sairão, em média, por resgate/anulação durante o ano e quantas sairão por morte?*

Teremos então

$$r_t = \int_0^1 e^{-.41s} \times .4\, ds = 0.328\,15$$

e

$$q_{x+t} = \int_0^1 e^{-.41s} \times .01\, ds = 8.2036 \times 10^{-3},$$

ou seja, sairão em média 328 pessoas por resgate/anulação e 8 pessoas por morte.

Caso não se considerasse o multidecremento, diríamos que o número de saídas por resgate/anulação seria

$$1000 \times r_t = 1000 \times \int_0^1 e^{-.4s} \times .4 ds \simeq 329$$

e por morte

$$1000 \times \int_0^1 e^{-.01s} \times .01 ds \simeq 10,$$

pelo que das 1000 pessoas sairiam aproximadamente 330 + 10 = 339.

Ora a realidade é bem diferente porque, em princípio, sairão apenas, em média, 328+8 = 336. A questão fica mais clara se pensarmos que as duas mortes em excesso, correspondem a mortes que já não dirão respeito à seguradora, pois são as correspondentes a apólices que, ao longo do ano, foram saindo da carteira.

Podemos verificar ainda que o erro é pouco significativo nas saídas por resgate (erro relativo de apenas 1/329 = 0.3%), enquanto na mortalidade teríamos um erro relativo de 2/8 =25%.

Efectuando os cálculos pela fórmula 21.6, teríamos

$$N' \times q_{x+t} \simeq 1000 \left(1 - \frac{0.328\,15}{2}\right) \times q_{x+t} \simeq 835.925 \times q_{x+t} \simeq 8.$$

Por outro lado, o número de apólices/pessoas em vigor no final do ano pode ser calculado com grande aproximação pela fórmula

$$1000\left(1 - r_t - \left(1 - \frac{r_t}{2}\right)q'_{x+t-1}\right) = 1000\left(1 - 0.328\,15 - \left(1 - \frac{0.328\,15}{2}\right) \times .00995\right) = 663.53.$$

21.3 Lucros esperados e sua avaliação

O lucro esperado no final do ano t, para uma apólice em vigor no início do ano, será

$$PRO_t \simeq CF_t + {}_{t-1}V'_x(1+i') - \left(1 - r_t - \left(1 - \frac{r_t}{2}\right)q'_{x+t-1}\right) {}_tV'_x. \tag{21.11}$$

Demonstra-se com facilidade que, se os cash-flow e os lucros forem calculados apenas com as bases técnicas de primeira ordem e não considerando resgates ou anulações, todos os componentes do *profit vector* são nulos. Para o efeito, bastará considerar a fórmula de recorrência deduzida para avaliação da Reserva Matemática.

Os valores do *profit signature* obtêm-se dos anteriores pela expressão

$$\sigma_t = {}_{t-1}p_x^v PRO_t, \qquad (21.12)$$

em que ${}_{t-1}p_x^v$ é a probabilidade de a apólice em causa estar em vigor no início do ano t.

As componentes do vector σ podem ser actualizadas a uma taxa de juro coincidente (ou não) com a taxa técnica usada nas bases técnicas para o cálculo dos prémios, ou mesmo com a taxa para o cálculo das reservas. De facto, dependendo dos indicadores pretendidos, assim se escolherá a taxa mais conveniente:

- Se o objectivo é obter o valor actuarial do lucro (*NPV – net present value*), usar-se-á uma taxa j que se designa habitualmente por *risk discount rate* e que representa a taxa a que os accionistas da empresa desejam avaliar os lucros futuros (em geral $j > i$).

Teremos assim, para uma apólice com duração n,

$$NPV_j = \sum_{t=1}^{n} \left(\frac{1}{1+j}\right)^t \sigma_t. \qquad (21.13)$$

- Se o objectivo é definir a margem de lucro, pode usar-se a *risk discount rate*, ou outra taxa para efeitos de desconto, mas a ideia é comparar o valor actuarial do lucro com o valor actuarial dos prémios a encaixar, ou seja, considerando uma taxa j,

$$ML_j = \frac{NPV_j}{\sum_{t=0}^{n-1} \left(\frac{1}{1+j}\right)^t {}_tp_x^v P_{t+1}}. \qquad (21.14)$$

- No caso de a modalidade o permitir, pode ainda calcular-se a taxa interna de rentabilidade (TIR) j_0, solução da equação

$$\sum_{t=1}^{n} \left(\frac{1}{1+j_0}\right)^t \sigma_t = 0. \qquad (21.15)$$

Notamos que, em certos casos e dependendo dos objectivos, poderá ainda recorrer-se a taxas de desconto baseadas na estrutura temporal das taxas de juro, ou numa estrutura e valores simulados dessas mesmas taxas. Os modelos de base estocástica utilizam-nos.
A eles nos referiremos em capítulo próprio.

21.4 Aplicação do modelo a um conjunto de apólices

A aplicação do modelo a um conjunto de N apólices existentes (fechado a novas entradas) não é difícil, desde que se calcule para o período T em análise o vector σ de cada uma, atendendo à modalidade, às idades das pessoas seguras, aos prazos e aos valores seguros.

Seja σ_t^k a componente daquele vector correspondente ao ano t *futuro* da apólice k (note-se que a apólice pode vencer-se antes de T anos, pelo que nesse caso, após o vencimento, suporemos $\sigma_t^k = 0$). Então, o valor actuarial dos lucros para a carteira vem dado pela expressão

$$NPV_j^c = \sum_{t=1}^{T} \left(\frac{1}{1+j}\right)^t \sum_{k=1}^{N} \sigma_t^k. \qquad (21.16)$$

A margem de lucro calcula-se de forma idêntica, ou seja, dividindo o valor actuarial dos lucros correspondentes ao período em análise pelo valor actuarial dos prémios a receber:

$$ML_j^c = \frac{NPV_j^c}{\sum_{k=1}^{N} \sum_{t=0}^{\min(n-1,T)} \left(\frac{1}{1+j}\right)^t {}_tp_k^v P_{t+1}^k}. \qquad (21.17)$$

Na igualdade anterior $_tp_k^y$ representa a probabilidade de a apólice k estar em vigor dentro de t anos e P_{t+1}^k é o respectivo prémio comercial.

Caso as apólices consideradas tenham datas aniversárias diferentes, as fórmulas anteriores deverão ser ajustadas em conformidade, ou então deve proceder-se ao acerto da data aniversária de forma conveniente.

Por vezes, abate-se a NPV_j^c o valor estimado de algumas despesas não contidas nas bases técnicas individuais, mesmo as de segunda ordem, que podem dizer respeito a campanhas publicitárias ou outros tipos de despesas que só fazem sentido numa óptica de grupo, e que se destinam à manutenção ou promoção da carteira.

A aplicação do modelo a uma carteira aberta, isto é, com produção nova, obriga à criação de um sub-modelo de produção, por anos de entrada, que irá criar apólices fictícias. Estas serão depois analisadas tal como as da carteira existente. Este sub-modelo é por vezes bastante simplificado, limitando-se a "emitir" apólices virtuais com parâmetros médios, quer para as idades das pessoas seguras, quer para os prazos, quer ainda para os valores seguros.

A aplicação de um modelo de *profit testing*, para análise das bases técnicas e rentabilidade de uma nova modalidade ou produto, é também relativamente complexa. Para além do sub-modelo de produção referido no parágrafo anterior, há que estimar e considerar as despesas preparatórias do lançamento, tais como publicidade, documentação, formação, informatização, etc. Trata-se, porém, de uma das melhores aplicações práticas destes modelos, já que permitem testar não só a adequação das bases técnicas do produto, como os volumes de produção necessários à sua rentabilização, e também estabelecer os valores máximos de comissionamento a conceder às redes de vendas. Para o efeito, há que promover uma estreita colaboração e aproveitar sinergias entre os diversos departamentos da seguradora, nomeadamente o de Marketing, o Comercial (se separado), o Actuarial, o Financeiro, etc., a fim de que a eficiência do modelo se transforme em eficácia.

21.5 Solvência e *profit testing*

Os modelos de *profit testing* permitem naturalmente efectuar análises de sensibilidade, bem como *stress tests*, bastante importantes para análise dos riscos de avaliação, quer de uma carteira existente, quer da viabilidade ou valor acrescentado de um novo produto a lançar ou promover. E, para esse efeito, os modelos a utilizar não necessitam em geral de grande sofisticação.

Por outro lado, podem servir também de base à análise de solvência de uma carteira ou mesmo de uma seguradora vida, desde que os modelos criados e as funções utilizadas permitam simular ao longo do tempo a gestão futura da companhia. Neste caso, o grau de sofisticação e a complexidade aumentam significativamente. Para o efeito, convirá em primeira mão definir o âmbito e objectivos de solvência que se pretendem atingir.

    1. Limitar-nos-emos à carteira e responsabilidades existentes, sem considerar nova produção, ou esta deve fazer parte da avaliação e dos critérios standard a definir?

    2. De outro ponto de vista, estaremos interessados num teste estático de solvência, como aquele que resulta da avaliação clássica das reservas matemáticas (comparando simplesmente os valores calculados com os activos financeiros e capital existentes), ou estamos interessados num teste dinâmico, projectado durante um período suficientemente longo? E com que critérios podem as responsabilidades e os activos ser avaliados? Com o mesmo grau de prudência? E o que se entende por um período suficientemente longo? Há autores que defendem avaliações periódicas trianuais ou quinquenais, enquanto outros defendem períodos de 40 e mais anos.

    3. Caso a insolvência seja definida ou identificável através de probabilidades de ruína, colocam-se também diversas questões:

    – que valor estabelecer para essa probabilidade, 1%, 0.1%, 5%?

    – como calculá-la, que modelo, em tempo discreto ou contínuo e qual o horizonte temporal a considerar?

4. Como definir um nível de alerta para uma possível ou provável insolvência?

5. Que requisitos de capital devem ser estabelecidos e que standards de solvência devem ser observados, para garantir a continuação do negócio da empresa e, naturalmente, que os segurados ou beneficiários receberão todos os valores a coberto das apólices subscritas?

6. Como tratar casos de insolvência ou ruína iminente? Parando a simulação, ou continuando com a mesma até possível recuperação, ou ainda, injectando capital e uma função de penalização?

Enfim, os modelos de *profit testing*, com maior ou menor sofisticação, podem transformar-se em autênticos modelos internos das empresas e servir de base aos critérios de solvência que se pretendam implementar.

21.6 *Embedded value* (valor intrínseco)

Os modelos de *profit testing* permitem também determinar uma das componentes principais do designado *embedded value* (EV) ou valor intrínseco, de uma seguradora Vida, que se pode definir pela igualdade

$$EV = NPV + ANAV,$$

onde NPV deve ser calculado apenas para a carteira existente, sem nova produção, tendo por base parâmetros e tabelas que possam conduzir um valor considerado como *best estimate*. Por seu lado, ANAV significa *adjusted net asset value* e é composto pelo capital pertencente aos accionistas, no qual se inclui o capital estatutário, reservas livres, lucros não distribuídos e outras reservas necessárias ao prosseguimento do negócio, excluindo naturalmente as destinadas ao pagamento de valores seguros – e onde se inclui, por exemplo, a diferença entre o valor de mercado dos activos e o seu valor contabilístico. Digamos resumidamente que, em caso de liquidação da empresa, ANAV (se positivo) seria o valor a distribuir pelos accionistas.

A ideia base do *embedded value* consiste na determinação de um valor que represente para o accionista, com realismo, a valia/ atractividade da carteira existente, sem a consideração de novos negócios. O *goodwill*, conceito mais abrangente e que pode apresentar valores elevados, está pois excluído deste cálculo. Costuma, contudo, incluir-se no designado *appraisal value*, que traduz o valor da empresa baseado na projecção dos cash-flows futuros que os accionistas irão receber, tanto relativos à carteira actual como aos futuros negócios da empresa. O *appraisal value* resulta pois da adição EV + *Goodwill*. Pode dizer-se que representa o valor real da empresa para os actuais accionistas, facto relevante no caso de eventual transacção.

O acompanhamento do EV ao longo dos anos, desde que os parâmetros de avaliação se mantenham, ou desde que as modificações dos mesmos sejam indicadas e quantificadas, permite verificar o comportamento e solidez de uma seguradora, quer em termos absolutos, quer face ao mercado. Também dá indicações precisas aos accionistas, aos órgãos de supervisão e ao mercado sobre a sua estrutura financeira e capacidade de solvência. Pensamos mesmo que, numa óptica de solvência e supervisão, a determinação do EV poderia tornar-se obrigatória. Porém, nesse caso, seriam necessárias *guidelines* que permitissem a comparação entre empresas semelhantes e que evitassem distorções grosseiras no mercado. Aliás, as regras de solvência vêm todas nesse sentido.

21.6.1 *Pressupostos que influenciam o cálculo do embedded value*

Como em todos os modelos de *profit testing*, os principais pressupostos a considerar (que se traduzem por processos esto-

cásticos ao longo do tempo), tendo em atenção os objectivos particulares a alcançar, são:
1. as taxas de desconto – neste caso pode ser utilizada a *risk discount rate*;
2. as taxas de retorno dos investimentos;
3. as taxas de inflação;
4. as tábuas de mortalidade e de invalidez;
5. taxas de resgate e liberação;
6. as despesas e inflação específica associada, por tipo de despesa;
7. as comissões a pagar;
8. os bónus e participação nos resultados;
9. os dividendos;
10. o resseguro;
11. os impostos.

Um aspecto importante a ter em consideração no estabelecimento destes pressupostos, e dos modelos que os determinem ao longo do tempo, é que têm de ser coerentes entre si. Por exemplo, em muitas modalidades, as taxas de resgate são fortemente influenciadas pelas taxas de inflação que, por sua vez, influenciam as taxas de juro e de retorno; estas, por sua vez, influenciam a participação nos resultados, etc.

As taxas de inflação são igualmente importantes, considerando as diversas despesas da companhia, e nem todas têm o mesmo tipo de efeito. A inflação sobre os salários, por exemplo, afecta não só as despesas com pessoal administrativo como também os seguros de grupo que, em muitos casos, estão dependentes dos salários dos participantes.

Outra questão relevante prende-se com o retorno dos investimentos. Será necessário separar as carteiras de activos relativas ao ANAV das relativas às reservas afectas às apólices, e também nestas alguns fundos terão de estar autonomizados. As limitações legais têm igualmente de ser consideradas nos modelos e a sua influência nas taxas de retorno é evidente.

Quer as tábuas de mortalidade quer as de invalidez terão de ser ajustadas à experiência das populações abrangidas e, eventualmente, aos efeitos de selecção e longevidade.

Devem igualmente ser consideradas todas as opções existentes nas carteiras, dando especial atenção àquelas cujo exercício possa alterar os riscos envolvidos, de mortalidade ou financeiros.

O *embedded value*, tal como os resultados da carteira, é bastante sensível às anulações e resgates. Por essa razão, os modelos têm de considerar valores e taxas credíveis, não necessariamente optimistas, mas baseados na experiência da companhia e eventualmente nas tendências de mercado, de modo a possibilitar uma avaliação razoavelmente precisa da maturidade da carteira.

A utilização de modelos estocásticos é neste caso fortemente aconselhável, não só devido à volatilidade dos numerosos processos envolvidos, como à vantagem em obter funções de distribuição para o NPV, ANAV e EV ou, pelo menos, intervalos de confiança credíveis em torno da *best estimate*.

Naturalmente que a influência dos parâmetros e tabelas utilizados pode ser medida, mesmo que os modelos sejam semi--determinísticos, através de análises de sensibilidade e *stress tests*, mas o seu alcance e coerência são limitados, em especial, porque os efeitos cruzados nas possíveis oscilações não são facilmente perceptíveis e as combinações delas resultantes dariam centenas ou milhares de cenários diferentes.

Os modelos e os processos estocásticos considerados, bem como a sua articulação, podem ser simulados pelo método de Monte Carlo, devendo nalguns casos o mesmo ser aplicado ao nível das apólices individuais ou, quando muito, em grupos de apólices homogéneos, isto é, modalidade, idade e valores seguros idênticos.

21.6.2 Aplicação a uma carteira de seguros mistos

No exemplo que seguidamente se apresenta, e que poderá constituir a base de um modelo dinâmico, vamos retomar a fórmula (21.11) com ligeiras modificações. Para começar, vai considerar-se toda a carteira e as variáveis aleatórias e processos estocásticos envolvidos, embora numa versão simplificada. Em vez de PRO_t usaremos o valor do fundo disponível no final do ano t, F_t, e admitiremos que parte dos lucros gerados serão distribuídos nessa altura, transitando o restante, U_t, para o ano seguinte. As despesas passarão a ser designadas por E_t, podendo, caso se deseje, ser consideradas também aleatórias. i_t é a taxa de retorno observada no ano, C_t será o total de capitais por morte ou vencimento pagos no ano, R_t o total de resgates e vencimentos verificados, admitindo que os mesmos são pagos no final do ano, e V_t o total de reservas a constituir também no final do ano. Assim, teremos:

$$F_t = \left(P_t - E_t + V_{t-1} + U_{t-1}\right)(1 + i_t) - C_t - R_t - V_t. \quad (21.18)$$

No final do ano, caso F_t seja muito elevado, digamos superior a 50% dos prémios encaixados no ano, ou superior à margem de solvência pré-estabelecida (*MS*), far-se-á uma distribuição de resultados de 90% do excesso ($F_t - MS$). Teremos então, nesse caso,

$$U_t = F_t - 0.90\left(F_t - MS\right);$$

quando $F_t > 0$, mas de valor não especialmente elevado,

$$U_t = F_t.$$

Quando $F_t < 0$, estamos perante um caso de insolvência. Aliás, U_t pode designar-se como a nova margem de solvência.

Uma medida de solvência, tal como Pentikäinen e Pesonen a definiram no seu trabalho (1988), é o ratio entre o valor distribuído e os prémios encaixados. O valor inicial pode ser tomado próximo de 50% dos prémios, embora o modelo permita testar depois outros valores.

Considerem-se, daqui em diante, os seguintes dados:
1. Bases técnicas para o cálculo dos prémios:
    Seguro misto a 20 anos, com igual prazo de pagamento de prémios. Prémios nivelados. Mortalidade:

$$\mu_x = 0.0005 + \exp\left(0.115x - 12\right)$$

$$s(x) = e^{-\int_0^x (.0005 + \exp(.115t - 12))dt},$$

ou seja,

$$s(x) = \exp\left(5.342\,793\,4 \times 10^{-5} - 5.342\,793\,4 \times 10^{-5} e^{0.115x} - 0.000\,5x\right)$$

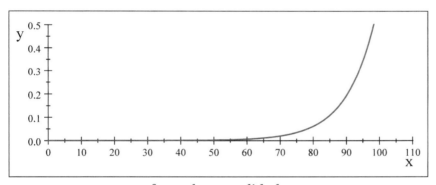

força de mortalidade

Idade de subscrição: 40 anos
Taxa de juro: 3.5%
Despesas: 2% do capital seguro no 1º ano e 0.25% (carga de gestão) nos exercícios continuados.
2. Provisões:
    Assume-se que a companhia calcula as reservas matemáticas de acordo com as bases técnicas para o cálculo de prémios.
3. Mortalidade anteriormente verificada: 90% da tábua utilizada no cálculo dos prémios.

4. Resgates
As taxas médias de resgate verificadas em função dos anos da apólice são as seguintes:
15%, 7%, 3%, 2%, (a última é estável). Os valores de resgate correspondem a 98% da provisão matemática existente.
5. Taxa média de inflação: cerca de 2.5%.
6. Capitais seguros:

Admite-se que os capitais seguros são superiores a 5000 euros e têm distribuição de Pareto com função de distribuição

$$F(x) = 1 - \left(\frac{5000}{x}\right)^3.$$

Esta distribuição tem valor médio 7500 e desvio padrão 4330.1.

7. População inicial: $N_0 = 10000$ pessoas distribuídas uniformemente entre os 40 e os 49 anos de idade (1000 apólices por idade). Admite-se que estas pessoas subscreveram o seguro aos 40 anos de idade.

Antes de prosseguir, convirá definir o que se vai considerar neste exemplo como estocástico e o que se irá considerar determinístico (mas que, num modelo mais sofisticado, também poderia passar a estocástico).

- Valores aleatórios a nível da carteira segura:
  - Número de apólices em t: $N_t = N_{t-1} + NP_t - M_t - NR_t$.
  - NP_t: produção do ano (distribuição de Poisson com $\lambda = 3.5\% N_{t-1}$).
  - M_t: número de mortes no ano (distribuição binomial).
  - NR_t: número de resgates/anulações e vencimentos no ano (distribuição binomial a nível de *cohort*).
  - $R_t = \sum_{k=1}^{NR_t} R_k$: valor total resgatado/pago no ano.
  - $C_t = \sum_{k=1}^{M_t} C_k$: total de capitais pagos por morte.
  - $P_t = \overline{P'''} \times (N_{t-1} + NP_t)$: prémios totais encaixados no início do ano. $\overline{P'''}$ prémio médio anual fixo.

- E_t: total de despesas no ano – 80% das despesas contidas nos prémios, ajustadas pela taxa de inflação.
- V_t: reservas a constituir no final do ano.

• Valores aleatórios a nível da carteira de activos
  - taxa de inflação para o ano (admite-se que segue um processo AR(1)).

  $$j_t = .025 + .05\,(j_{t-1} - .025) + .01Y;$$

  a variável Y tem distribuição $N(0, 1)$.
  - taxa de retorno (yield) anual:

  $$i_t = .05 + 0.1\,(i_{t-1} - .05) + (j_{t-2} + j_{t-3})/2 - .025 + .01Y;$$

  a variável residual Y tem distribuição $N(0, 1)$.
  - Capital inicial alocado: $U_0 = 50\%$ dos prémios do primeiro ano (da carteira inicial).

• Valores determinísticos
  - taxas de mortalidade ($90\%q_x$).
  - taxa média de produção nova: 3.5% da carteira existente.
  - taxas médias de resgate: as acima indicadas.
  - distribuição dos capitais seguros. Mantêm-se, mesmo considerando a produção nova, as anulações/resgates e os vencimentos.
  - prémio comercial por unidade de capital seguro.
  - fórmula prospectiva para o cálculo das reservas matemáticas.

A ideia base deste exercício consiste em captar as flutuações aleatórias da carteira e da margem de solvência, ajudando a transmitir a ideia de que os valores médios podem ser, e são, muitas vezes, facilmente ultrapassados. Apesar de importantes, ficam de fora determinadas tendências que iriam provocar desvios sistemáticos na flutuação analisada, assim como acontecimentos não previstos ou catastróficos que, naturalmente, poderão ter uma influência marcante sobre todo o modelo e seus resultados. Apesar disso, um modelo deste tipo permite também começar a entender a noção de *VaR*.

O cálculo das trajectórias possíveis para a carteira e os resultados da evolução do fundo *F* (*t*) ao longo do tempo fica simplificado se cada grupo de apólices correspondente a determinado ano e idade (coorte) for seguido matricialmente ao longo do tempo. Assim, vamos estabelecer uma matriz função do par (*t*, *x*) como a seguir se exemplifica. Em cada alvéolo teremos um vector com as seguintes componentes:

- número inicial de apólices (pessoas) existentes: *N* (*t*, *x*);
- número de apólices novas emitidas: *NP* (*t*, *x*) (neste caso admitiremos sempre *x* = 40);
- total de prémios encaixados: *P* (*t*, *x*);
- total de despesas correspondente: *E* (*t*, *x*);
- número de apólices resgatadas ou vencidas: *NR* (*t*, *x*);
- total de resgates ou vencimentos efectuados: *R* (*t*, *x*);
- número de mortes: *M* (*t*, *x*);
- total de capitais pagos por morte: *CM* (*t*, *x*);
- total de provisões matemáticas no final do ano.

O número de apólices em vigor no final do ano transita para o alvéolo seguinte:

$$N(t+1, x+1) = N(t,x) + NP(t,x) - NR(t,x) - M(t,x)$$

t\x	...	42	43	44	...
...	...	...↘	...↘	...↘	
10		$N=721,$ $NR=11, M=1$ ↘	$N=939,$ $NR=22, M=2$ ↘	↘	
11		↘	$N=710,$ ... ↘	$N=915,$ ... ↘	
...		...↘	...↘	...↘	

A carteira corresponde em cada ano à soma em linha para qualquer dos elementos a apurar.

Por exemplo, o valor dos capitais pagos em caso de morte no ano t será

$$C_t = \sum_{x=40}^{\omega-x} C(t,x).$$

Deixamos ao leitor o desafio de desenvolver uma folha de cálculo com os pressupostos enunciados, de forma a determinar a distribuição do NPV para um período de 20 anos.

Não podemos finalizar sem repetir que ficam de fora deste modelo, que na prática podemos considerar semi-determinístico, muitos aspectos importantes, nomeadamente de natureza financeira, ou os relativos às tabelas de mortalidade ou invalidez utilizadas, cuja abordagem em termos estocásticos seria importante.

Capítulo 22
Introdução às técnicas de ALM

22.1 Introdução

Asset-liability management ou *Asset-liability modelling* (ALM), termos que em Português se podem traduzir por gestão de activos/passivos, constitui um tema central na gestão de carteiras de activos que, de forma directa ou indirecta, estão ligadas a responsabilidades específicas com graus de exigibilidade particulares ao longo do tempo. Os seguros, e em especial os fundos de pensões, como instrumentos de longo prazo, são dos mais sensíveis a tal situação e as carteiras de activos a constituir não podem deixar de considerar esse facto.

Aos associados de um fundo de pensões interessa naturalmente uma boa rendibilidade que se traduza na prática por um menor esforço financeiro (estamos neste ponto a referir fundos de planos BD), assim como retornos anuais e contribuições com volatilidade reduzida. Ao gestor do fundo interessa assegurar que as saídas (*cash out*) do fundo, seja pelo pagamento de benefícios, seja por eventuais transferências, se processam com regularidade e que as necessidades de tesouraria estão devidamente salvaguardadas. Aos beneficiários e autoridades de controlo interessa sobretudo assegurar que o fundo tem activos suficientes para satisfazer os compromissos assumidos, ou que, pelo menos, o risco de tal não acontecer é suficientemente reduzido.

Como em todos os tipos de investimento, estão presentes nos fundos de pensões questões de risco, rendibilidade e liquidez que rivalizam entre si, dificultando a optimização de qualquer função objectivo. Nos fundos de pensões essa dificuldade acentua-se porque, para além de cash-flows (*in* e *out*) de natureza aleatória, estamos perante responsabilidades com prazos bastante dilatados que, em diversos fundos, podem ultrapassar meio século.

Pelas razões apontadas e pela sua natureza, o gestor de um fundo de pensões não pode limitar-se à ideia de maximizar o retorno da carteira de investimentos utilizando, por exemplo, a técnica tradicional da fronteira eficiente. Terá sim que tentar efectuar o casamento (*matching*) entre o encaixe proveniente de juros, de dividendos e de transacções de activos e os pagamentos inerentes às responsabilidades assumidas (pensões ou capitais de cobertura). Para que esse casamento resulte, não será suficiente haver "sexo". Terá de haver harmonia e partilha de objectivos e valores ao longo do tempo. A hipótese de divórcio também deve por isso ser encarada com naturalidade. Outros produtos financeiros mais atractivos ou com menor risco podem surgir no mercado, ou o perfil das responsabilidades alterar-se de tal forma que a estratégia de investimentos tenha de ser completamente reequacionada. Por sua vez, será bom recordar que as responsabilidades e os pagamentos delas derivados dependem largamente da estrutura populacional do fundo, tanto etária como salarial, bem como de outros factores não menos relevantes, nomeadamente a política de admissões, o *turnover*, a inflação, os salários, etc. Refira-se ainda que muitos fundos alteram significativamente o perfil de exigibilidade e risco das suas responsabilidades quando modificam benefícios ou quando passam de planos BD para planos CD, ou planos mistos.

Em seguros, o problema coloca-se de forma análoga, e a estratégia e técnicas de ALM a implementar dependem substancialmente das várias linhas de negócio exploradas, das carteiras existentes, do seu volume e das respectivas maturidades. Antes de optar por uma metodologia ALM que, como veremos, deverá ser bastante abrangente, cada seguradora terá de conhecer a estrutura previsível dos cash-flows futuros e definir um compromisso entre risco e retorno que não ponha em causa a segurança e liquidez necessárias ao regular cumprimento das suas obrigações contratuais.

Deve notar-se que, para além dos riscos normais oriundos dos mercados, as seguradoras enfrentam outros tipos de risco, de que sobressaem os riscos de subscrição, selecção, opções do segurado, resgates e anulações, garantia de taxas, etc. Para além disso, as diferentes linhas de negócio e produtos, em geral substancialmente diferentes, podem impor também abordagens, estratégias e modelos próprios, uma vez que os riscos envolvidos e as suas possíveis consequências são bastante diferenciados. Por exemplo, anuidades vitalícias diferidas, pouco ou nada terão a ver com anuidades em pagamento, seguros temporários em caso de morte, rendas para amortização de empréstimos, ou com produtos tipo *Unit linked*.

Seguindo a introdução dada ao tema pela Sociedade de Actuários americana (SOA *Asset-Liability Management Task Force Members*), "ALM é uma prática de gestão de decisões de negócio pela qual as acções subsequentes relativas a activos e passivos se encontram coordenadas. ALM pode ser definida como um processo continuado de formulação, implementação, monitorização e revisão de estratégias relacionadas com a carteira de activos e com as responsabilidades, a fim de atingir os objectivos financeiros da organização, uma vez estabelecida a sua tolerância ao risco e outras condições específicas da actividade. ALM é relevante, mesmo essencial, para a gestão financeira de qualquer organização que investe para solver os seus compromissos futuros em termos de cash-flow e de capital".

Tradicionalmente, as técnicas de ALM incidiam sobre os riscos associados às taxas de juro e à sua volatilidade no curto prazo, sendo utilizadas quase em exclusivo no sector bancário. Correntemente, embora os bancos continuem a utilizá-las, encontram maior aplicação nos sectores de seguros e fundos de pensões. Tal justifica-se pela diversidade de riscos que nestas áreas existem, tanto do lado do activo como do lado do passivo. Do lado dos activos salientam-se o risco de taxas de juro, acções, obrigações, imobiliário, curto prazo, investimentos alternativos, futuros, opções, moeda, país, etc. Do lado do passivo, assumindo (nos fundos de pensões) que os riscos de morte e invalidez estão ao abrigo de seguro ou resseguro, os riscos principais dizem respeito à inflação, salários, pensões, movimentos populacionais, longevidade e ao custo futuro de rendas vitalícias. O quadro que segue sintetiza o tipo de gestão de activos/passivos preconizada.

ESQUEMA TRADICIONAL DE ALM

ACTIVOS	RESPONSABILIDADES
classes de activos possíveis	estrutura de riscos - avaliação actuarial
estratégia inicial função do risco e retorno	exigibilidade dos cash-flows
(análise macro)	mapa de saídas (valores esperados)

(A)

⇓

(B)
Matching - activos/responsabilidades
composição da carteira-optimização condicionada*
retorno e contribuições
análise de sensibilidade
controlled funding **
implementação e revisão do modelo

* A optimização é condicionada pelo nível máximo de risco admissível, pelos limites de exposição impostos para as diferentes classes de activos, tanto pelo regulador como pelo próprio associado, assim como por uma eventual estratégia prudencial que a entidade gestora imponha.

** Os termos *controlled funding* referem-se, neste contexto, a uma técnica clássica de controlo de fluxos de entrada e de saída aplicável em fundos de pensões, que, na sua essência, tem de ser mantida, visando ultrapassar por meio de contribuições (geralmente extraordinárias ou de valores adicionais temporários) eventuais situações de insolvência resultantes de picos na distribuição das saídas.

No quadro acima, a fase (A) constitui um primeiro passo para a abordagem da estrutura e dimensão das responsabilidades e sua exigibilidade, assim como para uma escolha prévia das principais classes de activos a considerar. Esta fase pode designar-se por alocação estratégica macro. Para além dos condicionantes mencionados, depende ainda da situação económica do associado e do país, bem como da dimensão do fundo e do tipo de plano considerado.

A fase (B), a efectuar iterativamente, irá definir a verdadeira alocação estratégica, isto é, o estabelecimento dos limites de cada tipo de activo aconselháveis para a optimização desejada.

A gestão de activos/passivos pressupõe ainda que se façam reavaliações periódicas. Nesse caso, a fase (A) estará em parte preenchida ou mesmo ultrapassada, pois as avaliações actuariais anuais estarão por certo disponíveis. A fase (B) servirá então, basicamente, como indicação para possível realocação de activos.

Pelas razões até ao momento expostas poderia pensar-se que as técnicas de ALM só se aplicam a planos BD. Tal não é verdade. Em planos CD interessa aos participantes ter uma ideia clara dos benefícios que poderão atingir à data normal de reforma (INR) com os valores das contribuições entregues ao fundo. Muitas vezes essas contribuições são uma percentagem do salário e a questão que se levanta é a de saber, para uma dada pessoa, ou grupo, qual a taxa de substituição à INR. Ora, esse valor constitui uma variável aleatória cuja distribuição depende das contribuições entregues, da evolução salarial, das performances dos activos do fundo e ainda do custo da renda vitalícia na idade de reforma. Embora não se trate do casamento de activos e passivos, não há dúvida que a obtenção daquela distribuição passa pelos mesmos modelos para os salários e carteira de activos que se usam em ALM.

Já em planos de objectivo definido, a obtenção de taxas de substituição pré-definidas, embora virtuais, conduz a estudos de ALM autênticos, sem os quais dificilmente os objectivos traçados serão atingidos, pelo menos com determinado grau de confiança. Neste caso, um objectivo definido equivale a um benefício definido virtual.

22.2 Princípios metodológicos

A abordagem global à gestão ALM deve obedecer a princípios básicos, que convém resumir e que não se limitam aos modelos baseados apenas em aspectos quantitativos. A empresa seguradora ou entidade gestora deve, nesse sentido:
- identificar todos os riscos envolvidos na sua actividade, medir o impacto que provocam nas carteiras e geri-los antecipada ou postecipadamente com eficiência;
- estar organizada e ter em vigor uma política de prevenção, detecção e tratamento eficaz de riscos, com procedimentos e responsabilidades atribuídas a todos os níveis da hierarquia;
- assegurar com um nível de confiança elevado que os sistemas de controle e os capitais envolvidos respeitam a natureza e complexidade dos riscos e o volume das carteiras existentes;
- respeitar os normativos e standards actuariais existentes, bem como as regras prudenciais de aplicação e diversificação de activos financeiros, tendo em atenção as políticas de investimentos assumidas para cada produto ou fundo, de acordo com os limites de exposição, ou risco, para o mesmo estabelecidos ou legalmente impostos;
- assegurar que os investimentos efectuados e a gestão das carteiras de activos respeitam a natureza e os perfis das responsabilidades existentes e que os procedimentos estabelecidos na empresa garantem o cumprimento dessa obrigação.

Os princípios anteriormente mencionados identificam claramente ALM com uma prática de gestão, tal como se depreende da definição da SOA, dada na introdução. Reduzir ALM às técnicas actuariais ou financeiras de *matching*, por mais evoluídos que sejam os respectivos modelos, é iludir a parte principal do problema que se coloca neste tipo de actividade – o tratamento integrado do risco. Essencialmente, porque algumas das maiores fontes de risco estão directa ou indirectamente relacionadas com a actuação das pessoas aos mais diversos níveis. Com a agravante de, por vezes, a ocorrência de acontecimentos não previstos, ou as consequências de determinadas acções não controladas, somente se verificarem ou detectarem no longo prazo, quando, frequentemente, os responsáveis pelas situações criadas já se ausentaram há muito das empresas envolvidas.

Deve acentuar-se que a gestão ALM não elimina os riscos. O seu objectivo é, sim, ajudar a mantê-los em limites aceitáveis, para os produtos ou fundos considerados e para a própria empresa, tendo em atenção os volumes de capital envolvidos e a tolerância ao risco estabelecida. Por outras palavras, ALM tem de se considerar um imperativo para uma possível e desejável certificação de qualidade de qualquer entidade que tenha de garantir a gestão de riscos. Deveria ser por isso uma política a adoptar por toda e qualquer empresa, independentemente do sector de actividade ou da área de negócio explorada. As empresas do sector financeiro, bancos, seguradoras e gestoras de fundos, são naturalmente as que envolvem maior volume de riscos. No entanto, em termos de produção, mercado, concorrência, liquidez, gestão, etc., todas as empresas estão igualmente sujeitas, em maior ou menor grau, a idênticos tipos de risco.

22.3 Alguns modelos determinísticos

Admitindo que a longo prazo alguns activos mais voláteis, nomeadamente acções, apresentam retornos superiores, por exemplo, aos títulos de rendimento fixo, vê-se claramente que um fundo com uma população jovem pode beneficiar com uma estratégia de optimização que privilegie os investimentos que, em tais circunstâncias, apresentem melhores rendibilidades para idêntico nível de risco. Já a gestão de um fundo constituído basicamente por pensionistas terá de prestar maior atenção a questões de liquidez, que somente uma estratégia de mais curto prazo e com rendimentos estáveis consegue garantir.

Não é pois indiferente a escolha estratégica das classes de risco, nem as maturidades de cada activo a envolver na gestão do fundo, nem tão pouco a composição ideal da carteira. As técnicas de ALM tentam justamente dar um contributo na direcção correcta, estabelecendo uma estratégia inicial e permitindo adequar e monitorar essa estratégia ao longo do tempo, por forma a optimizar os objectivos globais estabelecidos em termos de retorno, segurança e liquidez.

Uma das técnicas que primeiro apareceram foi designada por *Gap Management*. Os bancos americanos usavam-na essencialmente num curto prazo (*Gap*) por forma a que os activos e os passivos, sujeitos a reavaliação ou à flutuação das taxas de juro, coincidissem nesse prazo, a menos de um determinado valor pontual, em princípio, positivo.

No longo prazo, Seguradores e gestores de fundos de pensões rapidamente se aperceberam de que tal método não se justificava, mas que o seu princípio, de casamento entre valores de entradas e de saídas do fundo, poderia continuar a ser aplicado, ainda que em teoria (pois sempre haverá comportamentos de carácter aleatório, tanto por parte dos activos como por parte dos passivos, que impedirão o casamento perfeito).

Em consequência, surgiu uma das primeiras tentativas, mediante a constituição de carteiras de activos dedicadas, que podem ser aplicadas em provisões afectas a produtos seguros, cujos capitais se vençam em prazos bem definidos. Consiste na aquisição de activos, obrigações de cupão zero, por exemplo, cujo vencimento coincida com os capitais a pagar na respectiva data.

Esta técnica pode ser aplicada em fundos de pensões, em especial se os mesmos tiverem uma exigibilidade de curto prazo acentuada. Porém, na componente de longo prazo, referente às pensões em formação, para além de não permitir ganhos potenciais mais elevados, apresenta a dificuldade adicional de não existirem no mercado obrigações de cupão zero com prazos tão dilatados quanto os necessários.

Uma técnica também usual, designada por imunização, pode ser utilizada para assegurar que o valor do fundo cresce ou decresce em consonância com as respectivas responsabilidades, o que assegura que o nível de financiamento se mantém, independentemente das mudanças nas taxas de juro ou na inflação. Se, por exemplo, as responsabilidades forem linearmente dependentes da taxa de inflação, e se os activos forem representados por obrigações indexadas a essa taxa, o fundo estará completamente imunizado. Tal pressupõe também que o capital novo, resultante de contribuições, pode igualmente adquirir activos do mesmo tipo. A imunização pode ser conseguida por diversos métodos, de que se destacam:
- o casamento dos cash-flows, como se referiu para as carteiras dedicadas;
- o método conhecido por *duration matching*;
- o método designado por *volatility and convexity matching*;
- o recurso, ainda que parcial, a produtos financeiros estruturados, futuros, opções e outros instrumentos financeiros derivados.

A imunização aplica-se também para eliminar potenciais riscos financeiros, como por exemplo o risco cambial em aplicações em moeda estrangeira. A imunização pode ser parcial ou total. No primeiro caso designa-se por *hedging*, no segundo por arbitragem.

Na *duration matching* utiliza-se basicamente a noção de *duration* de Macaulay, que determina o tempo médio de vida de um activo, ponderado pelo valor actual total correspondente aos termos recebidos. Se estes forem definidos por n pares (t_i, r_i), de instantes e valores, a *duration* de Macaulay será

$$d = \frac{\sum_{i=1}^{n} t_i r_i e^{-\delta t_i}}{\sum_{i=1}^{n} r_i e^{-\delta t_i}}.$$

Prova-se que a imunização se consegue igualando a *duration* dos activos à *duration* das responsabilidades. Para conseguir uma imunização mais perfeita pode tentar-se o *match* da segunda derivada dos activos e dos passivos em relação à taxa de juro (esta questão pressupõe conhecimentos especializados na área financeira).

22.4 Os modelos estocásticos

Há diversos modelos estocásticos para o estudo e gestão de activos/passivos. Em princípio, o estudo é feito para um dado horizonte temporal, de tal forma que no final desse período, o excedente (valor de activos – valor de passivos) seja nulo ou positivo. A vantagem destes modelos está na possível obtenção, em geral por simulação, da distribuição do excedente final, facto que permite ter uma ideia clara dos respectivos percentis e, inclusivamente, a noção de *VaR* ou *TailVaR*.

Uma alternativa ao excedente final consiste na obtenção da distribuição do valor actual das contribuições. Quanto mais baixas e menos voláteis estas puderem ser, tanto melhor para os associados do fundo.

Os modelos a utilizar são mais ou menos sofisticados e têm normalmente por base os modelos para as taxas de inflação ou para as taxas de juro que são estudados em cálculo financeiro e que em capítulo próprio serão abordados. Para os passivos, podem ser usados modelos semelhantes, consoante o tipo de plano e a sua dependência das taxas de juro ou da inflação. No entanto, alguns dos riscos assinalados, nomeadamente os originados por movimentos populacionais e pelo aumento da longevidade, exigem modelos próprios, que numa versão simplificada podem ser simulados através de cenários semi-determinísticos. Deve sobre esta questão referir-se que as volatilidades do lado do passivo são bem menos acentuadas do que as do lado do activo, manifestando-se mais o comportamento dos parâmetros envolvidos sob a forma de tendência, muitas vezes pré-incorporada no próprio modelo. Este facto permite também introduzir ao longo do tempo correcções ligeiras que, de forma geral, não exageram o esforço contributivo, nem põem em causa a solvência dos compromissos assumidos. Sob este aspecto, as análises de sensibilidade podem ter grande aplicação.

Por um raciocínio análogo ao efectuado nas técnicas de *profit testing*, ver (21.3), podemos apresentar para o valor do fundo no ano t a seguinte equação:

$$F_t = (F_{t-1} + C_t - e_t)(1 + i_t) - R_t^{da} - P_t,$$

onde F_t é o valor dos activos do fundo no final do ano t, C_t o valor da contribuição paga no início do ano, e_t as despesas do ano, supondo que são retiradas logo que a contribuição é liquidada, i_t a taxa de retorno líquida obtida, R_t^{da} o total de saídas com direitos adquiridos capitalizadas à taxa i_t para o final do ano e P_t o total de pensões pagas, capitalizadas da mesma forma à taxa i_t para o final do ano.

Para as responsabilidades podemos utilizar uma equação análoga à anterior, com entradas e saídas, mas é possível de forma mais simples considerar apenas os movimentos populacionais, obtidos em geral por simulação de Monte Carlo, e recalcular no final de cada ano o novo valor das responsabilidades (admitindo que se está a utilizar o método UCP).

Note-se que as contribuições C_t e as despesas e_t dependem largamente da inflação e dos movimentos populacionais, havendo pois elementos comuns que afectam tanto activos como passivos.

Partindo do fundo inicial F_0 e simulando n vezes os processos $\{F_t, t \geq 0\}$ e $\{VABT_t, t \geq 0\}$, para t = 1, 2, ..., T, obtêm-se T amostras de dimensão n da distribuição do valor do excedente $E_t = (F_t - V\,ABT_t)$.

Há vários objectivos a perseguir com a possível optimização de indicadores baseados na distribuição do excedente final, ou noutras distribuições. Tem pois que se definir uma função objectivo. Exemplos:
- maximizar o valor esperado de E_t;
- minimizar o desvio padrão de E_t;
- maximizar o valor esperado de E_t, pre-fixando um máximo para a variância;
- maximizar o valor esperado de E_t, pre-fixando um mínimo para determinado percentil;
- minimizar a contribuição média sobre a massa salarial, condicionando por um excedente final não negativo;
- minimizar o valor actual total das contribuições, condicionando por um excedente final não negativo e por um corredor de controlo do nível de financiamento.

Convirá também aproveitar a experiência para controlar a frequência e eventual valor de excedentes negativos (ruína teórica ou sub-financiamento), ao longo do processo de simulação, em especial se esses valores ultrapassarem determinada barreira ou corredor pré-definido.

Não sendo possível uma solução analítica, a optimização pode ser levada a cabo considerando um número restrito de classes de activos e ensaiando (simulando) diversas composições da carteira com elas constituídas. Outras hipóteses poderão igualmente ser testadas, envolvendo items importantes para a gestão e solvência do fundo, nomeadamente, despesas, longevidade, novas entradas, etc.

Um modelo clássico que não podemos deixar de mencionar é o modelo de Wilkie, cuja versão original data de 1984 – uma versão sucinta pode ser consultada em [3 – Daykin]. O autor propõe para a inflação e para as diferentes classes de activos modelos estocásticos auto-regressivos. Wilkie defende que o modelo básico, do qual todos os outros dependem, é o que determina o índice de preços. O seu modelo, embora considerado durante vários anos um *benchmark* actuarial em ALM, foi objecto de muitas e variadas críticas. Uma das mais contundentes refere que, para além de um número excessivo de parâmetros, as previsões dadas pelo modelo não provaram ser estatisticamente melhores que as que se teriam obtido por utilização dos valores esperados das respectivas séries de dados (Paul Huber 1995). Considerando a não estacionaridade dessas séries, Huber e outros actuários preconizam alternativas aos modelos ARIMA standard, sensíveis a diferentes regimes ou patamares, tais como modelos de regime Markovianos, os modelos econométricos TAR, ARCH ou GARCH, cuja abordagem sai completamente do âmbito do presente texto. Sensível a essas críticas, Wilkie apresentou posteriormente alguns melhoramentos ao modelo original, nomeadamente, pela introdução de modelos ARCH (modelos em que a variância do erro corrente já não é considerada constante, passando a depender da variância dos erros de períodos anteriores).

22.5 Variações populacionais e contribuições

Os movimentos populacionais que podem ocorrer num fundo são, como já referimos, entradas, saídas (normais e por morte ou invalidez), reformas, aumentos de salários e aumentos de pensões em pagamento. Em ALM tal implica a existência de mais dois modelos, um para admissões, outro para saídas.

Para efeitos de simulação ao longo do tempo, cada grupo etário vai ter um comportamento distinto, pelo que convirá utilizar neste ponto a noção de coorte anteriormente dada. Seja $l(t_0, a, t)$ o conjunto de pessoas (participantes do fundo) que entraram para o esquema no instante t_0 com idade a e que têm no instante t idade $x = a + t - t_0$. Assim, o número de participantes que continuam no esquema no ano seguinte será

$$l(t_0, a, t+1) = l(t_0, a, t) - d_x^{(m)} - d_x^{(i)} - d_x^{(s)}$$
$$\simeq l(t_0, a, t)\left[1 - q_x^{(m)} - q_x^{(i)} - q_x^{(s)}\right],$$

onde as saídas por morte, invalidez e abandono de serviço estão identificadas com a letra d e as respectivas probabilidades de saída com a letra q. A segunda fórmula, embora usada na prática, é apenas aproximada, devido ao múltiplo decremento existente.

Há outras notações para os coortes, talvez mais fáceis de usar matricialmente. Se representarmos por $l(a, x)$ o número de pessoas que, tendo entrado com idade a, têm no instante inicial considerado ($t = 0$) idade x, o cálculo para o ano seguinte ($t = 1$) far-se-á da mesma forma:

$$l(a, x+1) = l(a, x) - d_x^{(m)} - d_x^{(i)} - d_x^{(s)}.$$

A matriz do ano seguinte obtém-se assim a partir da do ano anterior, por movimentações em linha, deixando a diagonal principal limpa, para novas admissões nesse ano. Caso seja necessário manter o histórico da simulação, estas matrizes podem ser guardadas num vector indexado pelo ano t.

Para simular os valores de $d_x^{(m)}$, $d_x^{(i)}$ e $d_x^{(s)}$ recorre-se geralmente à distribuição binomial exacta, incidindo a probabilidade de cada risco sobre o número médio de cabeças a ele exposto durante o ano ou período considerado.

Os *coortes* relativos aos pensionistas terão um comportamento idêntico aos dos participantes activos, embora com uma única causa de saída:

$$l(t_0, a_r, t+1) = l(t_0, a_r, t) - d_{a_r+t-t_0}^{(m)} = l(t_0, a_r, t)\left(1 - q_{a_r+t-t_0}^{(m)}\right),$$

onde a_r é a idade de entrada na situação de reformado/pensionista.

No que aos aumentos de salários (ou pensões) diz respeito, pode simular-se um modelo estocástico com base na taxa de inflação, considerando ainda outros factores, como a idade, ou progressão na carreira. Há modelos de ALM (demasiado) simplificados que usam uma taxa fixa para esse crescimento.

Neste tipo de estudos consideram-se apenas os valores médios dos salários e pensões de cada *coorte*. Os modelos complicar-se-iam bastante, sem qualquer vantagem aparente, caso se considerassem os participantes individualmente.

A simulação da contribuição normal depende naturalmente da evolução das responsabilidades que, ano a ano, importa determinar. Uma vez actualizados os valores dos *coorte* para o ano seguinte, basta aplicar o método de avaliação usual (em geral o UCP) para efectuar esse cálculo. Porém, dependendo da função objectivo, a contribuição normal pode não ser suficiente para assegurar a solvabilidade do fundo. Há pois que estabelecer critérios para a reposição do nível de financiamento, sempre que o mesmo desça abaixo de determinado patamar. A introdução desta componente levanta outras questões delicadas. Uma diz respeito ao esforço contributivo, cuja volatilidade se pretende reduzida. Assim, uma contribuição extra poderá ter de ser diluída num determinado número de anos subsequentes. Pode também acontecer que, face a performances mais favoráveis, ou contribuições em excesso, nomeadamente extraordinárias, o fundo entre em sobre-financiamento exagerado. Nesse caso, há que corrigir as contribuições futuras mantendo igualmente o critério de volatilidade reduzida. Muitos actuários preconizam ainda a manutenção de uma margem de solvência razoável, que evite futuros aumentos de contribuições. Em qualquer fundo, a criação e manutenção dessa margem de solvência pode obrigar a maiores contribuições iniciais, mas irá sem dúvida permitir a absorção de parte da volatilidade dos activos e dar maior estabilidade às contribuições a pagar futuramente, diminuindo assim, também, a sua volatilidade. Ao mesmo tempo, contribui para uma supervisão mais simples e eficaz, para além de dar maior confiança ao mercado, participantes e beneficiários. O modelo deve prever, em princípio, a parametrização deste tipo de correcções, cuja simulação não é simples.

Um outro aspecto relacionado com as contribuições diz respeito às despesas e comissões de gestão. Estas podem incidir sobre os valores das contribuições entregues ao fundo, sobre os activos sob gestão, ou sobre ambos, podendo ainda ser de alguma forma escalonadas em função da performance ou dos montantes envolvidos. De modo idêntico, há modelos que consideram penalizações para as contribuições extra, assim como prémios para a eventual diminuição das contribuições normais. Tudo isso influencia os resultados e deve ser considerado na simulação do modelo.

Capítulo 23

Modelos estocásticos da taxa de juro

23.1 Estrutura temporal das taxas de juro

Em muitas operações financeiras é frequente a necessidade de actualizar cash-flows, mais ou menos distanciados do momento actual. Pela própria duração das situações, essa necessidade está presente de um modo particularmente acentuado no âmbito dos contratos de seguro do Ramo Vida e nos Fundos de Pensões.

Notando que mesmo os investimentos de rendimento fixo apresentam taxas diversas quando as maturidades são diferentes, põe-se a questão da razoabilidade em considerar uma única taxa (*flat rate*) na referida actualização. Não raras vezes, chega-se à conclusão que é mais ajustado recorrer àquilo a que genericamente se chama "curva de rendimentos" (*yield curve*), em particular, a curva das taxas à vista (*spot rate curve*).

A curva de rendimentos é uma medida das expectativas de mercado relativamente às taxas de juro futuras, dadas as condições correntes. As Obrigações do Tesouro são normalmente consideradas aplicações sem risco, pelo que se tomam as suas rentabilidades como *benchmark* para as aplicações de rendimento fixo, com iguais maturidades. A forma da curva pode mudar em qualquer momento e, sempre que muda, isso é uma indicação para os investidores de que também eles necessitam de alterar a sua visão sobre o comportamento futuro da economia.

23.1.1 *Taxas de juro spot*

De acordo com a convenção estabelecida, as taxas *spot* não são mais do que as taxas observadas "aqui e agora" para a remuneração das obrigações sem risco de cupão zero (não há lugar ao pagamento de juros periódicos), considerando todas as possíveis maturidades. Como os preços das obrigações podem alterar-se diariamente, também assim a *spot rate curve*, ou estrutura temporal das taxas de juro, pode mudar diariamente. A forma desta curva é determinada, essencialmente, por três factores:

1. As expectativas dos investidores

    As taxas de rendimento das obrigações de longo prazo são médias geométricas das taxas de rendimento observadas no presente e esperadas para o futuro. Uma curva crescente reflecte que as taxas esperadas para o futuro são superiores às taxas correntes. Uma curva decrescente dá a informação contrária. O facto de as obrigações com diferentes maturidades terem taxas de rendimento diferentes resulta em parte da influência deste jogo de expectativas. Por exemplo, se os investidores esperam que as taxas de curto prazo diminuam, aumenta a procura por obrigações com maturidades maiores; o excesso de procura faz cair as taxas de juro destes prazos e, comparativamente, as taxas de curto prazo tornam-se mais atractivas.

2. A preferência pela liquidez

    Acredita-se que, em princípio, a maioria dos investidores preferem investimentos de curto prazo a aplicações com prazos mais prolongados. A atestá-lo, as penalizações suportadas pelos levantamentos de capital em certas aplicações, quando feitos antes de determinadas datas.

    A razão subjacente a esta preferência resulta talvez do facto de os preços das obrigações com maturidades mais distantes apresentarem uma variabilidade maior do que os das de curto prazo. Por outras palavras, investimentos com maior duração apresentam maiores riscos, pois estão sujeitos durante mais tempo às contingências dos mercados. Claro que os investidores só escolherão esses investimentos se a sua expectativa de ganho for maior, ou seja, se houver um prémio a recompensar o maior risco assumido. O prémio de risco é que faz com que os investimentos com prazos mais dilatados sejam remunerados com maiores taxas.

3. A segmentação do mercado
   Os investidores devem fazer uma conveniente gestão dos activos e dos passivos. Por exemplo, os bancos – que têm muitas responsabilidades de curto prazo – investem em obrigações com maturidades a curto prazo; os fundos de pensões, por seu lado, adoptam a estratégia contrária.

   De acordo com os rudimentos da teoria de segmentação do mercado, não há razão para esperar que exista uma relação entre os comportamentos diversos dos diferentes grupos de investidores, o que sugere que os preços das obrigações de curto prazo devem ter uma variação pouco relacionada com a variação dos preços das obrigações cujas maturidades são a prazos mais longos. Claro que, na verdade, não há razão para acreditar que os investidores em princípio mais inclinados para certas maturidades não possam desviar os seus investimentos para outras, se os títulos correspondentes lhes parecerem excepcionalmente baratos.

Em resultado das influências dos aspectos enumerados, para além de outras possíveis explicações, há como ponto de partida três padrões principais para o comportamento da estrutura temporal:

1. Curva de rendimentos dita normal
   De acordo com o que a designação dá a entender, é a forma que a curva apresenta quando o funcionamento dos mer-

cados ocorre dentro das condições aceites como normais, não se esperando alterações significativas a nível das taxas de inflação e antecipando-se um crescimento sustentado do PIB. Perante tais condições, os investidores prevêm retornos mais elevados para os instrumentos de rendimento fixo com maturidades mais distantes. Ou seja: o mercado espera que os activos de longo prazo com rendimento fixo proporcionem retornos mais elevados do que os de curto prazo. A curva apresenta-se com uma configuração crescente e levemente côncava.

Esta é uma expectativa razoável, porque os instrumentos de rendimento fixo de curto prazo têm geralmente menor risco do que os de prazos mais longos. Quanto mais distante está a maturidade, maior é o período de tempo que o investidor tem que esperar pelo reembolso do principal e, em consequência, maior é a incerteza. Como já se salientou, é por assumir um risco alargado que o investidor exige um prémio – sem o qual não se deixa persuadir a investir durante períodos mais longos.

2. Curva de rendimentos horizontal (*Flat Yield Curve*)

    As curvas *flat* indicam que o mercado dá sinais contraditórios aos investidores, no sentido em que lhes sugere que as taxas de curto prazo vão aumentar e as de longo prazo vão cair. Nestas circunstâncias é difícil determinar se as taxas de juro vão efectivamente subir ou descer, e assim se tem uma curva sem o declive positivo habitual. Em tais condições, que surgem com maior frequência em períodos de transição, os investidores podem maximizar a relação risco/rendimento, optando pelas obrigações que apresentam o menor risco de crédito, pois é possível que uma curva com inclinação quase nula acabe por vir a dar lugar a uma curva invertida.

3. Curva de rendimentos invertida

    Trata-se de ocorrências relativamente raras, que surgem sobretudo quando os mercados atravessam situações excepcionais e as expectativas dos investidores são o inverso das correspondentes às curvas ditas normais: estima-se que as obrigações de longo prazo proporcionem retornos inferiores aos daquelas com maturidades mais curtas. Isto significa que o mercado suspeita que haverá uma quebra geral nas taxas de juro, com o correspondente declínio dos rendimentos das obrigações.

A razão que leva os investidores a aplicar o seu capital nas obrigações de longo prazo em semelhantes condições (o que equivale a uma menor compensação a troco de um maior risco) é a convicção de que uma curva invertida é prelúdio de um abrandamento, ou recessão, na economia, pelo que é melhor aproveitar já as actuais taxas de longo prazo. As que o futuro há-de trazer talvez sejam ainda piores.

23.1.2 Determinação das taxas de juro spot

Num dado momento, a determinação das taxas *spot* envolve apenas cálculos elementares. Para cada maturidade n, seja F o valor nominal da obrigação de cupão zero e seja P_n o preço a que está a ser transaccionada neste momento. A taxa *spot* para esta maturidade é a taxa s_n tal que

$$P_n(1 + s_n)^n = F,$$

o que é equivalente a ter-se

$$s_n = \left(\frac{F}{P_n}\right)^{1/n} - 1. \qquad (23.1)$$

Considerando todas as possíveis maturidades, vai obter-se o vector da estrutura temporal das taxas de juro: $[s_1, s_2, ..., s_n]$.

Se se admitir que não só a produção de juro, mas também as capitalizações, se processam de uma forma contínua ao longo do tempo, a determinação das taxas *spot* continua a envolver apenas cálculos elementares, em tudo análogos aos anteriores. Considerando uma mudança de notação – passando agora a taxa *spot* para a maturidade n a representar-se por R_n, tem-se

$$R_n = -\frac{1}{n}log\frac{P_n}{F}. \qquad (23.2)$$

23.1.3 *Taxas de juro* forward

Considere-se que no momento presente (momento 0) é estabelecido um contrato em que um investidor vai adquirir, daqui a u períodos (momento u), obrigações que atingem a maturidade v períodos depois (no momento $u + v$). Represente-se por $P(u, v)$ o preço agora acordado, que só será efectivamente pago no momento da transacção (momento u). Seja ainda F o valor facial do título.

A taxa implícita num contrato com as características anteriores diz-se uma taxa *forward*, pois apenas estará em vigor no intervalo $[u, u+v]$, com início diferido para daqui a u períodos.

Represente-se essa taxa por $i_{u,u+v}$.

Uma vez o preço $P(u, v)$ acordado, é imediata a determinação da taxa *forward* implícita na sua formação. Com efeito, tem-se

$$P(u,v)\left(1 + i_{u,u+v}\right)^v = F$$

$$\Leftrightarrow$$

$$i_{u,u+v} = \left(\frac{F}{P(u,v)}\right)^{\frac{1}{v}} - 1. \qquad (23.3)$$

Quer dizer: o preço $P(u, v)$ é estabelecido no momento presente, antecipando a taxa *forward* $i_{u,u+v} = \left(\frac{F}{P(u,v)}\right)^{\frac{1}{v}} - 1$.

Se se admitir que as capitalizações são contínuas, virá

$$P(u,v)e^{vR_{u,u+v}} = F$$

$$\Leftrightarrow$$

$$R_{u,u+v} = -\frac{1}{v}log\frac{P(u,v)}{F}. \qquad (23.4)$$

23.1.4 Relação entre as taxas de juro spot e as taxas de juro forward

Para se estabelecer uma relação entre as taxas *spot* e as taxas *forward* presume-se a ausência de arbitragem nos mercados, ou seja, exclui-se a possibilidade de obtenção de ganhos certos com um investimento líquido nulo. Nessas condições, pode estabelecer-se como válida a igualdade

$$(1+s_{u+v})^{u+v} = (1+s_u)^u (1+i_{u,u+v})^v . \qquad (23.5)$$

Esta igualdade é de fácil interpretação: não havendo oportunidades de arbitragem, é indiferente investir uma unidade de capital no momento presente em obrigações com maturidade $u + v$, ou investir uma unidade de capital no momento presente em obrigações com maturidade u, aplicando imediatamente a seguir o produto desse investimento em obrigações com maturidade daí a v períodos.

De (23.5) resulta

$$i_{u,u+v} = \left[\frac{(1+i_{u+v})^{u+v}}{(1+s_u)^u}\right]^{\frac{1}{v}} - 1. \qquad (23.6)$$

Na realidade, como aqui se vê, não existe uma diferença essencial entre as taxas *spot* e as taxas *forward*. As primeiras permitem capitalizar grandezas disponíveis no momento 0, até ao momento 1 (factor de capitalização $1 + s_1$), até ao momento 2 (factor de capitalização $(1 + s_2)^2$), e assim sucessivamente – ou actualizar ao momento 0 grandezas disponíveis nestes momentos. Quanto às taxas *forward*, permitem fazer exactamente o mesmo, só que os períodos a que se aplicam têm sempre o seu início num momento futuro, são da forma $[u, u+v]$ e não da forma $[0, t]$. Ou seja, $i_{u,u+v}$ permite capitalizar uma grandeza disponível no momento u, até ao momento $u + v$ (factor de capitalização $(1 + i_{u,u+v})^v$) ou fazer a correspondente actualização.

É por não haver nenhuma diferença essencial – e se assumir a ausência de arbitragem – que se pode estabelecer a igualdade

$$(1 + s_n)^n = (1 + i_{0,1})(1 + i_{1,2}) \times ... \times (1 + i_{n-1,n}), \quad i_{0,1} = s_1.$$

As adaptações necessárias na presença de capitalizações contínuas são semelhantes às que já foram efectuadas e deixam-se como exercício.

23.1.5 *Par Yields*

Considere-se uma obrigação de valor nominal F que paga juros a uma taxa r_n e tem maturidade daqui a n períodos da taxa. Dada a estrutura das taxas de juro num certo momento, seja $\{s_t : t = 1, 2, ...\}$, diz-se que r_n é a taxa de rendimento ao par (*at-par yield*), se e só se a obrigação estiver a ser transaccionada ao par, ou seja, se e só se $P_0 = F$, em presença da estrutura temporal das taxas de juro dada. Nesse caso, é satisfeita a dupla desigualdade:

$$r_n = yield\ to\ maturity = \text{taxa do cupão}.$$

Atendendo a estas condições, tem-se

$$F = \frac{r_n F}{1 + s_1} + \frac{r_n F}{(1 + s_2)^2} + \frac{r_n F}{(1 + s_3)^3} + ... + \frac{r_n F}{(1 + s_n)^n} + \frac{F}{(1 + s_n)^n},$$

ou seja,

$$r_n = \frac{1 - (1 + s_n)^{-n}}{\sum_{k=1}^{n} (1 + s_k)^{-k}}. \qquad (23.7)$$

As expressões anteriores apontam claramente para a existência de uma forte relação entre a estrutura temporal das taxas de juro, as taxas de juro *forward*, as *yields to maturity* e as *at-par yields*, no que se refere aos mercados obrigacionistas. Recorde-se que a *yield to maturity* (YTM) é a taxa de juro que estabelece a igualdade entre o preço da obrigação num dado momento e o valor de todos os pagamentos que serão feitos até à maturidade, actualizados a esse mesmo momento.

Um dos aspectos mais salientes é observado quando a estrutura temporal das taxas de juro é uma função crescente, o que é geralmente aceite como o seu comportamento normal. Nessas condições, tudo o mais constante, quanto maior for a taxa do cupão garantida pelas obrigações, comparativamente mais baixa é a respectiva *yield to maturity*.

A explicação para isso é muito simples: considerando as obrigações de cupão zero (que são, por assim dizer, as obrigações com taxa de cupão mínima) e maturidade igual a n períodos, a *yield to maturity* e a *spot rate* s_n vão ser coincidentes. Se a obrigação não é de cupão zero, garantindo juros periódicos, os pagamentos efectuados antes do momento n serão actualizados às taxas $s_1, s_2, \cdots, s_{n-1}$ que, por se ter uma estrutura dita normal, são tais que $s_1 \leq s_2 \leq \cdots \leq s_{n-1} \leq s_n$.

Uma vez que a *yield to maturity* acaba por ser uma média ponderada de todas as taxas *spot* intervenientes, sendo os pesos dados pela magnitude dos sucessivos pagamentos, quanto mais elevada é a taxa do cupão, maiores são os fluxos antes da maturidade. Sendo estes actualizados a taxas que não excedem a taxa s_n, basta que uma delas seja efectivamente menor que aquela para que a *yield to maturity* lhe seja também inferior. E, quanto mais acentuado for o crescimento da estrutura temporal, tanto maior a diferença entre a taxa *spot* na maturidade e a *yield to maturity*.

23.1.6 *Outra notação*

Uma notação consagrada quando há capitalizações contínuas considera que o momento presente é o momento t, a maturidade ocorre no momento T e o valor nominal é igual a 1. Em consequência, P_n dá lugar a $P(t,T)$ e a taxa *spot* para a maturidade T, muitas vezes designada apenas por *yield*, passa a representar-se por $R(T,t)$, sendo dada pela expressão

$$R(t,T) = -\frac{\log P(T,t)}{T-t}, \tag{23.8}$$

com

$$P(t,T) = e^{-(T-t)R(t,T)}. \tag{23.9}$$

Quanto às taxas *forward*, que agora se representam por $F(t, T, S)$ (sendo t o momento actual, em que o contrato é celebrado, $T \geq t$ o momento em que a transacção é consumada e $S > T$ o momento em que as obrigações adquiridas em T, ao preço acordado em t, atingem a sua maturidade), são dadas pela igualdade

$$\frac{P(t,T)}{P(t,S)} = e^{(S-T)F(t,T,S)} \Leftrightarrow F(t,T,S) = \frac{1}{S-T}\log\frac{P(t,T)}{P(t,S)}.$$

A partir das taxas *spot* e das taxas *forward* é possível deduzir, por passagem ao limite, as chamadas taxas instantâneas: a taxa de juro sem risco, ou *short rate*, no primeiro caso, e a curva das taxas *forward* instantâneas, no segundo, ambas referidas ao momento t. Vêm, respectivamente:

$$r(t) = \lim_{T \to t} R(t,T) = R(t,t)$$

e

$$\begin{aligned} f(t,T) &= \lim_{S \to T} F(t,T,S) = \lim_{S \to T} \frac{1}{S-T} \log \frac{P(t,T)}{P(t,S)} = \lim_{S \to T} \frac{\log P(t,T) - \log P(t,S)}{S-T} \\ &= \lim_{S \to T} -\frac{\log P(t,S) - \log P(t,T)}{S-T} = -\frac{\partial \log P(t,T)}{\partial T} = -\frac{\frac{\partial P(t,T)}{\partial T}}{P(t,T)}, \end{aligned}$$

recorrendo a (23.9) Da igualdade anterior, é possível concluir que

$$r(t) = f(t,t).$$

Por outro lado, $-\log P(T,t) = (T-t)R(t,T)$. Derivando em ordem a T obtém-se

$$f(t,T) = -\frac{\partial \log P(t,T)}{\partial T} = \frac{\partial}{\partial T}(T-t)R(t,T) = R(t,T) + (T-t)\frac{\partial}{\partial T}R(t,T).$$

Esta expressão permite concluir que, se a curva das *yields* é crescente, a curva das taxas *forward* situa-se acima dela. Passar-se-ia o inverso se a curva fosse invertida.

23.1.7 *Modelos da taxa de juro*

Os modelos de taxa de juro têm como objectivo estudar a estrutura temporal das taxas de juro. A abordagem mais natural debruça-se sobre as taxas *forward*, cuja designação veicula de forma explícita a ideia de que se trata de taxas que vão vigorar num período futuro. A teoria da arbitragem, que consegue integrar tanto as expectativas dos investidores como a preferência pela liquidez e até a segmentação do mercado, é um importante instrumento para que essa modelização seja feita de uma forma analítica rigorosa.

O primeiro aspecto a ter em conta é que os modelos devem permitir decompor as taxas *forward* em três parcelas:
1. A taxa sem risco esperada para o futuro, ou *short rate*, $r(t)$.
2. Um ajustamento que reflicta a preferência pela liquidez.
3. Um ajustamento da convexidade (pois $E\left[e^X\right] \geq e^{E[X]}$).

De um modo geral, o problema importante é a modelização de $r(t)$, considerado o "primeiro motor" da incerteza.

Há uma grande variedade de propostas de solução, normalmente envolvendo processos de Itô, com uma equação diferencial estocástica da forma

$$dr(t) = a(r(t))dt + b(r(t))dW(t),$$

destinada a traduzir a dinâmica da *short rate*. $W(t)$ é o movimento Browniano e $a(r(t))$ e $b(r(t))$ são processos previsíveis, face ao conhecimento do comportamento passado do processo $W(t)$. De tudo isto resulta que $r(t)$ é um processo de Markov homogéneo.

Os modelos assim construídos dizem-se de factor único, pois incorporam como única fonte de aleatoriedade, a *short rate*, sendo por isso mais simples do que os de múltiplos factores, mas acabam por mostrar dificuldades na integração dos principais elementos relevantes.

Como Kaufmann *et al.* referem, os modelos devem ter em conta que:
– as volatilidades dos rendimentos variam com a maturidade;
– as taxas de juro tendem a ser *mean-reverting*, ou seja, acabam por voltar à média (seja a média dos dados históricos, seja a média do sector, seja o crescimento médio da economia);
– existe alguma correlação entre as taxas com maturidades diferentes;
– não são, à partida, admissíveis taxas de juro negativas;
– existe uma proporcionalidade entre as volatilidades das taxas e a sua magnitude.

Devem também:
- ser suficientemente flexíveis, para permitir o ajuste a um grande número de situações reais;
- ser aplicáveis em tempo útil;
- ser bem especificados, exigindo apenas informação observável ou estimável.

Apesar das dificuldades associadas aos modelos de factor único, um dos modelos mais utilizados na prática (cf *idem*) é o modelo de Cox-Ingersoll-Ross (CIR), na sua versão discretizada, que formaliza a dinâmica da taxa de juro ao longo do tempo com o processo

$$r_t = r_{t-1} + a\left(b - r_{t-1}\right) + s\sqrt{r_{t-1}^+}Z_t,$$

onde:

r_t = *short-rate* no instante t; r_{t-1}^+ = max $(0, r_{t-1})$;
b = taxa média no longo prazo;
a = constante que determina a velocidade com que as taxas de juro revertem em direcção a b;
s = volatilidade do processo das taxas de juro;
(Z_t) = movimento Browniano.

Este é um processo *mean-reverting* e que garante quase certamente, como os autores demonstram, a não negatividade das taxas de juro. Trata-se de propriedades importantes que, em conjunto com a fácil aplicação, explicam o vasto uso que dele se faz. Uma versão mais flexível é

$$r_t = r_{t-1} + a\left(b - r_{t-1}\right) + s\left(r_{t-1}^+\right)^g Z_t,$$

onde o parâmetro g (que no modelo CIR toma o valor 0.5) exprime o grau de dependência entre a volatilidade condicional das alterações nas taxas de juro e as respectivas magnitudes. Este parâmetro g, tal como os parâmetros a, b e s, tem que ser estimado e calibrado, de modo que as taxas *spot* e as taxas *forward* que serão obtidas a partir da *short rate* sejam tão aderentes quanto possível à informação existente.

Só para recordar, um processo estocástico $Z = (Z_t, t \in T = [0, \infty))$ diz-se um movimento Browniano, ou processo de Wiener, quando:
- Se inicia com $Z_0 = 0$;
- Tem incrementos estacionários, isto é,

$$Z_t - Z_s \stackrel{d}{=} Z_{t+h} - Z_{s+h}, \forall\, s, t, h \in T;$$

- Tem incrementos independentes, isto é, são independentes as v.a.

$$Z_{t_2} - Z_{t_1}, ..., Z_{t_n} - Z_{t_{n-1}}, \forall\, t_i \in T : t_1 < \cdots < t_n, n \geq 1;$$

- $Z_t \sim N(0, t), \forall\, t > 0$;
- As trajectórias são funções contínuas de t (com probabilidade 1).

A próxima secção está intimamente ligada à presente. Nela se procura ilustar como as questões aqui abordadas podem surgir na prática. Os exemplos que se apresentam não passam disso mesmo, de situações fictícias, talvez demasiadamente simplificadas, mas que resultam sobretudo do desejo, inspirado pela pedagogia, de mostrar os mecanismos a que se deve dar atenção.

23.2 Valores acumulados em situação de incerteza

Considere-se o intervalo $[0, n]$, o tempo medido em anos, e a partição $[0, 1], (1, 2], ..., (n-1, n]$ e suponha-se que no início do ano t são aplicadas C_t unidades de capital, $t = 1, 1, 2, ..., n$. Seja i_t a variável que representa a taxa de juro nesse ano t, e seja A_n a variável que representa o valor acumulado da sucessão de investimentos anuais, no momento n. Claro que

$$A_n = C_1(1+i_1)...(1+i_n) + C_2(1+i_2)...(1+i_n) + ... + C_n(1+i_n) = \sum_{k=1}^{n} \left(C_k \prod_{t=k}^{n} (1+i_t) \right)$$

(23.10)

Como é evidente, dados os montantes a investir, se as taxas de juro dos diferentes anos forem conhecidas logo de início, o cálculo do valor de A_n é imediato. Ora, o que acontece é que em muitas situações existe incerteza acerca das condições sob as quais se desenrolam as operações financeiras, sobretudo no que se refere aos retornos que proporcionam. E, assim sendo, torna--se difícil controlar o risco associado aos investimentos.

Quando se calculam prémios, por exemplo, existe quase sempre um razoável grau de aleatoriedade associado aos retornos proporcionados pelos investimentos em que as reservas são aplicadas, o que é uma questão importante. Uma forma de combater a incerteza consiste em adoptar uma gestão prudente, o que é sempre um bom princípio, mas pode conduzir a situações concorrenciais complicadas, resultantes da excessiva cautela.

Em consequência, e como já se intuiu na secção precedente, para tratar essa incerteza costuma considerar-se que a taxa de juro em cada período é uma variável aleatória, com determinada distribuição probabilística. Quer dizer: i_t é uma variável aleatória. Muito embora frequentemente se possa estabelecer hipóteses, mais ou menos realistas, sobre essas distribuições de probabilidade, o facto é que nos casos interessantes não é tarefa fácil obter a distribuição de A_n, agora também variável aleatória.

No entanto, é necessário calcular, se existirem, os momentos dessa distribuição, muito particularmente o valor esperado e a variância. Igualmente importante é obter valores para as probabilidades de certos acontecimentos, em especial, as daqueles cuja realização pode significar a ruína do investidor. Claro que, a não ser em casos triviais, a principal dificuldade é mesmo apreender o comportamento de i_t, $t = 1, 2, ..., n$, mas disso falaremos mais adiante. No seu conjunto, a obtenção da distribuição de A_n é um problema cuja resolução exige esforços notáveis, em várias frentes, pois muitas questões se levantam, tanto de natureza teórica como de ordem prática. O chamado risco de modelização é aqui bastante palpável.

Na secção seguinte apresentam-se vários exemplos muito simples, com os quais se procura ilustrar de uma forma despretensiosa algumas situações. Não se vai recorrer a nenhum dos modelos de taxa de juro actualmente mais citados (os quais, deve acrescentar-se, extravasam largamente o âmbito deste texto), com excepção talvez do último exemplo, em que há uma vaga relação com um movimento Browniano. De qualquer modo, até ao advento dos recentes avanços nos modelos estocásticos da taxa de juro, tornados imprescindíveis sobretudo pela necessidade de valorizar produtos financeiros mais sofisticados, a abordagem utilizada na prática das companhias não se afastava muito da que é usada.

Adicionalmente, mesmo com exemplos tão triviais se torna claro que é pouco prático tentar obter a distribuição do processo estocástico das taxas de juro, isto é, tentar obter todas as distribuições dimensionalmente finitas (*fidis*) que lhe estão associadas, por mais elementar que seja. Por outro lado, se as variáveis i_t, $t = 1, 2, ..., n$, forem do tipo contínuo, novas dificuldades se levantam.

Estas são as razões por que o recurso a técnicas de simulação se torna frequentemente o meio mais expedito para dar resposta a muitas das questões relevantes, quando se admite que as taxas de juro são estocásticas (McCutcheon, J. J. *et al.* apresentam numerosos exemplos). De qualquer modo, o problema da modelização do seu comportamento permanece como problema primordial. A comprová-lo, os inúmeros modelos existentes, dos quais o modelo CIR está longe de ser o mais complexo, bem pelo contrário.

23.2.1 *Taxas de juro mutuamente independentes e identicamente distribuídas*

Naturalmente, a abordagem mais elementar consiste em admitir que as taxas de juro observadas nos diferentes períodos são i.i.d., ou seja, admitir que as n variáveis i_t são por hipótese mutuamente independentes e são também identicamente distribuídas. Mais ainda, pode admitir-se que a distribuição em causa é conhecida. Em tais condições, a determinação da distribuição conjunta é possível. A partir dela, e procedendo às mudanças de variável que forem necessárias, pode chegar-se à distribuição de A_n.

Exemplo 23.1 *Um investidor aplicou 10000 no momento 0, 5000 no momento 1 e 3000 no momento 2. Há razões para acreditar que as taxas de juro dos três períodos em causa, i_1, i_2, i_3, são v.a. i.i.d. a uma v.a. i, que tem a seguinte distribuição:*

$$f(i) = \begin{cases} 0.20, & i = 0.02 \\ 0.50, & i = 0.07 \\ 0.30, & i = 0.10 \end{cases}$$

Como já se sabe,

$$A_3 = \sum_{k=1}^{3} C_k \prod_{t=k}^{3} (1 + i_t),$$

ou seja,

$$A_3 = 10000(1 + i_1)(1 + i_2)(1 + i_3) + 5000(1 + i_2)(1 + i_3) + 3000(1 + i_3)$$

A distribuição de A_3 pode facilmente obter-se a partir da distribuição conjunta do vector aleatório (i_1, i_2, i_3), dada por

$$f(i_1, i_2, i_3) = f(i_1)\, f(i_2)\, f(i_3).$$

Se bem que cada uma das variáveis só assuma neste caso três valores com probabilidades positivas, $f(i_1, i_2, i_3)$ é positiva para 27 concretizações do vector das taxas (trajectórias do processo estocástico em causa).

Só para ilustrar: a particular trajectória (i_1, i_2, i_3) = (0.02, 0.02, 0.02) tem probabilidade $0.2^3 = 0.008$; a particular trajectória (i_1, i_2, i_3)

= (0.07, 0.10, 0.10) *tem probabilidade* $(0.5)(0.3)^2 = 0.045$; *e assim sucessivamente.*

Para o cálculo dos momentos, contudo, pode dispensar-se a distribuição conjunta e recorrer ao conhecimento de que as três variáveis têm média $E[i] = 0.069$ *e variância* $Var(i) = E[i^2] - E^2[i] = 0.00553 - 0.0692 = 7.69 \times 10^{-4}$. *Fazendo uso das propriedades convenientes dos valores esperados na situação de independência mútua, vem*

$$E[A_3] = 10000(1 + E[i])^3 + 5000(1 + E[i])^2 + 3000(1 + E[i]),$$

isto é,

$$E[A_3] = 10000(1 + 0.069)^3 + 5000(1 + 0.069)^2 + 3000(1 + 0.069) = 21136.92.$$

Quanto à variância, usando a relação
$$Var(A_3) = E[(A_3)^2] - (E[A_3])^2,$$

vem
$$Var(A_3) = 617685,3680,$$

pois

$$E[(A_3)^2] = E\left[(10000(1+i_1)(1+i_2)(1+i_3) + 5000(1+i_2)(1+i_3) + \right.$$
$$\left. + 3000(1+i_3))^2\right] = 447387076,2590.$$

Se se pretender calcular probabilidades, em princípio, já se requer o conhecimento da distribuição conjunta que, repita-se, é muito fácil de obter neste caso e se deixa como exercício (por exemplo, P $[A_3 < 20000] = 0.08$).

Uma observação, a complementar este primeiro exemplo. Das hipóteses estabelecidas, resulta também a igualdade

$$A_n = (1+i_n)\left[\sum_{k=1}^{n-1}\left(C_k \prod_{t=k}^{n-1}(1+i_t)\right) + C_n\right] = (1+i_n)(A_{n-1} + C_n).$$
(23.11)

Uma vez que $(1 + i_n)$ e $(A_{n-1} + C_n)$ ainda são variáveis estatisticamente independentes, tem-se $E[A_n] = E[1 + i_n]E[A_{n-1} + C_n]$, igualdade que pode ser usada de forma recursiva. Efectuando os cálculos necessários, conclui-se que $E[A_n]$ vem igual ao valor acumulado (da renda) correspondente à sucessão dos investimentos feitos, calculado com a taxa $E[i]$ – sendo $E[i]$ o valor esperado das variáveis que representam as taxas anuais de juro.

Este facto fica perfeitamente visível quando, em cada período, é investida uma unidade de capital, ou seja, quando $C_t = 1$, $t = 1, 2, ..., n$. Nesse caso, vem $E[A_n] = \ddot{s}_{\overline{n}|E[i]}$ e também se deduz que $E[(A_n)^2] = (1 + 2E[i] + E^2[i] + Var(i))(1 + 2E[A_{n-1}] + E[(A_{n-1})^2])$, donde resulta $Var(A_n) = (1 + 2E[i] + E^2[i] + Var(i))(1 + 2E[A_{n-1}] + E[(A_{n-1})^2]) - (\ddot{s}_{\overline{n}|E[i]})^2$, expressão que se pode usar de forma recursiva. Expressões para os momentos de outras ordens deduzem-se de modo semelhante.

Exemplo 23.2 *Seja mais uma vez i_t a v.a. que representa a taxa de juro de uma certa aplicação no ano t. Sabendo-se por um lado que a v.a. $1 + i_t$ tem distribuição Lognormal de parâmetros μ e σ^2, e por outro lado que as taxas de juro em anos distintos são i.i.d., é imediato o cálculo de probabilidades relativas ao valor acumulado.*

Com efeito, pelas propriedades da distribuição Lognormal, se

$$(1 + i_t) \sim Lognormal(\mu, \sigma^2), t = 1, 2, ..., n,$$

e as n variáveis aleatórias são i.i.d, então

$$S_n = \prod_{t=1}^{n}(1 + i_t) \sim Lognormal(n\mu, n\sigma^2).$$

Atendendo à relação que existe entre a distribuição Lognormal e a distribuição normal, pode concluir-se que

$$\log S_n \sim Normal(n\mu, n\sigma^2).$$

Obtido este resultado, por exemplo, com os parâmetros $\mu = 0.04$ e $\sigma^2 = 0.02^2$, a probabilidade do valor acumulado por 100000 ao fim de 10 anos ser superior a 160000 é

$$P[100000 S_{10} > 160000] = P[log S_{10} > log 1.6] =$$

$$= P[Normal(0,1) > 1.11] = 0.134.$$

Também é imediato que o valor esperado e a variância das v.a. $1 + i_t$, $t = 1, \cdots, 10$, vêm

$$E[1+i] = e^{\mu + \frac{\sigma^2}{2}} = e^{0.04 + \frac{0.02^2}{2}} = 1.041 \Leftrightarrow E[i] = 0.041$$

e

$$Var(1+i) = e^{2\mu + \sigma^2}\left(e^{\sigma^2} - 1\right) = e^{2 \times 0.04 + 0.02^2}(e^{0.02^2} - 1) =$$

$$= 0.000434 = Var(i).$$

23.2.2 Taxas mutuamente independentes, mas não identicamente distribuídas

É imediata a generalização a situações em que as v.a., embora ainda mutuamente independentes, não são identicamente distribuídas, bastando associar a cada taxa a respectiva distribuição.

23.2.3 Taxas de juro dependentes

Foi referido que a hipótese da independência presente na exposição precedente é, muitas vezes, ilusória. Todos os modelos teóricos desenvolvidos (e de que o modelo de CIR constitui exemplo) o afirmam claramente. Com efeito, o mais comum é que as taxas de juro, se bem que aleatórias, apresentem ao longo dos sucessivos períodos relações visíveis de dependência mútua: se, por exemplo, num ano se observa uma taxa elevada, é razoável admitir que no ano seguinte (e a menos que haja grande mudança nas condições económicas) voltará a observar-se uma taxa de magnitude maior do que a que seria esperada se assim não tivesse acontecido.

Pondo de parte, pela razão já indicada, outros modelos mais recentes, admita-se que a experiência e o conhecimento acumulados anteriormente sugerem estabelecer como hipótese de trabalho a conservação da distribuição, mantendo a variância e apenas ajustando a média. Em consequência, num horizonte de n períodos, pode considerar-se que o modelo que melhor exprime a relação de dependência existente entre as taxas de períodos consecutivos, à medida que observações vão sendo feitas, consiste na seguinte dinâmica

$$\mu_t = (1-k)\mu_1 + ki_{t-1}, t = 2, ..., n,$$

onde:
- μ_1 é a média da distribuição de i_1, a taxa do período inicial;
- k, $0 \leq k \leq 1$, tem que ser estimado a partir das informações disponíveis. Claro que, quanto mais forte for a relação entre i_{t-1} e i_t, mais k se aproxima de 1. Se se concluir que k ≈ 0 está-se na situação de independência.

Vão seguir-se dois novos exemplos, também muito elementares.

Exemplo 23.3 *Um investidor aplicou 10000 no momento 0, 5000 no momento 1, 3000 no momento 2, 4000 no momento 3 e 7000 no momento 4. As taxas de juro dos cinco períodos em causa, i_1, ..., i_5, são v.a. com dadas distribuições.*

Neste primeiro caso, vai admitir-se que a função de probabilidade de i_1 é

$$f(i_1) = \begin{cases} 0.20, & i_1 = 0.02 \\ 0.50, & i_1 = 0.07 \\ 0.30, & i_1 = 0.10 \end{cases} \quad (23.12)$$

o que corresponde a E[i_1] = 0.069, como já se viu.

Para mostrar o funcionamento do processo nestas novas condições, admita-se que $i_1 = 0.02$. *Então, pode calcular-se* μ_2, *recorrendo à relação proposta acima e admitindo que estudos feitos permitiram concluir que* $k = 0.4$. *Vem*

$$\mu_2 = (1-k)\mu_1 + ki_1 = (1-0.4) \times 0.069 + 0.4 \times 0.02 = 0.0494.$$

Uma vez que se observou o valor mais baixo possível no período 1, isso implica que a média da distribuição de i_2 *vai ser menor do que a da distribuição de* i_1, *seja* $\mu_2 - \mu_1 = 0.0494 - 0.069 \approx -0.02$.

Recordando que este tipo de modelo, por hipótese, conserva a forma da distribuição e a sua variância, permitindo apenas que se proceda a ajustamentos na média, e dado que $E[X + c] = E[X] + c$ *e* $Var(X + c) = Var(X)$, *é muito fácil obter a distribuição de* i_2, *que agora assume os valores que resultam da aplicação da fórmula* $i_2 = i_1 + (\mu_2 - \mu_1) = i_1 - 0.02$. *Vem, usando (23.12),*

$$f(i_2) = \begin{cases} 0.20, & i_2 = 0.00 \\ 0.50, & i_2 = 0.05 \\ 0.30, & i_2 = 0.08 \end{cases}. \tag{23.13}$$

Verifica-se que a variável i_2 *só pode assumir os valores 0.00, 0.05 e 0.08.*

Admita-se, mais uma vez, que também no segundo período se obtém a taxa mais baixa, $i_2 = 0$, *e passe-se à determinação da distribuição de* i_3 *nessa contingência. Repetindo o processo anterior, vem*

$$\mu_3 = (1-0.4) \times 0.069 + 0.4 \times 0.00 = 0.0414.$$

Como no período 2 se observou novamente o valor mais baixo possível, isso implica que a média da distribuição de i_3 vai também ser menor do que a da distribuição de i_2, $\mu_3 - \mu_2 = 0.0414 - 0.0494 \approx -0.01$. *Aplicando a fórmula* $i_3 = i_2 + (\mu_3 - \mu_2) = i_2 - 0.01$ *e recorrendo a (23.13), obtém-se*

$$f(i_3) = \begin{cases} 0.20, & i_3 = -0.01 \\ 0.50, & i_3 = 0.04 \\ 0.30, & i_3 = 0.07 \end{cases}. \tag{23.14}$$

Admita-se ainda que $i_3 = -0.01$ *(situação teoricamente inaceitável para um modelo de taxas de juro, que deve à partida excluir a possibilidade de taxas negativas) e passe-se à determinação da distribuição de* i_4:

$$\mu_4 = (1 - 0.4) \times 0.069 + 0.4 \times (.0.01) = 0.0374,$$

i_4 *poderá assumir os valores* $i_4 = i_3 + (\mu_4 - \mu_3) = i_3 - 0.004$. *Por (23.14), vem*

$$f(i_4) = \begin{cases} 0.20, & i_4 = -0.014 \\ 0.50, & i_4 = 0.036 \\ 0.30, & i_4 = 0.066 \end{cases}. \quad (23.15)$$

Para quebrar a monotonia dos maus resultados, faça-se agora $i_4 = 0.036$. *Tem-se*

$$\mu_5 = (1 - 0.4) \times 0.069 + 0.4 \times (0.036) = 0.0558.$$

No período 4 observou-se o valor intermédio e a média da distribuição de i_5 *vai ser maior do que a da distribuição de* i_4, $\mu_5 - \mu_4 = 0.0558 - 0.0374 = 0.0184$. *Daqui segue que* $i_5 = i_4 + (\mu_5 - \mu_4) = i_4 + 0.0184$, *donde, em conjunto com (23.15), resulta*

$$f(i_5) = \begin{cases} 0.20, & i_5 = 0.005 \\ 0.50, & i_5 = 0.055 \\ 0.30, & i_5 = 0.085 \end{cases}. \quad (23.16)$$

Para finalizar o exercício, admita-se que $i_5 = 0.005$.
De posse desta trajectória do processo, vem

$$\begin{aligned} A_5 =\ & 10000(1.02)(1.00)(0.99)(1.036)(1.005) + 5000(1.00)(0.99)(1.036)(1.005) + \\ & + 3000(0.99)(1.036)(1.005) + 4000(1.036)(1.005) + 7000(1.005) = 29960. \end{aligned}$$

Exemplo 23.4 *Retome-se a operação financeira do Exemplo 3, mas admita-se que desta vez a taxa de juro i_1 do primeiro período tem distribuição Lognormal, com parâmetros $\mu_1 = 0.06$ e $\sigma^2 = 0.04$.*

Tendo sempre em vista o objectivo de preservar a distribuição, tal pode alcançar-se considerando que

$$\mu_t = (1 - k)\mu_1 + k\log(1 + i_{t-1}), \; t = 2, \ldots, n,$$

ou seja, fazendo a média variar em função da última observação. Na distribuição normal a variância permanece constante, na distribuição Lognormal vai-se adaptando ao passado, tal como a média.

Continuando a considerar $k = 0.4$ e replicando o processo anterior, vai desenhar-se uma possível trajectória do processo e calcular o correspondente valor de A_5.

Por exemplo, com $1 + i_1 = 1.445$ vem:

$$\mu_2 = (1 - 0.4) \times 0.04 + 0.4\log(1.445) = 0.1712.$$

$$\log(1 + i_2) \sim N(0.1712, 0.04)$$

Com $1 + i_2 = 1.5287$

$$\mu_3 = (1 - 0.4) \times 0.04 + 0.4\log(1.5287) = 0.1938$$

$$\log(1 + i_3) \sim N(0.1938, 0.04)$$

Com $1 + i_3 = 1.4641$

$$\mu_4 = (1 - 0.4) \times 0.04 + 0.4\log(1.4641) = 0.1765.$$

$$\log(1 + i_4) \sim N(0.1765, 0.04)$$

Com $1 + i_4 = 1.3235$:

$$\mu_5 = (1 - 0.4) \times 0.04 + 0.4\log(1.3235) = 0.1361.$$

$$\log(1 + i_5) \sim N(0.1361, 0.04)$$

Com $1 + i_5 = 1.1967$, *a trajectória fica simulada e pode calcular-se a correspondente observação de* A_5:

$$\begin{aligned}
A_5 &= 10000(1.4445)(1.5287)(1.4641)(1.3235)(1.1967) + \\
&+ 5000(1.5287)(1.4641)(1.3235)(1.1967) + 3000(1.4641)(1.3235)(1.1967) + \\
&+ 4000(1.3235)(1.1967) + 7000(1.1967) = 90599.
\end{aligned}$$

De qualquer dos quatro casos vistos, mesmo do primeiro, resulta evidente que o recurso à geração da distribuição empírica de A_n recorrendo a técnicas de simulação é uma boa solução.

Existem inúmeras referências de grande valia e auxílio neste campo, algumas das quais vêm referidas na bibliografia.

Capítulo 24

Value at risk

24.1 Introdução

O risco, a sua quantificação, análise e controlo têm evoluído extraordinariamente nas últimas décadas. A diversificação do risco, a composição de portfólios e a sua cobertura, entre outros, são instrumentos agora aplicados diariamente pelos gestores nas áreas financeiras mais diversas, desde os bancos, às seguradoras e às sociedades gestoras de fundos de pensões.

O risco tem muitas origens: os ciclos económicos, a inflação, as mudanças na política do Governo, certos fenómenos naturais, a inovação tecnológica... A maior parte dos esforços desenvolvidos pelo sector financeiro e dos seguros destina-se precisamente à criação de mercados onde os riscos possam ser partilhados.

É necessário, no entanto, ter presente que os mercados financeiros não oferecem protecção para todos os riscos. É difícil, por exemplo, fazer a cobertura de riscos macroeconómicos causadores de grandes variações no rendimento e no nível do emprego. Por esta razão é que os Governos fomentam a existência do Estado Providência, que é, de certa forma, uma instituição de partilha do risco.

Sobretudo a partir de finais do século XX, assistiu-se a uma alteração significativa na composição das carteiras de activos das seguradoras do Ramo Vida e dos fundos de pensões. Tal alteração resultou do alargamento das possibilidades de investimentos:

aplicações que antes não eram aceites pelos organismos supervisores (obrigações e acções estrangeiras, contratos de futuros, *swaps* e opções, entre outros) passaram a generalizar-se.

Se bem que a introdução de tais activos se destinasse exclusivamente a fins de cobertura do risco e os limites da sua utilização continuassem a ser estabelecidos com rigor, perdas importantes entretanto ocorridas levaram a que a gestão do risco e o desempenho com base no risco ajustado se viessem a tornar cada vez mais necessários.

24.1.1 *Reward Risk Ratios* (RRR) *e volatilidade*

Em termos essenciais, qualquer razão que forneça informações sobre a rentabilidade e o risco associados a um dado portfólio cai no domínio daquilo a que se chama expressivamente *Reward Risk Ratios* (RRR).

Um dos RRR mais utilizados está ligado de forma directa à convicção generalizada de que um investidor que aceita um risco maior tem o direito a esperar um maior retorno. Neste sentido, o risco não é medido, como muitas vezes se faz, a partir da probabilidade de se obterem retornos inferiores a um limite L, por exemplo, L=0%, mas sim a partir da chamada volatilidade.

Volatilidade é uma medida estatística da dispersão dos retornos de um dado activo, portfólio, ou índice. Pode usar-se a variância, mas normalmente usa-se o desvio padrão. De facto, quando se refere volatilidade, pensa-se no desvio padrão dos retornos históricos, referidos ao ano.

As suas propriedades estatísticas são bem conhecidas e é uma medida muito utilizada na moderna teoria do portfólio. Por exemplo, o modelo de Black-Scholes recorre ao conceito. Também o conhecido rácio de Sharpe, desenvolvido pelo prémio Nobel Wilhiam B. Sharpe, se define

$$\frac{\overline{r}_p - r_f}{\sigma_p},$$

onde $\bar{r}_p$ é o retorno esperado do portfólio, r_f é a taxa de rendimento sem risco e σ_p é a volatilidade. Este rácio usa-se para medir o desempenho do portfólio, ajustado ao risco – ou seja, para aferir se os resultados obtidos se devem a boas decisões de investimento ou resultam de se assumir um risco excessivo.

O RRR mais comum, que se define precisamente à custa da volatilidade, é simplesmente o quociente

$$\frac{\sigma_p}{\bar{r}_p},$$

que não é mais do que o coeficiente de variação das observações utilizadas. Não dependendo de qualquer unidade de medida, é perfeitamente utilizável para comparar a dispersão relativa (o risco) associada a diferentes portfólios.

A finalizar, dois reparos sobre o cálculo da volatilidade:
- O valor obtido varia com o período histórico utilizado e com o intervalo de tempo escolhido. Se, por exemplo, se considera o índice S&P 500 durante um dado período de 10 anos, pode muito bem suceder que o desvio padrão dos retornos diários seja 1.1%, o dos retornos semanais 2.4% e o dos retornos mensais 4.5%. A conversão destes valores ao ano, no pressuposto usual de que as mudanças nos preços são variáveis aleatórias i.i.d., fornece volatilidades anualizadas de, respectivamente, 17.4%, 17.3% e 15.6% (multiplicando os três valores acima por $\sqrt{250}$, $\sqrt{52}$ e $\sqrt{12}$.
- Como resultado dos retornos serem expressos em percentagem, pode dizer-se que a volatilidade produz como que uma certa 'erosão' dos resultados, no sentido ilustrado pelo exemplo seguinte.

Se se começa com um investimento de 100 milhões, por hipótese, e se obtém 10% no primeiro período, fica-se com 110. Se no período seguinte há uma desvalorização de 10%, fica-se com 99. Se a seguir se volta a ganhar 10%, o valor da aplicação é 108.90. Se se torna a perder 10% no período imediato, já se fica com apenas 98.01. Se admitirmos que os ganhos e perdas são diários, ao fim de um ano neste processo (300 dias) o valor da aplicação será de apenas 22.145 milhões.

Conclusão: Embora a média dos retornos percentuais seja 0%, a elevada volatilidade presente vai erodindo o valor da aplicação.

24.2 Risco

Como ponto de partida, para que se possa considerar que uma decisão envolve risco, é necessária a presença de dois elementos: a incerteza e a exposição. Se algum deles falha, não há risco.

Um exemplo clássico, muitas vezes apresentado: um indivíduo salta de um avião com um páraquedas nas costas. Evidentemente, não tem a certeza de que este se vai abrir. Se não tivesse precisado de saltar, não se chegaria a expor a tal incerteza; logo, não haveria risco. Como saltou, ficou exposto à incerteza. Se o pára-quedas não se abrir, sofrerá as consequências.

Mais especificamente, a ideia corrente de risco financeiro, sempre presente quando se constitui um portfólio de aplicações, é

> ... A possibilidade do resultado de um investimento ser diferente do esperado, conduzindo à perda parcial ou total dos capitais investidos.

Uma crença fundamental em Finanças é a relação entre risco e resultado, de tal modo que, quanto maior o risco que um investidor está disposto a aceitar, maior deve ser o ganho potencial. A justificação é óbvia: os investidores devem ser compensados por aceitarem riscos acrescidos.

A compra de obrigações do Tesouro dos EUA, por exemplo, é considerada um dos investimentos mais seguros, mas a taxa de rendimento obtida é inferior à que se consegue investindo em obrigações das empresas privadas. A razão para isso radica no facto de ser muito mais fácil uma qualquer empresa ir à falência do que o Governo dos EUA. Porque o risco de emprestar dinheiro a uma empresa é maior, é oferecida uma taxa mais elevada aos investidores. É o prémio de risco (uma das componentes do *spread*).

Numa outra tentativa de definição, pode agora dizer-se que

... Risco é a volatilidade produzida por resultados inesperados, normalmente associados ao valor de um activo, ou de uma responsabilidade.

Embora no sentido usual se associe risco ao perigo de perda, a teoria financeira define risco como a dispersão (por isso se fala de volatilidade) provocada por resultados inesperados, devido a movimentos nos factores financeiros. O que significa que tanto desvios positivos como desvios negativos devem ser encarados como fontes de risco, no sentido em que ambos contribuem para aumentar a dispersão (a 'instabilidade', por assim dizer) dos resultados.

Naturalmente, é necessário definir logo de início a variável relevante para a medição (o valor do portfólio, os ganhos, um particular cash-flow,...). Uma vez essa variável escolhida, os riscos financeiros são criados pelos efeitos que sobre ela têm os factores financeiros.

Deve salientar-se que os riscos financeiros a que uma empresa está sujeita podem decorrer do exercício da sua actividade principal (*business risks*), ou podem ter outras proveniências (*nonbusiness risks*):

- Consideram-se riscos decorrentes da actividade todos aqueles que a empresa assume de forma deliberada, com o intuito de obter uma vantagem competitiva e aumentar os lucros. Estão relacionados com o mercado onde actua e têm a ver com as inovações tecnológicas introduzidas nos produtos ou serviços, no design destes e nas acções de marketing desenvolvidas. O chamado "risco macroeconómico" da actividade, que resulta dos ciclos económicos,

das flutuações nos rendimentos e das políticas monetárias, também se inclui nesta categoria.
- Exemplos de riscos não directamente imputáveis à actividade, ou ao mercado onde esta se desenrola, são os riscos estratégicos (*strategic risks*) e os chamados riscos financeiros (*financial risks*).

Os primeiros têm a ver com alterações significativas na situação económica ou política do país onde a empresa actua (e que podem levar a expropriações e nacionalizações, ou a enormes reduções na procura).

Os segundos estão relacionados com as potenciais perdas nos mercados financeiros, por exemplo, as resultantes dos movimentos da taxa de juro ou do incumprimento de obrigações financeiras.

24.3 Tipos de riscos financeiros

De um modo geral, os riscos financeiros são classificados de acordo com a seguinte tipologia: risco de mercado (*market risk*), risco de crédito (*credit risk*), risco de liquidez (*liquidity risk*), risco operacional (*operational risk*) e, às vezes, risco legal (*legal risk*). As empresas seguradoras e as sociedades gestoras de fundos estão sujeitas, como aliás praticamente qualquer instituição financeira, a todos eles.

24.3.1 *Risco de Mercado*

O risco de mercado resulta de alterações na volatilidade dos preços de mercado e pode ser tratado de duas formas:
– Risco absoluto, quantificado numa unidade monetária, que se centra na volatilidade dos ganhos globais.
– Risco relativo, medido em relação a determinado índice, tomado como norma (*benchmark index*), e que tem em particular atenção os desvios verificados (*tracking error*).

Quando o risco de mercado resulta essencialmente da exposição à direcção seguida pelos movimentos de variáveis financeiras, como os preços das acções, as taxas de juro, as taxas de câmbio ou os preços das matérias-primas, diz-se risco de mercado direccional e é medido por meio de uma aproximação linear. Os riscos que não podem ser medidos por meio de aproximações lineares, dizem-se não direccionais.

Embora fazendo parte do risco de mercado, merecem destaque particular o Risco de Taxa de Juro (*Interest Rate Risk*) e o Risco Cambial (*Exchange Rate Risk*).

Risco de Taxa de Juro

O risco de taxa de juro está associado a evoluções desfavoráveis das taxas de juro. Afecta tanto as operações contratadas em regime de taxa fixa como as contratadas em regime de taxa variável, dependendo da posição do agente. Exemplo: empréstimos obrigacionistas.

Risco Cambial

É o risco mais visível nas operações que envolvem transacções em divisa estrangeira. A exposição ao risco cambial produz-se entre o momento da tomada de decisão e a sua liquidação. Desde o início dos anos 70, em especial a partir do anúncio da não convertibilidade do dólar, a economia internacional tem sido caracterizada por profundas alterações nas políticas monetárias.

24.3.2 *Risco de Crédito*

O risco de crédito tem origem no incumprimento de obrigações contratuais e o seu efeito é medido pelo custo de substituição dos cash flows em falta, devido a esse incumprimento. A perda é caracterizada pela exposição (o montante em risco) e pela taxa de recuperação (a proporção recuperável pelo credor).

É importante destacar que as perdas devidas ao risco de crédito podem ocorrer antes do incumprimento se concretizar. Em termos mais gerais, o risco de crédito devia até ser definido como a perda potencial no valor de mercado do crédito em causa. Por exemplo, a partir do momento em que se torna público que um devedor está em dificuldades para satisfazer os seus compromissos, torna-se praticamente impossível contratar o factoring do crédito ou, se for titulado por letras, proceder ao respectivo desconto bancário. Se a empresa contava com essas operações para gerir a sua tesouraria, deixa de poder fazê-lo.

Estas alterações nos preços de mercado da dívida, devido a alterações no *credit scoring/rating* dos agentes económicos (particulares/instituições), ou até a meras percepções do mercado, também são classificadas como risco de crédito, criando alguma sobreposição entre risco de mercado e risco de crédito.

O risco de crédito inclui ainda o risco de soberania, que se concretiza quando os governos estabelecem mecanismos de controlo das relações com o estrangeiro que tornam impossível o cumprimento das obrigações.

Uma forma particular do risco de crédito é o risco de consolidação (*settlement risk*), que ocorre quando dois pagamentos em sentidos contrários vencem no mesmo dia. O risco surge quando uma das partes efectua o seu pagamento e a outra parte falha o dela. Antes do pagamento ter sido efectuado, a exposição correspondia apenas à diferença entre o montante a receber e o montante a pagar. Depois de feito o pagamento, a exposição passa a coincidir com a totalidade do montante a receber.

O risco de consolidação está presente nas transacções entre bancos, sobretudo nas transacções internacionais, mas as seguradoras e resseguradoras não estão necessariamente a salvo. O exemplo mais conhecido é o da falência do Herstatt Bank, em 1974. Quando aconteceu, o banco já tinha encaixado numerosos recebimentos, sem efectuar os pagamentos que lhe competia, o que trouxe significativa instabilidade. A criação do Comité de Basileia para a Supervisão do Sistema Bancário seguiu-se a este acontecimento.

24.3.3 Risco de Liquidez

O risco de liquidez assume duas formas: risco de liquidez dos activos (*asset liquidity risk*) e risco de liquidez, no sentido habitual da escassez de fundos para fazer face às obrigações (*funding liquidity risk*).

O risco de liquidez dos activos, também denominado risco de liquidez do mercado/produto (*market/product liquidity risk*), ocorre quando uma transacção não pode realizar-se ao preço prevalecente no mercado, devido à dimensão da posição, relativamente ao volume habitual de transacções. Alguns activos, como as obrigações do tesouro de qualquer país, podem ser transaccionados facilmente sem qualquer impacto significativo no preço, mesmo quando as posições são vultuosas. Noutros casos, como o de certas opções exóticas, qualquer transacção pode rapidamente fazer alterar os preços no sentido desfavorável – e, tanto mais, quanto maior for a posição.

O risco de liquidez no sentido usual, também conhecido por risco de cash-flow (*cash-flow risk*), refere-se à incapacidade de efectuar os pagamentos nas datas devidas, por falta de meios monetários para isso. Essa situação pode obrigar a liquidar activos em alturas desfavoráveis, convertendo perdas virtuais em perdas efectivas. Pior ainda, a urgência pode obrigar à liquidação de activos abaixo do valor de mercado ('*death spiral*').

24.3.4 Risco Operacional

O risco operacional surge geralmente de acidentes e de falhas tecnológicas, ou humanas. Nesta categoria incluem-se as fraudes, a gestão deficiente e os procedimentos e controlos desadequados. As falhas tecnológicas podem dever-se a quebras na transmissão de informações, no processamento das transacções, nos sistemas de consolidação ou, mais genericamente, a qualquer problema no registo das transacções ou na reconciliação das operações individuais com a posição agregada da empresa.

Uma forma subtil e insidiosa de induzir o risco operacional é o risco de modelização (*model risk*), sobretudo quando é necessário valorizar derivados complexos. Os agentes têm que procurar certificar-se de que os modelos que utilizam não estão subespecificados e de que os parâmetros estão correctamente estimados.

Periodicamente surgem exemplos de quão gravoso este risco pode ser, como o do célebre executivo que geria em 1994 um fundo avaliado em 600 milhões de US dólares. O indivíduo assegurava aos investidores que o fundo era *market-neutral*, e usava modelos exclusivos para gerir um portfólio constituído na presunção, aparentemente inabalável, da manutenção das taxas de juro a um nível baixo. Quando o governo federal decidiu aumentá-las, três meses foram suficientes para que o fundo deixasse de conseguir satisfazer os seus encargos. Depois de liquidadas as posições, os 600 milhões de dólares estavam reduzidos a apenas 30 milhões. Os investidores foram vítimas do risco de mercado, do risco de liquidez e do risco operacional (de modelização).

24.3.5 *Risco Legal*

O risco legal surge quando o tribunal decide que uma dada transacção não é legalmente válida. Acontece normalmente quando a parte que sofre perdas procura fundamentos legais para anular a transacção e fugir assim aos prejuízos, ou quando os accionistas levantam processos judiciais contra as empresas que sofrem grandes perdas.

24.4 *Value at Risk (VaR)*

Manhã após manhã, o gestor de risco de uma certa instituição financeira recebe um relatório de 30 páginas que sumaria o *Value at Risk* (*VaR*) da instituição. O documento é produzido por computadores durante a noite e quantifica o risco de todas as posições detidas pela instituição no seu portfólio. Mas o que é, afinal, o *VaR*?[1]

24.4.1 Medidas. Medidas de Risco

As medidas são utilizadas para quantificar os mais variados atributos: altura, temperatura, aptidão, velocidade, a confiança dos consumidores, etc. Todas estas noções são designadas métricas. Quer dizer: mesmo nas trivialidades do dia-a-dia se tem a noção de que medir é uma operação em que se atribui um valor a dada grandeza. Também não é difícil perceber que, subjacente ao acto de medir (que é a operação de atribuição do valor), está uma métrica, que fornece os meios para a interpretação desse valor. Exemplos de métricas são a altura (alto, baixo, de média estatura,...), o peso (magro, obeso,...) e a idade (criança, jovem,...).

Já se viu que o risco tem duas componentes: a exposição e a incerteza. Quer dizer: para se considerar que existe uma situação de risco, é necessário que estejam presentes a exposição ao risco e a incerteza face aos resultados dessa exposição.

Também para a avaliação do risco que um dado portfólio comporta há uma diversidade de métricas: a volatilidade, de que já se falou, o delta, o gama, a duração, a convexidade,.... Todas elas são denominadas métricas do risco. As operações que conduzem à quantificação são as medidas. Ou seja: as medidas que dão suporte às métricas do risco dizem-se medidas do risco. Uma métrica do risco é uma interpretação da medida.

Tipicamente, as medidas do risco destinam-se a quantificar ou apenas a exposição, ou apenas a incerteza, ou ambas, de alguma forma combinadas. Dada a substância da incerteza, as medidas que se destinam a quantificá-la são, regra geral, de natureza probabilística.

---

[1] Esta secção acompanha, por vezes de muito perto, a parte inicial da exposição feita em Holton, Glyn (2002), *Value-at-Risk, Theory and Practice, Elsevier*. A todos os interessados em aprofundar o tema, recomenda-se a leitura da obra.

A maior parte das métricas são aplicadas a particulares categorias de risco, por exemplo, ao risco de mercado, ao risco comercial, ao risco de crédito. As medidas de risco costumam ser classificadas atendendo à métrica subjacente a cada uma. Há medidas da duração, medidas do delta, do beta, do *VaR*, etc., segundo as operações específicas que são efectuadas, mas esse não é o aspecto fundamental. O que é importante é a métrica a que as operações dão suporte. Assim, por exemplo, todas as medições que possam ser interpretadas em termos da volatilidade de um portfólio são medidas da volatilidade, pois todas suportam a volatilidade como métrica do risco. Por outras palavras, todas fornecem informação sobre a volatilidade.

O *Value at risk* (*VaR* ou *VAR*) tem sido algumas vezes designado a 'nova ciência da gestão do risco'. Uma vez que se trata de uma abordagem probabilística, constitui uma ferramenta poderosa para avaliar o risco de mercado, mas também representa um desafio. O poder e o desafio que lhe são inerentes provêm da sua extrema generalidade. Ao contrário de outras alternativas, que só são aplicáveis a certas categorias de activos, ou a fontes de risco específicas, pode dizer-se que o *VaR* é de aplicação geral.

Sendo assim aplicável a todos os activos transaccionáveis do portfólio e cobrindo, pelo menos na teoria, todas as fontes do risco de mercado, o *VaR* é, neste sentido, a medida mais abrangente que se pode considerar. O preço a pagar resulta precisamente de uma tal abrangência.

Do tipo de abordagem adoptado resulta que a noção mais importante é a de distribuição da v.a. que representa o valor de mercado do portfólio. Os activos transaccionáveis têm valores de mercado que se podem considerar variáveis aleatórias, e estas podem ser caracterizadas pelas respectivas funções de distribuição. Naturalmente, todas as fontes do risco de mercado vão exercer a sua influência sobre aquelas distribuições.

Em consequência, o primeiro passo para se poder medir o risco de mercado de um portfólio, utilizando este tipo de instrumentos, consiste em procurar saber qual a distribuição de probabilidade do respectivo valor de mercado. Como é óbvio, quanto mais complexo o portfólio – quanto mais diversificados são os activos que o constituem, ou mais variadas são as fontes de risco a que está exposto – mais difícil a tarefa se apresenta.

Neste ponto, é conveniente distinguir três conceitos:
- Medida *VaR* (*VaR measure*) é qualquer algoritmo utilizado para calcular o VaR do portfólio.
- Modelo *VaR* (*VaR model*) é o fundamento teórico subjacente à Medida *VaR*, que se vai procurar sobretudo às Finanças e à Matemática. É a justificação para os cálculos que constituem a medição.
- Métrica *VaR* (*VaR metric*) é a interpretação que se faz do valor que resulta da medição.

O modelo *VaR* não é mais do que a ligação intelectual entre os procedimentos inerentes à medição e a interpretação do resultado por aqueles fornecido, que se faz com recurso à métrica *VaR*. Um aspecto muito conveniente é a possibilidade de tratar os modelos *VaR* sem ter uma particular métrica em atenção. A razão para isto reside no facto de a tarefa principal ser realmente a caracterização do comportamento probabilístico do valor de mercado do portfólio. Aplicar uma métrica *VaR* específica à distribuição encontrada é apenas o passo final.

24.4.2 *A filosofia subjacente ao VaR*

Como se começou por ver, a aferição do risco mais generalizada é feita a partir da volatilidade. Também se viu que corresponde a uma noção de risco que tem em conta tanto as variações desfavoráveis como as que são favoráveis, no sentido em que 'instabilidade é instabilidade' e é sempre conveniente dar-lhe atenção especial.

A verdade, contudo, é que os investidores não ficam preocupados com os ganhos, por mais inesperados e extraordinários que estes sejam. Para um investidor, risco é a possibilidade de

perder dinheiro e a noção de *VaR* baseia-se nesse princípio do senso comum. Mais ainda, tendo em conta que aquilo que realmente preocupa os investidores (no nosso caso particular, as empresas seguradoras) é a possibilidade de ocorrência de uma perda verdadeiramente catastrófica, impossível de superar, o que agora se procura é responder a perguntas do tipo:
- Qual é o pior cenário possível?
- Quanto é que posso perder, num mês realmente mau?

Como estas questões são muito frequentes, o *Value-at-Risk* é usado de forma recorrente por um grande conjunto de entidades.

É fácil ver que a volatilidade é incapaz de lhes dar uma resposta satisfatória. Poder-se-ia, efectivamente, calcular a volatilidade histórica dos valores de mercado considerando períodos consecutivos de 100 dias, por hipótese. O problema é que daí resultaria apenas uma indicação retrospectiva do risco (em períodos passados de 100 dias) o que talvez não dissesse muito sobre o risco no presente. Sobretudo, sobre o risco implícito nas duas questões acima formuladas.

É claro que as instituições só podem fazer uma gestão do risco eficaz, se tiverem consciência dos riscos em que estão a incorrer. O *Value-at-Risk* habilita-as a actuar dessa forma: ao contrário da volatilidade, e de outras métricas retrospectivas, é prospectivo. Quantifica o risco do mercado, à medida que este é assumido. Por outro lado, a resposta àquelas duas questões, dado o carácter profundamente incerto das situações, tem que ser uma resposta de natureza probabilística. É essencialmente daí que resulta a necessidade de recorrer a modelos *VaR*.

Em bom rigor, as perguntas anteriores deveriam ser reformuladas, dando lugar a:
- Qual pode ser a minha perca máxima, em milhões de Euros, no próximo ano, com um nível de confiança de 95% ou 99%?
- Qual é a percentagem máxima que eu posso perder – com 95% ou 99% de confiança – no próximo mês?

Em consequência dos diferentes aspectos referidos, há nas estatísticas *VaR* três componentes, que estão sempre presentes:
- um intervalo de tempo (dia, mês ou ano, por exemplo);
- um grau de confiança razoavelmente elevado (95% ou 99% são os valores mais comuns);
- uma função que indica a perda (que pode ser expressa em termos absolutos ou em percentagem).

Costuma adoptar-se uma convenção simples para identificar as métricas *VaR*: indicam-se o horizonte, a função escolhida e a divisa em causa, por esta ordem, seguidas da sigla *VaR*. Se o horizonte é indicado em dias, presume-se que são dias em que há transacções; se a função é um quantil de perda, este é indicado pela % correspondente. Assim, por exemplo, relativamente a dado portfólio, pode falar-se de:
– 1-dia desvio padrão dos retornos USD *VaR*;
– 2-semanas 95% JPY *VaR*;
– 1-semana 90% GBP *VaR*.

24.4.3 *Apresentação elementar dos métodos de cálculo do VaR*

Observando os métodos de cálculo do *VaR*, podemos constatar um factor comum: a presença das variâncias e co-variâncias dos rendimentos dos activos que constituem o portfolio em presença. Assim, torna-se indispensável obtê-las por meio de técnicas estatísticas apropriadas. Dois dos métodos mais utilizados para o cálculo do *VaR* (métodos da co-variância, para portfolios lineares, e o método de simulação para portfolios com opções) necessitam de ter como input uma matriz de co-variâncias.

Na prática, os investidores usam o *VaR* para avaliar o risco dos respectivos portfólios, mas na ilustração dos métodos vai considerar-se um índice hipotético, e que se admite ser muito popular: o índice III. Em temos gerais, um índice é uma medida estatística das mudanças que a economia, na sua globalidade, vai registando. Mais restritamente, é uma medida das perdas e ganhos num dado mercado. No caso dos mercados financeiros, um índice é essencialmente um portfólio imaginário de títulos que representam um particular mercado, ou uma fracção deste.

Cada índice tem a sua própria metodologia de cálculo e exprime-se quase sempre na forma da variação a partir dum valor base. Por esta razão, a alteração percentual é mais significativa do que o valor do índice propriamente dito. Por exemplo, sabermos que o índice III tinha cotação 9,561.30 às 14:28 do dia 29 de Maio de um qualquer ano, pode não nos dizer muito; sabermos que isso corresponde a uma valorização de 4.4% desde o início desse ano talvez seja muito mais esclarecedor, em termos do desempenho realizado.

Métodos das variâncias e covariâncias

A hipótese básica dos chamados métodos das variâncias e covariâncias é a de que as valorizações e desvalorizações do portfólio têm distribuição normal. Em consequência, basta proceder à estimação dos dois parâmetros que permitem caracterizá-la: o retorno médio e o desvio padrão dos retornos.

Em boa verdade, procura beneficiar-se da familiaridade com a distribuição normal, que permite concluir automaticamente sobre a localização dos 'piores 5% e 1%' e dispensa o histograma. As propriedades da distribuição permitem-nos saber que esses pontos são função da confiança pretendida, da média μ e do desvio padrão σ.

Piores retornos com 95% e 99% de confiança, sob a hipótese de normalidade

Grau de confiança	pior retorno
95%	μ -1.65 σ
99%	μ -2.33 σ

Admitindo que no caso concreto em análise se observou uma média muito próxima de 0%, e se concluiu ser o desvio padrão 2.64%, seriam obtidos os valores que estão na tabela seguinte.

Piores retornos com 95% e 99% de confiança,
sob a hipótese de normalidade (μ=0%, σ=2.64%)

Grau de confiança	pior retorno
95%	-4.36%
99%	-6.16%

Apesar da aparente simplicidade, estes métodos estão frequentemente sujeitos a erros resultantes da má especificação dos modelos, de imprecisões na medição das variâncias e covariâncias e da falsa assunção do pressuposto de normalidade (além de só poderem ser aplicados a portfolios lineares). A validade da hipótese de que os rendimentos dos activos são conjuntamente normais – o que implica perfis de rendimento lineares e rendimentos do portfolio também normais – tem que ser periodicamente confirmada.

Métodos de Simulação (Histórica/de Monte Carlo)

A hipótese básica do método histórico é a de que a História se repete, no que ao risco diz respeito. Aceite este pressuposto, basta simplesmente reorganizar os retornos obtidos pelo portfólio no passado, dispondo-os por ordem crescente. E esperar que a História se repita.

Vamos admitir que o índice III começou a ser transaccionado há já alguns anos, o que permite dispor de uma vasta colecção dos retornos diários observados e construir o respectivo histograma. Vamos admitir ainda que, entre muitos outros aspectos assinaláveis, há três particularmente relevantes no que ao *VaR* se refere, quando esse histograma é analisado:

- O maior número de observações (312) está entre 0% e 1%, ou seja, houve 312 dias em que o índice se valorizou entre 0% e 1%.
- Houve um único dia em que o índice se valorizou entre 12% e 13% (12.4%, o ganho mais elevado no período em análise).
- Em 5% dos dias o índice desvalorizou-se mais de 4%, com uma desvalorização máxima de 8%.

Quer dizer: Recordando o tipo de preocupações a que o *VaR* pretende dar resposta, e esperando que a História se repita, podemos afirmar com 95% de confiança que a pior perda diária não ultrapassará 4%. Ou, de outra forma, podemos afirmar que se espera, com um grau de confiança de 95%, que o retorno diário seja superior a -4%. Ou ainda:
- Com 95% de confiança, acredita-se que a pior perda diária não ultrapassará os 4%.

ou

- Considerando um investimento de 100 Euros, 'estamos 95% confiantes' em que a nossa pior perda diária não excederá 4 Euros.

Note-se que não se declara não poder haver perdas superiores a 4%. Nem se exprimem certezas absolutas, apenas são fornecidas estimativas em termos de probabilidade. Se quisermos aumentar a confiança, basta deslocarmo-nos mais para a esquerda do histograma. Poderá, então, dizer-se algo como:
- Com 99% de confiança, acredita-se que a pior perda diária não ultrapassará os 7%;

ou

- Considerando um investimento de 100 Euros, 'estamos 99% confiantes' em que a nossa pior perda diária não excederá 7 Euros.

Quanto ao método da simulação de Monte Carlo, pressupõe a formulação de um modelo para os retornos futuros do portfólio e a simulação, um grande número de vezes, da sua actuação. A designação 'simulação de Monte Carlo' aplica-se a qualquer experiência que consiste na geração aleatória de observações, mas em si mesma não fornece grande informação sobre a metodologia subjacente.

Para a maior parte dos utilizadores, uma simulação de Monte Carlo é como uma 'caixa negra', que vai gerando resultados aleatórios. Admita-se, no hipotético caso presente, que se conduziu uma simulação de Monte Carlo do índice III, com base num modelo concebido para reproduzir o padrão revelado pelas observações. Para ilustrar outro aspecto importante, admita-se ainda que pareceu conveniente simular já não retornos diários, mas mensais.

Se o procedimento for repetido, digamos, 100 vezes, os resultados darão origem a um certo histograma. É evidente que, se se voltar a fazer tudo de novo, obter-se-ão outros resultados, mas no conjunto as diferenças não deverão ser significativas.

Admita-se que, realizada a simulação e analisados os resultados obtidos, se observou ter havido dois retornos mensais entre -20% e -15% e três outros entre -25% e -20%. Isto significa que os cinco piores resultados (ou seja, os piores 5%) foram inferiores a -15%. Retomando a linguagem própria do *VaR* pode dizer-se que, a fazer fé na simulação feita, em nenhum mês se espera uma desvalorização superior a 15%, com 95% de confiança.

Ao aproximar a distribuição das perdas/ganhos do portfolio através de simulação dos rendimentos, quer historicamente quer através de modelos, a simulação tem a capacidade de capturar melhor os movimentos dos preços.

A simulação histórica minimiza o risco do modelo, mas se o portfólio for muito complexo torna-se impraticável. E também pressupõe que o passado é prólogo. A simulação de Monte Carlo é exigente em recursos, mas tem a vantagem de permitir aos utilizadores testar diferentes cenários, relativamente à evolução futura dos actuais padrões de comportamento das variáveis envolvidas.

Uma nota final: sendo o período de tempo uma variável do procedimento, tende a ser diferente, de situação para situação.

Os bancos, continuamente inquietos com as perdas catastróficas potenciais, sobretudo depois dos acordos de Basileia, tendem a calcular o *VaR* diariamente. Já os fundos de pensões podem calcular o *VaR* mensal, ou mesmo anual. É mais um factor a ponderar.

24.4.4 *Cálculo do* **VaR** *em portfólios mais complexos*

Admita-se, sem perda de generalidade, que o tempo é medido em dias úteis. Seja o momento presente o momento 0. Seja ^0P o valor de mercado do portfólio no momento 0, conhecido, e seja ^1P a v.a. que representa o seu valor no próximo dia útil. Como se referiu, a tarefa principal é estabelecer a distribuição de ^1P.

A primeira tentativa vai sempre no sentido de utilizar uma distribuição conhecida (aquilo que atrás correspondia ao método das variâncias e covariâncias), o que reduz o problema à estimação dos parâmetros que permitem a sua especificação. Nalguns casos, tudo dependendo da distribuição que venha a ser utilizada, pode até obter-se uma 'fórmula' para o cálculo do *VaR* do portfólio.

Já se sabe que a distribuição normal fica completamente especificada com o conhecimento da média e do desvio padrão, pelo que, se assumirmos que $^1P \sim N(^{1|0}\mu, ^{1|0}\sigma)$, basta estimar os dois parâmetros para se saber que 1-dia 95% USD *VaR* é $1.645^{1|0}\sigma + \left(^0P - ^{1|0}\mu\right)$.

As perdas do portfólio são agora calculadas em relação ao seu valor corrente (^0P) e não ao seu valor esperado ($^{1|0}\mu$). Por essa razão, se adiciona a diferença $^0P - ^{1|0}\mu$ a $1.645^{1|0}\sigma$. Claro que, quando o horizonte temporal é muito curto, em geral essa diferença tende para zero e resta apenas a necessidade de estimar $^{1|0}\sigma$. A notação destaca que os parâmetros se referem ao momento 1, quando já se sabe o que aconteceu no momento 0.

Estimação de $^{1|0}\sigma$

Admita-se que o portfólio é composto por m activos, relativamente aos quais se detêm as posições $\omega_1, \omega_2, ..., \omega_m$. Seja ^1S_i

a v.a. que representa o valor de mercado do activo i no momento 1 e seja e $^{1|0}\sigma_i$ o respectivo desvio padrão; $\rho_{i,j}$ é o coeficiente de correlação entre as v.a. ^1S_i e ^1S_j, $i,j = 1, 2, ..., m, i \neq j$.

Pode então escrever-se que

$$^1P = \omega_1\,^1S_1 + \omega_2\,^1S_2 + ... + \omega_m\,^1S_m,$$

donde resulta que

$$^{1|0}\sigma = \sqrt{\sum_{i=1}^{m}(\omega_i\,^{1|0}\sigma_i)^2 + 2\sum_{j>i, i,j=1,2,...,m}(\omega_i\,^{1|0}\sigma_i)(\omega_j\,^{1|0}\sigma_j)\rho_{i,j}} \quad (24.1)$$

Claro que é necessário estimar as variâncias e covariâncias indicadas. Este é um problema estatístico que se resolve com as técnicas usuais de análise de sucessões cronológicas, mas muitas vezes trata-se de um problema difícil.

Uma abordagem alternativa consiste em construir um modelo que reflicta o comportamento do portfólio, já não recorrendo a todos os particulares activos que o constituem, mas antes em termos de n factores de risco específicos, n normalmente bastante inferior a m.

Dependendo da composição do portfólio, estes factores podem ser sobretudo o risco da taxa de câmbio, ou o risco da taxa de juro, ou os preços das matérias primas, ou os *spreads*,... Aos factores de risco dá-se a designação de **factores-chave** e os valores por eles assumidos no período 1, que também são v.a., representam-se por ^1R_i. É costume fazer-se a sua apresentação na forma de um vector aleatório, seja

$$^1\mathbf{R} = \begin{pmatrix} ^1R_1 \\ ^1R_2 \\ \vdots \\ ^1R_n \end{pmatrix},$$

o que corresponde a

$$^1\mathbf{R} = \begin{pmatrix} \text{valor do} \\ \text{primeiro factor-chave} \\ \text{segundo factor-chave} \\ \vdots \\ n\text{-ésimo factor-chave} \end{pmatrix}.$$

A escolha dos factores-chave tem que ser feita de modo que o preço de cada activo possa ser expresso em função deles, ou seja, de modo que para o activo i exista uma função φ_i, tal que

$$^1S_i = \varphi_i(^1\mathbf{R}), i = 1, ..., m. \qquad (24.2)$$

Recordando que o valor ^1P do portfólio é um polinómio dos valores ^1S_i dos activos, ^1P pode exprimir-se em função dos factores-chave. Vem

$$^1P = \sum_{i=1}^{m} \omega_i^1 S_i = \sum_{i=1}^{m} \omega_i \varphi_i(^1\mathbf{R}). \qquad (24.3)$$

Esta relação funcional, que exprime o valor de mercado do portfólio em termos dos factores-chave, costuma representar-se por

$$^1P = \theta(^1\mathbf{R}) \qquad (24.4)$$

e designa-se uma representação (*mapping*) do portfólio. A função θ é a chamada função de representação do portfólio.

Exemplo 24.1 *Um portfólio é composto por 250 acções da Sociedade A, 200 acções da Sociedade B e uma short-sale de 100 acções da Sociedade C. (Entende-se por short-sale, ou venda a descoberto, a venda de títulos, mercadorias ou divisas de que ainda não se dispõe, mas têm de ser entregues num certo prazo, pelo que representam uma dívida. A motivação para as vendas a descoberto é a expectativa de que o preço* *do activo transaccionado caia. Poderá assim ser comprado mais barato no momento da cobertura, obtendo-se um ganho).*

Seguindo a notação anterior, tem-se

$${}^1\mathbf{R} = \begin{pmatrix} {}^1R_1 \\ {}^1R_2 \\ {}^1R_3 \end{pmatrix},$$

o que corresponde a

$${}^1\mathbf{R} = \begin{pmatrix} \text{Preço de cada acção da Sociedade } A \\ \text{Preço de cada acção da Sociedade } B \\ \text{Preço de cada acção da Sociedade } C \end{pmatrix}.$$

Se não houver a distribuição de dividendos no período em causa, a representação do portfólio é extremamente simples,

$${}^1P = \theta({}^1\mathbf{R}) = 250\,{}^1R_1 + 200\,{}^1R_2 - 100\,{}^1R_3.$$

Exemplo 24.2 *Admita-se agora um portfólio constituído por uma call option sobre um contrato de futuros. Nesse caso, já viria*

$${}^1\mathbf{R} = \begin{pmatrix} {}^1R_1 \\ {}^1R_2 \\ {}^1R_3 \end{pmatrix},$$

o que corresponde a

$${}^1\mathbf{R} = \begin{pmatrix} \text{Preço do futuro} \\ \text{Volatilidade implícita do futuro} \\ \text{Taxa de juro de curto-prazo} \end{pmatrix},$$

e a função de representação do portfólio é a fórmula de Black para opções sobre futuros. Para se valorizar o instrumento é indispensável proceder a um mapping com, pelo menos, estes três factores, pois é a partir deles que a valorização se consegue fazer.

Conclusão: se um portfólio é constituído por muitos instrumentos complexos, a função que o representa será igualmente complexa.

Com a notação agora introduzida, pode formalizar-se um pouco mais a noção de métrica *VaR*. Efectivamente, pode dizer-se que métrica *VaR* é uma função real:
1. da distribuição de ^1P;
2. de ^0P.

O desvio padrão do retorno do portfólio, dada a informação relativa ao momento zero, seja

$$dp\left(^1Z\right) = dp\left(\frac{^1P - ^0P}{^0P}\right) = \frac{1}{^0P}dp\left(^1P\right),$$

é uma métrica *VaR*. Os quantis da distribuição das perdas do portfólio, $^1L = {}^0P - {}^1P$, são métricas *VaR*. Ilustração: se o quantil condicional de ordem .95 da v.a. ^1L, relativa a dado portfólio, é USD 12.5 milhões, então pode esperar-se que esse portfólio perca menos de 12.5 milhões de dólares em 19 de cada 20 períodos com a duração do horizonte escolhido.

As métricas *VaR* podem ser mais elaboradas do que os exemplos anteriores dão a entender. A semi-variância de ^1Z, que é igual à variância de

$$^1Z^- = \begin{cases} 0, & \text{se } ^1Z > 0 \\ ^1Z, & \text{se } ^1Z \leq 0 \end{cases},$$

é um exemplo.

Outro exemplo é a métrica *VaR* designada *Expected Tail Loss* (ETL), que indica a desvalorização esperada de um portfólio, condicional a que essa desvalorização exceda um quantil da distribuição das percas, fixado a priori. Ilustração: a métrica 90% ETL *VaR* indica a perda esperada, condicional a que essa perca exceda o quantil de ordem .90 da distribuição das percas.

Posto isto, pode agora reformular-se parcialmente o que se disse atrás. Quer dizer, para se especificar uma métrica *VaR*, devem indicar-se:
1. o horizonte *VaR*;
2. a função real de ^0P e da distribuição condicional de ^1P;
3. a divisa em que ^0P e ^1P vêm expressas.

Quanto à função θ, transforma o espaço n-dimensional dos factores-chave no espaço dos valores de mercado do portfólio, que tem dimensão 1. Dada uma realização de $^1\mathbf{R}$, θ fornece o correspondente valor de ^1P. O problema é que é suposto fazer-se uma caracterização completa da distribuição de ^1P, e não obter valores isolados da variável aleatória. De alguma forma, tem que se aplicar θ à distribuição de $^1\mathbf{R}$, de modo a obter a distribuição de ^1P. No fundo, é um problema da obtenção da distribuição de funções de variáveis aleatórias.

24.4.5 *Construção de uma medida* VaR

Recapitule-se o problema do cálculo do *VaR* de um dado portfólio, nos seus traços gerais. Como se viu, pela maneira como as métricas *VaR* são definidas, está implícita a caracterização prévia da distribuição de ^1P, a v.a. que representa o valor de mercado do portfólio no fim do horizonte temporal em consideração, condicional à informação disponível no momento presente, o momento 0.

Trata-se de um problema que tem que ser tratado em duas frentes:
1. A primeira diz respeito à escolha dos factores-chave $^1\mathbf{R}_i$, $i = 1, ..., n$. Tratando-se de variáveis financeiras observáveis, deve dispor-se dos dados históricos respectivos. Com esta informação, e recorrendo aos processos estatísticos adequados, procurará caracterizar-se a distribuição (conjunta) do vector aleatório $^1\mathbf{R}$.
Tal objectivo pode ser levado a cabo computando a correspondente matriz das variâncias e covariâncias, como sucede nos casos simples, ou de outra qualquer forma que se venha a revelar mais apropriada.
Uma vez caracterizada a distribuição de $^1\mathbf{R}$, é necessário 'convertê-la' na distribuição de ^1P. É forçoso salientar que esta mudança de variável tem que ser feita porque a distribuição de $^1\mathbf{R}$, em si mesma, e sendo independente da composição do portfólio, não permite aferir sobre o risco que este comporta.
2. A segunda é a representação do portfólio

$$^1P = \theta\,(^1\mathbf{R}).$$

Esta tenderá a mudar ao longo do tempo, à medida que a composição do portfólio se for alterando, pois tem por finalidade reflectir essa composição. A função θ contribui assim para a resolução do problema com aquilo que a caracterização da distribuição de $^1\mathbf{R}$ não pode fornecer. Só por si, no entanto, não permite avaliar criteriosamente se o portfólio envolve muito ou pouco risco.
De algum modo, tem que se filtrar a informação dada pelo mercado, e que está contida na distribuição de $^1\mathbf{R}$, por meio da informação sobre o portfólio, que está contida na função θ.

Todas as medidas *VaR* têm que ultrapassar estas etapas, ou seja, todas devem especificar uma representação θ do portfólio, todas devem caracterizar de alguma forma a distribuição conjunta de $^1\mathbf{R}$ e todas devem encontrar uma forma de juntar estas duas peças para estabelecer a distribuição de ^1P.

Conservando sempre em mente que o risco tem duas componentes, a exposição e a incerteza, pode considerar-se que a escolha da função θ que faz a representação do portfólio corresponde a descrever a exposição. De modo análogo, a caracterização da distribuição conjunta do vector aleatório $^1\mathbf{R}$ corresponde a descrever a incerteza. O último passo, a transformação, que consiste em combinar exposição com incerteza, de modo a caracterizar a distribuição de ^1P, descreve o risco no seu todo. Com ela, podem obter-se valores para as mais variadas métricas VaR, destinadas a veicular a informação desejada sobre o risco do portfólio.

Nos parágrafos seguintes são avançados alguns detalhes sobre as questões essenciais do processo.

Representação do portfólio

O processo de selecção de uma função tem a composição do portfólio como input e como output tem a relação $^1P = \theta\,(^1\mathbf{R})$. O trabalho de especificação envolvido é, sobretudo, um exercício de engenharia financeira, que pode ser muito complicado, uma vez que é necessário valorizar *todo* o portfólio.

As situações em que a função θ é um polinómio do primeiro grau constituem uma excepção, pois nesses casos é fácil resolver o problema.

Com efeito, assumindo que ^1P tem distribuição normal e que $^{1|0}\mu = {}^0P$, tudo o que há a fazer é calcular $^{1|0}\sigma$. Dados os desvios padrão $^{1|0}\sigma_i$ e as correlações $\rho_{i,j}$ entre as v.a. ^1R_i e ^1R_j, $i,j = 1, 2, ..., n, i \neq j$, o cálculo é imediato.

Quando θ não é linear, tudo começa a ser mais difícil. Num dos exemplos anteriores, a função de representação é dada pela fórmula de Black para a valorização de opções e esta é, claramente, não linear. Mais ainda, não é razoável assumir que ^1P tem distribuição normal: uma vez que as opções limitam o risco assumido pelo detentor, ^1P terá distribuição assimétrica.

Os portfólios podem ter distribuições ainda muito mais complexas. Por exemplo, há instrumentos que dão origem a distribuições bimodais para ^1P, concentrando-se os valores assumidos pela v.a. em duas regiões.

Tais situações mostram como a linearidade de θ pode simplificar a tarefa de calcular o VaR de um portfólio. Os portfólios não lineares tendem a exibir distribuições dos preços dos activos inusitadas, com predisposição a distanciar-se ostensivamente das distribuições mais conhecidas. Exigem geralmente modelos probabilísticos muito mais sofisticados.

Distribuição de ^1R

O propósito deste procedimento é a caracterização da distribuição (conjunta) de ^1R, condicionada à informação disponível no momento 0; tem como input os dados históricos existentes sobre o funcionamento dos mercados e aplica técnicas no domínio das sucessões cronológicas para o fazer.

As técnicas utilizadas tendem a ser aproximativas, sendo as mais comuns as médias móveis uniformemente ponderadas (*uniformly-weighted moving averages – UWMA*) ou as médias móveis exponencialmente ponderadas (*exponentially weighted moving averages – EWMA*). Na realidade, é necessário encontrar métodos que sejam capazes de tratar situações em que há forte heterocedasticidade condicional. É uma área onde se realiza presentemente intensa investigação.

Distribuição de ^1P

Nesta fase, combinam-se os outputs fornecidos pelos procedimentos anteriores, de modo a produzir a distribuição de ^1P, condicionada à informação disponível. Com base nas características apuradas para esta distribuição, efectuam-se as operações conducentes ao valor da desejada métrica VaR.

Um grande esforço tem sido desenvolvido neste domínio. Há quatro tipos essenciais de transformações e a opção por um deles

é determinada pela prévia representação do portfólio e pela distribuição conjunta dos factores-chave, também obtida previamente:
- Transformações lineares
  As transformações lineares são fáceis de tratar e os resultados são obtidos com rapidez.
  Aplicam-se a situações onde θ é um polinómio do primeiro grau. A fórmula base é dada pela equação (24.1).
- Transformações quadráticas
  As transformações quadráticas são ligeiramente mais elaboradas, mas também permitem a obtenção rápida de resultados. Aplicam-se a situações em que θ é um polinómio do segundo grau e $^1\mathbf{R}$ tem distribuição normal n-dimensional.
- Transformações de Monte Carlo e transformações históricas
  As transformações de Monte Carlo e histórica são amplamente utilizadas, mas exigem mais tempo e recursos do que as anteriores. Ambas recorrem ao método de Monte Carlo, gerando um grande número de realizações para $^1\mathbf{R}$ e, em seguida, para ^1P. O histograma das realizações de ^1P fornece uma aproximação para a distribuição condicional desta variável, a partir da qual qualquer métrica *VaR* pode ser avaliada.

Tradicionalmente, as medidas *VaR* são denominadas atendendo ao tipo de transformação operada. Assim, temos:
- medidas *VaR* lineares (ou paramétricas, de variância-covariância, de forma fechada ou delta-normal);
- medidas *VaR* quadráticas;
- medidas *VaR* de Monte Carlo;
- medidas *VaR* históricas.

24.4.6 *Argumentos pró e contra* **VaR**

O *VaR* pode ser muito útil em três grandes áreas:
- A comparação de riscos:
  Ao definir uma escala comum, adaptável a todas as posições de risco ou portfólios (pela sua própria definição), o *VaR* permite a comparação directa e a agregação da importância relativa dessas mesmas posições ou portfólios – e isto expresso em unidades que fazem sentido para as instituições e seus gestores.

- A determinação do capital adequado:
  O *VaR* permite cobrir grande parte das perdas, embora não todas, de um determinado negócio, para além de estar expresso em unidades, pelo que dá uma interpretação intuitiva da quantidade de capital que é necessário "pôr de parte" para um determinado nível de risco. É por esta razão que o *VaR* tem sido adoptado por reguladores e entidades supervisoras na determinação do capital mínimo obrigatório em actividades que envolvem risco, como atrás se viu.

- A medida de performance:
  O *VaR* ajuda à avaliação da performance da gestão financeira e das estratégias, numa base de ajustamento do risco. Se interpretarmos o *VaR* como "o capital mínimo necessário para suportar um determinado risco", é natural que se use esta medida quando se pretende comparar diferentes negócios.
  Através desta sua interpretação, o *VaR* está a tornar-se a regra padrão para ajudar a gestão financeira a ajustar os retornos aos riscos envolvidos, permitindo que sejam directamente comparáveis numa base de risco ajustado. Desde que se saiba aproveitar todo o potencial, é de grande valia, na tarefa de dirigir e controlar a absorção do risco e na intermediação de operações.

Apesar da sua utilização extremamente generalizada, o *VaR* não está imune a críticas:
- Qualquer que seja o método de cálculo utilizado, nunca é inteiramente correcto, pois baseia-se em pressupostos que, apesar de necessários, limitam o rigor. Em boa verdade, tudo não passa de um *trade-off*.
- A escolha (e implementação) do método de cálculo resultará sempre de uma tentativa de equilibrar a eficiência computacional com o grau de correcção que se pretende obter. Muitas vezes, para se ultrapassarem problemas e críticas habitualmente suscitados, as técnicas têm tendência a tornar-se cada vez mais complexas e menos transparentes e a aumentar a exigência computacional.
- Se bem que, da perspectiva dos investidores e da administração, o quantil *VaR* seja extremamente elucidativo como medida de risco, pois o acontecimento "ultrapassar a barreira" é à partida mais expressivo do que "quantificar em quanto a barreira foi ultrapassada" (preocupação que surge já num segundo momento), a verdade é que é igualmente fundamental para quem investe ter uma ideia da magnitude dessas incursões na zona perigosa.

Para além destes aspectos, existe um outro problema, mais grave, porque se situa no domínio da teoria fundamental das medidas de risco. É que, de acordo com essa teoria, o *VaR* não corresponde ao que está definido como medida de risco coerente.

24.4.7 *Medidas de risco coerentes*

Admita-se que um certo capital vai ser aplicado na constituição de um portfólio, e que este vai assumir uma de múltiplas composições possíveis.

Seja $\mathcal{X}$ o conjunto das variáveis aleatórias $X : \Omega \to \mathbb{R}$ que representam os valores líquidos (actualizados ao momento presente) correspondentes às diferentes composições possíveis para o portfolio. As v.a. X estão definidas no espaço de probabilidade $(\Omega, \mathcal{F}, P)$, sendo Ω o conjunto de todos os possíveis cenários relevantes para a experiência aleatória em causa – que consiste em constituir o referido portfolio e geri-lo até ao fim do horizonte estabelecido. Admite-se que Ω é um conjunto finito. De acordo com a interpretação habitual, $X(\omega)$ é o valor líquido actualizado do portfolio quando o cenário é ω.

Definindo medida de risco como uma qualquer aplicação ρ de $\mathcal{X}$ em R, diz-se que ρ é uma medida coerente (definição e designação primeiro apresentadas por Artzner *et al.*), se e só se satisfaz aquilo a que os autores chamam os "quatro axiomas": o axioma da invariância por translação; o axioma da sub-aditividade; o axioma da homogeneidade positiva; o axioma da monotonicidade.

– Axioma da invariância por translação
ρ é uma função invariante por translação: Quaisquer que sejam $X \in \mathcal{X}$ e $\alpha \in R$, tem-se $\rho(X + \alpha) = \rho(X) - \alpha$.
Em termos financeiros, este axioma indica que, quando se faz uma injecção de capital no valor líquido do portfolio, há uma redução no risco associado a X igual ao montante de capital adicionado.

– Axioma da sub-aditividade
ρ é uma função sub-aditiva: Quaisquer que sejam X_1, X_2 $\in \mathcal{X}$ tem-se $\rho(X_1 + X_2) \leq \rho(X_1) + \rho(X_2)$.
A sub-aditividade introduz o princípio da diversificação, isto é, a diversificação do portfólio nunca faz aumentar o risco que aquele comporta. Invocando a sabedoria popular: não é boa estratégia colocar todos os ovos no mesmo cesto. Ou, citando os autores: *a merger does not create extra risk* (*idem* p. 6).

– Axioma da homogeneidade positiva
ρ é uma função positivamente homogénea: Quaisquer que sejam $X \in \mathcal{X}$ e $\alpha \geq 0$, tem-se $\rho(\alpha X) = \alpha \rho(X)$.

Como é bem conhecido, a homogeneidade está ligada a questões de escala; o risco associado a deter num portfolio dois lotes de obrigações com iguais características é o dobro do que estaria associado a uma posição em que apenas se detivesse um lote. Ou ainda: dado um portfolio com risco $\rho(\alpha X)$, se o investidor decidir ampliar (reduzir) linearmente o capital empregado em tal portfolio, o risco do portfólio resultante é ampliado (reduzido) pelo factor linear empregado ($\alpha \geq 0$).

– Axioma da monotonicidade
ρ é uma função monotónica: Sendo $X_1, X_2 \in \mathcal{X}$ tais que $X_1 \leq X_2 \iff X_1(\omega) \leq X_2(\omega), \forall \omega \in \Omega$, tem-se $\rho(X_1) \geq \rho(X_2)$.
A monotonicidade estabelece que, se a variável aleatória X_1 nunca assume valores superiores à variável X_2, então a medida do risco da primeira composição não poderá ser menor que a da segunda. Por outras palavras: se o valor líquido de uma dada composição nunca consegue exceder o de outra composição, qualquer que seja o cenário que se venha a concretizar, não se lhe pode associar um menor risco. Note-se que nestes axiomas está implícito que ρ deve ser definida de tal modo que, se $X \geq 0$, então $\rho(X) \leq 0$, ou seja, só as composições que resultam em valores líquidos do porfolio negativos devem ter uma medida positiva do risco.

Destes quatro axiomas definidores de uma medida coerente, é muito fácil verificar que o *VaR* nem sempre satisfaz o axioma da sub-aditividade, não sendo portanto uma medida coerente (tal como a volatilidade, que não verifica a invariância por translação, também não é uma medida coerente). Quando as variáveis aleatórias em presença são normalmente distribuídas, o problema já não se levanta e a verificação dos quatro axiomas está assegurada.

A ausência de sub-aditividade significa, por exemplo, que se o portfólio for constituído apenas por um lote de obrigações, cuja probabilidade de incumprimento seja inferior ao grau de confiança fixado, então vai ter-se um *VaR* igual a zero. Mas, por outro lado, num portfólio constituído por um número suficientemente grande de lotes de obrigações, com características semelhantes, o *VaR* já tem que ser positivo, pois quase certamente nalgum desses empréstimos haverá incumprimento.

A constatação da falta de coerência do *VaR* levou à pesquisa por uma medida coerente que, de alguma forma, continuasse a fornecer a mesma informação – e permitisse até alargar o seu conteúdo. Assim, em alternatica ao *VaR*, Artzner *et al.* propuseram o cálculo do *Tail-VaR*, também chamado *Tail Conditional Expectation*, que se define

$$TVaR_\alpha(X) = -E_P\left[\frac{X}{r}|\frac{X}{r} \leq -VaR_\alpha(X)\right],$$

onde P é uma medida de probabilidade sobre Ω, r é o retorno total proporcionado por um instrumento de referência e α é o nível de confiança escolhido. O sinal – destina-se a garantir que o resultado vem em termos do valor absoluto da perda.

Esta definição deu origem a algumas variantes, tanto da medida propriamente dita, como das designações (*Average Value at Risk, Expected Shortfall, Conditional Value at Risk, Expected Tail Loss,...*). A expressão acima pode reescrever-se na forma

$$TVaR_\alpha(X) = VaR_\alpha + \frac{Pr\left[X > VaR_\alpha\right]}{1-\alpha} E\left[X - VaR_\alpha | X > VaR_\alpha\right],$$

mais elaborada, porque atende ao facto de que, quando X é variável aleatória discreta, é possível que se observe

$$Pr\left[X > VaR_\alpha\right] < 1 - \alpha.$$

Não é difícil verificar que o *Tail-VaR* não só já satisfaz as condições de medida coerente, como também:
1. reflecte a frequência do risco de se ultrapassar a barreira fornecida pelo *VaR*;
2. informa sobre o valor esperado do montante em perda.

Naturalmente, a sua interpretação não é tão imediata como a do *VaR*. Outra crítica possível (ver Wang) é que a coerência, em si, não é propriedade suficiente para garantir a boa qualidade de uma medida de risco. Na realidade, o *Tail-VaR* continua a ignorar boa parte da informação contida na distribuição da variável aleatória X. Ao centrar-se no valor médio das perdas que excedem o *VaR*, não consegue dar às perdas extremas com probabilidades próximas de zero o realce que merecem – para além de também não considerar as perdas abaixo desse quantil.

São estas as razões que levam aquele autor a referir a necessidade de uma *new risk-measure based on the mean-value under distorted probabilities. In addition to being coherent, this new risk-measure utilizes all the information contained in the loss distribution, and thus provides incentive for proactive risk management. By using distorted probabilities, this new riskmeasure adequately accounts for extreme low-frequency and high-severity losses.* (Wang, p. 3).

Nesse sentido, apresentam-se de seguida duas possíveis medidas que, como exemplificaremos, captam melhor as caudas das distribuições, embora a sua coerência à luz dos quatro axiomas, tal como no *VaR*, possa ser questionada.

A primeira, designe-se por *ETVaR* (*Expected Tail-VaR*), é definida pela igualdade

$$ETVaR_\alpha = E_X\left(TVaR_{X|X=x>\xi_{1-\alpha}}\right) = E_X\left[E\left(X|X=x>\xi_{1-\alpha}\right)\right],$$

ou seja, trata-se de calcular o valor esperado dos valores de *TVaR* considerando todos os possíveis percentis superiores a (1 – α), quer dizer, para todos os valores de $\xi_x > \xi_{1-\alpha}$. Considerando as funções densidade e distribuição de X, respectivamente $g(x)$ e $G(x)$, teremos

$$ETVaR_\alpha = \int_{\xi_{1-\alpha}}^\infty \frac{g(x)}{\alpha} \int_x^\infty \frac{yg(y)}{1-G(x)} dy dx.$$

A segunda, designe-se por *PFTVaR* (*Penalty Function Tail-VaR*), resulta do cálculo do *Tail-VaR* modificado, por aplicação a cada valor da perda de uma penalização. Esta penalização deverá ser crescente com aquele valor, por forma a dar maior relevo à cauda da distribuição.

Neste caso, designando a função de penalização por $h(x)$, teremos

$$PFTVaR_\alpha = \int_{\xi_{1-\alpha}}^{\infty} \frac{g(x)}{\alpha} xh(x)\, dx.$$

Como se verifica, o *PFTVaR* difere do *TVaR* apenas por considerar a *penalty function* sobre a perda possível.

Não é difícil provar a não coerência desta medida, mas pode provar-se que, com uma função de penalização não decrescente, desde que o produto $xh(x)$ seja uma função convexa, se trata de uma medida convexa, e a convexidade substitui com vantagem a noção de coerência. Uma medida ρ diz-se convexa quando, dadas duas variáveis Z_1 e Z_2 e uma constante $\lambda \in [0,1]$, se verifica a relação

$$\rho[\lambda Z_1 + (1-\lambda) Z_2] \leq \lambda \rho(Z_1) + (1-\lambda)\rho(Z_2).$$

Vamos demonstrar a convexidade da medida *PFTVaR*.

Sem significativa perda de generalidade, sejam Z_1 e Z_2 os valores absolutos dos prejuizos dos riscos 1 e 2, respectivamente, com densidade conjunta $f(z_1, z_2)$. Para simplificar, considere-se $\xi_\alpha = 0$.

Teremos, então:

$$\rho[\lambda Z_1 + (1-\lambda) Z_2] = \int_0^\infty \int_0^\infty [\lambda z_1 + (1-\lambda) z_2] h[\lambda z_1 + (1-\lambda) z_2] f(z_1, z_2)\, dz_1 dz_2 \quad (24.5)$$

Como $xh(x)$ é função convexa, para $0 < \lambda < 1$,

$$[\lambda z_1 + (1-\lambda) z_2] h[\lambda z_1 + (1-\lambda) z_2] \leq \lambda z_1 h(z_1) + (1-\lambda) z_2 h(z_2);$$

substituindo esta desigualdade na função integranda de (24.5), fica

$$\rho[\lambda Z_1 + (1-\lambda)Z_2] \leq \lambda \int_0^\infty \int_0^\infty z_1 h(z_1) f(z_1, z_2) dz_1 dz_2 +$$
$$+ (1-\lambda) \int_0^\infty \int_0^\infty z_2 h(z_2) f(z_1, z_2) dz_1 dz_2$$
$$\leq \lambda \rho(Z_1) + (1-\lambda) \rho(Z_2).$$

Exemplo 24.3 *Admitamos que as perdas de um dado risco têm distribuição de Pareto com densidade* $g(x) = \frac{2x}{(x^2+1.0)^2}$. *As métricas apresentadas vão ser VaR, TVaR, ETVaR e PFTVaR. A penalização considerada foi*

$$h(x) = \sqrt{x}.$$

Quadro resumo:	percentis 95%, 99% e 999%.			
$(1-\alpha)\%$	100%	5%	1%	0.1%
VaR	0	4.358 9	9.949 9	31.607
$TVaR$	1.570 8	8.869 2	20.166	63.235
$ETVaR$	3.748 4	17.839	39.978	126.51
$PFTVaR$	3.332 2	37.5450	126.30	711.21

Como se pode verificar, a *penalty function* capta bem, mesmo a 5%, a cauda da distribuição, dando-lhe um relevo acentuado.

Exemplo 24.4 *Consideremos uma distribuição bidimensional contínua com densidade conjunta*

$$f(x,y) = e^{-x-2y-xy}(x+2y+xy+1), x>0, y>0,$$

correspondente a duas v. a. marginais não negativas, dependentes, das quais vamos considerar a respectiva soma. A função de distribuição conjunta será então

$$F(x,y) = e^{-x-2y-xy} - e^{-x} - e^{-2y} + 1, x > 0, y > 0.$$

Para densidade condicional de X | Y = y teremos:

$$f_{X|Y=y}(x) = \frac{f(x,y)}{2e^{-2y}} = \frac{1}{2}e^{-x-xy}(x+2y+xy+1), x > 0,$$

e para distribuição condicional:

$$F_{X|Y=y}(x) = 1 - \frac{1}{2}xe^{-x(y+1)} - e^{-x(y+1), x>0}.$$

Considerando a soma Z = X + Y com função de distribuição H(z) temos

$$H(z) = P(X+Y \leq z) = \int_0^z 2e^{-2y}\left(1 - \frac{1}{2}(z-y)e^{-(z-y)(y+1)} - e^{-(z-y)(y+1)}\right)dy.$$

Quadro resumo VaR: percentis 95%, 99% e 999%			
$(1-\alpha)\%$	100%	5%	1%	0.1%
X	0	2.9957	4.6052	6.9078
Y	0	1.4979	2.3026	3.4539
$X+Y$	0	3.3515	4.8178	7.0449
$X+Y$ *	0	3.2930	4.9842	7.4081

Nota: na última linha procedemos ao cálculo do VaR utilizando o formulário do QIS3, ou seja, considerando

$$Z^* = \sum_{i=1}^N \omega_i X_i : VaR(Z) = \sqrt{\sum_{i,j=1}^N \rho(i,j)\omega_i\omega_j VaR(X_i)VaR(X_j)}.$$

Verifica-se que os valores obtidos não diferem substancialmente dos valores exactos, apesar das distribuições consideradas, de tipo exponencial, serem bastante assimétricas.

Quadro resumo $TVaR$: percentis 95%, 99% e 999%			
$(1-\alpha)\%$	100%	5%	1%	0.1%
X	1	3.9957	5.6052	7.9078
Y	.5	1.9979	2.8026	3.9539
$X+Y$	1.5	4.2653	5.7811	8.0385

Curiosamente, se a distribuição da perda for exponencial de média μ, qualquer que seja o valor de α, verifica-se a igualdade

$$TVaR_\alpha(X) = VaR_\alpha(X) + \mu.$$

Com efeito,

$$\int_{\xi_{1-\alpha}}^{\infty} \frac{x\lambda e^{-\lambda x}}{\alpha} dx = \xi_{1-\alpha} + \frac{1}{\lambda\alpha} \int_{\xi_{1-\alpha}}^{\infty} \lambda e^{-\lambda x} dx = \xi_{1-\alpha} + \frac{\alpha}{\lambda\alpha} = \xi_{1-\alpha} + \mu.$$

Quadro resumo $PFTVaR$: percentil 95%; $h(x) = \sqrt{x}$	
$(1-\alpha)\%$	5%
X	8.1637
Y	2.8861
$X+Y$	8.9609

Tal como no exemplo anterior, verifica-se que o valor de PFTVaR a 95% cobre os prejuízos com probabilidade superior a 0.999.

APÊNDICES

Apêndice A

Exercícios

Nota: sempre que necessário, utilize a tábua de mortalidade TV88/90 e a taxa de juro de 4%.

Capítulo 1

1.1 – Calcule a(s) seguinte(s) probabilidade(s):
   a) $_{20}q_{45}$;
   b) $_{40|30}q_{30}$ e $_{40}p_{30}$. Comente os resultados;
   c) de [35] estar vivo aos 65 anos e morrer entre os 75 e os 85 anos;
   d) de [25] morrer antes dos 35 anos ou depois dos sessenta.

1.2 – Considere a seguinte função:
$$s(x) = \frac{22050 - 105x - x^2}{22050}.$$

Responda às seguintes questões:
   a) pode $s(x)$ ser uma função de sobrevivência? Justifique;
   b) determine a expressão de μ_x;
   c) calcule μ_x por um método aproximado e compare com o valor exacto.

1.3 – Uma pessoa de 35 anos efectua uma comissão de serviço de 3 anos num país onde se estima haver um agravamento das taxas de mortalidade de 100%.

Qual a probabilidade de estar viva aos 55 anos?

1.4 – Sabendo que

$$\mu_x = \frac{1}{110 - x},$$

determine uma expressão para l_x.

1.5 – Sabendo que

$$l_x = bs^x \omega^{x^2} g^{c^x},$$

determine uma expressão para μ_x.

1.6 – Mostre que

a) $\int_0^{\omega - x} l_{x+t} \mu_{x+t} dt = l_x$;

b) $\int_0^{\omega - x} {}_t p_x \mu_{x+t} dt = 1$.

1.7 – Detemine expressões sintéticas para as primeiras derivadas de ${}_t p_x$ em ordem a t e em ordem a x.

1.8 – Considere um grupo de 150 pessoas de 35 anos. Calcule a probabilidade de
        a) o grupo estar extinto dentro de 60 anos;
        b) ao fim de 50 anos estarem vivas pelo menos 100 pessoas;
        c) determine um intervalo de confiança a 90% para o número de vivos ao fim de 50 anos.
        d) Torne a resolver c) admitindo que os valores de μ_x sofrem uma redução de 20%.

1.9 – Considere uma função $h(x)$ contínua e não negativa no intervalo $(0, \omega)$. Pode a função

$$s(x) = 1 - \frac{\int_0^x h(y)\, dy}{\int_0^\omega h(y)\, dy}$$

ser uma função de sobrevivência?

Capítulo 3

3.1 – Calcule os seguintes valores actuariais:

$$_{10}E_{25};\ a_{30};\ \ddot{a}_{30\overline{35|}};\ _{35|}a_{30}.$$

3.2 – Qual o valor actuarial de um capital de 10^6 unidades monetárias, a pagar daqui a 30 anos, se e somente se a pessoa segura (de 30 anos) tiver morrido entre os 35 e os 55 anos de idade?

3.3 – Qual o valor actuarial de uma pensão vitalícia de 1000 u.m. por mês, a pagar a uma pessoa de 35 anos, após ter completado os 65 anos de idade?

3.4 – Considere a questão do exercício anterior, mas admitindo que a pensão tem uma garantia de pagamento durante 10 anos, ou seja, nos primeiros dez anos a renda é certa.

3.5 – Determine o valor actuarial dos salários futuros de uma pessoa de 30 anos, até à sua reforma, sabendo que ganha actualmente 11000 u.m. por ano. Considere uma progressão de 2% ao ano e uma taxa de juro de 6.08%.

3.6 – Determine o valor actuarial de uma renda temporária anual antecipada decrescente, com uma duração máxima de 35 anos, a pagar a uma pessoa de 40 anos de idade, sabendo que o primeiro termo vale 1000 u.m. e que cada termo subsequente se obtém do anterior deduzindo-lhe 20 u.m.

3.7 – Questão idêntica à do exercício anterior, mas considerando que o decréscimo é de 100 u.m., de cinco em cinco anos.

Capítulo 4

4.1 – Calcule o valor actuarial (prémio único puro) de um seguro de vida inteira com um capital de 10000 u.m., pago aos beneficiários indicados na apólice, no final do ano da morte da pessoa segura, que tem actualmente 40 anos de idade.

4.2 – Calcule o prémio único puro de um seguro de vida inteira com um capital inicial de 10000 u.m., pago aos beneficiários indicados na apólice logo após a morte da pessoa segura, que tem actualmente 40 anos de idade. O capital cresce a uma taxa anual de 2%. A taxa de juro a considerar é de 6.08%.

4.3 – Determine o prémio único da seguinte cobertura, estabelecida por um prazo de 35 anos: em caso de morte da pessoa segura, de 30 anos de idade, pagamento imediato de uma renda financeira de 1000 u.m. por mês, durante 10 anos; em caso de vida no final do prazo, pagamento de uma renda vitalícia mensal postecipada de 500 u.m. por mês.

4.4 – Se uma pessoa de idade x, por motivos de saúde, tiver um agravamento de $K\%$ nas taxas de mortalidade, determine algebricamente o aumento de custo num seguro de vida inteira, face ao de uma pessoa saudável com a mesma idade.

Capítulo 5

5.1 – Determine os diversos prémios de um seguro de vida inteira com um capital de 10000 u.m., pago aos beneficiários indicados na apólice no final do ano da morte da pessoa segura, que tem actualmente 40 anos de idade. Os prémios anuais serão pagos no máximo até aos 90 anos de idade dessa pessoa.
Considere as seguintes cargas:
    α – 5% do prémio anual comercial durante os três primeiros anos;
    β – 1% dos prémios a cobrar;
    γ – 2% do prémio puro anual.

5.2 – Considere um seguro com as seguintes coberturas:
    a) Em caso de morte da pessoa segura durante o prazo do contrato, pagamento de uma renda certa de 10000 u.m. por ano, durante 5 anos;
    b) Em caso de vida no final do prazo do contrato, pagamento de um capital de 25000 u.m.

Sabendo que a pessoa segura tem 35 anos e que o seguro é efectuado por um prazo de 25 anos, determine os diversos prémios, considerando as seguintes cargas:
  α – 5% do prémio anual comercial durante os três primeiros anos;
  β – 1% dos prémios a cobrar;
  γ – 1% da soma dos prémios recebidos até à data em que se aplica.

5.3 – Determine o prémio comercial de uma renda vitalícia imediata anual, cujo termo é de 1000 u.m., antecipada e com garantia, por forma a que o segurado e pessoa segura, que tem actualmente 60 anos, tenha a certeza de ser reembolsado do prémio único pago.
Considere que existe apenas um encargo: δ = 2% do valor da renda.

5.4 – Determine os diversos prémios de um seguro misto por um prazo de 20 anos, com um capital de 20000 u.m., sabendo que a pessoa segura tem 40 anos de idade.
Os prémios anuais serão pagos até ao final do prazo da apólice.
Considere as seguintes cargas:
  α – 5% do prémio anual comercial durante os três primeiros anos;
  β – 1% dos prémios a cobrar;
  γ – 3% do prémio comercial anual.

5.5 – Considere um seguro com as seguintes coberturas:
  a) Em caso de morte da pessoa segura durante o prazo do contrato, pagamento de uma renda certa de 10000 u.m. por ano, decrescente de 1000 u.m. por ano;
  b) Em caso de vida no final do prazo do contrato, pagamento de um capital de 20000 u.m. e de uma renda vitalícia anual postecipada de 5000 u.m., crescente 2.5% em cada ano.

Sabendo que a pessoa segura tem 35 anos e que o seguro é efectuado por um prazo de 30 anos, determine os diversos prémios, considerando as seguintes cargas:
  α – 5% do prémio anual comercial durante os três primeiros anos;

β – 0.5% dos prémios a cobrar;
γ – 0.5% da soma dos prémios recebidos até à data em que se aplica;
δ – 1% das rendas em pagamento.

Capítulo 6

6.1 – Determine a RM pura de uma renda vitalícia anual, de termo unitário, postecipada, diferida, com 10 anos de garantia, sobre uma pesssoa de 35 anos de idade e com um prazo de diferimento de 30 anos, considerando que os prémios anuais nivelados são pagos durante o período de diferimento;
 a) para $t = 5$;
 b) para $t = 35$.

6.2 – Calcule a RM de um seguro temporário com um capital de 10000 u.m., com contra-seguro dos prémios puros pagos, em caso de vida, considerando os seguintes dados: $x = 35$, $n = k = 30$;
 a) para t = 15;
 b) para t = 15.3.

6.3 – Determine a expressão da RM pura, ao fim de 10 anos, de uma renda vitalícia anual, de termo 1000, postecipada, diferida, com contra-seguro dos prémios puros pagos, em caso de morte, sobre uma pesssoa de 35 anos de idade e com um prazo de diferimento de 30 anos. Considere que os prémios anuais nivelados são pagos durante o período de diferimento.

6.4 – Considere os dados do exercício 6.2. Torne a deduzir as expressões para a RM, considerando que adicionalmente, em caso de vida, a seguradora se compromete a pagar uma renda financeira de 1000 u.m. mensais durante 24 meses.

6.5 – Num seguro efectuado por uma pessoa de 30 anos, por um prazo de 20 anos, o prémio único puro é de 20000. Sabendo que as despesas de aquisição são de 1000, determine a parcela dessas despesas por amortizar ao fim de 5 anos, admitindo que os prémios são anuais, nivelados e a pagar durante o prazo do contrato, ou até à morte da pessoa segura, se esta ocorrer primeiro.

6.6 – Considere um seguro misto com um capital de 25000, por um prazo de 25 anos, efectuado sobre uma pessoa de 40 anos de idade. Determine a expressão da RM de inventário, Zillmerizada, ao fim de 10 anos, sabendo que os prémios são anuais, nivelados, com $k = 20$ anos. A carga de gestão é de 1% do capital e a carga de aquisição é de 1000 no primeiro ano e de 800 no segundo ano de vigência da apólice.

Capítulo 7

7.1 – Considere um seguro de uma renda vitalícia anual, de termo 1000, postecipada, diferida, com 10 anos de garantia, sobre uma pessoa de 35 anos de idade e com um prazo de diferimento de 30 anos, considerando que os prémios anuais nivelados são pagos durante o período de diferimento. Ao fim de 10 anos o segurado pretende alterar o contrato existente para baixar o prémio, prescindindo da garantia. Determine uma expressão que lhe permita calcular o novo prémio comercial. Bases técnicas:
    α – 10% do termo da renda nos 2 primeiros anos;
    β – 1% dos prémios;
    γ – 3% do termo da renda;
    δ – 1.5% da renda anual.

7.2 – Considere um seguro temporário com um capital de 10000 u.m., com contra-seguro dos prémios pagos, em caso de vida.
Considere os seguintes dados: $x = 35$, $n = k = 30$.
Ao fim de 10 anos o segurado deseja alterar o contrato para um seguro de vida inteira, a prémios vitalícios. Diga se a operação é possível e, em caso afirmativo, calcule o novo prémio. Bases técnicas:
    α – 1% do capital nos 3 primeiros anos;
    β – 1% dos prémios;
    γ – 1,5% do prémio anual comercial.

7.3 – Considere um seguro misto com um capital de 25000, por um prazo de 25 anos, efectuado sobre uma pessoa de 40 anos de idade.

Passados 12 anos o segurado pretende alterar o contrato, dilatando o prazo por forma a que o prémio fique reduzido a 2/3. Diga se a operação é possível e, nesse caso, determine o novo prazo.

A carga de gestão é de 0.1% do capital e a carga de aquisição é de 1000 no primeiro ano e de 800 no segundo ano de vigência da apólice. A carga de cobrança é de 1.5%.

Capítulo 8

8.1 – Determine as seguintes probabilidades:
$${}_{10}p_{25;35;45} \; ; \; {}_{10|}q_{25;35;45} \; ; \; {}_{10|15}q_{25;35;45}.$$

8.2 – Calcule as seguintes probabilidades:
$${}_{10}p_{\overline{25;35;45}} \; ; \; {}_{10|}q_{\overline{25;35;45}} \; ; \; {}_{10|15}q_{\overline{25;35;45}}.$$

8.3 – Calcule as seguintes probabilidades:
$${}_{15}p_{\underline{20;25;30;35}}^{(2)} \; ; \; {}_{15}p_{\underline{20;25;30;35}}^{[2]}.$$

8.4 – Exprima por anuidades extinguíveis à primeira morte:
a) $a_{\overline{xyz}} \; ; \; a_{\underline{xyzwv}}^{\;\;2}$

b) $A_{\overline{xyz}} \; ; \; A_{\underline{xyzwv}}^{\;\;[3]}.$

8.5 – Calcule as seguintes probabilidades:
$${}_{15}p_{\underline{20;25;30;35}}^{(2)} \; ; \; {}_{15}p_{\underline{20;25;30;35}}^{[2]}.$$

8.6 – Desenvolva as seguintes expressões:
a) $p_{\overline{xyzw}} \; ; \; p_{\overline{xyzw}}^{\;(2)} \; ;$

b) $a_{\overline{xyzw}}^{\;(2)} \; ; \; A_{\overline{xyzw}}^{\;(3)}.$

8.7 – Desenvolva e interprete as seguintes expressões:

$\ddot{a}_{xy|\overline{zw}}$; $\ddot{a}_{xy|\overline{zw}}(\alpha)$.

Capítulo 14

14.1 – Prove que a definição original de $\mu_{jN}(t)$ é equivalente à definição alternativa,

$$\mu_{jN}(t) = -\frac{\frac{d}{dt}P_j(s,t)}{P_j(s,t)}.$$

14.2 – Considere uma cadeia de Markov hierárquica, na qual as intensidades de transição são constantes dentro de cada ano, isto é, $\mu_{jk}(t) = \mu_{jk}(n)$ para $t \in [n, n+1)$, com n inteiro. Prove que:

a) $p_{jj}(n, n+1) = P_j(n, n+1) = e^{-\mu_{jN}(n)}$;

b) $q_{j,jk}(n, n+1) = \left[\mu_{jk}(n)/\mu_{jN}(n)\right]\left(1 - e^{-\mu_{jN}(n)}\right)$.

14.3 – Determine o prémio único de um capital C, a pagar em caso de morte de $[x]$ ou em caso de invalidez total e permanente.

14.4 – Considere o exercício 14.3. Determine as expressões dos prémios indicados utilizando as notações do modelo clássico.

14.5 – Seguindo o mesmo exercício, determine as expressões (markovianas) possíveis para as reservas matemáticas passado o tempo t.

14.6 – Considere uma renda de sobrevivência anual antecipada, de valor R, a pagar a $[y]$ por morte de $[x < 65]$, caso este morra antes dos 65 anos. Após os 65 anos, caso os dois estejam vivos, a renda de sobrevivência passa para metade, mas será paga a qualquer um dos sobreviventes, por morte do outro. Todos os valores a pagar estão sujeitos a uma taxa de inflação de 2.5%.
 a) Classifique o processo de Markov;
 b) faça um diagrama de estados;

c) determine o prémio único;
d) determine o prémio anual a pagar no máximo até aos 65 anos de [x].

Capítulo 21

21.1 – Uma apólice de um seguro de vida inteira, emitida sobre uma pessoa de 35 anos de idade, pode ser anulada/resgatada ou ter o seu vencimento natural por morte da pessoa segura. Considerando as forças de resgate/anulação e de mortalidade, dadas respectivamente pelas expressões

$$\mu_r(t) = e^{-0.15t}$$

e

$$\mu_x = 10^{-4} \times 1.08^x,$$

determine as seguintes probabilidades:
a) de a apólice estar em vigor ao fim de 30 anos;
b) de a apólice sair por morte da pessoa segura, após 30 anos;
c) de a apólice sair por resgate;
d) de a apólice sair por morte.

21.2 – Considere um seguro misto, por um prazo de 5 anos, a prémios anuais nivelados, com um capital C = 10000 u.m., emitido sobre uma pessoa de 40 anos de idade. O capital será pago sempre em datas aniversárias da apólice.

Não há direito a resgate nos dois primeiros anos. Nos anos seguintes, o valor de resgate é 90% do resgate teórico.

Bases técnicas: primeira ordem

$$- i = 4\%; \ \alpha = 500 \ u.m.; \ \beta = 1\%; \ \gamma = 2\%C;$$

segunda ordem

$$- i' = 5\%; \alpha = 200 \ u.m.; \ \beta = 0.5\%; \ \gamma = 1\%C;$$

$$\mu'_x = 60\%\mu_x.$$

As probablilidades de resgate/anulação no ano t são dadas pela função

$$r_t = \frac{t}{5+t}.$$

Determine:
- a) Os vectores de cash–flows, de lucros anuais e de lucros esperados, sem considerar resgates;
- b) Considerando os valores da alínea a), determine o valor actuarial do lucro e a margem de lucro;
- c) Repita a alínea a) considerando valores de resgate;
- d) Repita a alínea b) considerando valores de resgate.

Apêndice B

Lista de símbolos

A presente lista de símbolos não pretende ser exaustiva, mas contém a maioria dos símbolos clássicos usados em matemática actuarial, respeitando sempre que possível a notação actuarial internacional.

Os símbolos em falta poderão ser criados por analogia, já que muitas das funções actuariais apresentam numerosas variantes que se repetem em quase todas. Veja-se, por exemplo, a simbologia de fraccionamento ou diferimento, aplicada em anuidades antecipadas mas, de forma idêntica, em anuidades postecipadas.

Devemos salientar ainda que alguns dos símbolos usados não são exclusivos da matemática actuarial e que, mesmo nesta, as letras do alfabeto usadas por vezes variam.

B.1 Juros e anuidades certas

i taxa de juro (em geral anual)

r $(1+i)$ valor acumulado da unidade de capital à taxa i durante um período

v $1/(1+i)$ valor actual da unidade de capital à taxa i durante um período

$\delta(t)$ taxa instantânea de capitalização

δ $\log(1+i)$, taxa instantânea de capitalização no RIC

$a_{\overline{n}|}$ valor actual de uma anuidade financeira postecipada a pagar em n períodos

$\ddot{a}_{\overline{n}|}$ valor actual de uma anuidade financeira antecipada a pagar em n períodos

B.2 Funções de sobrevivência, tábuas de mortalidade e probabilidades elementares associadas

- $[x]$ pessoa ou cabeça de idade x
- $s(x)$ Probabilidade de um recém-nascido atingir a idade x
- μ_x taxa instantânea de mortalidade à idade x
- ω última idade de uma tábua de mortalidade simples
- l_x número de vivos à idade x de uma tábua de mortalidade simples
- d_x número de mortes no grupo l_x entre as idades x e $x+1$
- $_np_x$ Probabilidade de $[x]$ atingir a idade $x+n$
- $_nq_x$ Probabilidade de $[x]$ não atingir a idade $x+n$
- $_{n|k}q_x$ Probabilidade de $[x]$ morrer entre as idades $x+n$ e $x+n+k$

B.3 Anuidades sobre uma cabeça

- $_nE_x$ valor actuarial de uma unidade de capital a pagar em n anos
- a_x valor actuarial de uma anuidade vitalícia postecipada sobre uma cabeça $[x]$
- $\ddot{a}_x$ valor actuarial de uma anuidade vitalícia antecipada
- $_{n|}a_x$ valor actuarial de uma anuidade vitalícia postecipada diferida n anos
- $_{n|}\ddot{a}_x$ valor actuarial de uma anuidade vitalícia antecipada diferida n anos
- $a_x^{(m)}$ valor actuarial de uma anuidade vitalícia postecipada fraccionada
- $\overline{a}_x$ valor actuarial de uma anuidade vitalícia contínua
- $a_{\overline{xn|}}$ valor actuarial de uma anuidade vitalícia postecipada com duração máx. n
- $(Ia)_x$ valor actuarial de uma anuidade vitalícia postecipada crescente em progressão aritmética de razão 1
- a_x^* valor actuarial de uma anuidade vitalícia postecipada com função de crescimento genérica
- (m) número de fraccções por período em qualquer anuidade fraccionada

B.4 Seguros sobre uma cabeça

A_x valor actuarial de um seguro de vida inteira de capital 1, sobre uma cabeça $[x]$

$A^1_{x\overline{n}|}$ valor actuarial de um seguro temporário de capital 1 com duração n, sobre uma cabeça $[x]$

$A_{x\overline{n}|}$ valor actuarial de um seguro misto de capital 1, com duração n

$(IA)_x$ valor actuarial de um seguro de vida inteira crescente em progressão aritmética de razão 1

A^*_x valor actuarial de um seguro de vida inteira crescente em progressão geométrica

$_{n|}A_x$ valor actuarial de um seguro de vida inteira diferido n anos

$\overline{A}_{...}$ seguro pago exactamente no momento da morte

B.5 Prémios, cargas e reservas matemáticas

$\Pi_{...}$ Prémio único puro de uma dada modalidade
$\Pi'_{...}$ Prémio único de inventário de uma dada modalidade
$\Pi''_{...}$ Prémio único comercial de uma dada modalidade
$P_{...}$ Prémio periódico constante, puro, de uma dada modalidade
$P'_{...}$ Prémio periódico constante, de inventário, de uma dada modalidade
$P''_{...}$ Prémio periódico constante, comercial, de uma dada modalidade
α carga de aquisição
β carga de cobrança
γ carga de gestão
δ carga para pagamento de rendas
$_tV_x$ reserva matemática pura no instante t
$_tV'_x$ reserva matemática de inventário no instante t
$_tV''_x$ reserva matemática comercial no instante t
zV_t reserva matemática de Zillmer no instante t
DA_t despesas de aquisição não amortizadas no instante t
$_tR_X$ valor de resgate no instante t

B.6 Seguros sobre várias cabeças – probabilidades associadas

$_tp_{x_1x_2...x_n}$	probabilidade de no grupo $[x_1, x_2, ..., x_n]$, estarem todos vivos passado t
$_tq_{x_1x_2...x_n}$	probabilidade de no grupo haver pelo menos um morto em $(0, t)$
$_{t|k}q_{x_1x_2...x_n}$	probabilidade de haver pelo menos uma morte, entre o ano t e o ano $t + k$
$[g]$	designação simbólica do grupo $[x_1, x_2, ..., x_n]$
$a_{[g]}$	valor actuarial de uma anuidade postecipada paga enquanto $[g]$ estiver vivo (todos vivos)
$\ddot{a}_{[g]}$	valor actuarial de uma anuidade antecipada paga enquanto $[g]$ estiver vivo
$e_{[g]}$	tempo de vida esperado para o grupo $[g]$
$_tp^{(r)}_{[x_1,x_2,...,x_n]}$	probabilidade de estarem pelo menos r pessoas de $[g]$ vivas passado t
$_tp^{[r]}_{[x_1,x_2,...,x_n]}$	probabilidade de estarem exactamente r pessoas de $[g]$ vivas passado t
$a^{(r)}_{[x_1,x_2,...,x_n]}$	valor actuarial de uma anuidade paga enquanto estiverem pelo menos r pessoas de $[g]$ vivas
$A^{(r)}_{[x_1,x_2,...,x_n]}$	valor actuarial de um seguro unitário pago à $(n - r + 1)^a$ morte do grupo $[g]$

B.7 Símbolos de comutação sobre uma cabeça e respectivo formulário

$$D_x = l_x v^x$$
$$N_x = D_x + D_{x+1} + ... + D_\omega$$
$$S_x = N_x + N_{x+1} + ... + N_\omega$$
$$C_x = d_x v^{x+1/2}$$
$$M_x = C_x + C_{x+1} + ... + C_\omega$$
$$R_x = M_x + M_{x+1} + ... + M_\omega$$

B.8 Anuidades e seguros expressos em símbolos de comutação

$$_nE_x = \frac{D_{x+n}}{D_x}$$

$$a_x = \frac{N_{x+1}}{D_x}$$

$$\ddot{a}_x = \frac{N_x}{D_x}$$

$$a_{\overline{xn|}} = \frac{N_{x+1} - N_{x+n+1}}{D_x}$$

$$\ddot{a}_{\overline{xn|}} = \frac{N_x - N_{x+n}}{D_x}$$

$$_{n|}a_x = \frac{N_{x+n+1}}{D_x}$$

$$_{n|}\ddot{a}_x = \frac{N_{x+n}}{D_x}$$

$$(Ia)_x = \frac{S_{x+1}}{D_x}$$

$$(Ia)_{\overline{xn|}} = \frac{S_{x+1} - S_{x+n+1} - nN_{x+n+1}}{D_x}$$

$$(I\ddot{a})_{\overline{xn|}} = \frac{S_x - S_{x+n} - nN_{x+n}}{D_x}$$

$$(Ia)_x^{(m)} = \frac{S_{x+1} + \frac{m-1}{2m}N_x}{D_x}$$

$$A_x = \frac{M_x}{D_x}$$

$$A^1_{\overline{xn|}} = \frac{M_x - M_{x+n}}{D_x}$$

$$A_{\overline{xn|}} = \frac{M_x - M_{x+n} + D_{x+n}}{D_x}$$

$$(IA)_x = \frac{R_x}{D_x}$$

$$(IA)^1_{\overline{xn|}} = \frac{R_x - R_{x+n} - nM_{x+n}}{D_x}$$

Apêndice C

Soluções/tópicos de resolução de exercícios

Capítulo 1

1.1
  a) $_{20}q_{45} = 1 - {_{20}p_{45}} = 1 - \frac{88978}{96810} = 8.090 \times 10^{-2}$.

  b) $_{40|30}q_{30} = {_{40}p_{30}} - {_{70}p_{30}} = \frac{84440-1479}{98371} = 0.8433$

  $_{40}p_{30} = \frac{84440}{98371} = 0.8584$.

  O segundo acontecimento tem probabilidade superior porque contém o primeiro.
  Os valores são próximos já que poucas pessoas sobrevivem aos cem anos.

  c) $_{40|10}q_{35} = \frac{77104-46455}{98031} = 0.3126$

  d) $_{10}q_{25} + {_{35}p_{25}} = 1 - {_{10|25}q_{25}} = .9394$

1.2
  a) $s(x)$ é função contínua e diferenciável em $\mathbb{R}$.

  $s(0) = 1 : s'(x) = \frac{-105-2x}{22050} : \frac{-105-2x}{22050} < 0$ para $x \in \left(-\frac{105}{2}, \infty\right)$

  Assim, para $x > 0$ a função é estritamente decrescente.

  $s(105) = 0$, logo $\omega = 105$.

  b) $\mu_x = -\frac{s'(x)}{s(x)} = \frac{-2x-105}{105x+x^2-22050}$

  c) Para $x = 50$, por exemplo, temos $\mu(50) = 1.4335664 \times 10^{-2}$

Por outro lado, considerando

$$l(x) = 1000000 * \frac{22050 - 105x - x^2}{22050},$$

temos $\mu(50) \simeq \frac{1}{2}(\ln(l_{49}) - \ln(l_{51})) = 1.4337649 \times 10^{-2}$.

1.3
A probabilidade pedida obtém-se pelo produto

$$_3p^*_{35} \times {}_{17}p_{38},$$

no qual o primeiro factor tem um agravamento que se pode calcular por

$$_3p^*_{35} = e^{-\int_0^3 2\mu_{x+t}dt} = \left(e^{-\int_0^3 \mu_{x+t}dt}\right)^2 = ({}_3p_{35})^2 = .9943.$$

Resultado: $.9943 \times .9638 = 0.9583$.

1.4
Comecemos por determinar a função de sobrevivência:

$$\begin{aligned}s(x) &= {}_xp_0 = e^{-\int_0^x \mu_t dt} = e^{-\int_0^x \frac{1}{110-t}dt} \\ &= e^{[\ln(110-t)]_0^x} = e^{\ln\frac{110-x}{110}} \\ &= \frac{110-x}{110},\end{aligned}$$

pelo que, considerando a raiz da tábua $l_0 = 1.0 \times 10^6$, temos

$$l_x = 9090.9091 \times (110 - x), \text{ com } \omega = 110.$$

1.5 – Sabendo que $l_x = bs^x \omega^{x^2} g^{c^x}$, temos:

$$\begin{aligned}\mu_x &= -\frac{\frac{d}{dx}\left(bs^x \omega^{x^2} g^{c^x}\right)}{bs^x \omega^{x^2} g^{c^x}} \\ &= -(\ln s) - 2x(\ln \omega) - (\ln c \ln g) c^x.\end{aligned}$$

1.6 a)
$$\int_0^{\omega-x} l_{x+t}\mu_{x+t}dt = \int_0^{\omega-x} l_{x+t}\frac{-l'_{x+t}}{l_{x+t}}dt = [-l_{x+t}]_0^{\omega-x} = l_x.$$

b) Resposta óbvia atendendo ao resultado anterior.
$$\int_0^{\omega-x} {}_tp_x\mu_{x+t}dt = \int_0^{\omega-x} \frac{l_{x+t}}{l_x}\frac{-l'_{x+t}}{l_{x+t}}dt = \frac{1}{l_x}\int_0^{\omega-x} l_{x+t}\frac{-l'_{x+t}}{l_{x+t}}dt = 1.$$

1.7 a)
$$\frac{d}{dt}{}_tp_x = \frac{\frac{d}{dt}l_{x+t}}{l_x} = \frac{\frac{d}{dt}l_{x+t}}{l_{x+t}}\frac{l_{x+t}}{l_x} = -{}_tp_x\mu_{x+t}.$$

b)
$$\frac{d}{dx}{}_tp_x = \frac{d}{dx}\frac{l_{x+t}}{l_x} = \frac{l_x \times \frac{d}{dx}l_{x+t} - l_{x+t}\times \frac{d}{dx}l_x}{l_x^2}$$
$$= \frac{l'_{x+t}}{l_{x+t}}\frac{l_{x+t}}{l_x} - \frac{l_{x+t}}{l_x}\frac{l'_x}{l_x}$$
$$= {}_tp_x\left(\mu_x - \mu_{x+t}\right).$$

1.8 a)
$$P(N_{95}=0) = ({}_{60}q_{35})^{150} : .91718946^{150} = 2.338\,074\,3 \times 10^{-6}$$

b)
$$P(N_{85} \geq 100) = \sum_{i=100}^{150}\binom{150}{i}(0.473880711)^i(1-0.473880711)^{150-i}$$
$$= 1.492\,062\,9 \times 10^{-6}$$

c)
$$E(N_{85}) = 0.473880711 \times 150 = 71.082\,107$$

$$P(\mu - h < N_{85} < \mu + h) = .90 \to h \simeq 10$$

$$R : (61, 81)$$

d)
$$R : (73, 93)$$

Capítulo 3

3.1
$$a_{30} = \sum_{t=1}^{110-30-1} v^t \times {}_tp_{30} = \frac{N_{31}}{D_{30}} = 21.163;$$

$$\ddot{a}_{30\overline{35|}} = \sum_{t=0}^{34} v^t \times {}_tp_{30} = \frac{N_{30} - N_{65}}{D_{30}} = 19.037;$$

$$_{35|}a_{30} = \sum_{t=36}^{110-30-1} v^t \times {}_tp_{30} = {}_{35}E_{30}a_{65} = \frac{D_{65}}{D_{30}}\frac{N_{66}}{D_{65}} = \frac{N_{66}}{D_{30}} = 2.897.$$

3.2
Nota: na ausência de notação própria, representaremos o valor actuarial por Π, símbolo reservado normalmente para o prémio único.

$$\Pi = 10^6 v^{30} \left({}_5p_{30} - {}_{25}p_{30} \right) = 11960.273$$

3.3
$$\Pi = 1000 \times 12 \times {}_{30|}a_{35}^{(12)} = 12000 \times 3.6649 = 43978.8$$

3.4
$$\Pi = 1000 \times {}_{30}E_{35}\left[12a^{(12)}_{\overline{10|}} + 12\,{}_{10}E_{65}a^{(12)}_{75}\right]$$
$$= 1000 \times {}_{30}E_{35}a^{(j)}_{\overline{120|}} + 12000 \times {}_{40}E_{35}a^{(12)}_{75}.$$

Considerando a taxa de substituição mensal
$$j = 1.04^{1/12} - 1,$$
$$a^{(j)}_{\overline{120|}} = 99.1037.$$

Como
$${}_{40}E_{35}a^{(12)}_{75} = 1.4748 \text{ e}$$
$${}_{30}E_{35} = .279846,$$

$\Pi = 1000 \times .279846 \times 99.1037 + 12000 \times 1.4748 = 45431.374.$

3.5 Considerando que o valor indicado é recebido postecipadamente, teremos:
$$VASF = 11000 \times a^*_{\overline{3035|}}.$$

Considerando a taxa equivalente
$$i = \frac{1.0608}{1.02} - 1 = 0.04,$$

a anuidade pode ser calculada normalmente a 4% ou seja,
$$VASF = 11000 \times a_{\overline{3035|}} = 11000 \times 18.26663165 = 200932.95.$$

Admitindo que só há crescimento a partir do 2º ano, teremos
$$VASF = 2.0093295 \times 10^5/1.02 = 196993.09.$$

A utilização de uma anuidade fraccionada mensal daria
$$VASF = 11000 \times 18.619907/1.02 = 200802.92.$$

Note-se que os valores exactos dependem da forma de pagamento dos subsídios de Natal e férias.

3.6
$$\begin{aligned}\Pi &= 1000\ddot{a}_{40\overline{35|}} - 20\,(Ia)_{40\overline{34|}} \\ &= 1000 \times 17.8222 - 20 \times \frac{S_{41} - S_{75} - 34N_{75}}{D_{40}} \\ &= 1000 \times 17.8222 - 20 \times 236.1859456 = 13098.481\end{aligned}$$

3.7

$$\Pi = 1000\ddot{a}_{40\overline{5|}} + 900\,_{5|5}\ddot{a}_{40} + 800\,_{10|5}\ddot{a}_{40} + \ldots + 400\,_{30|5}\ddot{a}_{40}.$$

Capítulo 4

4.1
$$\Pi = 10000 A_{40} = \sum_{k=0}^{\infty} \left(\frac{1}{1.04}\right)^{k+1} \times\,_{k|}q_{40} = 10000 \times \frac{M_{40}}{D_{40}} = 2102.38.$$

4.2

$$\Pi = 10000\overline{A}_{40}^{*} \simeq \sum_{k=0}^{\infty} \left(\frac{1.02}{1.0608}\right)^{k+1/2} \times\,_{k|}q_{40} = 10000 A_{40}^{4\%} = 2144.02.$$

4.3
Considerando a taxa de substituição mensal
$$j = 1.04^{1/12} - 1,$$

temos:

$$\begin{aligned}\Pi &= 1000 a_{\overline{120|}}^{(j)} \times \overline{A}_{30\overline{35|}}^{1} + 500 \times 12 \times\,_{35|}a_{30}^{(12)} \\ &= 1000 \times 99.1037 \times .039338 + 6000 \times 3.0018 = 21909.341.\end{aligned}$$

4.4
Para uma pessoa saudável e um capital unitário temos

$$\Pi = \overline{A}_x = \int_0^\infty v^t \, _tp_x \mu_{x+t} dt.$$

Para uma pessoa com o agravamento indicado teremos

$$\Pi = \overline{A}'_x = \int_0^\infty v^t \, _tp'_x \left(1 + \frac{k}{100}\right) \mu_{x+t} dt,$$

com

$$_tp'_x = e^{-\left(1+\frac{k}{100}\right)\int_0^\infty \mu_{x+t}dt} = \left(e^{-\int_0^\infty \mu_{x+t}dt}\right)^{1+\frac{k}{100}} = \, _tp_x^{1+\frac{k}{100}} \leq \, _tp_x.$$

Teremos assim

$$\Pi \leq \left(1 + \frac{k}{100}\right) \overline{A}_x.$$

Na prática, para valores de k não muito elevados, a igualdade justifica-se.

Capítulo 5

5.1
$$\Pi = 10000 \times A_{40} = 2102.38;$$

$$P = \frac{\Pi}{\ddot{a}_{40\overline{50|}}} = \frac{2102.38}{20.3859} = 103.13;$$

$$\begin{aligned}\Pi' &= \Pi + V_\gamma = \Pi + .02 \times 103.13 \times \ddot{a}_{40} \\ &= 2102.38 + .02 \times 103.13 \times 20.5338 = 2144.733;\end{aligned}$$

$$P' = \frac{\Pi'}{\ddot{a}_{40\overline{50|}}} = \frac{2144.733}{20.3859} = 105.21;$$

$$\Pi'' = \Pi' + V_\alpha + V_\beta = \Pi' + .05 \times P'' \times \ddot{a}_{40\overline{3|}} + .01 P'' \ddot{a}_{40\overline{50|}};$$

$$P'' = \frac{\Pi''}{\ddot{a}_{40\overline{50|}}} = \frac{\Pi' + .05 \times P'' \times \ddot{a}_{40\overline{3|}}}{\ddot{a}_{40\overline{50|}}} + .01 P'',$$

$$P'' \left(1 - .01 - \frac{.05 \times 2.882517}{20.3859}\right) = \frac{2144.733}{20.3859}$$

$$P'' = 107.03374$$

$$\Pi'' = 107.03374 \times 20.3859 = 2181.9791$$

Nota: os prémios poderiam ser todos calculados por unidade de capital e somente no final multiplicados pelo capital, para se obter o valor em unidades monetárias. No caso presente, trata-se apenas de uma decalagem decimal.

5.2 Trata-se de um seguro de tipo misto no qual o capital em caso de morte é pago em cinco tranches anuais de 10000 u.m. cada. Assim, teremos:

$$\Pi = 10000 \times \ddot{a}_{\overline{5|}} \times \overline{A}^{1}_{35\overline{25|}} + 25000 \times {}_{25}E_{35};$$

$$P = \frac{\Pi}{\ddot{a}_{35\overline{25|}}};$$

$$\Pi' = \Pi + V_\gamma = \Pi + .01P''\,(I\ddot{a})_{35\overline{25|}}$$

$$P' = \frac{\Pi'}{\ddot{a}_{35\overline{25|}}};$$

$$\Pi'' = \Pi' + V_\alpha + V_\beta = \Pi + .01P''\,(Ia)_{35\overline{25|}} + .05 \times P'' \times \ddot{a}_{35\overline{3|}} + .01P''\ddot{a}_{35\overline{25|}};$$

$$P'' \times \ddot{a}_{35\overline{25|}} = \Pi + .01P''\,(Ia)_{35\overline{25|}} + .05 \times P'' \times \ddot{a}_{35\overline{3|}} + .01P''\ddot{a}_{35\overline{25|}};$$

$$P'' = \frac{\Pi}{.99 \times \ddot{a}_{35\overline{25|}} - .01 \times (Ia)_{35\overline{25|}} - .05 \times \ddot{a}_{35\overline{3|}}} = \ldots$$

Trata-se de determinar um período de garantia que permita o referido reembolso, ou seja, há que resolver a equação

$$\Pi'' = 1000 \times \left(a_{\overline{n|}} + {}_{n|}a_{60}\right) \times 1.02,$$

sujeita a
$$1000 \times n \geq \Pi''.$$

Esta questão não tem solução analítica, mas pode ser resolvida facilmente numa folha de cálculo, começando por considerar uma primeira aproximação com $n = Int\,(a_{60} + 1)$. Depois, ir incrementando n, sucessivamente, até que a desigualdade anterior se verifique.

5.4
$$\Pi = 20000 \times A_{40\overline{20|}} = 20000 \times .4662 = 9324;$$

$$P = \frac{\Pi}{\ddot{a}_{40\overline{20|}}} = \frac{20000 \times .4662}{13.896297} = 670.97;$$

$$\Pi' = \Pi + V_\gamma = \Pi + .03 \times P'' \times \ddot{a}_{40\overline{20}|}$$

$$P' = \frac{\Pi'}{\ddot{a}_{40\overline{20}|}};$$

$$\Pi'' = \Pi' + V_\alpha + V_\beta = \Pi + .03 \times P''\ddot{a}_{40\overline{20}|} + .05 \times P'' \times \ddot{a}_{40\overline{3}|} + .01 \times P'' \times \ddot{a}_{40\overline{20}|};$$

$$P'' \times \ddot{a}_{40\overline{20}|} = \Pi + .03 \times P''\ddot{a}_{40\overline{20}|} + .05 \times P'' \times \ddot{a}_{40\overline{3}|} + .01 \times P'' \times \ddot{a}_{40\overline{20}|};$$

$$P'' = \frac{\Pi}{.96 \times \ddot{a}_{40\overline{20}|} - .05 \times \ddot{a}_{40\overline{3}|}} = \frac{9324}{.96 \times 13.896297 - .05 \times 2.882517} = 706.56$$
$$\Pi' = 9618.56$$
$$\Pi'' = 9818.57.$$

Nota: os prémios poderiam ser todos calculados por unidade de capital e somente no final multiplicados pelo capital para obter o valor em unidades monetárias.

5.5 – Tópicos de resolução

$$C = \sum_{i=1}^{10} \left(11000 - i1000\right)/1.04^{i-1} = 49116.71$$

$$\Pi = C \times A_{\substack{1 \\ 35\overline{30}|}} + {}_{30}E_{35}\left(20000 + 5000 \times a^*_{65}\right) = ...; P = \frac{\Pi}{\ddot{a}_{35\overline{30}|}}$$

$$\Pi' = \Pi + V_\gamma = \Pi + .005 P'' (I\ddot{a})_{35\overline{30}|} : P' = \frac{\Pi'}{\ddot{a}_{35\overline{30}|}};$$

$$\Pi'' = \Pi' + V_\alpha + V_\beta + V_\delta$$
$$= \Pi' + .05 \times P'' \times \ddot{a}_{35\overline{3}|} + .005 \times P'' \times \ddot{a}_{35\overline{30}|} + 50\,_{30}E_{35} \times a^*_{65};$$

$$P'' \times \ddot{a}_{35\overline{30}|} = \Pi' + .05 \times P'' \times \ddot{a}_{35\overline{3}|} + .005 \times P'' \times \ddot{a}_{35\overline{30}|} + 5000\,_{30}E_{35} \times a^*_{65}$$
$$P'' = \ldots$$

Capítulo 6

6.1
$$\Pi = {}_{30}E_{35}\left(a_{\overline{10}|} + {}_{10|}a_{65}\right) = 3.6689;$$

$$P = \frac{\Pi}{\ddot{a}_{35\overline{30}|}} = .2085;$$

Admitindo que a pessoa segura continua viva, teremos:

a) $\quad {}_5V_{35} = {}_{25}E_{40}\left(a_{\overline{10}|} + {}_{10|}a_{65}\right) - P\ddot{a}_{40\overline{25}|} = \ldots;$

b) $\quad {}_{35}V_{35} = a_{\overline{5}|} + {}_{5|}a_{70} = 7.5405.$

6.2
$$\Pi = 10000 A^1_{35\overline{30}|} + 30P\,_{30}E_{35} = 10000 A^1_{35\overline{30}|} + 30\frac{\Pi}{\ddot{a}_{35\overline{30}|}}\,_{30}E_{35}$$

$$\Pi = \frac{10000 A^1_{35\overline{30}|}}{1 - 30\frac{{}_{30}E_{35}}{\ddot{a}_{35\overline{30}|}}} = 733.2364$$

$$P = \frac{\Pi}{\ddot{a}_{35\overline{30}|}} = 34.6958.$$

a) O cálculo da reserva é agora imediato.

$$_{15}V_{35} = 10000A^1_{50\overline{15|}} + 30P\,_{15}E_{50} - P\ddot{a}_{50\overline{15|}} = \ldots$$

b) Uma simples interpolação resolve o problema, considerando que logo após a data aniversária é pago o prémio do 16º ano.

$$_{15.3}V_{35} \simeq 0.7 \times (_{15}V_{35} + P) + 0.3 \times {}_{16}V_{35},$$

$$_{16}V_{35} = 10000A^1_{51\overline{14|}} + 30P\,_{14}E_{51} - P\ddot{a}_{51\overline{14|}}.$$

6.3
$$\Pi = 1000 \times {}_{30|}a_{35} + P\,(IA)_{35\overline{30|}} = 1000 \times {}_{30|}a_{35} + \frac{\Pi}{\ddot{a}_{35\overline{30|}}}(IA)_{35\overline{30|}};$$

$$\Pi = \frac{1000 \times {}_{30|}a_{35}}{1 - \frac{(IA)_{35\overline{30|}}}{\ddot{a}_{35\overline{30|}}}};$$

$$P = \frac{\Pi}{\ddot{a}_{35\overline{30|}}}.$$

$$_{10}V_{35} = 1000 \times {}_{20|}a_{45} + 10PA^1_{45\overline{20|}} + P\,(IA)_{45\overline{20|}} - P\ddot{a}_{45\overline{20|}}.$$

6.4 Considerando a taxa de substituição mensal j, teremos:

$$\Pi = 10000A^1_{35\overline{30|}} + 1000\ddot{a}^{(j)}_{\overline{24|}}\,_{30}E_{35} + 30\frac{\Pi}{\ddot{a}_{35\overline{30|}}}\,_{30}E_{35}$$

$$\Pi = \frac{10000A^1_{35\overline{30|}} + 1000\ddot{a}^{(j)}_{\overline{24|}}\,_{30}E_{35}}{1 - 30\frac{{}_{30}E_{35}}{\ddot{a}_{35\overline{30|}}}}.$$

$$P = \frac{\Pi}{\ddot{a}_{35\overline{30|}}}.$$

a) A reserva será então

$$_{15}V_{35} = 10000 A^1_{50\overline{15}|} + \left(30P + 1000\ddot{a}^{(j)}_{\overline{24}|}\right) {}_{15}E_{50} - P\ddot{a}_{50\overline{15}|} = \ldots$$

b) Expressão idêntica à do exercício 6.2.

6.5 O valor actuarial das despesas de aquisição pode representar-se pela expressão

$$V_\alpha = 1000 = v_\alpha \times \ddot{a}_{30\overline{20}|},$$

pelo que a amortização anual contida no prémio comercial é

$$v_\alpha = \frac{1000}{\ddot{a}_{30\overline{20}|}}.$$

Ao fim de 5 anos, antes do pagamento do 6º prémio, o que falta pagar será então

$$DA_5 = v_\alpha \, \ddot{a}_{35;\overline{15}|}.$$

6.6 Como é sabido,

$$_zV_t = {}_tV_x - DA_t.$$

Neste caso,

$$V_\alpha = 1000 + 800 \, {}_1E_{40} = v_\alpha \times \ddot{a}_{40\overline{20}|},$$

pelo que a amortização anual contida no prémio comercial é

$$v_\alpha = \frac{1000 + 800 \, {}_1E_{40}}{\ddot{a}_{40\overline{20}|}}.$$

Ao fim de 10 anos, antes do pagamento do 11º prémio, o que falta pagar será então

$$DA_{10} = v_\alpha \, \ddot{a}_{50\overline{10}|},$$

pelo que

$$_zV'_t = 25000\left(A_{50\overline{15|}} + .01\ddot{a}_{50\overline{15|}}\right) - \left(\frac{25000\left(A_{40\overline{25|}} + .01\ddot{a}_{40\overline{25|}}\right) + 1000 + 800\,_1E_{40}}{\ddot{a}_{40\overline{20|}}}\right)\ddot{a}_{50\overline{10|}}.$$

Capítulo 7

7.1 Aproveitando os cálculos do exercício 6.1 temos:

$$\Pi = 1000 \times 3.6689 = 3668.9;$$
$$\Pi' = \Pi + 1000 \times .03 \times \ddot{a}_{35\overline{30|}};$$

$$P = 1000 \times .1736 = 173.6;$$

$$P' = P + 30 = 203.6.$$

Por outro lado,

$$_{10}V'_{35} = 1015 \times\,_{20}E_{45}\left(a_{\overline{10|}} +\,_{10|}a_{65}\right) + .03 \times 1000 \times \ddot{a}_{45\overline{20|}} - P'\ddot{a}_{45\overline{20|}};$$

Considerando as despesas de aquisição a amortizar por ano, temos

$$v_\alpha = \frac{100\left(1 +\,_1E_{35}\right)}{\ddot{a}_{35\overline{30|}}}.$$

Ao fim de 10 anos, antes do pagamento do 11º prémio, o que falta pagar será então,

$$DA_{10} = v_\alpha\,\ddot{a}_{45\overline{20|}},$$

pelo que o novo prémio comercial será

$$P''_1 = \frac{1015 \times\,_{20}E_{45} \times a_{65} + 30\ddot{a}_{45\overline{20|}} -\,_{10}V'_{35} + DA_{10}}{\ddot{a}_{45\overline{20|}}}/.99$$

7.2 A operação solicitada parece possível e não apresenta riscos adicionais não mensuráveis. Começando por calcular os valores do actual contrato, temos:

$$\Pi = 10000 A^1_{35\overline{30|}} + 30 P''\,_{30}E_{35}$$

$$\Pi' = \Pi + .015 P'' \ddot{a}_{35\overline{30|}}$$

$$\begin{aligned}\Pi'' &= \Pi' + 100 \times \ddot{a}_{35\overline{3|}} + .01 P'' \ddot{a}_{35\overline{30|}} \\ &= 10000 A^1_{35\overline{30|}} + 30 P''\,_{30}E_{35} + .015 P'' \ddot{a}_{35\overline{30|}} + 100 \times \ddot{a}_{35\overline{3|}} + .01 P'' \ddot{a}_{35\overline{30|}}\end{aligned}$$

$$P'' \ddot{a}_{35\overline{30|}} = P'' \left(30\,_{30}E_{35} + .015 \ddot{a}_{35\overline{30|}} + .01 P'' \ddot{a}_{35\overline{30|}}\right) + 10000 A^1_{35\overline{30|}} + 100 \times \ddot{a}_{35\overline{3|}}$$

$$\begin{aligned}P'' &= \frac{10000 A^1_{35\overline{30|}} + 100 \times \ddot{a}_{35\overline{3|}}}{\ddot{a}_{35\overline{30|}} - \left(30\,_{30}E_{35} + .015 \ddot{a}_{35\overline{30|}} + .01 P'' \ddot{a}_{35\overline{30|}}\right)} \\ &= \frac{10000 A^1_{35\overline{30|}} + 100 \times \ddot{a}_{35\overline{3|}}}{\ddot{a}_{35\overline{30|}}(1 - .015 - .01) - 30\,_{30}E_{35}} \\ &= \frac{10000 \times .04421502 + 100 \times 2.883524089}{17.59673902 \times .975 - 30 \times .279845951} \\ &= 83.377\end{aligned}$$

$$\begin{aligned}P' &= \frac{10000 A^1_{35\overline{30|}} + 30 P''\,_{30}E_{35} + .015 P'' \ddot{a}_{35\overline{30|}}}{\ddot{a}_{35\overline{30|}}} \\ &= \frac{10000 \times .04421502 + 30 \times 83.377 \times .279845951 + .015 \times 83.377 \times 17.59673902}{17.59673902} \\ &= 66.157\end{aligned}$$

$$\begin{aligned}_{10}V'_{35} &= 10000 A^1_{45\overline{20|}} + 30 P''\,_{20}E_{45} + 1.250\,655 \ddot{a}_{45\overline{20|}} - 66.157 \ddot{a}_{45\overline{20|}} \\ &= 10000 \times .05120 + 30 \times 83.377 \times .41946 + 1.250\,65 \times 13.7885 - 66.157 \times 13.7885 \\ &= 666.291\,.\end{aligned}$$

Considerando as despesas de aquisição a amortizar por ano temos,

$$v_\alpha = \frac{100 \times \ddot{a}_{35\overline{3}|}}{\ddot{a}_{35\overline{30}|}} = \frac{100 \times 2.8835240}{17.596739} = 16.386\,7.$$

Ao fim de 10 anos, antes do pagamento do 11º prémio, o que falta amortizar será então

$$DA_{45\overline{20}|} = 16.386\,7\ddot{a}_{45\overline{20}|} = 16.386\,7 \times 13.7885 = 225.948,$$

pelo que o novo prémio comercial se pode determinar pela expressão

$$P_1'' = \frac{10000 \times A_{45} - {}_{10}V_{35}' + DA_{45\overline{20}|}}{\ddot{a}_{45}}/.985$$
$$= \frac{10000 \times .254597633 - 666.291 + 225.948}{19.509}/.975$$
$$= 110.7\,.$$

7.3 Do ponto de vista de risco moral a operação é pacífica. Vejamos se é actuarialmente possível.

$$\Pi = 25000 \times A_{40\overline{25}|} = 25000 \times .390677812 = 9766.945;$$
$$\Pi' = \Pi + 25 \times \ddot{a}_{40\overline{25}|} = 9766.945 + 25 \times 15.86685 = 10163.616$$

$$\Pi'' = \Pi' + 1000 + 800 \times {}_1E_{40} + .015 \times P'' \times \ddot{a}_{40\overline{25}|}$$
$$P'' \times \ddot{a}_{40\overline{25}|} = 10163.616 + 1000 + 800 \times .9603456 + .015 \times P'' \times \ddot{a}_{40\overline{25}|}$$

$$P'' = \frac{10163.616 + 1000 + 800 \times .9603456}{.985 \times 15.86685} = 763.45$$

$$P' = \frac{10163.616}{15.86685} = 640.56$$

$$\begin{aligned}{}_{12}V_{40}' &= 25000 A_{52\overline{13}|} + 25 \times \ddot{a}_{52\overline{13}|} - 640.56 \times \ddot{a}_{52\overline{13}|} \\ &= 25000 \times .610611769 + 25 \times 10.14898635 - 640.56 \times 10.14898635 \\ &= 9017.984\,2\end{aligned}$$

$$DA_{52\overline{13}|} = \frac{1000 + 800 \times .9603456}{15.86685} \times 10.14898635 = 1131.050\,8,$$

pelo que o resgate teórico ou valor disponível para a alteração será

$$R_{12} = 9017.9842 - 1131.0508 = 7886.9334.$$

Note-se que, abatendo a totalidade das despesas de aquisição não amortizadas, a transformação deve ser efectuada a prémio de inventário.
A questão que se pretende resolver passa agora pela equação

$$P_1'' = \frac{2}{3}P'' = 508.97 = \frac{25000A_{\overline{52k|}} + 25 \times \ddot{a}_{\overline{52k|}} + .015 \times 508.97 \times \ddot{a}_{\overline{52k|}} - 7886.9334}{\ddot{a}_{\overline{52k|}}},$$

ou

$$\frac{25000A_{\overline{52k|}} - 7886.9334}{\ddot{a}_{\overline{52k|}}} = 476.33545,$$

cuja solução, não analítica, se obtém por uma simples folha de cálculo.
Os resultados mais próximos encontrados são:

$$\begin{array}{cc} K & P'' \\ 16 & 496,880488 \\ 17 & 439,2887813 \end{array}$$

No caso presente não existe solução com k inteiro, pelo que o prémio proposto deveria passar, em nosso entender, para o valor inferior mais próximo, ou seja, o correspondente a um novo prazo de 17 anos.
Pode ainda verificar-se que em muitas modalidades com uma ligeira dilatação do prazo se obtém uma diminuição significativa do prémio anual.

Capítulo 8

8.1

$$_{10}p_{25;35;45} = \frac{l_{35}}{l_{25}} \times \frac{l_{45}}{l_{35}} \times \frac{l_{55}}{l_{45}} = \frac{l_{55}}{l_{25}} = .9551$$

$$\begin{aligned}_{10|}q_{25;35;45} &= {}_{10}p_{25;35;45} - {}_{11}p_{25;35;45} = .9551 - \frac{l_{36}}{l_{25}} \times \frac{l_{46}}{l_{35}} \times \frac{l_{56}}{l_{45}} \\ &= .9551 - 0.94057 = 0.01453\end{aligned}$$

$$_{10|15}q_{25;35;45} = {}_{10}p_{25;35;45} - {}_{25}p_{25;35;45} = .9551 - .7950 = .1601$$

8.2
$$_{10}p_{\overline{25;35;45}} = {}_{10}p + {}_{10}p_{35} + {}_{10}p_{45} - {}_{10}p_{25} \times {}_{10}p_{35}$$
$$- {}_{10}p_{25} \times {}_{10}p_{45} - {}_{10}p_{35} \times {}_{10}p_{45} + {}_{10}p_{25;35;45}$$
$$\text{ou então} = 1 - {}_{10}q_{\overline{25;35;45}} = 1 - {}_{10}q_{25} \times {}_{10}q_{35} \times {}_{10}q_{45}$$

$$_{10|}q_{\overline{25;35;45}} = {}_{10}p_{\overline{25;35;45}} - {}_{11}p_{\overline{25;35;45}}$$

$$_{10|15}q_{\overline{25;35;45}} = {}_{10}p_{\overline{25;35;45}} - {}_{25}p_{\overline{25;35;45}}.$$

8.3
$$_{15}p^{(2)}_{\overline{20;25;30;35}} \equiv \frac{Z^2}{(1+Z)^2} = Z^2 - 2Z^3 + 3Z^4 + \ldots$$
$$= \left({}_{15}p_{20;25} + {}_{15}p_{20;30} + {}_{15}p_{20;35} + {}_{15}p_{25;30} + {}_{15}p_{25;35} + {}_{15}p_{30;35}\right)$$
$$-2 \times \left({}_{15}p_{20;25;30} + {}_{15}p_{20;25;35} + {}_{15}p_{20;30;35} + {}_{15}p_{25;30;35}\right)$$
$$+3 \times {}_{15}p_{20;25;30;35};$$

Nota: supondo independência entre os diversos intervenientes, o restante desenvolvimento é imediato.

$$_{15}p^{[2]}_{\overline{20;25;30;35}} = {}_{15}p^{(2)}_{\overline{20;25;30;35}} - {}_{15}p^{(3)}_{\overline{20;25;30;35}} \equiv \frac{Z^2}{(1+Z)^3} = Z^2 - 3Z^3 + 6Z^4 + \ldots$$
$$= \left({}_{15}p_{20;25} + {}_{15}p_{20;30} + {}_{15}p_{20;35} + {}_{15}p_{25;30} + {}_{15}p_{25;35} + {}_{15}p_{30;35}\right)$$
$$-3 \times \left({}_{15}p_{20;25;30} + {}_{15}p_{20;25;35} + {}_{15}p_{20;30;35} + {}_{15}p_{25;30;35}\right)$$
$$+6 \times {}_{15}p_{20;25;30;35}.$$

8.4
a)
$$a_{\overline{xyz}} = \sum_k v^k \, {}_k p_{\overline{xyz}}.$$

Como
$$_k p_{\overline{xyz}} \equiv Z - Z^2 + Z^3 - \ldots,$$

temos $\quad a_{\overline{xyz}} = a_x + a_y + a_z - a_{xy} - a_{xz} - a_{yz} + a_{xyz}.$

$$a_{\overline{xyzwv}^2} = \sum_k v^k {}_k p_{\overline{xyzwv}^{(2)}}.$$

Como
$${}_k p_{\overline{xyzwv}^{(2)}} \equiv Z^2 - 2Z^3 + 3Z^4 - 4Z^5 + ...,$$

vem
$$\begin{aligned}
a_{\overline{xyzwv}^2} =\ & a_{xy} + a_{xz} + a_{xw} + a_{xv} + a_{yz} + a_{yw} + a_{yv} + a_{zw} + a_{zv} + a_{wv} \\
& -2 \times (a_{xyz} + a_{xyw} + ...) \\
& +3 \times (a_{xyzw} + a_{xyzv} + ...) \\
& -4 \times a_{xyzwv}.
\end{aligned}$$

b)
$$A_{\overline{xyz}} \simeq v^{1/2} \ddot{a}_{\overline{xyz}} - v^{-1/2} a_{\overline{xyz}}.$$

Por outro lado, da alínea anterior, sabemos que
$$\begin{aligned}
a_{\overline{xyz}} &= a_x + a_y + a_z - a_{xy} - a_{xz} - a_{yz} + a_{xyz} \text{ e que} \\
\ddot{a}_{\overline{xyz}} &= \ddot{a}_x + \ddot{a}_y + \ddot{a}_z - \ddot{a}_{xy} - \ddot{a}_{xz} - \ddot{a}_{yz} + \ddot{a}_{xyz}.
\end{aligned}$$

$$A_{\overline{xyzwv}^{[3]}} \simeq v^{1/2} \ddot{a}_{\overline{xyzwv}^{[3]}} - v^{-1/2} a_{\overline{xyzwv}^{[3]}}$$

O desenvolvimento far-se-ia de idêntica forma, atendendo a que

$$\frac{Z^3}{(1+Z)^4} = Z^3 - 4Z^4 + 10Z^5 + ...$$

8.5
$$15 p_{\overline{20;25;30;35}^{(2)}} = 15 p_{\overline{U;30;35}^{(2)}},$$

em que se considerou o estado $U = \overline{20;25}$., ou seja estar pelo menos uma destas cabeças vivas ao fim de um determinado tempo.

O desenvolvimento torna-se agora mais simples:

$$\begin{aligned}{}_{15}p^{(2)}_{\overline{U;30;35}} &\equiv \frac{Z^2}{(1+Z)^2} = Z^2 - 2Z^3 + 3Z^4 + ... \\ &= \left({}_{15}p_{U;30} + {}_{15}p_{U;35} + {}_{15}p_{30;35}\right) \\ &\quad - 2 \times {}_{15}p_{U;30;35}.\end{aligned}$$

Por outro lado, seja qual for X, extinguível à primeira morte e independente de U,

$$_{15}p_{UX} = {}_{15}p_{\overline{20;25};X} = {}_{15}p_{20;X} + {}_{15}p_{25;X} - {}_{15}p_{20;25;X},$$

pelo que

$$\begin{aligned}{}_{15}p^{(2)}_{\overline{20;25;30;35}} &= \left({}_{15}p_{20;30} + {}_{15}p_{25;30} - {}_{15}p_{20;25;30} + {}_{15}p_{20;35} + {}_{15}p_{25;35} - {}_{15}p_{20;25;35}\right) \\ &\quad + {}_{15}p_{30;35} - 2 \times \left({}_{15}p_{20;30;35} + {}_{15}p_{25;30;35} - {}_{15}p_{20;25;30;35}\right).\end{aligned}$$

O desenvolvimento de

$$_{15}p^{[2]}_{\overline{20;25;30;35}}$$

far-se-ia de forma idêntica, bastando alterar os coeficientes do quociente polinomial.

8.6

a)
$$\begin{aligned}p_{\overline{xyzw}} &= p_{\overline{xy}} + p_z + p_w - p_{\overline{xy}z} - p_{\overline{xy}w} - p_{zw} + p_{\overline{xy}zw} \\ &= p_x + p_y - p_{xy} + p_w - p_{xz} - p_{yz} + p_{xyz} + ... - p_{xyzw};\end{aligned}$$

$$p^{(2)}_{\overline{xyzw}} = ...$$

Nota: Exercício idêntico a 8.5 a)

b) Exercícios idênticos aos de 8.5 embora notando que $a_{xy} \neq a_x \times a_y$ e $A_{xy} \neq A_x \times A_y$.

8.7

$\ddot{a}_{xy|\overline{zw}}$ é o valor actuarial de uma renda vitalícia de termo unitário, anual, antecipada, a pagar logo após a morte de uma das cabeças (x, y), enquanto for vivo pelo menos um dos elementos do par (z, w).

$$\ddot{a}_{xy|\overline{zw}} = \ddot{a}_{\overline{zw}} - \ddot{a}_{xy\overline{zw}} = \ddot{a}_z + \ddot{a}_w - \ddot{a}_{zw} - \ddot{a}_{xyz} - \ddot{a}_{xyw} + \ddot{a}_{xyzw}.$$

$\ddot{a}_{xy|\overline{zw}(\alpha)}$ é o valor actuarial de uma renda vitalícia de termo unitário, anual, antecipada, a pagar enquanto o par (x, y) estiver vivo, reversível de α a partir da primeira morte nesse par, valor que se manterá em pagamento enquanto for vivo, pelo menos, um dos elementos do par (z, w).

$$\ddot{a}_{xy|\overline{zw}(\alpha)} = \ddot{a}_{xy} + \alpha\ddot{a}_{\overline{zw}} - \alpha\ddot{a}_{xy\overline{zw}} = \ldots$$

Capítulo 14

14.1 – Partindo da definição de derivada temos

$$-\frac{\frac{d}{dt}P_j(s,t)}{P_j(s,t)} = \lim_{h \to 0} \frac{P_j(s,t) - P_j(s,t+h)}{hP_j(s,t)} = \lim_{h \to 0} \frac{P_j(s,t) - P_j(s,t)P_j(t,t+h)}{hP_j(s,t)}$$
$$= \lim_{h \to 0} \frac{1 - P_j(t,t+h)}{h} = \lim_{h \to 0} \frac{1 - p_{jj}(t,t+h)}{h}.$$

14.2
  a) Por definição de cadeia hierárquica, a primeira igualdade está justificada. Por outro lado,

$$P_j(n, n+1) = e^{-\int_n^{n+1} \mu_{jN}(t)dt} = e^{-\mu_{jN}(n)\int_n^{n+1} dt} = e^{-\mu_{jN}(n)},$$

  já que $\mu_{jN}(t) = \sum \mu_{jk}(t) = \sum \mu_{jk}(n) = \mu_{jN}(n)$ é constante no intervalo $(n, n+1)$.

  b)
$$q_{j,jk}(n, n+1) = \int_n^{n+1} p_{jj}(n,v)\mu_{jk}(v)\,dv = \mu_{jk}(n)\int_n^{n+1} P_j(n,v)\,dv.$$

Pela alínea a) verifica-se que, para $v \in (n, n+1)$,

$$P_j(n, v) = e^{-\mu_{jN}(n) \int_n^v dt} = e^{-\mu_{jN}(n)(v-n)},$$

pelo que

$$\begin{aligned}
\mu_{jk}(n) \int_n^{n+1} P_j(n,v)\, dv &= \mu_{jk}(n) \int_n^{n+1} e^{-\mu_{jN}(n)(v-n)} dv = \frac{\mu_{jk}(n)}{-\mu_{jN}(n)} \left[e^{-\mu_{jN}(n)(v-n)}\right]_n^{n+1} \\
&= \frac{\mu_{jk}(n)}{\mu_{jN}(n)} \left(1 - e^{-\mu_{jN}(n)}\right).
\end{aligned}$$

14.3 – Consideremos uma cadeia hierárquica com apenas 3 estados: 0 – válido; 1 – inválido; 2 – morto. Como há que pagar o capital C em caso de morte ou em caso de invalidez, não está dito explicitamente que em caso de morte após invalidez não haja que pagar outra vez o capital seguro. Todavia, não é este em geral o entendimento, porque se admite num texto deste tipo que existe apenas um capital a pagar. Neste caso, o prémio único puro terá a forma

$$\Pi = C \int_0^\infty e^{-\delta t} p_{00}(0,t)\, \mu_{01}(t)\, dt + C \int_0^\infty e^{-\delta t} p_{00}(0,t)\, \mu_{02}(t)\, dt.$$

No primeiro caso, teríamos,

$$\begin{aligned}
\Pi &= C \int_0^\infty e^{-\delta t} p_{00}(0,t)\, \mu_{01}(t)\, dt + C \int_0^\infty e^{-\delta t} p_{00}(0,t)\, \mu_{02}(t)\, dt \\
&\quad + C \int_0^\infty e^{-\delta t} p_{01}(0,t)\, \mu_{12}(t)\, dt.
\end{aligned}$$

14.4 –

$$\begin{aligned}
\Pi &= \sum_{k=0}^{\omega-x} v^k *_k p_x * i_x * a_{x+k}^{ai} + \int_0^{\omega-x} v_t^t p_x \left(C\mu_{x+t} + C\mu_{x+t}^{ma}\right) dt \\
\pi &= \frac{\Pi}{a_x^{aa}}
\end{aligned}$$

14.6 – Processo: trata-se de uma cadeia de Markov em tempo contínuo, não homogénea, com 3 estados fortemente transientes e um estado absorvente.

O diagrama de estados terá o seguinte aspecto:

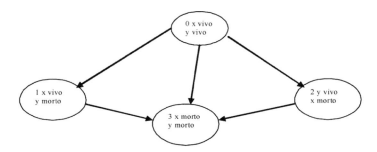

O prémio único pode ser determinado pela igualdade:

$$\Pi = R \int_0^{65-x} e^{-\delta t} \times 1.025^t p_{00}(0,t) \mu_{02}(t) \int_0^\infty e^{-\delta s} \times 1.025^s p_{22}(t,t+s) d\lceil s\rceil dt$$

$$+ p_{00}(0, 65-x) \frac{1}{2} R e^{-\delta(65-x)} \times 1.025^{(65-x)} \times$$

$$\times \left\{ \int_0^\infty e^{-\delta t} \times 1.025^t p_{00}(65,t) \mu_{01}(t) \int_0^\infty e^{-\delta s} \times 1.025^s p_{11}(t,t+s) d\lceil s\rceil dt \right.$$

$$\left. + \int_0^\infty e^{-\delta t} \times 1.025^t p_{00}(65,t) \mu_{02}(t) \int_0^\infty e^{-\delta s} \times 1.025^s p_{22}(t,t+s) d\lceil s\rceil dt \right\}.$$

Prémio anual:

$$\pi = \frac{\Pi}{\int_0^{65-x} e^{-\delta t} p_{00}(0,t) d\lceil t\rceil}.$$

Capítulo 21

21.1 a)
$$\mu(t) = e^{-0.15t} + 10^{-4} \times 1.08^{35+t}$$
$$P = e^{-\int_0^{30} \mu(t) dt} = 1.151\,472\,6 \times 10^{-3}$$

b) usando o resultado da alínea a), a probabilidade pretendida virá

$$P = 1.151\,472\,6 \times 10^{-3} \times \int_0^\infty e^{-\int_0^t \mu(30+s)ds} \times 10^{-4} \times 1.08^{65+t} dt$$
$$\simeq 1.151\,472\,6 \times 10^{-3} \times \int_0^{100} e^{-\int_0^t \mu(30+s)ds} \times 10^{-4} \times 1.08^{65+t} dt.$$

como

$$e^{-\int_0^t \mu(30+s)ds} = \exp\left(7.405\,997\,7 \times 10^{-2} e^{-\frac{3}{20}t} - 0.193\,318\,39\frac{27.0^t}{25.0^{1.0t}} + 0.119\,258\,41\right),$$

teremos

$$P \simeq \int_0^{100} 1.713\,16 \times 10^{-5} \times 1.08^t \exp\left(0.074\,06\,e^{-\frac{3}{20}t} - 0.193\,318\left(\frac{27}{25}\right)^t + 0.119\,26\right) dt$$
$$= 1.081 \times 10^{-3}$$

c)

$$P = \int_0^\infty e^{-\int_0^t \mu(s)ds} e^{-0.15t} dt$$
$$\simeq \int_0^{200} \exp\left(6.666\,666\,7 e^{-\frac{3}{20}t} - 1.921\,146\,6 \times 10^{-2} \left(\frac{27}{25}\right)^t - 6.647\,455\,2\right) e^{-0.15t} dt$$
$$= 0.996\,6.$$

d) usando o resultado da alínea c), temos
$$P = 1 - 0.9966 = 0.003\,4.$$

21.2

$\Pi = 0.822520091 \times 10000 = 8225.\,200\,91$

$\Pi' = \Pi + 20 \times \ddot{a}_{\overline{40|}} = 8225.\,200\,91 + 20 \times 4.617857539 = 8317.\,558$

$\Pi'' = \Pi' + 500 + .01 \times \Pi''$

$\Pi'' = (8317.\,558 + 500)/(1 - .01) = 8906.\,624\,2$

$P = \dfrac{\Pi}{\ddot{a}_{\overline{40|}}} = \dfrac{8225.\,200\,91}{4.617857539} = 1781.\,172$

$P' = \dfrac{\Pi'}{\ddot{a}_{\overline{40|}}} = \dfrac{8317.\,558}{4.617857539} = 1801.\,172$

$P'' = \dfrac{\Pi''}{\ddot{a}_{\overline{40|}}} = \dfrac{8906.\,624\,2}{4.617857539} = 1928.\,735\,2$

$$\begin{aligned}{}_tV'_{40} &= 10000 A_{40+t;\overline{5-t|}} + (20 - 1801.172) \times \ddot{a}_{40+t;\overline{5-t|}} \\ &= 10000 A_{40+t;\overline{5-t|}} - 1781.172 \times \ddot{a}_{40+t;\overline{5-t|}} = {}_tV_{40} \\ DA_t &= \frac{500}{\ddot{a}_{\overline{405|}}} \ddot{a}_{40+t;\overline{5-t|}} = 108.27532 \times \ddot{a}_{40+t;\overline{5-t|}}\end{aligned}$$

A resolução das diferentes alíneas não é difícil, mas para o efeito recomenda-se a utilização de uma folha de cálculo, colocando cada ano de observação em linha e em colunas todos os valores intervenientes no cálculo das provisões, dos cash-flow e dos lucros, bem como as respectivas probabilidades de ocorrência.

Bibliografia

1. Alexander, Carol (1998), *Risk Management and Analysis – Vol 1: Measuring and modelling financial risk*, John Wiley and Sons.
2. Artzner, P., F. Delbaen, J-M. Eber and D. Heath (1999), Coherent Measures of Risk, *Mathematical Finance 9*, no. 3, 203-228.
3. Bannock, G & W. Manser (2003), *International Dictionary of Finance*, 4th ed, The Economist in association with Profile Books, Ltd.
4. Bowers, Newton, Hans Gerber, James Hickman, Donald Jones e Cecil Nesbit, (1997); *Actuarial Mathematics*, 2nd edition, The Society of Actuaries, Illinois.
5. Cairns, A. (2004), *Interest Rate Models: an introduction*. Princeton University Press.
6. Centeno, Maria de Lourdes (2003), *Teoria do Risco na Actividade Seguradora*, Celta Editora – Colecção Económicas, Oeiras.
7. Daykin, C.D., T. Pentikainen, M. Pesonen (1994), *Practical risk theory for actuaries*, Chapman & Hall.
8. Delvaux, T., Magnne, M. (1991). *Les Nouveaux Produits d'Assurance Vie*, Ed. de l'Université de Bruxelles.
9. Egídio dos Reis, A.D.; Gaspar, R.M. & Vicente, A.T. (2009). *Solvency II – an important case in applied VaR. The VaR Modeling Handbook: Practical Applications in Alternative Investing, Banking, Insurance, and Portfolio Management Book*. (Ed. G.N. Gregoriou), McGraw-Hill.
10. Ferreira, Domingos (2005), *Opções Financeiras – Gestão do Risco, Especulação e Arbitragem*, Edições Sílabo.
11. Garcia, M.T. Medeiros (2004), *Fundos de Pensões, Economia e Gestão*, Vida Económica.
12. Gerber, Hans (1997), *Life Insurance Mathematics*, Springer Verlag, 3rd edition.

13. Glasserman, Paul (2003). *Monte Carlo Methods in Financial Engineering, Stochastic Modelling and Applied Probability.* Springer.
14. Holton, Glyn (2002), *Value-at-Risk, Theory and Practice*, Elsevier.
15. Hull, John C. (1998), *Introduction to Futures and Options Markets*, 3rd ed, Prentice Hall International.
16. Jordan, Chester Wallace (1952), *Life Contingencies*, The Society of Actuaries.
17. Jorion, Philippe (2001), Value at Risk – *The New Benchmark for Managing Financial Risk*, 2nd ed, McGraw-Hill.
18. Neill, Alister (1977), *Life Contingencies*, A. Heinemann London.
19. McGill, D. (1989), *Fundamentals of private pensions*, Sixth edition, Irwin, Homewood, Illinois.
20. Santos, Célia (2008), *Supervisão de fundos de pensões baseada na avaliação de riscos*, Tese de Mestrado, ISEG, Universidade Técnica de Lisboa.
21. Taha, H. A. (2003), *Operations research: an introduction*, 7th edition, Prentice-Hall.
22. Wang, S. S. (2002), *A risk measure that goes beyond coherence, Research report*, Institute of Insurance and Pension Research, University of Walterloo.
23. Wolthuis, H. (1994), *Life Insurance Mathematics*, Caire Education Series 2, Brussels.

Índice

aderente, 266
adjusted net asset value, 400
ALM – asset-liability management, 411
anuidade contínua, 80
anuidade diferida, 75
anuidade fraccionada, 77
anuidade imediata, 72
anuidades variáveis aritmeticamente, 89
anuidades variáveis contínuas, 90
anuidades variáveis geometricamente, 86
appraisal value, 401
associado, 266
avaliação actuarial de um plano BD, 281

beneficiário, 266

cargas de aquisição, 115
cargas de cobrança, 106, 115
cargas de gestão, 115
cargas para pagamento, 115
Chapman-Kolmogorov, 235
coorte, 408, 423
complemento de invalidez, 186
complemento de morte por acidente, 190

Conditional Value at Risk, 486
construção de uma medida VaR, 477
Continuous Mort. Investig. Committee, 40
contra-seguro, 112
contribuição normal, 284
contribuinte, 266
controlled funding, 414
convexidade, 438
Cox-Ingersoll-Ross, 439

de Moivre, 36
densidades conjuntas, 239
desvios de origem financeira, 349
desvios em planos BD – análise detalhada, 353
direitos adquiridos, 313
distribuição binomial, 30
distribuição de Poisson, 30
distribuição Lognormal, 445
distribuição normal, 30
duration matching, 419

embedded value, 400
envelhecimento uniforme, 170
esperança de vida, 24
estado absorvente, 240
estado transiente, 241

estado transiente forte, 241
estados compostos, 179
estrutura a termo, 59
Expected Tail Loss, 477
Expected Tail-VaR, 487

factor de actualização actuarial, 68
factor de capitalização actuarial, 68
força de mortalidade, 25
força de mortalidade conjunta, 168
função convexa, 488
função de densidade, 27, 84, 96
função de distribuição, 19, 61, 96
função de sobrevivência, 22
fundo normal, 284
fundo sobrefinanciado, 284
fundo subfinanciado, 284
fundos associados, 214
fundos de pensões, 259, 265

ganhos e perdas em planos BD, 347
Gompertz, 36
grupos extintos à última morte, 173
grupos extintos à k-ésima morte, 176
grupos generalizados, 172

Heligman-Pollard, 40

intensidade de transição, 236

Laurent, 40
lucros esperados, 395
método agregado, 306

método da idade atingida, 307
método da idade atingida – individual, 301
método da idade de entrada, 304
método da unidade de pensão creditada, 297
método de contribuição constante, 306
método de reposição do financiamento, 307
método do financiamento final, 303
método do financiamento inicial, 302
método do prémio nivelado individual, 292
métodos de financiamento, 291
Makeham, 38, 84
margem de risco, 386
matriz de transição, 235
medidas de performance, 364
medidas de risco coerentes, 483
melhor estimativa, 386
modelos da taxa de juro, 437
momento de ordem r, 85
Monte Carlo, 403, 469
movimento Browniano, 438

nível de financiamento, 284
nível de poupança, 332
NPV – net present value, 396

par yield, 434
participante, 266
Penalty Function Tail-VaR, 487
pensão de invalidez, 267
pensão de pré-reforma, 267
pensão de reforma, 267

pensão de reforma antecipada, 267
pensão de sobrevivência, 267
pensão por direitos adquiridos, 267
pensões de invalidez e sobrevivência, 333
período de controlo, 285
pessoa segura, 55
plano de benefício definido, 268
plano de benefício definido, 273
plano de contribuição definida, 268
plano integrado, 269
plano misto, 268
plano semi-integrado, 269
plano supletivo, 269
planos contributivos, 269
planos de objectivo definido, 328
planos de pensões CD, 323
pré-reforma, 343
prémio único, 247
prémio único puro, 63
prémio de risco, 63
prémio fraccionado, 113
prémio puro, 63
prémios comerciais, 116
prémios de inventário, 116
prémios de tarifa, 114
prémios periódicos, 110
probabilidade de transição, 233
processo de Wiener, 440
profit signature, 396
profit testing, 389

reforma antecipada, 342
renda de sobrevivência, 180, 251
renda reversível, 181
rendas com garantia, 123

reserva de balanço, 139
reserva intercalar, 139
reserva matemática, 129
reserva matemática comercial, 132
reserva matemática de inventário, 132
reserva matemática pura, 133
reservas de Zillmer, 145
reservas pelo método de recorrência, 142
reservas pelo método prospectivo, 133, 137, 254
reservas pelo método retrospectivo, 140
resgate teórico, 157
responsabilidade actuarial, 283
responsabilidade actuarial suplementar, 283
responsabilidades por direitos adquiridos, 316
resseguro, 334, 336
resultado futuro da apólice, 129
risco cambial, 459
risco de crédito, 459
risco de liquidez, 461
risco de mercado, 458
risco de taxa de juro, 459
risco legal, 462
risco operacional, 461
riscos agravados, 191
risk discount rate, 402

SCR – requisitos de capital de solvência, 383
seguro de capital diferido, 67
seguro de prazo fixo, 118
seguro de renda para amortizações, 122

seguro de vida inteira, 95
seguro diferido com contra-seguro, 120
seguro misto, 100
seguro misto generalizado, 101
seguro temporário, 99
seguro temporário com contra--seguro, 119
seguros em caso de morte, 54
seguros em caso de vida, 54
seguros mistos, 55
Sharpe, 367, 454
short rate, 436
sobrevivência diferida, 340
sobrevivência imediata, 339
Solvência II, 371

tábua de mortalidade, 29
tábuas por gerações, 41
taxa central de mortalidade, 34
taxa de contribuição pré-fixada, 331
taxa de substituição pré-fixada, 329
taxa instantânea de capitalização, 57
taxa interna de rentabilidade, 397
taxas de juro forward, 432

taxas de juro spot, 428
taxas de transição, 242
taxas forward, 58
taxas spot, 58
teorema do limite central, 30
três pilares do Solvência II, 374
trajectória do processo, 231
transferência de direitos adquiridos, 321
transição, 232

unidades de capitalização, 215
unidades de distribuição, 215
Unit linked, 198
Universal life, 198

valor actuarial, 61
valor de redução, 157
valor de resgate, 155
VaR em portfólios complexos, 472
variações populacionais, 423
volatility and convexity matching, 419

Weibull, 39

yield curve, 427
yield to maturity, 434